KB124568

뇌기능장애 진단을 위한

벤더게슈탈트검사

BGT의 임상적·신경심리학적 활용

Patricia Lacks 저 | 정종진 역

학지사

이 책은 John Wiley & Sons 출판사에서 출간된 Patricia Lacks의 『Bender Gestalt Screening for Brain Dysfunction, Second Edition』(1999)을 번역한 것이다. 우리말로 옮기는 과정에서 독자의 이해를 돕기 위해 다소 수정 · 보완한 부분도 있음을 미리 밝혀 둔다.

1938년 Bender에 의해 창안된 이후 시각운동형태검사로 알려진 벤더게슈탈트검사(Bender Gestalt Test: BGT)는 심리검사 사용에 대한 조사 결과에서 항상 10위권 안에 들었고 검사 배터리의 필수적인 검사로 포함되었다. 그리고 오늘날 BGT는 정신건강 분야에 종사하는 상담사, 임상심리사, 사회복지사를 비롯한 여러 전문가에게 없어서는 안 될 평가도구로 자리 잡고 있다.

이 책은 저자도 밝히고 있듯이 뇌기능장애를 선별하기 위해서든 혹은 특정 인지장애를 평가하기 위해서든 간에 공간 정보를 구성하고 조작하는 능력인 시각구성(visuo-construction)을 평가하기 위한 검사로서 BGT를 사용하고자 하는 심리학자를 위해 쓰인 것이다. 또한 이 책은 BGT의 사용 목적과 관계없이 이 검사를 잘 활용하는 데 필요한 정보, 즉 검사의 실시, 채점, 타당도와 신뢰도, 해석을 제공하고 있다.

전 세계 임상가들이 80년 넘게 활용해 온 BGT는 오늘날 시각구성적 능력의 인지 영역을 측정하고 뇌기능장애를 감별 진단하는 데 널리 사용되는 평가도구이다. BGT가 인기를 끌고 있는 것은 4세 이후 모든 연령의 개인에게 실시할 수 있는 간결함, 단순성 및 입증된 효과 때문이다. 보다 최근에는 BGT를 사용하여 인지 저하 위험이 큰 노인을 감별하기도 한다.

이번 2판은 1984년에 출간된 1판과 비교해 보았을 때 완전히 개정되었으며 검사의 신뢰도, 타당도 및 진단 정확도에 대한 관련 문헌의 최신 고찰을 포함하고 있다. 이 책에는 또한 추가 규준 자료, 꾀병에 대한 논의, 새로운 사례와 실습용 사례 자료가 포함되어 있다. 추가된 5개의 새로운 장에서는 신경심리학적 선별검사, 검사의 결과를 해석하기 위한 8단계, 그리고 아동 · 청소년 및 노인에 대한 BGT의 활용 문제를 다루고 있다.

이 책은 BGT의 실시, 채점 및 해석을 위한 포괄적인 매뉴얼 역할을 한다. 일반 행동 및 특정 행동의 관찰에 대한 진단적 중요성이 강조되고, 이를 기록하는 양식이 포함되어 있다. 채점과 관련해서는 저자인 Lacks가 Hutt와 Briskin의 채점방법을 적용한 열두 가지 오류에 대한 자세한 설명과 여러 채점에 대한 예시를 제시하고 있다. 독자는 채점에 대한 설명과 함께 12개의 다양한 임상 사례와 10개의 추가 실습용 사례를 사용하여 채점의 신속성과 정확성을 꾀할 수 있다. 또한 이 책에서는 성인 비환자 및 정신건강의학과 입원환자, 치매 노인과 아동 및 청소년을 위한 규준을 제공하고 있다.

국내에 BGT에 관한 책이 역자의 저서 『BGT의 이해와 활용(2판)』, 최성진의 역서 『성인과 아동을 위한 BGT의 정신역동적 해석』 외에는 찾아보기 드물어 이 책들과 함께 본 역서가 BGT를 활용하여 상담 및 심리치료를 하려는 분들에게 큰 도움이 될 것이다. 특히 BGT를 통해 뇌기능장애를 감별 진단하고, BGT의 임상적 · 신경심리학적 활용에 관심이 많은 임상가에게 이 책이 종합적이고 활용하기 쉬운 설명서의 역할을 할 수 있을 것이다.

BGT에 애정을 갖고 이 책의 출간을 흔쾌히 허락해 주신 학지사 김진환 사장님과 편집과 교정을 맡아 좋은 책으로 탄생할 수 있도록 수고해 준 편집부 김지예 선생님에게 감사를 드린다. BGT 학습에 목마름이 있는 대학원생과, 특히 정신건강 관련 분야에서 진단과 심리치료를 위해 애쓰고 있는 임상가와 상담사에게 이 책을 바친다.

2024년 7월
정종진

임상가의 평가 배터리에서 벤더게슈탈트검사(Bender Gestalt Test: BGT)는 그 검사가 소개된 이후 지금까지 널리 사용되고 있다. 임상 장면에서 보다 광범위하고 정교한 신경심리평가가 증가하고 있음에도 불구하고 BGT의 간결성, 단순성 및 뇌손상 진단에 있어서 입증된 효과성은 BGT를 유용한 평가도구로 자리매김하게 하고 있다.

이 책은 BGT를 오랫동안 시대에 뒤떨어진 관행이었던 '기질성(organicity)'의 단일 검사(single test)로 사용하는 방법에 관한 것이 아니다. 대신, 하나의 연속체로서 신경심리평가에 초점을 두고 있다. 연속체의 한쪽 끝에는 선별 과정이 있고, 다른 쪽 끝에는 종합적인 신경심리평가가 있다. 이러한 연속체의 모든 과정에서 BGT는 한 개인의 뇌손상을 평가하기 위해서 다른 검사들과 함께 사용될 수 있다. 이 검사는 지각-운동 뇌기능 혹은 시각구성적 기능의 영역에 속한다. 시각구성적 기능이란 일반적으로 기하학적 그림 재현 과정에서의 공간 능력과 미세운동 기능의 협응 능력을 의미한다. 그러나 이 검사에서의 성공적 수행을 위해서는 좋은 **실행기능**(executive skills) 또한 요구하는 것 같다. 실행기능이란 작업기억, 유연한 사고 및 자기조절을 포함하는 일련의 정신적 기능을 의미한다. 연구 결과에 따르면, BGT는 두정엽과 전두엽에서의 광범위한 뇌손상으로 인한 장애를 감지하는 데에 유용하다.

이 책의 1판이 출간된 1984년 이후로 심리평가 영역에서 많은 변화가 있었다. 뇌손상 및 뇌질환이 인간의 고등인지기능, 정서 및 행동에 어떤 영향을 미치는가를 밝히는 데 초점을 둔 임상신경심리학(clinical neuropsychology)은 이제 하나의 건강 전문 분야이다. 노인 인구가 상당히 증가하였고, 심리학자들은 법의학과 관련된 사례를 평가하도록 종종 요청받고 있다. 또한 오늘날 많은 영역의 평가에서 컴퓨터가 보조 도구로 사용되고 있다. 그러나 변하지 않은 한 가지 사실은 BGT가 계속해서 인기를 끌며 사용되고 있다는 점이다. 심리학자들을 대상으로 조사한 바에 따르면, 그들은 BGT를 여전히 가장 많이 사용하고 있고 가치 있는 도구로 손꼽고 있다.

만일 여러분이 심리검사 배터리에 BGT를 포함하여 사용한다면, 이 책은 표준적으로 실시하는 방법, 검사 분석에 도움이 되는 관련 있는 행동 관찰을 기록하는 방법, 잘 개발된 채점방식으로 정확하게 검사 점수를 산출하는 방법, 오류의 수에 영향을 미칠 수 있는 변인들을 고려하는 방법, 8단계의 해석을 결과에 적용하는 방법 등 BGT를 잘 활용하는 방법에 대해서 일러 줄 것이다.

때때로 나는 개정판의 책을 구입하고서는 그리 많이 변경되지 않은 것을 발견하고 실망한 적이 있다. 독자는 이 책의 많은 부분이 1984년에 출간된 1판과는 다르다는 것을 확신할 수 있을 것이다. 참고문헌의 반 이상이 1984년 이후에 나온 것이다. 새로운 참고문헌은 최신의 연구물, 신경심리학적 주제, 새로운 피검자에 관한 정보를 담고 있다. 새로운 자료를 다루고 있는 5개의 장(chapter)이 추가되었다. 신경심리평가에 관한 정보의 폭발 때문에 나는 신경생리학과 신경심리학을 검토하고 BGT가 뇌손상을 선별하는 데에 어떻게 활용될 수 있는가를 논의하는 장을 포함시켰다. 이 장에서는 심리학자들에게 빈번한 딜레마인 조현병과 뇌손상을 감별하는 문제에 대해 길게 논의하고 있다. 또한 이 장에서는 BGT가 측정하고 있는 것이 무엇인가에 대한 문제를 다루고 있고, 다른 평가 상황에서 BGT를 적절하게 활용하는 방법에 대해 설명하고 있다.

이 책의 1판은 BGT의 실시와 채점을 가르치는 데에 초점을 두었다. 그러나 이번 2판은 결과에 대한 체계적인 해석과 이러한 해석 과정을 도와줄 컴퓨터 소프트웨어를 활용하는 방법에 관한 장을 추가하였다. 1984년 이후 노인 인구가 크게 증가하였기 때문에 나는 정상적인 노화의 인지적 함의와 이 연령집단을 평가하기 위한 특별한 문제에 대한 논의를 포함하여 이 노인집단에 대한 장을 추가하였다. BGT는 또한 아동을 대상으로 일하는 사람들에게 지속적으로 매우 인기 있게 활용되고 있다. 비록 이 책에서 사용된 채점이 성인과 청소년을 위한 것이지만, BGT를 아동에게 활용하는 것에 관한 새로운 장에서 다루어진 복잡한 문제가 많이 있다. 끝으로, 최근의 연구에 따르면 여기서 사용된 채점방법은 12~16세의 청소년에게 적용 가능하다. 그러므로 이 연령집단의 규준과 2명의 사례를 담고 있는 새로운 장을 준비했다. 한 장에는 또한 BGT에서 의식적으로 자기가 원하는 목적을 위해서 질병 또는 상해의 증상을 거짓으로 말하거나 과장하는 것인 꾀병(malingering)을 감지하는 방법에 대한 긴 절(section)도 포함되어 있다. 마지막으로, 이 2판에서는 채점기술을 연마할 수 있는 18개의 새로운 실습용 사례가 포함되어 있다.

BGT에 대한 나(당시 이름은 Brilliant)의 연구는 1962년 워싱턴대학교에서 Malcolm D. Gynther의 지도를 받으며 석사학위논문을 준비하면서 시작되었다. 이 연구는 뇌손상을 선별하는 세 가지 검사, 즉 벤더게슈탈트검사, 벤톤시각기억검사(Benton Visual Retention), 그레이엄-켄달도형기억검사(Graham-Kendall Memory for Designs)의 진단 정확도를 비교하는 것이었다. 후자의 2개 검사는 검사 매뉴얼에 자세한 채점방법이 기술되어 있지만, BGT는 그렇지가 않다. 수년에 걸쳐 많은 BGT에 대한 채점방법이 개발되어 왔다. 1960년 이전에는 대부분의 심리학자가 Pascal과 Suttell의 채점방법을 사용하여 왔다. 그러나 이 채점절차는 번거롭고, 시간이 많이 소요되며, 노인과 교육수준이 낮은 사람에게는 적용되기 어렵다.

1960년에 Max Hutt와 Gerald Briskin은 인성 해석에 초점을 둔 BGT에 관한 책을 출간하였다. 언급된 것은 거의 기질적 뇌기능장애에 대한 12개의 **주요 감별인자**(essential discriminators) 목록이었을 뿐, 그 외의 것은 지나쳐 버렸다. 그들 평가방법에서 중요한 매력 사항은 간결함이었다. 검사 프로토콜(protocol)은 12개의 **오류**(Pascal-Suttell의 방법에서는 105개의 오류)가 있는지 혹은 없는지를 검토만 하면 되고, 실제로 채점하는 데 1~3분(Pascal-Suttell의 방법에서는 20분) 정도밖에 걸리지 않는다.

이렇게 크게 단축된 채점 소요시간은 임상 장면에서 활용하는 데에 실제로 도움이 된다.

그러나 Hutt와 Briskin의 채점방법에 있어서 주요 결점은 12개의 오류에 대한 상세한 설명이 부족하고 채점에 대한 예시가 없었다는 점이다. 나의 초기 연구에서 프로토콜을 일관되게 평가하기 위해서 나는 12개의 주요 감별인자에 기초한 상세한 채점 매뉴얼을 개발했다. 나의 연구 결과에 따르면, 이러한 채점 매뉴얼에 의한 BGT는 기질적 뇌기능장애를 가진 정신건강의학과 환자들과 다른 장애를 가진 정신건강의학과 환자들을 매우 효과적으로 감별할 수 있는 것으로 밝혀졌다.

이 채점 매뉴얼은 일반적으로 호의적인 결과를 보인 많은 연구에서 일관되게 사용되어 왔다. Hutt와 Briskin의 원래 연구를 인정하고 나 자신이 기여한 점을 고려하여 나는 처음부터 이 책에서 제시한 채점절차를 "Hutt-Briskin 채점방법의 Lacks 적용(The Lacks adaptation of the Hutt-Briskin scoring system)"이라 불렀다. 나는 개정판에서도 이 용어를 계속 사용하지만, 때로는 간단하게 Lacks 방법 혹은 Lacks 절차란 용어를 사용할 것이다.

이 책의 1판은 나의 연구보조원들과 임상수련생들에게 사용해 온 훈련 절차를 제시하기 위해 집필한 것이다. 간단히 말해서, 이러한 지도방법은 오류로 채점되지 않는 예시뿐만 아니라 오류로 채점되는 예시를 포함한 상세한 채점 매뉴얼을 포함하고 있다. 또한 채점이 설명된 일련의 12개 사례와 마지막에 제공되는 피드백과 함께 10개의 추가 실습용 사례를 제공하고 있다. 나는 종종 연구 프로젝트에 사용된 BGT 채점을 점검해 달라는 요청을 받는다. 매우 정확하게 채점을 하는 연구자들이 있는가 하면, 채점의 정확성이 떨어지는 연구자들도 있다. 나는 임상가가 채점의 훈련 순서를 따르기 위해 3∼4시간을 할애하면 높은 수준의 채점 정확도를 보일 것이라고 확신한다.

비록 이 책이 기본적으로 임상 장면에서의 활용을 위한 매뉴얼이지만, 독자는 BGT의 신뢰도, 타당도, 진단 정확도 및 채점방법에 관한 많은 정보도 발견하게 될 것이다. 이 책에는 객관적 채점방식의 사용과 반대되는 임상적 판단을 통한 평가의 효과성, 경험수준이 진단 정확도에 미치는 영향, BGT와 다른 신경심리검사 및 신경학적 절차와의 비교에 관한 정보도 포함되어 있다. 또한 신경심리검사 배터리 내에서 시각구성적 능력의 척도로 사용하는 것과 비교하여 예비 선별도구로서 이 검사의 유용성에 대해 자세하게 논의하고 있다.

대학생, 성인, 노인을 포함한 정신건강의학과 환자들과 비환자들을 위한 광범위한 규준(norm)이 제공된다. 청소년에 대한 규준 자료가 새로운 절로 추가되어 있다.

이 자리를 빌려 나에게 도움을 준 수많은 사람에게 감사를 표하고 싶다. 누구보다도 먼저 BGT에 관한 나의 첫 연구를 발전시키도록 아이디어를 제공해 준 Malcolm Gynther에게 감사를 드린다. 그는 수년간 나의 연구 멘토로서 기여하였고, 또한 나에게 연구가 재미있을 수 있다는 것을 가르쳐 주었다.

수많은 제자, 매우 재능 있는 연구보조원들, 동료들, 연구자들, 그리고 임상가들이 시간, 정신적인 지지, 지식, 그들 자신의 연구 결과를 공유하는 데 매우 관대했다. 1판에서 많은 이름을 거론하며 감사를 표했다. 여기서는 2판에 도움을 준 사람들에게 국한하여 감사를 표하고자 한다. 그들의 도움으로 이 책이 보다 흥미롭고 조력적인 책이 되었다.

검사에 대한 요점을 설명하고 채점의 다양한 측면을 가르치는 데 도움이 되는 많은 임상 BGT 예를 찾는다는 것은 매우 시간소모적인 과제이다. 7명의 심리학자는 도움이 될 만한 BGT 프로토콜을 찾기 위해 그들의 파일을 검토하는 데 소중한 시간을 할애했다. 이 중에는 그들의 연구로부터 사례를 공유한 학문적 심리학자들도 있고, 그들의 실제로부터 사례를 제공한 임상가들도 있다. 한 사람은 법의학 심리학자인데, 그는 꾀병을 부리는 사람들의 특별한 진단 문제를 설명할 사례를 제공하기 위해 그의 파일을 살펴보는 데 많은 시간을 소비했다. 이 책에 게시된 내담자 또는 환자의 신원을 보호하기 위한 최대한의 예방 조치를 취하기 위해 프로토콜 제공자와 나는 심리학자의 이름을 밝히지 않는 것이 더 낫다는 데 동의했다. 그들은 이 책에 엄청난 공헌을 했으며, 나는 그들의 사심 없는 익명의 노력에 크게 감사를 드린다.

나는 또한 워싱턴대학교 의과대학의 기억 및 노화 프로젝트(노화국가기관 보조금 번호 AG 03991 및 AG 05681)의 연구자들, 특히 Martha Storandt와 Emily La Barge로부터 많은 도움을 받았다. 그들은 알츠하이머형 치매를 가진 노인들과 뇌손상이 없는 노인들의 여러 사례를 제공했다.

또 다른 그룹의 심리학자들, 즉 Ronald Belter, Julia McIntosh, Garry Edwards, A. J. Finch, Conway Saylor, Lee Williams는 그들의 발표된 BGT 청소년 규준 자료를 사용하도록 허락해 주었다. Belter 박사는 또한 청소년들에게 검사를 실시하는 것에 관한 여러 가지 문제에 대해 자문해 주었다. Jerome Sattler는 아동심리평가에 대한 그의 저서에 소개된 사례들을 사용하도록 너그럽게 동의해 주었다.

1996년에 나는 BGT 결과의 해석과 보고서 작성을 용이하게 해 줄 컴퓨터 소프트웨어를 개발하기 위해 Psychological Assessment Resource(PAR) 출판사와 함께 일했다. PAR 사장인 R. Bob Smith는 소프트웨어로부터의 채점 요약용지와 소프트웨어의 사용을 통해 작성된 샘플 보고서를 사용하도록 허락해 주었다. 또한 Gary Groth-Marnat은 귀중한 동료로서 도움을 주었다.

Lauretta Bender의 연구와 Elizabeth Koppitz의 연구를 출간한 출판사들 또한 나의 책에 그들의 자료를 사용하도록 큰 도움을 주었다. 끝으로, 이 책의 출간에 뛰어난 기술과 적극적인 도움을 준 Kelly Franklin과 M. R. Carey에게 감사를 드린다.

책을 쓰는 것은 스트레스가 많은 작업이다. 또한 가족, 가까운 친구 및 동료에게도 영향을 미친다. 몇 개월 동안 사람들이 내 인생이 어떻게 되어 가고 있는지, 무엇을 하고 있는지 물을 때마다 대답은 항상 "책"이었다. 응답은 일종의 주문이 되었다. 나는 특히 이 프로젝트가 그들의 삶에 미치는 영향을 기쁘게 받아들이고 내 노력을 지속적으로 지원해 준 남편 Paul Gawronik과 내 자녀들 Jeffrey Lacks와 Amy Lacks에게 감사를 표한다.

만약 Hutt와 Briskin이 그들의 원래 채점방법을 발표하지 않았다고 한다면 수년 동안 도전적이고 보상적인 연구로 이끌었던 나의 관심을 발전시키지 못했을 것이다. 또한 수천 명의 정신건강의학과 환자와 지역사회 구성원이 BGT에 대한 나의 연구에 자발적으로 참여해 주지 않았더라면 이 책을 쓰지 못했을 것이다.

캘리포니아 산타 바바라에서

PATRICIA LACKS

차례

역자 서문 _ 3
저자 서문 _ 5

제1장 **BGT에 대한 소개 · 13**

BGT의 임상적 용도 _ 13
BGT의 역사 _ 15
BGT 수행의 결정요인 _ 16
감별 진단 _ 20

제2장 **신경심리학적 선별 · 31**

중추신경계의 조직 _ 31
신경병리학 _ 33
지각-운동 결함과 관련된 신경병리 _ 33
뇌손상 선별 _ 36
BGT는 무엇을 측정하는가 _ 44
BGT에 관한 신화 _ 45

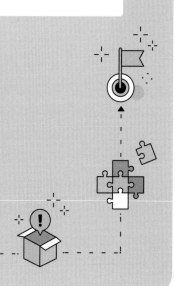

제3장 임상적 판단 대 객관적 채점방법 · 49

객관적 채점방법 _ 49
심리학자들이 채점방법을 사용하지 않는 이유 _ 52

제4장 실시방법 · 57

검사 자료 _ 57
표준 실시 _ 57
행동 관찰의 진단적 중요성 _ 60
꾀병 _ 63
실시의 변형 _ 70

제5장 채점방법에 대한 설명 · 75

제6장 자세한 채점 지침과 예시 · 85

제7장 타당도 · 115

타당도에 대한 논쟁점 _ 116
규준 자료 _ 118
다른 채점방법과의 비교 _ 128
뇌기능장애에 대한 다른 검사들과의 비교 _ 130
BGT의 다른 임상적 적용 _ 133
채점자의 전문성 수준에 따른 비교 _ 134
BGT 점수와 인구통계학적 변인과의 관계 _ 135
약물과 전기경련치료가 BGT 수행에 미치는 효과 _ 140
요약 _ 142

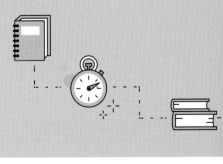

제8장   **신뢰도 • 143**

검사-재검사 신뢰도 _ 144
채점자 간 신뢰도 _ 147

제9장   **BGT 결과의 해석 • 149**

해석을 위한 8단계 _ 149
주의사항 _ 156
BGT의 컴퓨터 보조 해석 _ 156

제10장   **노인을 대상으로 한 BGT의 활용 • 161**

정상 노화의 인지적 함의 _ 161
노화와 BGT _ 162

제11장   **아동을 대상으로 한 BGT의 활용 • 171**

Lauretta Bender의 연구 _ 171
Elizabeth Koppitz의 연구 _ 172
아동에게 BGT의 실시 _ 174
BGT에 대한 Koppitz 채점방법 _ 178
발달적 채점 _ 178
Koppitz 채점방법의 타당도 _ 183
Koppitz 채점방법의 신뢰도 _ 190
아동을 대상으로 한 BGT의 다른 객관적 채점방법 _ 191
정서지표 _ 191
아동의 BGT 결과에 대한 해석 _ 192

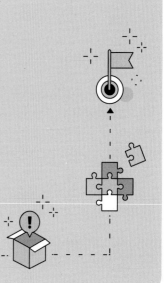

제12장 청소년을 대상으로 한 BGT의 활용 · 195

청소년을 위한 BGT 채점 _ 196
정서혼란에 대한 평가 _ 198
두 청소년의 사례 _ 200
요약 _ 204

제13장 선정된 임상 사례 · 205

채점된 예 _ 206
채점 실습 _ 237
실습 사례에 대한 채점 _ 257

제14장 요약 및 결론 · 267

부록 제5장에 제시된 사례에 대한 BGT 채점 · 273

참고문헌 _ 277
찾아보기 _ 291

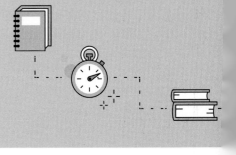

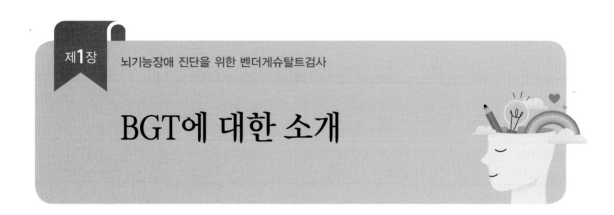

제1장 뇌기능장애 진단을 위한 벤더게슈탈트검사

BGT에 대한 소개

임상심리학자가 사용하는 모든 도구 중에서 가장 인기 있는 것 하나가 벤더게슈탈트검사(Bender Gestalt Test: BGT)이다. BGT는 9개의 도형으로 구성되어 있고, 주로 기하학적 도형이며, 평가 대상에게 한번에 하나씩 제시된다. 통상적인 절차는 개인에게 한 장 혹은 그 이상의 용지에 그 도형들을 가급적 정확하게 모사하도록 요구한다. 시간제한은 없다.

결과는 매우 간단하고(따라서 비용이 적게 들고), 비언어적이며, 표준화된, 지각-운동(perceptual-motor) 검사이다. 이러한 유형의 척도에 대한 다른 기술적 용어들은 시각공간(visuospatial), 시각구성(visuoconstructive), 그리고 시각-운동(visual-motor)이다. 이 책에서 BGT는 이러한 모든 방식으로 다양하게 언급될 것이다. 일반적으로 이 검사는 신경심리 평가도구의 광범위한 범주에 위치한다.

BGT는 또한 위험이나 불편함이 거의 없다. 이러한 특성은 보다 긴 과제에 협조할 수 없거나 협조하기를 망설일 수 있는 개인들, 즉 아동, 청각장애인, 지능이 낮은 개인, 동기부여와 포부수준이 낮은 정신건강의학과 입원환자에게 특히 중요할 수 있다. BGT는 또한 최소한의 소통과 협조를 요구하기 때문에 노인들의 정신적 상태의 변화를 확인하는 데 유용하다. 비언어적 응답 방식은 또한 문화적·사회경제적 요인에 기인한 검사 차이를 최소화시킬 수 있다.

BGT의 임상적 용도

이러한 많은 유용한 특성을 가지고 있어서 BGT는 아동, 청소년, 성인, 노인 등 모든 연령집단에 걸쳐 사용할 정도로 인기가 높다. 지난 40년에 걸쳐 임상심리학자들의 조사에서 BGT는 일반적으로 가장 많이 사용되는 상위 4개 혹은 5개의 검사 중 하나이며, 임상가가 임상심리학을 전공하는 학생에게 배우라고 가장 많이 조언하는 검사 중 하나다(Piotrowski, 1995).

최근에 Watkins, Campbell, Nieberding 및 Hallmark(1995)는 미국심리학회에 등록된 회원 중에서 무작위로 선정한 412명의 '평가에 적극적이고' 면허가 있는 심리학자를 대상으로 조사하였다. 그들은 일곱 가지 유형의 작업환경에서 대부분의 임상심리학자가 가장 자주 사용하는 식별 가능한 핵심 평가도구를 발견했다. 모든 검사 중에서 BGT가 임상 면담 후에 웩슬러성인용지능검사-개정판(Wechsler Adult Intelligence Scale-Revised: WAIS-R), 미네소타다면적인성검사-2(Minnesota Multiphasic Personality Inventory-2: MMPI-2), 문장완성검사(Sentence Completion Test: SCT), 주제통각검사(Thematic Apperception Test: TAT), 로르샤흐검사(Rorschach Test)에 이어 일곱 번째로 가장 빈번하게 사용되는 절차로 순위를 차지하였다. 표집된 심리학자들의 20%만이 BGT를 사용한 적이 없었다. BGT는 정신건강의학과 의원 및 사설기관 장면에 종사하는 심리학자들이 보다 종종 사용하는 반면, 대학교 관련 학과와 의과대학에 종사하는 심리학자들은 덜 사용하였다. 다른 신경심리검사와 그 순위를 보면 웩슬러기억척도(Wechsler Memory Scale, 12위), 벤톤시각기억검사(Benton Visual Retention Test, 22위), 할스테드-레이탄 배터리(Halstead-Reitan Battery, 23위) 그레이엄-켄달도형기억검사(Graham-Kendall Memory for Designs, 28위), 루리아-네브래스카신경심리 배터리(Luria-Nebraska Neuropsychological Battery, 32위)이다.

1989년에 Piotrowski와 Keller는 외래환자 정신건강 시설에서 일하는 413명의 심리학자를 대상으로 매우 유사한 결과를 발견하였다. BGT가 MMPI-2와 WAIS-R 다음인 세 번째로 가장 많이 사용되는 검사였다. 다른 5개의 신경심리검사는 Watkins 등(1995)이 발견한 순위와 거의 똑같이 나타났다. 할스테드-레이탄 배터리와 루리아-네브래스카신경심리 배터리와 같은 시간이 오래 걸리는 신경심리 배터리는 자주 사용되지 않거나 부분적으로만 실시되었다.

BGT를 널리 사용하는 지지자들은 다양한 이유와 목적으로 그 사용을 옹호한다(Piotrowski, 1995). BGT는 비교적 불쾌감을 주지 않고 비위협적이기 때문에 완충검사로 혹은 워밍업 절차로 종종 제안되고 있다. 또한 친화감(rapport)을 형성하거나 불안한 수검자의 마음을 진정시키는 데에 도움을 줄 수도 있다. 심지어 많은 수검자가 BGT 검사를 받는 것을 즐긴다. 이 검사는 또한 비언어적 IQ를 추정하기 위해 사용되어 왔다. 또는 이 검사는 객관적 기법과 더 감정이 풍부한 투사적 기법 간의 전환 역할을 할 수 있다. BGT는 개인의 욕구와 갈등의 정신역동적 이해를 위한 투사적 인성도구로 더러 사용되기도 한다. 아동들에게는 이 검사가 발달적 성숙도를 평가하고, 학업성취도나 읽기준비도를 예측하거나 학습문제를 확인하기 위해 자주 사용된다. 그러나 BGT는 일반적으로 웩슬러성인용지능검사(Wechsler Adult Intelligence Scale: WAIS)를 포함하는 검사 배터리 내에서 시행되는 **뇌기능장애의 선별검사**로서 가장 널리 사용되어 왔다.

BGT의 역사에서 가장 최근에 두드러지게 성장한 것은 신경심리평가의 하위 전문 분야이다. 지난 20년간에 걸쳐 뇌기능에 관한 심리학적 지식, 뇌기능을 측정하는 방법, 그리고 인지장애를 치료하기 위한 노력과 활동이 상당히 증가하였다. 오늘날 신경심리학자들은 뇌기능의 많은 측면을 평가하기 위해 다양한 측정 범위를 효율적으로 사용할 수 있다.

뇌손상을 선별하기 위해 단일 검사를 제공하는 초기 관행은 더 이상 옹호할 수 없으며, 실제로 수년 동안 그렇게 할 증거도 분명하지 않았다. 이제 평가자들은 철저함과 노력 및 비용의 양에 따라 신경심리평가의 연속체를 사용한다. 심리학자는 적어도 연속체의 광범위한 끝에서 인지기능과 정서기능을 모두 평가하기 위해 **일반 선별배터리**(general screening battery)를 실시할 수 있다. 이 배터리에서 BGT를 포함하여 검사의 어떤 결과도 추가 조사(예컨대, 웩슬러성인용지능검사의 동작성 IQ는 언어성 IQ보다 유의하게 더 낮다)를 요구하는 뇌손상이 있다는 것을 제안할 수 있다. 이러한 연속체의 중간에 임상가는 뇌손상을 확인하는 데 보다 초점을 둔 **신경심리 선별배터리**(neuropsychological screening battery)를 포함시킬 수 있지만, 이 배터리는 종합신경심리 배터리검사보다 시간이 적게 소요된다. 여기서 일반 선별배터리가 웩슬러기억척도, 벤톤시각기억검사, 혹은 레이-오스테리스복합도형검사(Rey-Osterrieth Complex Figure)와 같은 다른 간단한 신경심리평가의 보충검사로 실시될 수 있다. 가장 광범위한 평가는 다학문적 장면에서 일하는 고도로 훈련된 전문가에 의해서 실시되는 **종합적 임상신경심리평가**(comprehensive clinical neuropsychological evaluation)이다. 종합적 임상신경심리평가는 인지적 강점과 약점을 철저하게 파악한다.

이러한 신경심리평가의 엄청난 정교함은 BGT가 더 이상 기능을 하지 못한다는 것을 의미하는 것이 아니다. 이 검사는 방금 기술한 연속체의 모든 지점에서 평가 배터리에 여전히 포함되는 경우가 많다. 두 신경심리학회의 614명 회원을 대상으로 수행된 조사에 따르면(Seretny, Dean, Gray, & Hartlage, 1986), 44%가 BGT를 사용하며 사용빈도에 있어서 상위 4위의 순위를 차지하였다. Butler, Retzlaff 및 Vanderploeg(1991)는 50명 표본의 신경심리학자에 의해 사용되는 검사의 선택에 있어서 큰 변화가 있음을 발견하였다. 이 집단의 27%가 BGT를 지지하였다. 그러나 추후 결과 분석(Retzlaff, Butler, & Vanderploeg, 1992)에서는 신경심리학자들의 이론적 입장에 따라 BGT의 사용이 14~50%를 보였다.

BGT는 다음 절에서 설명하겠지만 여러 가지 이유로 계속해서 유용하게 사용되고 있다. 예를 들어, 대부분의 신경심리학자는 선별배터리와 본격적인 신경심리평가에 각각의 주요 인지 **영역**(domains)에서 적어도 하나의 척도를 포함할 것을 권장하고 한다. 지각-운동 능력은 항상 인지기능의 하나로 포함되며(Lacks, 출판 중), 많은 심리학자는 이러한 인지기능을 측정하기 위해 BGT를 선호하여 선택한다(예: D'Amato, Rothlisberg, & Rhodes, 1997). 자주 언급되는 다른 인지 영역은 주의력, 기억과 학습, 언어와 운동 수행, 실행기능이다(예: Groth-Marnat, 1997, 출판 중). 신경심리검사로서의 BGT에 대한 보다 자세한 논의는 제2장에서 다루어진다.

BGT의 역사

BGT는 지각과 여러 정신병리 유형과의 관계를 연구하기 위한 검사로서 Lauretta Bender(1938)에 의해 개발되었다. 그녀는 시지각의 원리를 연구하기 위해 Wertheimer(1923)에 의해 사용된 많은 도형 가운데 9개의 도형을 채택하였다. 당시 BGT 자극카드는 표준화된 형태로 이용할 수 없었고, 단지 비공식적으로만 배포되었다. 1946년에 Bender는 처음으로 상업적으로 이용 가능하도록 검사 자극카드와 요강을 만들었다. 동시에 그녀는 4세에서 11세까지의 각 연령과 성인에 대한 응답 요약을 발표했다. Bender는 소아정신건강의학과 의사였다. 이 검사에서 그녀의 관심은 주로 성숙적이거나 발달적이었다. 따라서 그녀의 연구는 아동에게 BGT를 사용하는 것에 관한 제11장에서 보다 자세히 다루어진다.

1938년부터 1946년까지 도형들이 일반적인 사용을 위해 처음 출판되었을 때, 대부분의 BGT 문헌은 기술적이고 주로 발달적인 접근을 강조하였다. BGT의 신뢰도 문제나 해석의 경험적 증거에 대해서는 주의를 거의 기울이지 않았다. 1940년대 중반이 시작되면서 Hutt는 BGT를 비언어적 · 투사적 인성검사로 강조하면서 정신역동적 혹은 투사적 지향을 소개하였다(Hutt & Briskin, 1960). 1945년에 그는 Wertheimer(1923)의 원래 형태학적 원리에 보다 충실하다고 믿었던 자신의 자극카드를 인쇄하였다. 오늘날 심리학자들은 Bender가 채택한 도형과 Hutt가 다소 수정한 도형 중 어느 하나를 사용할 수 있다.

1946년부터 1960년까지 BGT는 상대적으로 모호한 측정에서 세 번째로 가장 인기 있는 검사 순위로 올라갔으며, 경험이 많은 임상가 대다수에 의해 사용되었다(Tolor & Brannigan, 1980). 보다 많은 심리학자가 그들의 기능에 있어서 BGT를 포함함에 따라 신뢰할 수 있고 객관적인 채점방법의 필요성을 인정하기 시작했다. 가장 초기의 신뢰할 수 있고 객관적인 채점방법(예: Pascal & Suttell, 1951)의 출판으로 인해 BGT에 대한 심리측정학적 접근이 시작되었고, 수백 편의 출판물이 쏟아져 나왔다. 초창기의 연구와는 대조적으로 대부분이 채점방법, 신뢰도, 타당도, 규준, 지각적 성숙과 같은 주제에 대한 경험적 연구였다. 연구는 또한 정신건강의학과 환자들의 뇌손상을 감별 진단하기 위한 신경심리검사로서의 BGT에 주의를 기울였다.

BGT 수행의 결정요인

BGT가 고안된 이후 심리학자들은 어떤 심리적 능력과 기능이 BGT의 뛰어난 수행을 설명하는가에 대해 궁금해했다. 이 검사의 수행은 지각능력이나 운동능력, 혹은 지각기능과 운동기능의 통합에 의해 이루어질 것이라고 추측되어 왔다.

검사 수행의 결정요인에 관한 많은 증거가 아동의 성숙에 관한 초기 연구에서 나왔다. 경도 지체 청소년을 대상으로 Allen(1968, 1969)이 수행한 두 연구에서 검수 수행의 질은 시지각 성숙도와 직접 관련이 있는 것으로 밝혀졌다. 시지각 성숙도는 프로스티그시지각발달검사(Frostig Developmental Test of Visual Perception)에 의해 측정되었다. 신경정신건강의학과 진단을 받은 아동들의 경우 BGT 점수는 시지각 발달검사의 하위영역인 눈-운동 협응, 공간 관계와 유의한 상관관계가 있었지만 도형-배경, 형태 일관성, 공간 위치와는 유의한 상관관계가 없었다(Culbertson & Gunn, 1966).

Koppitz는 BGT 수행이 일련의 복잡한 과정의 정점이라고 생각한다([그림 1-1] 참조). 첫 번째 과정은 보는 것으로, 도형자극이 망막에 영향을 미치고 뇌로 전달된다. 정상적인 시력을 갖고 있는 사람이라면 도형을 본다. 그러나 보는 것은 지각하는 것이 아니다. 먼저, 자극에 대한 재인과 재생을 포함하는 시각적 연합의 과정이 있어야 한다. 그러면 다음 도형에 대한 시각적 지각 혹은 해석의 과정이 있게 된다. 그리고 어떤 식으로든 도형에 이름을 붙일 수 있어야 한다(예: 서로 접촉하고 있는 원과 같은 크기의 마름모).

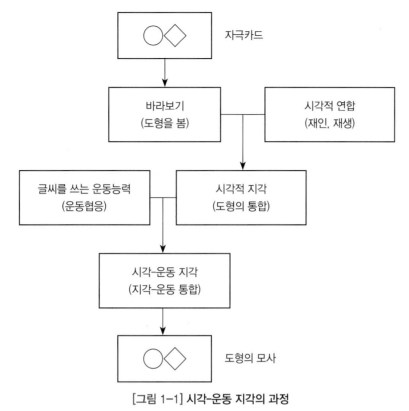

[그림 1-1] 시각-운동 지각의 과정

출처: Elizabeth M. Koppitz(1975). *The Bender Gestalt Test for young children, Volume II: Research and application 1963-1973.*
Allyn and Bacon 출판사의 허락을 받고 게재함.

도형이 모사될 수 있기 전에 다른 과정이 작동되어야만 한다. 피검자는 글씨를 쓰는 운동능력, 즉 운동협응(motor coordination)이 있어야만 한다. 그리고 마지막으로, 자극도형을 정확하게 재생하기 위해서는 지각과 운동을 통합할 수 있어야만 한다.

Koppitz(1975)는 이러한 마지막 기능인 통합기능은 8~9세가 되기 전까지는 정상적인 아동들이라 하더라도 나타나지 않는다고 믿는다. 그녀에 따르면, 재생을 제대로 하지 못하는 학령기 아동들의 대대수가 시각적 지각이나 운동협응에 문제를 갖고 있지 않다. 대신, 그들은 이러한 고차적 통합기능에 어려움을 갖고 있다.

이러한 복잡한 시각-운동 기능을 이해하기 위한 또 다른 유용한 패러다임이 Williams(1983)에 의해 개발되었으며, Cummings와 Laquerre(1990)가 또한 이 패러다임을 상세하게 다루고 있다. 자극접수와 처리는 새로운 자료가 장기기억 속에 과거 저장된 정보와 비교되는 감각적 통합이 있은 다음에 이루어진다. 예를 들어, 아동은 자극이 기하학적 도형임을 지각하고, 이를 해석하여, 친숙하고 이름을 알 수 있는 도형으로 인식할 수 있다. 다음 단계를 위해 아동은 행동하기로 결정한 다음, 운동 행동을 이행, 즉 도형을 그린다. 아동이 그림을 그릴 때 운동(근육) 움직임은 운동 활동에 영향을 줄 수 있는 여러 신호인 정보 피드백을 촉발한다. 신호는 움직임, 공간에서의 위치, 접촉이나 압력, 언어적 피드백과 같은 것에서 올 수 있다.

다른 연구들은 시각기능과 운동기능이 BGT 수행에 영향을 미치는가를 알아보기 위해서 선다형벤더검사(Multiple-Choice Bender Test) 혹은 추적벤더검사(Tracing Bender Test)를 사용하였다.

Wedell과 Horne(1969)은 우수한 검사 결과는 우수한 시각적 지각과 운동협응과 상관관계가 있다는 것을 발견하였다. 그러나 빈약한 검사 결과는 이러한 요소의 손상과는 일관된 관계를 보이지 않았다. 시각적 지각과 운동협응은 서로 유의한 상관관계가 있는 기능은 아니지만, 각각의 기능은 표준 모사방법과 관련이 있다. 시각적 지각과 운동협응은 독립된 기능인 것으로 보이지만 모두가 시각-운동지각의 핵심 요소이다.

Stoer, Corotto 및 Curnutt(1965)는 Pascal-Suttell의 채점방법, 각 참가자 자신의 그림 및 원본 자극의 삽화에서 가져온 6개의 오류 재생으로 구성되어 있는 BGT 매칭 검사를 통해 지각기능 대 운동기능의 문제를 연구하였다. 모두 9개의 도형 각각에 대해 손으로 그렸다.

이 연구의 참여자들은 4개 집단으로 나뉘었고 각 집단은 14명으로 구성되었다. 한 집단은 통제집단으로 비환자 역할을 하는 정신건강의학과 실무자들이었다. 다른 3개의 집단은 병리집단인 실험집단으로 신경병리를 가진 외래환자들, 처음으로 병원에 입원한 급성 조현병 환자들, 이전에 병원에 입원한 적이 있는 만성 조현병 환자들이었다. 4개의 집단은 성, 연령, 지능이 일치하도록 구성되었다.

참여자들에게 먼저 BGT 자극카드를 제시하였다. 그런 다음, 무작위 순서로 정렬된 같은 도형의 8개 선택 카드를 한번에 보여 주었다. 다음엔 자극카드와 가장 유사한 카드를 고르라고 요구한 뒤 그 카드를 제거하였다. 또 그다음엔 원래의 자극카드와 가장 유사하지 않은 카드를 고르라고 요구하였다. 남아 있는 6개의 선택 항목을 원래의 도형과 가장 유사한 것에서 가장 유사하지 않은 순서로 배열하도록 하였다. 일치의 전체 정확도에 대해 두 가지 점수가 계산되었다. 하나는 3명의 심사위원의 유사성 순위에 토대를 둔 것이고, 다른 하나는 Pascal-Suttell 점수에 토대를 둔 것이다. 이들 점수는 검사의 지각적 요소의 측정으로 간주되었다. Pascal-Suttell 점수에 의한 개인의 도형 재생은 검사의 재생 요소의 측정으로 간주되었다.

도형의 재생 면에서 보면, 비환자집단과 병리집단은 유의한 차이를 보였다. 비록 뇌병리 진단을 받은 환자가 조현병 환자보다 더 많은 편차 점수를 보이긴 했지만, 두 집단 간 차이는 유의하지 않았다. 순위로 채점하든 Pascal-Suttell 방법으로 채점하든 과제의 일치 또는 지각 측면에서 네 집단 간에 유의한 차이가 발견되지 않았다.

연구자들은 비환자와 정신적으로 혼란한 개인 간에는 시각적 변별에서 차이가 없다고 결론지었다. 4개의 집단 모두 대체로 시각적 변별 측정에서 매우 유사한 점수를 보였다. 재생의 오류는 시각적 지각보다는 운동기능이나 통합기능과 같은 다른 요인에서 기인한다. 연구자들은 사람이 도형을 정확하게 지각하지만 재생이 정확하지 않다고 볼 수 있는 상황이 존재할 수 있음을 지적한다. 다시 말하면, "감각적 피드백이 지각과 재생 간에 불일치의 경험으로 이끌 수 있다. 임상적으로 당혹감 혹은 무력감이라 일컫는 이러한 현상은 신경장애를 가진 환자들의 수행에서 자주 관찰된다."(p. 478)

Arbit와 Zager(1978)는 BGT의 기능적 결정요인을 분석하기 위해 요인분석을 실시하였다. 그들의 자료는 대학병원의 신경증 환자 144명을 대상으로 하여 웩슬러성인용지능검사, 웩슬러기억척도, 그레이엄-켄달도형기억검사, BGT를 포함한 신경심리 배터리검사에서 얻어진 점수로 구성되어 있다. 수집된 자료는 요인분석(선형)과 위계적 군집분석(비선형)으로 처리되었다.

주요 성분 요인분석을 한 결과, 기억과 지각적 수행 및 언어적 지능의 세 가지 요인이 나타났다. 위계적 군집분석을 한 결과, 학습과 언어적·지각적 지능 및 기억의 3개 군집으로 나타났다. 이 두 가지 분석에서 비록 도형기억검사가 지각-운동 능력에 많은 부하를 주긴 했지만 BGT가 기억능력 요인에 가장 많은 부하를 주었다(두 가지 분석에서 각각 .879와 .838).

대부분의 연구에서 BGT 재생에 영향을 미치는 기능은 지각, 협응, 혹은 지각과 협응의 통합으로 조사되었다. BGT 수행에 영향을 미치는 또 다른 기능은 **실행기능**(executive functions)이다. Lezak(1995)은 실행기능을 의지 혹은 의도적 행동, 계획, 목적성의 행위, 효과적 수행이라고 하는 네 가지 요소를 가진 것으로 개념화하고 있다. 구체적으로 추리, 인지적 유연성, 목표설정, 의사결정 등 많은 요인을 포함하고 있다. 이러한 기능을 측정하기 위한 공식적인 방법은 거의 없다. 대신, 심리학자들은 종종 환자들이 표준화된 신경심리검사를 어떻게 다루는가를 임상적으로 관찰하고 판단하여 그 기능을 엿본다. 많은 신경심리검사는 이러한 실행기능을 입증할 만한 환자의 행동을 감별할 기회의 여지가 거의 없다. 그러나 BGT의 정확한 수행을 위해서는 공간의 효율적 사용을 위한 계획행동, 도형의 논리 순서적 배열, 도형을 그리기 전에 도형의 요소를 헤아릴 것인지의 여부를 결정하기, 어려움에 직면했을 때조차도 계속 수행하기와 같은 많은 실행기능의 사용이 요구된다. 제13장에 있는 [그림 13-1], [그림 13-9], [그림 13-15]의 사례 A, H, N은 BGT 수행에 있어서 무계획적인 접근방식의 예에 해당한다. [그림 10-1]과 [그림 13-18]의 사례 Q는 좋은 조직을 보여 준다. [그림 13-19]의 사례 R은 일반적으로 잘 배열되어 있지만 도형 6을 위한 충분한 공간을 남기지 않았고, 너무 작은 공간에 배치하기로 결정함으로써 잘못된 판단을 보여 주었다. [그림 13-17]의 사례 P는 그리기 오류가 거의 발생하지 않은 경우라 하더라도 약간의 계획 문제가 있음을 보여 주는 예에 해당한다.

Yulis(1970)는 또 다른 실행기능인 각성수준이 BGT 수행에 어떤 영향을 미칠 수 있는가를 조사하였다. 이 연구에서 각성수준은 연속체의 4개 지점에 따라 다양했다. 가장 낮은 각성수준은 BGT의 표준 실시를 반복하여 생성되었다. 두 번째 각성수준은 곡선이 교차하는 선들이 배경에 있는 용지에 도형을 그리도록 요구하는 Canter(1966)의 배경간섭절차(Background Interference Procedure: BIP)가 수반되는 표준 BGT 실시로 구성되었다. 세 번째 각성수준을 획득하기 위해서 Yulis는 두 번째 BIP 실시를 추가했지만, 충격의 위협 상황에서 실시되도록 했다. 마지막 각성수준은 또 다른 BIP 실시 이전에 단일 전기충격의 실제 적용을 추가했다. 참여자들은 뇌손상으로 진단된 30명의 환자와 직업평가를 받고 있는 60명의 비환자였다. 두 집단은 연령, 교육수준, IQ가 일치하도록 구성되었고, 각성수준에 따라서만 분류되었다. 그러나 뇌손상이 있는 환자들은 실제 충격 집단에 배치하지 않았다.

비환자들의 경우, 각성과 BGT 수행 간에는 U자 모양의 관계가 있었다. 증가된 각성수준이 더 낮으면 수행이 향상되었지만, 각성수준이 더 높으면 수행이 저하되었다(4개의 각성수준 상태에 따라 평균 조정 D 점수는 각각 20.00, 14.13, 26.80, 28.80이었고, 점수가 높을수록 나쁜 수행을 의미함). 뇌손상이 있는 환자들의 경우, 각성과 수행 간에 선형 기능이 획득되었다. 각성수준의 모든 증가는 BGT 재생에서 더 큰 감소를 가져왔다(3개의 각성수준 상태에 따라 평균 조정 D 점수는 각각 21.40, 36.00, 43.10이었음). 각성이 낮은 수준에서 환자와 비환자(통제집단)의 D 점수에는(첫 번째와 두 번째 표준 BGT 실시 간에는) 아무런 차이를 보이지 않았다. BIP의 사용 혹은 충격 위협을 통해서 각성수준이 증가했을 때만 두 집단 간에 유의한 차이가 나타났다. 이러한 결과는 표준 BGT 수행에 대해 많은 정보를 제 공하지는 않지만, BIP 효과를 이해하는 데 도움이 된다(BIP에 대한 보다 자세한 설명은 제4장 참조).

이상의 연구로부터 공간 관계, 시각적 지각 성숙, 기억, 눈-운동 협응, 계획, 각성수준과 같은 수 많은 심리적 기능이 BGT 도형의 재생에 영향을 준다는 점을 시사받을 수 있다. 한 연구에서 시각 적 지각은 오류 재생에 대한 설명으로 배제되었다. BGT 수행의 복잡한 결정요인을 완전히 알기 위 해서는 더 많은 연구가 필요하다. 수행을 새로운 개념들과 연결하는 Yulis의 연구와 같은 것이 더 많이 수행되는 것이 바람직하다.

감별 진단

이 절은 특히 진단 정확도 측면에서 성인을 위한 신경심리검사로서 BGT의 현재 위치를 실무 임 상가에게 알리는 데 목적이 있다. 인성을 평가하기 위해 이 검사를 사용하는 것은 논쟁의 여지가 있지만, 이 책에서는 다루지 않을 것이다. 인성역동의 설명을 위해서 투사적 검사로서 BGT를 사 용하고 싶어 하는 임상가의 경우, Hutt의 연구(Hutt & Briskin, 1960; Hutt, 1985)를 참고하는 것이 좋 다. 이 책은 아동이 아닌 성인에게 BGT를 사용하는 것에 주된 초점이 있다. 그러나 BGT는 아동 들에게 널리 적용되고 있기 때문에 제11장은 아동에게 이 검사를 사용하는 것에 대해 살피고 있 다. 아동을 대상으로 한 BGT에 대한 광범위한 추가 적용 범위는 Koppitz(1963, 1975), Tolor와 Brannigan(1980)에게서 찾을 수 있다.

BGT는 임상가가 정신건강의학과 환자들, 특히 정신혼란이 있는 환자와 인지손상이 있는 환자 를 감별 진단하는 것을 돕기 위해 가장 자주 사용된다. 진단명에 관계없이 많은 정신건강의학과 입 원환자가 비환자들보다 심리검사에서 보다 빈약한 수행을 보인다는 것은 잘 알려진 사실이고 관련 문서도 많다. 불안, 우울증, 정신증은 모두가 주의를 기울이고 집중하는 능력과 같은 영역에서의 심리적 기능에 손상을 줄 수 있다. 뇌기능장애를 위한 선별검사로서 임상적 유용성을 갖기 위해서 는 검사가 기질적 뇌병리를 가진 환자와 심각한 정서적 혼란을 갖고 있지만 뇌손상이 없는 환자를 신뢰할 수 있게 감별하기 위한 능력을 입증해야만 한다. 이러한 이유로 이 책에서는 신경정신건강 의학과 집단을 비교하는 BGT 연구만 포함하며, 인지장애가 있는 환자와 비환자를 비교하는 연구 는 포함하지 않는다.

1960년 이전의 연구에서는 BGT의 능력이 뇌병리 진단을 받은 환자와 다른 진단, 특히 조현병 진 단을 받은 환자 간뿐만 아니라 기질적 뇌기능장애를 가진 환자와 비환자 간을 감별해 준다는 많은 보고가 있었다. 그러나 유의한 집단 차이가 보고되었지만 개별 환자의 성공적인 식별이 불가능할 정도로 집단 간 점수 분포가 너무 많이 겹쳤다.

1960년 이후의 연구는 정확하게 개별 진단을 예측하는 능력을 의미하는 검사의 임상적 **유용성**

(utility)을 다루고 있다. 이 장에서는 진단 정확도를 식별할 수 있는 연구만 소개한다. 연구자가 진단 정확도를 명시하지 않은 경우, Meehl과 Rosen(1955)[1]이 주장하는 절차를 사용하여 계산했다. 이 기준을 충족하지 않는 다른 BGT 타당도 연구에 대한 논의를 위해서는 Hutt(1985) 혹은 Tolor와 Brannigan(1980)을 참조할 수 있다.

BGT 연구의 방법론적 결점

이 검사의 임상적 유용성에 관한 정보의 부재는 BGT 연구의 방법론적 결점 중 하나에 불과하다. 다른 문제들은 Garb와 Schramke(1996), Heaton, Baade 및 Johnson(1978), Parsons와 Prigatano(1978), 그리고 Wedding과 Faust(1989)에 의해서 논의되어 왔다. 여러 신경심리검사에 관한 94편의 연구를 검토한 Heaton 등(1978)은 연구의 63%는 그것의 자료가 특정 인구집단을 대표하는지의 여부를 표시하지 않았음을 발견했다. 예를 들어, 일반 정신건강의학과 의원 모집단에서 사례를 가져왔는지, 아니면 심리검사를 위해 의뢰된 환자를 대표하는지 분명하지 않았다. 또한 연구 중인 측정 결과로부터의 임상 파일에서 사례를 소급하여 가져온 것인지, 아니면 할당된 진단에 이미 영향을 미쳤을 수 있는 다른 검사로부터의 임상 파일에서 사례를 소급하여 가져온 것인지가 분명하지 않았다. 파일에서 사례를 가져오는 경우, 조사 중인 검사의 동일한 실시에 대한 보장도 없다.

관련된 문제가 환자 모집단에 대한 진단적 기저율(base rate) 정보의 부재이다. 심리검사의 예측력을 제대로 평가하려면 기저율만으로 예측할 수 있는 정확도와 비교해야만 한다(이 문제에 대한 자세한 논의는 제7장과 Meehl & Rosen, 1955 참조). 또한 검사의 진단 정확도는 특정 진단집단(예: 뇌손상이나 정신증)의 기저율에 따라 달라질 수 있다. Heaton 등(1978)은 심리평가를 위해 의뢰된 대부분의 정신건강의학과 입원환자에 있어서 뇌병리로 진단된 기저율이 약 30%라고 추정하고 있다. 많은 연구에서 환자가 모집단의 전형적인 기저율을 얼마나 면밀히 연구했는지 알기가 어렵다.

또 다른 어려움은 참여자들에게 진단을 내리기 위해 사용된 기준의 정확성과 관련이 있다. Heaton 등(1978)은 검토한 연구물의 85%에서 뇌기능장애를 고려하거나 배제하기 위해서 신경조사나 실험검사가 사용되었는지의 여부에 관한 아무런 언급이 없다는 것을 발견했다. 진단에 대한 구체적인 기준과 진단하는 의사의 전문 지식, 그리고 진단이 퇴원 시에 이루어졌는지, 아니면 이전 시점에서 이루어졌는지의 여부는 종종 보고되지 않았다.

검사 채점과 관련하여 일부 연구에서는 뇌손상의 검사 진단을 위해 **표준**(즉, 교차 검증) 컷오프 점수를 사용하고, 다른 연구에서는 특정 연구에 대해 **최적**(즉, 가능한 최고의 진단 감별 성취) 컷오프 점수를 사용한다. 최적 컷오프 점수를 사용하는 결과는 훨씬 더 신중하게 해석되어야 한다. Heaton 등(1978)은 평균에 대한 최적 컷오프가 표준 컷오프 점수를 사용한 연구에서 달성한 것보다 14%가 더 높은 적중률을 제공한다는 것을 발견했다.

---

1) 기질적 뇌기능장애의 예에서 Meehl과 Rosen은 검사에서 뇌손상이 있는 것으로 정확하게 식별된 개인의 수를 검사에서 뇌손상이 있는 것으로 표시된 총 개인의 수로 나누어 뇌손상에 대한 진단 정확도를 계산한다. 뇌손상이 없는 정확도는 손상되지 않은 총 수에 의해서 정확하게 비손상이라고 불리는 수이다. 총 정확도는 정확하게 식별된 개인의 총 수를 총 N으로 나눈 값이다.

자주 통제되지 않는 다른 연구 요인으로는 장애의 만성, 약물 복용량 및 사용기간, 참여자의 연령 및 교육수준이 있다. 후속 경험적 조사의 결과에서는 방법론적 결점에 대해 평가해야 한다. 또한 모든 결점이 결과에 동일한 방향으로 영향을 미치는 것은 아님을 기억해야 한다. 일부는 검사 타당도를 촉진하고, 일부는 변별력을 감소시키며, 또 일부는 알 수 없는 영향을 미친다. 연구를 위한 방법론적 결점에 대한 자세한 논의는 제7장에서 찾아볼 수 있다.

BGT의 진단적 유용성

다음 연구들은(연도순으로 제시된) 모두가 기질적 뇌장애를 가진 환자와 다른 정신장애를 가진 환자의 감별을 위한 BGT의 진단 정확도를 알아보기 위해서 정신건강의학과 장면 내에서 시도된 것들이다. 이 연구의 일부는 제7장에서 보다 자세하게 다루어진다. 다른 연구에 비해 보다 세심하게 수행된 연구도 있긴 하지만, 각각의 연구는 한 가지 이상의 결점을 갖고 있다.

첫 번째 연구는 최적 컷오프 점수를 이용하는 것이 위험하다는 점과 결과에 대한 교차 검증(cross validation)이 필요하다는 점을 입증하고 있다. 1964년에 Hain은 뇌기능장애를 위한 BGT 포로토콜(protocol)을 채점하는 방식을 개발하였다. 그는 3개월 동안 대학 신경과 병동에 입원한 20명의 환자와 정신건강의학과 병동에서 경미한 진단을 받은 38명의 선별된 환자에게 검사를 실시하였다. 대부분의 분류는 퇴원 시 이루어졌으며 완전하고 신중한 정신의학, 신경학 및 의학 연구의 결과였다. 두 환자집단은 IQ가 유사하긴 했지만, 신경증 환자들이 정신증 환자들보다 상당히 나이가 많았다. Hain은 최적 컷오프 점수를 이용할 경우 진단 정확도가 86%라는 점을 발견했다. 그러나 이 컷오프 점수에 대한 교차 검증을 한 결과, 이 수치는 62%로 떨어졌다.

1966년에 Canter는 대학병원 정신건강의학과에 연속해서 입원한 30명의 뇌손상 환자, 22명의 정신증 환자, 뇌손상도 정신증도 없는 34명의 환자, 총 86명의 환자에게 입원한 직후 BGT 수행을 비교하였다. 세 집단은 교육연한이 유사한 반면, 뇌손상집단이 다른 두 환자집단보다 연령이 더 많았다. 연령 통제의 어려움은 이러한 유형의 연구에서 흔한 것이다. 연령이 증가함에 따라 BGT 수행이 감소하기 때문에 이 또한 문제가 된다. Pascal-Suttell 채점방법으로 표준 컷오프 점수를 이용한 결과, BGT는 전체적으로 70%의 진단 정확도를 보였다.

Hain의 채점방법으로 표준 컷오프를 이용한 Kramer와 Fenwick(1966)는 BGT의 전체 진단 정확도가 76%임을 발견했다. 그들은 42명의 인지장애를 가진 환자와 24명의 혼합 정신건강의학과 입원환자(정신증과 신경증 검사에 기초하여 최종 병원에서 내린 진단을 이용한)를 비교하였다. 두 환자집단은 IQ가 상당히 일치하긴 했지만, 인지결함을 가진 환자들이 뇌손상이 없는 환자들보다 연령이 꽤 높았다. 임상적 판단에 의한 BGT 전문가의 진단 적중률은 80%를 보였다.

Johnson, Hellkamp 및 Lottman(1971)은 큰 규모의 주립정신건강의학과 의원에 입원한 240명의 환자에게 검사를 실시했다. 이 중 120명은 6개의 특정 준거(예: 뇌전증을 앓은 적이 있음) 중에서 1개 이상을 충족하면 만성 뇌장애로 진단되었다. 표본집단의 나머지 반은 뇌손상이 없는 장애환자들로 구성되었다. 두 집단 환자들의 IQ는 유사했다. Hutt-Briskin 채점방법(표준 컷오프를 가진)을 이용하여 연구자들은 전체 적중률이 64%가 된다는 것을 밝혔다. 이 연구는 제7장에서 보다 자세히 논의된다. 한 가지 어려움은 뇌손상집단에 수많은 뇌전증 환자를 포함하는 것이다. BGT가 뇌전증을 진단하는 데에 민감하지 않다는 일부 증거가 있다.

Butler, Coursey 및 Gatz(1976)는 뇌손상이 있거나 뇌손상이 없는 것으로 분류된 72명의 아프리카계 미국인과 백인 입원환자를 비교하는 연구를 했으며, 개별적으로 인종, 연령, 교육, IQ가 유사하게 구성했다. 환자들은 뇌손상이 있는 250명의 남성 환자와 500명의 정신증 환자의 재향군인병원 폴더에서 선정되었다. 뇌손상이 있는 환자들은 적어도 한 가지 신경학적 절차에 기초하여 진단된 신경학적 보고가 있어야만 한다. 훨씬 더 큰 풀(pool)에서 이 적은 수의 참여자를 선정하는 것의 효과를 알기란 어렵다. 보다 더 인정받는 절차는 연속 입원을 검증하는 것이다. 뇌손상이 있는 36명의 환자 중에서 14~39%가 뇌전증을 앓고 있었다. BGT 프로토콜은 Pascal-Suttell 채점방법과 Hain 채점방법을 이용하고 있는 능숙한 심리측정학자에 의해 채점되었다. 그러나 두 채점방법 모두 뇌손상이 있는 환자와 뇌손상이 없는 환자를 신뢰할 수 있도록 감별해 주지 못했다. 두 채점방법 모두에서 뇌손상이 있는 환자들이 이전 연구에서 보고된 것과는 달리 오류 점수가 훨씬 더 낮았다. 이는 아마도 뇌전증을 앓고 있는 사례 수가 많기 때문인 것으로 보인다. BGT에 전문성이 있는 신경심리학자들은 임상적 판단을 이용하여 전체 69%의 정확도를 보였다.

Lacks와 Newport(1980)는 도시의 지역사회 정신건강센터의 급성 정신치료과에 연속적으로 입원한 200명의 더 큰 표본에서 50명의 환자를 선정했다. 진단은 여러 주에 걸쳐 수련감독 정신건강의학과 의사의 관찰, 면담, 신체검사 및 신경검사에 의해 이루어졌다. 하위 표본은 병원 진단 기저율(뇌손상 34%, 정신증 30%, 성격장애 16%, 만성 알코올 중독 20%)에 따라, 그리고 인종, 성, 연령, 교육, IQ를 고려하여 동일하도록 구성되었다. 환자들은 병원 입원기간과 의학적 치료의 효과를 최소화하기 위해 입원한 지 3일 이내에 BGT를 실시받았다. 경험수준이 서로 다른 3명의 채점자가 표준 컷오프가 있는 Hutt-Briskin 채점방법을 적용한 Lacks 방법을 사용하여 채점한 결과, BGT의 적중률이 82~86%로 평균 84%를 보였다. 이들 결과에 대해서는 보다 자세히 논의하고 있는 제7장을 참고하기 바란다.

1984년에 남아프리카에서 McCann과 Plunkett는 각각 30명의 코르사코프 증후군(Korsakoff's syndrome: 비타민 B1의 결핍으로 발생하는 신경계 질환)을 가진 환자, 편집성 조현병을 가진 환자, 통제집단인 비환자를 대상으로 연구하였다. BGT는 네 가지 방식, 즉 ① 10초 노출 뒤에 도형이 제거되는 순간노출법, ② 표준적인 실시, ③ 선호하지 않는 손을 이용하여 도형 그리기, ④ 참여자에게 본인이 그린 도형과 자극카드의 도형과 비교하도록 요청하는 '완벽한(perfect)' 방법으로 실시되었다. 연구참여자들에게 자신이 모사한 도형에 오류가 있는지 확인하여 오류가 없도록 도형을 다시 그리라고 요구하였다. 진단은 병원에 재직하고 있는 정신건강의학과 의사에 의해 이루어졌고, 채점은 Pascal-Suttell 채점방법을 훈련받은 임상심리학자에 의해 이루어졌다.

비록 관련 있는 인구통계학적 변인에 따라 연구참여자를 일치시키려는 시도가 있었지만, 뇌손상이 있는 환자가 다른 두 집단보다 연령이 많았으며, 비환자가 환자집단보다 지능수준이 더 높았다. 최적의 적중률이 네 가지 유형의 검사 실시에 따라 세 집단을 비교하기 위해서 사용되었다. 컷오프는 각각의 다른 비교마다 최대화되었는데, 이는 수용되지 않는 관행이다. 예상대로 표준 실시에서는 뇌손상 환자와 비환자를 비교할 때 진단 정확도가 가장 높았다(두 집단 모두 적중률 87%). 뇌손상 환자 대 정신증 환자의 보다 관련성이 있고 훨씬 더 어려운 비교에 대한 진단 정확도는 적중률이 훨씬 낮은 것으로 나타났다(77% 대 63%). 순간노출법과 비선호 손 사용법을 사용하여 실시했을 때 두 집단의 결과는 비슷하게 나타났다. 그러나 완벽한 방법으로 실시했을 때 뇌손상의 진단 적중률이 상당히 증가했지만, 정신증의 진단 적중률은 크게 감소하였다(87% 대 53%). 불행하게도 이 연구는 교차 검증이 이루어지지 않았다. 최적의 컷오프를 사용한 성공은 종종 추가 연구를 통해 감소된다.

연구자들은 완벽한 방법의 향상된 정확도를 설명하기 위해 과제의 증가된 복잡성, 과제 관련 스트레스, 또는 '대뇌 흥분-억제 균형' 요구와 같은 몇 가지 이론을 제시했다. 불행하게도 다른 연구자들은 이런 조사를 계속하지 않았다.

또 다른 연구에서는 주(州) 법의학 시설에 수감된 112명의 남성 흉악범(59% 아프리카계 미국인)을 진단하기 위해 BGT를 사용하였다(Friedt & Gouvier, 1989). 사례들은 차트 검토를 통해 선정되었고, 정신증 진단이 없는 성격장애(N=38), 조현병(N=34), 뇌손상(N=40)의 세 진단집단으로 개별적으로 분류되었다. 뇌손상 집단은 여러 진단(뇌전증을 포함하여)을 받은 사례로 구성되었으며, 다른 두 집단보다 연령이 더 많고 교육을 덜 받은 것으로 나타났다. BGT 프로토콜의 채점은 Hutt-Briskin 채점방법을 적용한 Lacks 방법으로 이루어졌다. 5개 오류의 표준 컷오프 점수를 사용한 결과, 뇌손상이 없는 집단을 식별하는 데 가장 높은 적중률(85%)을 보였다. 이는 이 집단의 일부가 정신증 진단을 받은 적이 없기 때문에 놀라운 일이 아니다. 뇌손상에 대한 적중률은 55%였고, 전체 적중률은 74%였다. 4개 오류의 컷오프 점수를 사용했을 때는 뇌손상을 가진 환자들의 정확한 식별이 63%로 증가하였으나, 뇌손상이 없는 환자들의 정확한 식별은 76%로 낮아졌으며, 전체 적중률은 71%였다. 최적 컷오프 사용에 대한 교차 검증 결과는 제공되지 않았다. 이 연구의 문제점으로는 사례를 선정하기 위해 차트 검토를 사용한 점, 뇌전증을 포함한 점, 수감자 상태를 포함한 많은 변인에서 참여자들이 일반적인 신경정신증 표본과는 크게 다른 점 등이다. BGT가 법의학 시설에 수감되어 있는 사람들의 정확한 평가를 위해서 사용될 수 있는지의 여부를 확증하기 위해서는 추가 연구가 수행되어야만 할 것이다. 이 연구에 대한 추가 분석은 제7장에서 찾아볼 수 있다.

Lownsdale, Rogers 및 McCall(1989)은 조현병, 우울증, 뇌손상으로 진단된 각각 15명으로 구성된 세 집단의 BGT 점수를 비교하였다. 이들 사례는 미국 중서부 지역의 사설 정신건강의학과 의원을 퇴원한 환자 1,500명의 기록으로부터 선택되었다. 심리학자와 정신건강의학과 의사가 환자의 퇴원 진단에 동의한 경우에만 기록을 선택하여 비정형 집단을 형성했다. 불행하게도 이들 사례는 정밀 진단의 일부로 심리검사가 포함되었다. 뇌손상을 가진 15명의 환자 중에서 10명은 뇌질환을 확인하기 위해 최소 한 번은 의학적 검사를 받았다. 이 집단은 또한 다른 두 집단보다 연령이 훨씬 더 많았고 IQ가 훨씬 더 낮았다. BGT 프로토콜은 Lacks 방법으로 채점되었다. 진단 적중률은 뇌손상 있는 경우에 대해서는 77%, 그리고 뇌손상 없는 경우에 대해서는 84%였다. 이러한 적중률은 유의한 차이는 아니지만 Hutt의 신속한 감별 절차인 구성적 분석(Configurational Analysis)의 방법보다 다소 낮았다.

또 다른 연구(Marsico & Wagner, 1990)에서는 반이 뇌손상이 있는 것으로 진단된 104명의 외래환자를 대상으로 BGT를 실시하여 Lacks 채점방법과 Pascal-Suttell 채점방법을 비교하였다. 환자들은 심리평가를 위해 의뢰된 외래환자들의 파일로부터 선정되었다. 뇌손상의 진단은 신경외과 기록, 신경검사, 혹은 심한 두부 외상과 같은 의학적 확증에 근거한 것이었다. 뇌손상이 없는 환자들은 신경증, 성격장애, 혹은 정신증으로 진단된 사람들이다. 연구자들은 이전에 최종 진단에 기여한 심리검사를 받은 환자를 선정했기 때문에 표본의 일부 오염 가능성을 인정했다. Pascal-Suttell 채점방법의 요구에 부응하기 위해서 적어도 9년간의 교육을 받은 15세 내지 50세의 환자들이 포함되었다. 두 환자집단은 연령, 교육, 성, 인종을 고려하여 동질성을 갖도록 구성되었다. 표본은 비교적 젊었다(전체 평균 연령이 25세).

최적 컷오프 점수와 함께 뇌손상 있음과 뇌손상 없음을 50 대 50의 분할을 사용하여 다음과 같은 적중률을 얻었다. Lacks 채점방법에 있어서는 적중률이 뇌손상 있음이 69%, 뇌손상 없음이 67%, 전체 65%였다. Pascal-Suttell 채점방법에 있어서는 적중률이 뇌손상 있음이 60%, 뇌손상 없음이 89%, 전체 74%였다. 해당 기관의 기저율과 일치하는 31 대 49 분할을 기반으로 분석을 다시 수행했다(뇌손상이 있는 마지막 21명의 환자와 뇌손상이 없는 마지막 3명의 환자를 제외하여). 이 새로운 구성과 표준 컷오프 점수를 사용하면 Lacks 절차는 뇌손상이 있는 집단의 평균 오류가 5.39(SD = 2.11), 손상되지 않은 집단의 경우 평균 오류가 2.82(SD = 1.45)였다. 적중률은 뇌손상 있음이 65%, 뇌손상 없음이 88%, 전체 79%였다. Pascal-Suttell 채점방법에 있어서는 뇌손상이 있는 집단의 평균 오류가 116.71(SD = 14.67), 손상되지 않은 집단의 경우 평균 오류가 71.16(SD = 20.19)이었다. 적중률은 뇌손상 있음이 58%, 뇌손상 없음이 96%, 전체 81%였다. 두 채점방법 간의 상관관계는 .83이었다.

연구자들은 두 채점방법이 전반적으로 비슷하긴 했지만, Lacks 채점방법이 학습하고 사용하기가 더 쉽고, 시간이 덜 소요되며, 보다 다양한 범위의 개인에게 적용할 수 있다고 결론지었다. 두 채점방법 모두 '진짜' 뇌손상을 입은 사람들의 더 높은 비율을 놓쳤다. 이 연구에서의 방법론적 결점은 비표준 컷오프 점수와 파일 사례를 사용했다는 점이다. 이 연구는 표준 대 최적 컷오프와 인공 대 실제 기저율을 사용하여 얻은 결과 간의 차이를 생생하게 보여 주고 있다.

정신증 환자들에게 Lacks 채점방법을 사용한 4편의 연구에서 평균 전체 적중률은 79%(중앙값 = 81%)였다. 뇌손상 식별 정확도는 평균 69%, 뇌손상 없는 것에 대한 식별 정확도는 평균 80%였다. Lacks에 의해 수행된 3편의 연구(다음 절과 제7장에서 설명됨)에서 평균 전체 적중률은 84%(중앙값 = 82%)였다. 그리고 뇌손상 식별 정확도는 평균 77%, 뇌손상 없는 것에 대한 식별 정확도는 평균 87%였다. 보다 최근의 결과는 Heaton 등(1978)에 의해 밝혀진 결과와 호의적으로 비교된다. 여러 채점방법을 사용한 8편의 BGT 연구를 검토한 결과, 여덟 번의 분류 시도에 대한 평균 전체 적중률은 76%였다.

BGT 대 다른 단일 신경심리검사

〈표 1-1〉은 정신증 환자(진행성 조현병 환자를 제외한)를 대상으로 그 당시에 가장 빈번히 연구된

5개의 단일 신경심리검사의 적중률을 요약(Heaton et al., 1978에서 가져옴)한 것이다. BGT 단독 혹은 배경간섭절차(BIP)를 포함했을 때가 가장 높은 분류 정확도를 보였다. 그러나 이들 5개의 검사는 모두가 서로 직접 비교가 아닌 별도의 연구에서 사용되었다.

〈표 1-1〉 가장 빈번히 연구된 뇌기능장애 선별검사의 적중률

검사	분류 시도	적중률(%) 중앙값
벤더게슈탈트검사(Bender Gestalt)	8	76
벤더게슈탈트검사-배경간섭절차(Bender Gestalt-BIP)	11	84
벤톤시각기억검사((Benton Visual Retention)	4	73
도형기억검사(Memory for Designs)	9	68
기호잇기검사(Trail Making)	4	71

출처: Heaton, R. K., Baade, L. E., & Johnson, K. L. (1978). Neuropsychological test results associated with psychiatric disorders in adults. *Psychological Bulletin, 85*, 141-162. 저자의 허락을 받고 게재함.

동일한 환자집단에 대해 1개 이상의 검사를 사용하여 다른 신경심리검사와 비교하여 BGT의 상대적인 진단 정확도를 보다 직접적으로 보여주려는 시도가 몇 차례 있었다. 예를 들어, Brilliant와 Gynther(1963)는 BGT의 예측 정확도를 벤톤시각기억검사(BVRT)와 그레이엄-켄달도형기억검사(MFD)와 비교하였다. 표본은 도시 정신건강센터에 연속 입원한 120명의 환자로 구성되었고, 뇌손상 30%와 조현병 22%를 포함하여 연간 병원에서의 진단적 기저율을 고려하여 배치하였다. 종종 사례가 그러하듯이 환자집단은 IQ가 비슷했지만, 뇌손상을 가진 집단의 연령이 더 많았다. 약물 효과를 최소화하기 위해 입원 3일 이내에 검사를 실시하였다. 최종 퇴원 진단은 보통 뇌파 검사(EEG) 결과를 포함한 다양한 출처의 정보를 이용하여 수련감독 정신건강의학과 의사에 의해 이루어졌다. 5개 오류의 표준 컷오프 점수(또한 최적 컷오프 점수에 상응했던)를 이용하여 연구자들은 BGT의 전체 진단 적중률은 82%였고, 이와 비교하여 BVRT는 81%이고 MFD는 78%임을 밝혔다.

또 다른 연구에서는 BGT를 기호잇기검사(Trail Making Test: TMT), 도형기억검사(MFD), 나선후유증검사(Spiral Aftereffect Test: SAET)와 비교하였다(Korman & Blumberg, 1963). 참여자들은 뇌손상이 있는 재향군인병원의 입원환자와 외래환자(대부분 남성) 40명이었다. 24명의 복합 정신증 진단을 받은 환자와 16명의 비정신증 의학적 환자는 연령, 교육, 성이 비슷하도록 구성되었다. 뇌기능장애 진단은 평균 4개의 신경학적 기법을 사용하는 신경과 전문의에 의해 이루어졌다. BGT의 전체 진단 정확도는 74%였고, 이와 비교하여 MFD는 교정하지 않은 정확도가 90%이고 연령과 교육에 대해 교정한 정확도가 83%이며, SAET는 83%, TMT의 여러 점수의 조합은 70~83%였다. 모든 검사의 결과는 최적 컷오프 점수에 기초한 것이었다.

검사에 미치는 약물 효과에 대한 연구에서 Owen(1971)은 도시 지역에 있는 사회정신건강센터의 복합 조현병 입원환자 45명(급성 약물치료를 받는 15명은 제외)에게 BGT와 BVRT를 실시하였다. 진단은 수련감독 정신건강의학과 의사에 의해 이루어졌으며, 클로르프로마진(chlorpromazine)으로 치료할 환자만 포함되었다. Hutt-Briskin 채점방법으로 표준 컷오프를 사용한 결과, BGT는 정확히 73%를 뇌손상이 없는 것으로 분류했다. BVRT는 정답 수와 오류 수에 대해 각각 64%와 53%의 정확도를 보였다.

단일 대 복합 신경심리검사

또 다른 이슈는 뇌손상을 감지하기 위해 단일 검사를 실시할 것인지 아니면 여러 개의 검사를 실시할 것인지 하는 것이다. 많은 연구자(예: Bigler & Ehrfurth, 1981; Parsons & Prigatano, 1978)는 훨씬 더 광범위하고 정교한 신경심리 배터리검사를 사용할 수 있는데도 BGT와 같은 단일 신경심리검사에 대한 임상심리학자들의 지속적인 관심에 당황한 것으로 보인다. 이들 비평가들은 일반적으로 두 가지 주요 사항을 비판의 근거로 삼고 있다. 첫째, 뇌기능장애의 존재를 감지하기 위해 단일 검사를 사용한다는 것은 검사자가 대부분의 형태의 뇌기능장애가 기능의 모든 측면을 전반적으로 저하시킬 것이라고 예측하는 뇌기능장애의 단일 개념에 동의한다는 것을 의미한다. 만일 이게 사실이라면 뇌기능장애에 민감한 단일 검사가 어떤 손상을 감지하기 위해 충분할 것이다. 이들 심리학자는 **기질성**(organicity)의 단일 개념이 그 범위, 진행, 위치, 지속기간 및 원인과 같은 요소를 포함한 신경병리의 복잡성과 이질성을 거의 인식하지 못한 채 순진하다고 비판한다. 대신, 그들은 특정 손상이 특정 결함으로 이어지기 때문에 정확한 진단을 내리기 위해서는 다양한 기능을 활용하는 다양한 검사가 필요하다고 믿는다.

그러나 Albert(1981)는 어떤 단일 검사들은 다요인적 측정을 하고 있다고 지적했다. 즉, 적절한 수행을 위해서는 뇌의 다양한 부분과 능력(예: 주의력, 심리운동기능, 시각-공간적 정확성, 기억, 조직)이 정상적으로 기능해야 한다. BGT와 같은 그런 검사는 손상의 정확한 원인이나 정도를 나타내지는 않더라도 기능장애의 **지표**(marker)로 유용할 수 있다.

Nemec(1978)은 이러한 두 가지 견해를 지지하는 증거를 발견하였다. 그는 뇌손상이 없는 30명의 통제집단 환자, 우측 편마비(좌반구 손상)가 있는 30명의 환자, 그리고 좌측 편마비(우반구 손상)가 있는 30명의 환자를 대상으로 배경간섭이 언어 및 지각-운동 과제에 미치는 일반 및 편측 효과를 연구하였다. 이들 집단에게는 비간섭 및 배경간섭 조건에서 단어 명명 과제와 BGT가 주어졌다. Nemec은 뇌손상이 없는 환자의 경우에 배경간섭으로 인해 언어적 과제나 BGT 수행이 크게 저하되지 않는다는 사실을 발견했다. 그러나 언어적 과제에 대한 언어 간섭은 뇌손상이 있는 두 집단의 수행 효율성을 크게 저하시켰으며, 좌반구 손상 집단이 우반구 손상 집단보다 더 많은 저하를 나타냈다. 지각적 과제에서는 그 반대의 양상이 나타났다. 다시 말해, 지각적 간섭은 뇌손상이 있는 두 집단의 수행을 크게 저하시켰으나, 우반구 손상을 가진 환자들에게서 더 많은 저하가 나타났다.

이러한 연구 결과는 뇌손상이 있는 개인들이 뇌손상이 없는 개인들보다 일반적으로 보다 더 주의가 산만해진다는 것을 보여 주며, 일반 효과(general-effect) 관점을 지지해 준다. 그러나 Nemec의 결과는 또한 언어적 및 지각적 산만함이 각각 좌반구와 우반구 손상이 있는 환자에게 차별적으로 더 큰 영향을 미쳤다는 점에서 특정 효과(specific-effect) 관점을 지지해 준다.

연구는 단일 선별검사가 복합 검사만큼이나 일반적인 진단 정확도의 면에서 성공적이라는 점을 가리키고 있다(Parsons & Prigatano, 1978). 문헌을 고찰한 Spreen과 Benton(1965)은 비환자와 뇌손상이 있는 환자를 비교했을 때 단일 신경심리검사의 평균 진단 정확도가 71%였다는 사실을 발견하였다. 여러 검사를 사용했을 때 그 적중률은 80%로 올랐다. Korman과 Blumberg(1963)는 뇌기능장애를 선별하는 데 가장 성공적인 단일 검사와 비교했을 때 2~3개 검사를 조합했을 경우의 적중률이 단지 2%만 높아진다는 것을 발견하였다. Heaton 등(1978)은 대뇌피질 손상이 있는 사람들과 다른 정신장애가 있는 사람들(만성 조현병이 있는 사람들은 제외)을 구별하는 단일 검사의 적중률 중앙값이 75%라는 것을 발견하였다.

단일 검사와 복합 검사는 유사한 결과를 보이는 것 같다. Smith(1975)는 할스테드-레이탄 배터리(Halstead-Reitan Battery: HRB)의 7개 개별 검사는 7개 모든 검사의 복합 지표와 각각 같은 적중률을 나타낸다는 것을 발견하였다. 사실, 감별 진단에 있어서 매우 간단한 BGT가 긴 HRB보다 정신증 환자들의 진단 정확도가 높다는 것이 증명되었다(Lacks, Colbert, Harrow, & Levine, 1970). 물론 HRB는 많은 부가적이고 상세한 진단 정보를 제공한다.

BGT의 계속된 인기에 대한 두 번째 비판의 초점은 단일 검사로는 손상의 유형, 부위, 심한 정도, 손상된 특정 기능을 포함하여 개인의 뇌기능장애에 대한 상세한 기술을 할 수 없다는 것이다. 이것은 BGT에 대한 정확한 묘사이다. 그러나 많은 임상심리학자가 받는 일반적인 평가 요청은 의뢰의 30%가 중추신경계 침범에 대해 질문하는 신경정신건강의학과 시설의 감별 진단에 대한 것이다(Craig, 1979). 다시 말해, 심리학자는 감별 진단을 위한 평가의 일부로 뇌기능장애를 선별해 달라는 요청을 받는다. 이런 장면에서 일반적으로 뇌기능장애의 기저율은 30%이며(Heaton et al., 1978), 조현병의 기저율 또한 높다. 대부분의 경우에 더 큰 신경심리 배터리검사(예: 할스테드-레이탄 혹은 루리아-네브래스카)가 고안되어 손상된 뇌기능을 가진 환자와 주로 의학적이면서 비정신증인 환자를 감별하기 위해서 사용되어 왔다. 이러한 진단적 과제는 입원환자 정신건강의학과 장면에서 임상심리학자가 일반적으로 직면하는 과제와는 매우 다르고 더 간단하다. 보다 일반적인 장면에서 정교한 배터리검사들은 뇌병리로 진단된 환자들과 조현병이 있는 환자들 간에 대체로 높은 감별 능력을 보여 주지 못했다(Klonoff, Fibiger, & Hutton, 1970; Watson, Thomas, Andersen, & Felling, 1968).

예를 들어, Lacks 등(1970)은 BGT의 유용성을 HRB의 5개 검사의 유용성과 비교하였다. 참여자들은 모두가 백인 남성(주로 재향군인병원 입원환자)으로 연령, 교육, IQ가 일치하도록 구성된 뇌기능 손상을 가진 환자 19명, 조현병을 가진 환자 27명, 일반 의학적 환자 18명이었다. 뇌기능 손상을 가진 모든 환자는 신경과 전문의에 의해 진단되었다. 표준 컷오프 점수를 이용하여 연구자들은 복합 HRB 점수가 뇌손상 환자들의 84%(BGT는 74%)를, 그리고 뇌손상이 없는 환자들의 62%(BGT는 91%)를 정확하게 진단한다는 것을 발견하였다.

루리아-네브래스카신경심리 배터리와 할스테드-레이탄 배터리를 사용한 일부 연구에서는 이전에 BGT로 달성한 진단 정확도에 필적하는 더 높은 진단 정확도를 발견하였다(예: Kane, Sweet, Golden, Parsons, & Moses, 1981). 그렇지만 이러한 장면에서 정교한 신경심리 배터리검사는 현실적이지 못한 것 같고 비용 효율성도 떨어진다. 그것은 대포로 파리를 죽이려는 것과 다소 비슷할 수 있다. 동일한 선별 목적을 제공하는 5분짜리 검사가 있는데 왜 값비싼 3~8시간 절차를 제공해야 하는가?

요컨대, BGT의 적절한 사용에 대한 논쟁은 계속되고 있다. 그러나 많은 심리학자는 BGT가 다양한 목적을 위해 가치 있는 도구라는 점을 발견하고 있으며, 여러 용도로 계속 사용하고 있다. 감별 진단 평가에 있어서 뇌손상이 있는가를 선별할 목적이라면 WAIS를 포함하여 더 큰 심리검사 배터리 내에서 한두 가지 이상의 선별검사를 제공할 이유가 거의 없는 것 같다. 신뢰 가능하고 타당한 단일 검사는 복합 검사와 거의 동일한 진단 정확도를 제공한다. BGT의 결과는 정신건강의학과 환자를 대상으로 한 신경심리검사 결과에 대한 94편의 연구(1960~1975; Heaton et al., 1978)에 대한 고찰에서 발견된 결과(방금 이 책에서 고찰한 결과 포함)와 비교하면 뛰어나다.

Heaton 등(1978)은 임상가가 만성 혹은 진행성 조현병을 가진 환자를 제외한 뇌기능장애를 평가해야 되는 일에 대해서 자신감을 가지고 신경심리검사들을 사용할 수 있다고 결론지었다. 그들은 만성 또는 진행성 조현병 환자를 제외한 정신건강의학과 집단이 뇌손상 환자보다 신경심리검사에서 더 나은 기능을 보인다는 사실을 발견하였다. 그러나 인지장애가 있는 집단의 병리 정도가 증가함에 따라 진단 정확도는 꾸준히 감소하였다(〈표 1-2〉 참조). 만성 또는 진행성 조현병 환자를 제외하면 모든 검사의 전체 적중률 중앙값은 75%였으며, 이는 인지장애 환자와 비환자 통제집단의 신경심리검사 수행을 대조한 36편 연구의 고찰에서 발견된 것과 견줄 수 있는 수치로 훨씬 간단한 비교이다(Spreen & Benton, 1965). 이 수치는 또한 더 많은 위험과 비용을 수반하는 뇌파 검사(EEG) 및 신경방사선 기법에서 일반적으로 발견되는 적중률과도 비슷하다(Malec, 1978).

〈표 1-2〉 비교집단의 진단에 의한 신경심리검사의 진단 정확도 중앙값

비교집단의 진단	진단 정확도 중앙값
비정신증적 장애	82%
복합 정신장애	77%
정서장애	77%
복합 정신증적 장애	70%
급성 혹은 반응성 조현병	77%
복합 조현병	69%
만성 혹은 진행성 조현병	54%

출처: Lacks, P. (1979). The use of the Bender Gestalt Test in clinical neuropsychology. *Clinical Neuropsychology, 1*, 29-34, Table 1, p. 32. Clinical Neuropsychology의 허락을 받고 게재함.

뇌손상과 만성 조현병을 감별하기 어려운 이유는 부분적으로 일부 정신증 환자의 생물학적 원인에 의한 것일 수 있는 신경병리가 존재하기 때문일 수 있다(Goldman, Axelrod, & Taylor, 1996). 제2장에서는 조현병과 전통적으로 개념화된 뇌손상을 감별하는 중요한 문제에 대해서 보다 자세히 다룬다.

이 책은 뇌기능장애를 선별하기 위해서든 혹은 특정 인지장애를 평가하기 위해서든 간에 BGT를 시각구성적 검사로 사용하고자 하는 심리학자들을 위해 쓰였다. 이 책은 BGT의 사용 목적과 관계없이 이 검사를 잘 사용하는 데 필요한 정보, 즉 검사의 실시, 채점, 타당도와 신뢰도, 해석을 제공한다.

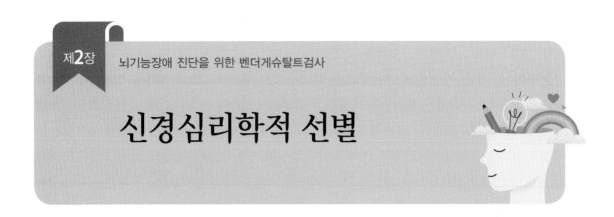

신경심리학적 선별

신경심리학적 선별은 복잡한 주제이며, 이 책의 범위를 상당히 넘어서는 것이다. 어떤 방법이 어떤 상황에서 적절한가를 비롯한 많은 논쟁이 제기되어 왔다. 그러나 이 책에서의 주된 관심사는 신경심리평가에서 벤더게슈탈트검사(Bender Gestalt Test: BGT)의 역할을 알아보는 것이다. 비록 BGT가 가장 널리 사용되는 도구 중 하나이긴 하지만, 많은 심리학자가 신경심리검사로서 BGT의 사용과 남용에 대해 많은 우려를 표명해 왔다. 예를 들어, 많은 심리학자가 BGT는 가장 자주 요청되는 진단 과제 중 하나인 뇌손상(brain damage)과 조현병(schizophrenia)을 감별하는 과제를 수행할 수 없다고 주장한다.

조현병은 망상, 환청, 와해된 언어, 정서적 둔감 등의 증상과 더불어 사회적 기능에 장애를 일으킬 수도 있는 정신건강의학과 질환으로, 2011년 이전에는 정신분열병(혹은 정신분열증)이라 불리었다. 정신분열병이란 병명이 사회적인 이질감과 거부감을 불러일으킬 수 있기 때문에 편견을 없애기 위하여 병명이 바뀐 것이다. 조현(調絃)이란 사전적인 의미로 현악기의 줄을 고르다는 뜻인데, 조현병 환자의 모습이 마치 현악기가 정상적으로 조율되지 못했을 때의 모습처럼 혼란스러운 상태를 보이는 것과 같다는 데서 비롯되었다.

BGT가 뇌손상과 조현병을 감별할 수 있는가에 대해 중요한 주제를 다루기 전에, 신경심리평가에 대한 자료의 맥락을 제공하기 위해 뇌기능과 신경병리에 대한 기초적인 검토부터 시작하기로 하겠다. 이러한 맥락을 벗어나 신경심리학을 논의하는 것은 어렵다. 이 주제에 대해 더 포괄적인 정보를 원하는 사람들을 위해 훌륭한 자료가 많이 있다(예: Joseph, 1996; Kolb & Whishaw, 1990; Lezak, 1995).

중추신경계의 조직

신경심리학 연구의 초점은 매우 복잡하지만, 부분적으로는 중추신경계와 인간 행동과의 관계를 이해하는 데 있다. 여러 직접적 및 간접적 증거 자료를 통해서 신경심리학자의 실무를 안내하는 사실과 이론이 발전되어 왔다. 예를 들어, 우리는 뇌가 다양한 방식으로 조직되어 있다는 것을 알고 있다. 해부학적으로 보면 뇌는 크게 후뇌, 중뇌, 전뇌의 3개 뇌 영역으로 구분된다.

후뇌(hindbrain)는 가장 일찍 발달하고, 뇌의 가장 낮은 부분에 있으며, 호흡과 심장박동과 같은 보다 원시적이고 단순한 생명 기능을 조절한다. **중뇌**(midbrain)는 중요한 감각 및 운동 활동을 통합하는 센터를 포함하고 있다. 가장 복잡하고 정교한 영역은 추리, 개념형성 및 문제해결과 같은 가장 발달된 기능을 담당하는 **전뇌**(forebrain)이다. 전뇌의 가장 큰 부분은 **대뇌**(cerebrum)이다. 대뇌의 외부 층은 **대뇌피질**(cerebral cortex)이라 불리는데, 이것은 시각, 청각, 운동 활동 및 인지와 같은 최고 수준의 뇌기능을 담당한다. 일반적으로 전뇌와 중뇌의 손상이 신경심리학자에 의해 가장 자주 진단되고 치료가 이루어진다. 신경심리학자가 사용하는 도구들은 특히 전뇌의 기능을 평가하기 위해 개발되었다(Gregory, 1996).

자주 사용되는 또 다른 뇌 분할은 2개의 **반구**(hemispheres)에 있다. 대부분 사람의 경우 좌반구는 언어가 생산되고 이해되는 영역이고, 우반구는 비언어적인 공간 및 촉각 활동은 물론 정서의 이해와 표현의 원천이다.

뇌의 작용을 이해하는 데 유용한 또 다른 구분은 대뇌피질의 네 가지 주요 엽, 즉 후두엽, 측두엽, 두정엽, 전두엽의 구분이다. **후두엽**(occipital lobes)의 주요 기능은 시각적 지각과 해석이다. **측두엽**(temporal lobes)은 청각적 인식뿐만 아니라 장기기억 저장과 특정 생물학적 충동을 조절하는 것을 포함한다. **두정엽**(parietal lobes)은 시각-공간적 및 운동감각적 정보를 처리한다. **전두엽**(frontal lobes)은 이른바 **실행기능**(executive functions), 즉 계획, 의도적 행동, 판단 및 의사결정과 같은 고차적 수준의 활동을 담당한다.

인지적 또는 행동적 장애의 특성은 뇌의 어느 쪽에서 비활성화가 되는지, 비활성화가 어떤 특정한 위치에 있는지에 따라 달라진다. 피질의 어느 쪽이 손상되거나 기능장애가 있는지 확인하는 것을 **편재화**(lateralization)라고 한다. 어느 엽이 기능장애에 책임이 있는가를 확인하는 것을 **국지화**(localization)라고 한다(예: 우측 후두정엽). **전후방향성**(caudality)은 손상이 뇌 영역의 앞쪽(또는 전) 부분을 향하는지, 아니면 뒤쪽(또는 후) 부분을 향하는지를 나타낸다.

BGT 사용자가 특별히 관심을 두는 것은 **두정엽**이다. 매우 단순화하여 표현하면 두정엽의 전반적인 기능은 다양한 감각(예: 촉각, 청각, 시각)의 신호를 통합하여 우리 몸의 공간적 관계와 방향에 대한 감각을 제공하는 것이다. 두정엽이 사용하는 신호의 예로는 눈의 움직임, 손의 위치, 입술과 혀의 피드백, 운동감각적 정보를 들 수 있으며, 그 외에도 많은 종류가 있다(Joseph, 1996).

두정엽의 손상은 신체상 혼란, 시각-공간적 손상, 감각적 결함, 방향 상실, 움직이는 물체의 추적 곤란 등 다양한 결함을 초래할 수 있다(Joseph, 1996). 그리기와 조립하기와 같은 구성적 장애는 가장 흔한 두정엽 손상의 산물이다. 보다 구체적인 유형의 구조적 장애는 주로 손상이 뇌의 좌측에 있는가, 아니면 우측에 있는가에 달려 있다. 예를 들어, 그리기 작업 시 좌측이 손상되면 운동 프로그래밍이 어려워지고 세부사항은 부족하지만 일반적인 모양은 유지되는 열악한 그리기가 생성될 수 있다. 그리고 자신이 범한 잘못된 오류를 인식할 수도 있다. 또한 좌측의 장애가 크면 클수록 더욱더 행동적 결함이 커진다(Benson & Barton, 1970; Lezak, 1995).

두정엽 우측이 손상되면 구성적 결함이 더 심해질 가능성이 크며(Benson & Barton, 1970; Benton & Tranel, 1993), 특히 우측 후부가 손상될 경우 그러하다(Black & Bernard, 1984). 우측 두정엽 손상은 지각적 문제와 더 관련이 있는데, 대상의 형태를 유지하기 위해 부분을 전체로 통합할 수 없다. 결과적으로 그리기는 오류를 인식할 수 없을지라도 크게 왜곡되기 쉽다. 일반적으로 우측 두정엽 손상의 크기는 지각적 결함의 정도와 거의 관련이 없다(Black & Bernard, 1984; Lezak, 1995). 뇌의 편재화와 구성적 능력 간의 관계에 대한 보다 자세한 사항은 관련 전문 서적을 참고하기 바란다.

신경병리학

뇌기능장애 혹은 뇌손상은 부상, 종양, 감염, 질병, 산소 부족, 대사 또는 내분비 장애, 알코올과 약물 또는 독성 물질에 대한 노출, 기타 여러 조건으로 인해 뇌의 구조와 기능에서의 해부학적 또는 생리학적 변화를 가리킨다. 뇌기능장애와 같은 복잡한 현상을 제대로 설명하기 위해서는 뇌손상의 원인 외에도 많은 측면이 필요하다. 예를 들어, 손상이 얼마나 광범위한가? 뇌손상은 우측 측두엽과 같은 특정 뇌부위에 국한되는 **국소적**(focal)이거나 뇌의 대부분 혹은 모든 부위에 영향을 미치는 **확산적**(diffuse)일 수 있다. 후자의 상태는 집중력, 복잡한 정신작용의 수행력, 주의력, 기분 및 에너지를 포함하여 행동의 거의 모든 측면에 영향을 미칠 수 있기 때문에 훨씬 더 쇠약해진다(Fantie & Kolb, 1991). 전통적으로 신경학적 장면에서 일하는 심리학자들은 뇌의 국소적 손상에 보다 초점을 두지만, 정신건강의학적 장면에서 일하는 심리학자들은 보다 뇌의 확산적 손상에 관심을 기울인다. 이것은 아마도 이 두 장면에서 볼 수 있는 다양한 유형의 사례 때문일 것이다. 뇌손상의 진단에 중요한 다른 측면은 손상이 계속해서 증가하고 있는가(진행적), 아니면 안정되어 있는가(정적) 하는 것이다. 뇌의 어느 위치에 문제가 있는가? 최근에 발생한 것인가, 아니면 오랫동안 지속된 것인가(급성 대 만성)? 어떤 특정 능력이 손상되었으며, 현재 능력은 손상 전 능력과 비교하여 어떠한가?

Lezak(1995)은 종합적으로 다룬 그녀의 저서에서 병원과 클리닉에서 전형적으로 볼 수 있는 신경계의 주요 장애에 대해 기술하고 있다. 그녀는 이러한 뇌장애 중 하나가 존재한다고 해서 다른 뇌장애나 우울증과 같은 **기능** 장애 중 하나가 배제되는 것은 아니라고 경고한다. 실제로 일부 인지장애는 알츠하이머병으로 인한 두부 외상(head trauma)과 같이 다른 인지장애보다 정기적으로 선행되거나 위험 요인이 되는 것으로 보인다.

지각-운동 결함과 관련된 신경병리

BGT는 주로 지각-운동 기능을 측정하는 것으로 생각되기 때문에 지각-운동 능력의 결핍을 특징적으로 나타내는 여러 신경병리학적 장애에 대해 좀 더 자세히 살펴보기로 한다.

알코올 중독

미국에서 가장 흔한 정신건강의학적 장애 중 하나가 만성적인 알코올 중독 혹은 알코올 의존이다. 알코올 중독자의 50%가 일상적 기능, 고용 및 치료 준수에 영향을 미칠 수 있는 경중 내지 중등도 신경병리학적 손상을 갖고 있는 것으로 추정된다. 이러한 정도의 손상은 금단의 영향과 해독 중에 투여된 약물의 효과를 피하기 위해 일반적으로 해독된 상태(입원 후 2~4주)의 환자를 대상으로 검사를 수행하더라도 발견된다. 또 다른 10%의 알코올 중독자는 지속적인 알코올 섭취로 인한 신경독성 효과 때문에 중증 인지장애 기준을 충족하고 있다. 알코올 중독자는 또한 머리 부상, 당뇨병, 간기능장애, 영양 부족, 금단 발작 등 뇌기능을 더욱 손상시키는 여러 가지 사건과 질병에 취약하다(Rourke & Loberg, 1996). Grant(1987)는 알코올과 관련된 인지결함의 패턴을 생성하기 위해 상호작용할 수 있는 복잡한 변인 모델을 구축했다. 그는 또한 장기적인 음주 절제를 통해 이러한 능력 중 많은 부분이 점진적으로 회복된다는 강력한 주장을 펼쳤다.

Rourke와 Loberg(1996)는 만성적 해독 알코올 중독자의 전형적인 프로필은 언어능력은 온전하지만 다른 많은 영역, 즉 "문제해결과 추상적 추리, 학습과 기억, 시각-공간적 분석, 복잡한 지각-운동통합"(p. 430), 간단한 운동기능, 실행기능 등에서는 장애가 있음을 보여 준다고 보고했다. 예를 들어, Tarbox, Connors 및 McLaughlin(1986)은 297명의 폭음 알코올 중독자와 일상 알코올 중독자의 신경심리학적 수행을 비교했다. 그들은 한번에 술을 많이 마시는 폭음 음주자가 매일 술을 마시는 일상 음주자보다 단기기억, 내부 스캐닝, 시각-공간적 개념화 및 시각운동 수행에 있어서 인지결함을 덜 보인다는 것을 발견했다. 젊은 음주자(40세 이하)가 나이 든 음주자(40세 이상)보다 BGT를 포함한 신경심리검사에서의 수행이 일관되게 더 좋았다.

치매

중요한 인지결함과 관련된 또 다른 장애가 **치매**(dementia)이다. 비록 알츠하이머병이 치매 사례의 50% 정도를 차지하지만, 뇌혈관 질환(Brown, Baird, Shatz, & Bornstein, 1996), 파킨슨병(McPherson & Cummings, 1996), HIV 감염/AIDS(Kelly, Grant, Heaton, Marcotte, & the HNRC GROUP, 1996), 심지어 암(Davis et al., 1987)을 포함한 다른 사례도 최소 50%가 된다.

알츠하이머병(Alzheimer's disease)으로 인한 치매에 대한 최근 연구에 따르면, "해마(hippocampus)와 내후각 피질(entorhinal cortex)은 질병의 가장 초기 단계에 관여하며, 질병이 진행됨에 따라 전두엽, 측두엽, 두정엽 연합 피질이 점점 더 관여하게 된다."(Bondi, Salmon, & Kaszniak, 1996, p. 167) 해마는 측두엽 깊숙이 박혀 있는 복잡한 뇌 구조로 학습과 기억에 중요한 역할을 한다. 내후각 피질은 내측 측두엽에 위치한 뇌의 대뇌피질 영역으로 기억, 탐색 및 시간 인식을 위한 광범위한 네트워크 허브 역할을 한다. 알츠하이머병의 경우에 눈에 띄는 기억력 문제는 일반적으로 언어, 실행기능, 주의력, 구성적 및 시각-공간적 기능의 손상을 비롯한 심각한 기타 인지결함을 동반한다.

대조적으로 **파킨슨병**(Parkinson's disease)을 가진 개인은 중간 정도의 기억력 결함만을 나타내지만, 시각-공간적 및 시각구성적 과제에서는 자주 손상을 나타내며, 실행기능이 초기에 가장 지속적으로 파괴된다(McPherson & Cummings, 1996). 파킨슨병은 떨림, 경직, 균형 및 조정 장애 등 의도하지 않거나 통제할 수 없는 움직임을 유발하는 뇌장애로, 증상이 대개 점차적으로 시작되어 시간이 지남에 따라 악화된다. 질병이 진행됨에 따라 사람들은 걷고 말하는 데 어려움을 겪을 수 있다. **헌팅턴병**(Huntington's disease)으로 인한 치매의 경우 주의력, 기억력, 실행기능, 시각-운동 능력의 손상이 질병의 초기 단계부터 명백하게 나타난다. 헌팅턴병은 뇌의 신경세포가 점진적으로 파괴 혹은 퇴행되는 희귀 유전질환으로, 개인의 기능적 능력에 광범위한 영향을 미치며 일반적으로 운동, 사고와 인지 및 정신 장애를 초래한다(Brandt & Butters, 1996). 사실, BGT는 중년에 일반적으로 헌팅턴병이 발병하기 전에 그 잠재적인 희생자를 식별하기 위해 사용된 여러 검사 중 하나였다(Lyle & Quast, 1976).

이러한 특정 인지 영역을 반복적으로 측정하면 치매가 진행되는 동안 정신적 쇠퇴의 진행을 추적하는 데 도움이 될 수 있다. 실제로 Bondi 등(1996)은 기억력 결함이 치매 초기 단계에 바닥으로 도달하기 때문에 다른 능력의 저하를 측정하는 것이 장애의 심각도를 결정하는 데 더 적합하다고 지적한다. 치매의 평가에 대한 더 자세한 논의는 노인들에 대한 평가를 다루는 제10장에서 확인할 수 있다.

HIV 질환/AIDS

인간 면역결핍 바이러스(Human Immunodeficiency Virus: HIV)는 우리 몸에 있는 면역세포를 파괴하여 면역력을 떨어뜨리고 각종 감염성 질환과 종양을 발생시키는 등 의학적으로 심각한 여러 질병을 가져온다. 그러나 그것은 또한 본격적인 HIV 관련 치매에 이르기까지 미묘한 인지손상을 초래할 수 있는 신경행동장애이기도 하다. 치매 발병률은 비교적 드물다(증상이 있는 HIV 감염자의 5~7%). 보다 일반적인 것은 복잡한 지각-운동 수행을 비롯하여 적어도 두 가지 인지 영역에서의 손상을 포함하는 경미한 신경인지장애이다. Kelly 등(1996)은 신경심리장애와 이 질병과의 관련성을 철저하게 검토하였다. HIV에 감염된 500명의 남성에 대한 종단적 신경행동 연구에서 이 질병의 연속적인 단계, 즉 무증상(인지장애 31%), 경미한 증상(인지장애 44%), 중증 면역결핍(인지장애 56%)의 단계로 갈수록 전반적인 뇌손상 비율이 더 높은 것으로 나타났다. HIV 질병이 진행될수록 뇌손상 또한 보다 심각해져 여러 영역의 능력에 영향을 미쳤다. 매우 자주 손상되는 인지능력의 영역은 주의력(61%)과 새로운 자료의 학습력(57%)이다. HIV에 의해 영향을 받은 사람들의 32%에서 정신운동장애가 발견되었다. 후천성 면역결핍증(Acquired Immunodeficiency Syndrome: AIDS)은 혈액과 체액에 의해 전파되는 감염성 질환으로, HIV로 인해 인체의 면역력이 상당히 저하되어 각종 감염증과 종양이 나타나기 시작하는 상태를 말한다.

저산소증

신경심리학자들이 관심을 갖는 또 다른 영역은 산소결핍 혹은 저산소증(hypoxemia)과 관련된 뇌손상이다. 저산소증은 혈액 내 산소 수치가 낮은 것으로 두통, 호흡 곤란, 빠른 심박수 및 푸른 피부와 같은 증상을 유발한다. 수면무호흡증, 만성 폐쇄성 폐질환, 고산병, 뇌혈관 사고 등은 모두 뇌에 산소 공급을 감소시켜 저산소증의 위험을 가져와 생명을 위협할 수 있다. Rouke 와 Adams(1996)는 급성 및 만성 저산소증의 신경심리학적 영향에 대해 검토하였다. 그들은 저산소증 환자의 인지능력에 지적 효능성, 주의력과 집중력, 지각-운동 조직과 효능성, 실행기능의 손상을 비롯한 여러 결함이 있음을 입증하는 많은 연구에 대해 설명하고 있다. Krop, Block 및 Cohen(1973), Greenberg, Watson 및 Deptula(1987)를 포함한 많은 연구에서는 BGT를 사용하였다. Greenberg 등은 수면무호흡증 환자 14명, 과도한 졸음장애 환자 10명, 건강한 지원자 14명을 대상으로 열네 가지 신경심리 배터리검사를 실시했다. 수면무호흡증 환자는 BGT를 포함한 배터리검사의 절반에서 다른 두 집단보다 수행 성적이 나빴다. 결과는 주간 수면이나 노화로 인한 것일 수 없다. 산소결핍장애에 대한 주제는 제10장에서 보다 자세하게 다루어진다.

뇌손상 선별

1980년 이래로 다양한 환자의 평가와 처치에 대한 임상신경심리학적 서비스에 대한 요구가 증가하여 왔다. 이러한 종류의 평가는 보다 간단한 선별 절차부터 포괄적인 신경심리평가까지 연속체에 걸쳐 포함될 수 있다. 더욱이 이러한 유형의 환자들에 대한 평가 실제, 진단적 질문 및 기저율이 서로 다른 임상 장면에 따라 크게 다르다. 뇌손상과 조현병 간의 감별은 심리학자의 가장 어려운 진단적 도전의 하나로 남아 있다.

진단 장면

진단 장면은 환자가 입원해 있는 정신건강의학과 의원(민간 및 정부 지원 모두)부터 신경과, 의과대학, 외래 정신건강의학과 진료소까지 다양하다. 이러한 장면은 이용 가능한 재정 및 인적 자원, 가장 일반적인 진단, 뇌장애 및 조현병과 같은 정신건강의학과 진단의 기저율과 같은 여러 요인에 따라 아주 다양하다. 정신건강의학과 장면(특히 정부 자금이 지원되는 경우)은 신경과의 시설과는 달리 자금이 제한되어 있고, 또한 직원이 신경심리학자보다는 임상심리학자로 국한되어 있는 경향이 있다. 정신건강의학과 장면은 또한 뇌장애의 기저율이 높고, 환자의 30% 이상이 일반적으로 알코올 남용이나 치매와 같이 광범위하게 분산된 문제를 갖고 있으며, 대체로 해부학적 손상의 명확한 징후가 없고 종종 우울증이나 조현병의 증상과 유사한 경우를 보이고 있다. 신경과 장면에서는 조현병의 비율이 낮고 심한 머리 부상, 뇌졸중, 뇌전증, 일반적으로 조현병과 혼동되지 않는 장애와 같은 비율이 더 높다. 신경심리평가에 대한 동일한 접근방식이 매우 다른 두 가지 유형의 진단적 환경에서 효과가 동일하게 나타날 가능성은 거의 없다.

조현병과 뇌손상의 감별

물론 조현병은 뇌질환이기 때문에 뇌손상이 있는 사람과 조현병이 있는 사람을 구별하려는 모든 시도를 잘못된 것으로 일축하는 것이 유행이 되었다. 비록 조현병과 인지장애 간에 공유되는 증상이 있는 것은 사실일지라도 조현병은 다른 형태의 뇌손상과는 달리 독특하고 다양하며 종종 일시적인 증상 패턴을 나타내는 것 또한 사실이다. 조현병의 임상 양상(clinical picture: 환자에게 일어난 일과 환자에게 제공되는 증상, 징후 및 조사 결과를 기반으로 한 의사의 해석)과 병인은 아직 명확하지 않으며, 과학자들 사이에서 끊임없이 논쟁의 대상이 되고 있는 주제이다. 이 주제에 대한 철저한 논의를 위해서는 Heinrichs(1993)의 글을 참고하기 바라며, 여기서는 간략하게만 검토하기로 한다.

임상 양상의 견지에서 보면, 일부 조현병 환자는 망상이나 환각과 같은 **양성**(positive) 징후를 보인다. 증상이 점차적으로 나타나는 환자들이 있는가 하면, 갑자기 발병하는 환자들도 있다. 시간이 지남에 따라 악화되는 환자들이 있는가 하면, 자신의 능력을 유지하는 환자들도 있다. 약물에 좋은 반응을 보이는 환자들이 있는가 하면, 약물치료에 저항하거나 심지어 더 악화되는 증상을 보이는 환자들도 있다. 조현병 환자 중에는 가족력이나 신경손상의 징후를 보이는 경우도 일부 있지만, 대부분의 환자는 그렇지가 않다. 조현병의 신뢰할 수 있는 세분화를 설명하려는 시도는 크게 성공하지 못했다. 더욱이, 현재로서는 조현병이 뇌 구조나 생리학 혹은 화학의 특정 신경병리와 확실하게 연관되어 있지 않다. 지적되어 온 이상성(abnormalities)은 다른 신경 사례에서 볼 수 있는 유형의 결함을 보이지 않는 것 같다(Heinrichs, 1993). 요컨대, 조현병의 신경학적 원인에 대한 증거는 대체로 일관성이 없고 모순적이며 동일하지 않았다.

조현병이 있는 사람들을 포함한 집단에서 뇌손상을 식별하기 위해 BGT와 같은 검사를 사용하는 것에 대해 일부 비판이 있었다. 조현병이 있는 사람들과 뇌손상이 있는 사람들은 이러한 검사에서 비슷하게 수행한다는 이유에서였다. 일부 연구 결과(예: Horine & Fulkerson, 1973)에 따르면, 만성 혹은 진행성 조현병 환자들은 급성 또는 반응성 조현병 환자들보다는 인지장애 환자들과 더 비슷한 수행을 보였다. Lilliston(1973)은 세 가지 신경심리검사 모두에서 뇌손상 범위에서 수행된 조현병이 예후 평가 척도에서 가장 많은 **경과**(process) 점수를 받았다고 보고했다. 세 가지 검사 모두에서 뇌손상 범위에서 수행하지 않은 조현병을 가진 환자들이 가장 많은 **반응**(reactive) 점수를 받았다.

그러나 조현병 환자들은 일반적으로 WAIS, MMPI, 로르샤흐, BGT를 포함한 대부분의 검사에서 뇌손상 환자들과는 다른 수행을 보인다. 주의 깊게 선정·진단·평가된 349명의 정신건강의학과 입원환자 규준집단(제7장에서 상세히 논의됨)의 BGT 수행 결과를 보면, 정신증 집단이 성격장애 환자들과 더 비슷한 양상을 보였고 뇌손상으로 진단된 환자들과는 다른 양상을 보였다. 뇌손상이 없는 두 집단은 오류의 수와 유형이 비슷했다. 진단 정확도에 있어서 올바르게 식별된 상태(즉, 뇌손상이 있는가 혹은 뇌손상이 없는가)는 성격장애의 76%, 정신증의 73%, 뇌장애의 82%로 밝혀졌다. 실제로 이러한 수치는 진단 정확도를 과소평가할 수 있다. 생활방식을 고려할 때 성격장애나 조현병이 있는 환자들 중 일부가 알코올이나 약물 남용, 사고, 영양 부족 및 다른 원인으로 인해 뇌손상을 입었을 가능성이 높기 때문이다.

Heaton 등(1979)은 비록 조현병 환자들이 비환자들과 비교하여 신경심리검사에서 약간의 손상을 보였지만, 그 손상은 급성 혹은 만성 뇌장애 환자들만큼 그리 심각하지 않았다는 것을 발견하였다. 그러나 이러한 결과는 최근 조현병 환자들이 입원해 약물 효과를 최소화했기 때문에 달성된 것이었다. 또한 임상적으로 편집증이 심한 조현병 환자들은 손상이 덜한 것으로 나타났다. 신경심리검사에 심각한 결함이 있는 정신증 환자에 대한 대부분의 보고는 기관에 장기간 입원한 만성 조현병 환자에 관한 것이다. 게다가 그들은 대개 다량의 강력한 항정신성(antipsychotic) 약물로 장기간 치료를 받았고, 이는 아마도 약물로 인한 뇌병리로 이어질 수도 있다. 향정신성(psychotropic) 약물과 전기경련치료(Electroconvulsive Treatment: ECT)가 BGT 결과에 미치는 영향에 대한 보다 자세한 내용은 제7장에서 확인할 수 있다.

또한 뇌손상을 포함하는 조현병의 일부 하위 집단이 있을 수도 있다. 일부 연구자들은 조현병에 두 가지 증후군이 있을 수 있다고 제안한다. 하나는 뇌의 구조적 손상, 음성(negative) 징후, 저조한 약물 반응 및 진행성 악화를 보여 준다. 이러한 패턴을 보이는 환자들은 기질적인 기반을 갖고 있을 수도 있고, 신경심리검사에서 결함을 일으키는 사람일 수도 있다. 다른 하나는 도파민 작동 장애, 양성(positive) 징후, 약물에 대한 양호한 반응 및 악화 부족으로 인해 증상이 변동한다. 그들은 이들 검사에서 적절하게 수행할 수 있다. 그러나 일반적으로 대다수의 조현병 환자는 뇌의 이상성을 보이지 않는다(Goldstein, 1986).

많은 조현병 환자(규준 표본에서의 73%)가 종종 BGT에서 잘 수행할 수 있는 이유 중 하나가 구성적 능력이 덜 손상되었기 때문일 것이다(Goldman et al., 1996; Saykin et al., 1991). Goldman 등(1996)은 조현병과 가장 관련된 기능적 영역은 주의력, 실행기능 및 기억이라고 제시한다. BGT는 비교적 간단하고 비요구적인 검사이기 때문에 대다수의 조현병 환자가 잘 다룰 수 있는 것 같다. 대다수의 조현병 환자가 주의력, 동기 및 이해력에 결함을 갖고 있는 반면에, 뇌손상 환자는 능력에 결함을 갖고 있을 수 있다. BGT의 지각-운동 측면을 강조하기 위해서는 검사자가 주의력, 기억력 및 정신증적 사고와 같은 다른 요인으로 인한 방해를 최소한으로 유지하는 것이 중요하다. 조현병 환자에게 검사를 실시하기 위해서는 특별한 기능이 있어야 한다. 검사자는 매우 인내심과 끈기가 있고 격려를 아끼지 말아야 한다. 또한 검사자는 지시사항을 자주 상기시키면서 명확하고 구체적으로 지시해야 한다. BGT 검사 결과가 좋지 않은 환자에 대한 한 가지 설명은 검사 실시가 이상적으로 이루어지지 못했다는 것이다.

다른 연구자들은 뇌손상이 단순한 과제와 복잡한 과제 모두에서 결함으로 이끌지만 조현병은 단지 복잡한 과제에서만 결함을 야기한다고 추측한다. 복잡한 검사는 지속적인 주의력, 추상적 추리, 산만함으로부터의 자유를 요구한다. 조현병 환자들은 BGT에서의 수행보다는 할스테드-레이탄 배터리(Halstead-Reitan Battery: HRB)와 루리아-네브래스카 배터리(Luria-Nebraska Battery: LNB)와 같은 보다 길고 복잡한 검사에서의 수행이 더 저조하다. Lacks 등(1970)은 조현병 환자 27명과 일반 의료환자 18명으로 구성된 집단의 경우, HRB 손상 지수를 통해 해당 집단의 62%만이 뇌손상이 없는 것으로 정확하게 식별된 반면, BGT 점수에서는 91%의 정확한 진단이 나온 것을 발견했다. 또 다른 이론은 조현병 결함이 좌반구와 관련이 있지만, BGT는 우반구의 기능을 더 강력하게 측정한다는 것이다(Goldstein, 1986).

조현병의 식별은 대부분의 입원환자 정신건강의학과 장면에서 가장 중요한 진단 과제 중 하나이다. 조현병에 대한 치료는 복잡하며 위험한 부작용이 있는 특정 약물을 포함하는 것이 통상적이다. 임상심리학자가 조현병을 감별해 달라는 요구를 받을 때 조현병이 뇌기능장애에 근거하고 있는지의 여부는 그렇게 중요하지 않다. 임상심리학자에게 요구되는 것은 환자들을 2개의 집단으로 식별하는 일이다. 한 집단은 만성 알코올 중독이나 치매와 같은 전통적으로 정의된 뇌손상의 상태에 있는 환자들을 포함한다. 다른 한 집단은 조현병을 앓고 있는 사람들로 구성되어 있는데, 이들은 일종의 "부분 유전적, 부분 후천적 장애를 갖고 있을 수 있으며, 이는 혼란스러운 행동과 정지 단계가 혼합된 증상들로 특징 지어진다."(Goldstein, 1986, p. 149) 입원을 유발하는 일반적인 원인은 바로 이러한 혼란스러운 행동이다. 따라서 신경정신건강의학과 병원에 입원하면 조현병 환자와 뇌손상 환자가 비슷하게 보일 수 있다. 심리학자들은 종종 BGT와 같은 시각구성적 척도를 포함하는 균형 잡힌 배터리검사를 사용하여 이들을 감별해야 하는 소임을 갖고 있다.

연속체로서 신경심리학적 선별

신경심리평가를 하나의 연속체로서 생각해야 한다. **선별** 과정이 연속체의 한 끝에 있고, 종합적인 신경심리평가가 다른 끝에 있다. 어떤 종류의 심리적, 정신적, 혹은 신경적 어려움을 겪고 있는 모든 사람에게 종합적인 심리검사 배터리를 제공하지 않는 이유는 무엇일까? 그것은 모두에게 시간을 많이 요하는 검사를 실시하는 것에 돈과 인력이 너무 많이 투입되기 때문이다. 또한 그렇게 많은 양의 정보는 모든 사례를 분류하고 치료하는 데 필요하지 않아 자원 낭비일 수도 있기 때문이다. Hutt(1985)는 선별이 진단 과정 초기에 이루어지며 최종 진단 결정과 동일시되어서는 안 된다고 말한다. 이 말은 선별이 **예비** 단계이며, 일단 뇌장애가 시사되었거나 확정되면 그 장애를 더욱 완벽하게 설명하기 위해 추가 조사가 수행되어야 한다. 선별은 진단과 치료 계획을 돕기 위한 간단한 배터리검사의 실시로 이루어지는데, 특히 혼란스럽거나 긴급하다고 간주되는 사례일 경우에는 더욱 그렇다. Lezak(1995)는 그것을 **초기 경보 시스템**(early warning system)이라고 부른다.

선별의 초점은 치료센터의 목표와 그곳에서 흔히 볼 수 있는 환자의 유형에 따라 달라질 것이다. 많은 경우에 선별의 목적은 환자가 뇌손상을 갖고 있는지의 여부를 찾아내는 것이다. 이러한 유형의 선별은 특히 각 모집단의 30%나 많이 차지하는 인지장애와 정신증의 높은 기저율을 보이는 입원환자 신경정신건강의학과 센터에서 유용하다. 이 두 집단 범주에 해당하는 환자들은 많은 증후를 공유하는 경우가 흔하고 처치 방법이 매우 다르기 때문에 입원 후 곧바로 그들을 감별하는 것이 중요하다.

신경심리학적 선별을 위한 일반적인 질문은 다음과 같다.

- 그 사람은 뇌손상을 갖고 있는가?
- 만약 그렇다면, 이 정보는 그 사람의 역사, 증후 및 결함을 설명하고 있는가?
- 만약 뇌손상이 있다면, 그 사람에게 어떤 행동적, 지적, 사회적 및 직업적 영향을 미치는가?
- 만약 진단이 분명하지 않다면, 그 사람에게 보다 많은 신경심리학적 선별검사를 실시해야만 하는가?
- 일단 뇌손상이 있는 것으로 밝혀지면, 문제에 대한 완전한 파악과 처치를 위한 권유를 위해서 종합적 신경심리검사를 의뢰해야만 하는가?

어떤 환자가 선별검사를 받는가? 어떤 기관에서는 모든 신규 환자에게 간단한 선별배터리검사를 실시할 것을 요구한다. 다른 기관에서는 임상 양상이 명확하지 않거나 환자의 과거력과 행동 혹은 의뢰 질문이 뇌손상의 의심을 야기할 때만 선별검사를 사용하기도 한다. 뇌기능장애에 걸릴 위험이 더 높은 환자로는 노인과 알코올 중독이나 약물 중독 혹은 HIV 감염의 병력을 가진 자를 들 수 있다. 진단적 질문은 또한 환자가 인지능력, 언어, 시력 또는 기억의 변화를 호소하고 혼란, 서투름, 두통, 발작 및 기타 뇌 관련 가능성이 있는 특징에 대한 증상이 나타나면 제기된다.

선별배터리검사와 선별검사의 차이점은 무엇인가? 후자는 간단하고 타당도와 신뢰도가 높은 객관적 채점방법을 갖고 있으며 측정대상의 범위가 너무 좁지 않은(즉, 너무 구체적이지 않은) 검사이다. 특정 유형의 뇌기능장애가 있는 사람을 식별할 수 있는 연구 이력이 있지만 그의 장애를 구체적으로 나타낼 수는 없다. 선별검사는 단독으로 사용되지 않고 항상 선별배터리검사의 맥락에서 사용된다. 선별배터리검사는 면담, 지적 능력(보통 WAIS의 전부 또는 일부), 성격(종종 MMPI) 및 뇌손상의 측정으로 구성되어야 한다. 뇌손상의 측정에는 뇌기능의 다양한 측면을 측정하는 최소 두 가지 검사가 포함되어야 한다.

심리학자의 약 14%는 신경심리학적 선별에 대해 공식적이고 비교적 경직된 접근법을 취한다(Sweet, Moberg, & Westergaard, 1996). 많은 환자(60%)에게는 개별 맞춤화된 검사를 추가하는 핵심 검사 세트가 있다. 다른 환자들의 경우, 신경심리학적 선별은 환자 불평, 의뢰 질문, 첫인상과 같은 초기 정보에서 제기된 질문을 기반으로 검사가 선택되는 '롤링(rolling)' 활동으로 행해진다. 이 접근법은 신경심리학자의 25%가 사용한다. 새로운 질문이나 가설이 제기되면 추가 검사, 병동 관찰, 차트 검토 및 중요한 타인들과의 면담 같은 다른 출처에서 자료를 수집할 수 있다(Cummings & Laquerre, 1990). Hammainen(1994)은 가설-검증 접근법을 용이하게 하기 위해 개발된 컴퓨터 프로그램(NADIA)에 대해 보고한다. 검사 회기 동안 프로그램은 신속하게 검사 결과를 제공하기 때문에 환자별 기준에 따라 검사를 단계적으로 선택할 수 있다. 이렇게 유연하거나 개별적인 접근법을 사용하는 의사들은 〈표 2-1〉에 열거된 것과 같이 다양한 **영역**의 광범위한 능력을 측정한다. 이 표에는 종종 각 영역과 관련된 검사도 포함되어 있다. 이 표는 Bondi 등(1996), Chouinard와 Braun(1993), D'Amato 등(1997), Gregory(1996), Groth-Marnat(1997, 출판 중) 및 Lezak(1995)의 아이디어를 바탕으로 작성되었다. 이러한 기능 중 하나라도 어려움을 겪는다면 뇌손상을 나타낼 수 있다. 표준 BGT는 시각-공간적 영역에 제시되어 있고, BGT의 회상법은 학습과 기억 영역에 제시되어 있다.

이러한 영역에서 환자를 평가할 때 신경심리학자들은 **특정성**(specificity)이 높은 검사를 선호한다. 그러나 〈표 2-1〉의 척도 중 어느 것도 특정 능력을 순수하게 평가하지 않는다는 점에 유의해야한다. 대부분의 척도는 2개 이상의 기능을 측정한다. 심리학자들은 기능 영역의 내용에 대해서는대체로 동의하지만, 사용할 적절한 척도에 대해서는 합의가 거의 없다.

BGT는 뇌손상 선별검사의 좋은 예이며 성인(Berg, Franzen, & Wedding, 1994; Gregory, 1987; Groth-Marnat, 1997, 출판중)과 아동(Franzen & Berg, 1989; Sattler, 1992)을 위한 선별배터리검사에 가장 자주 포함되는 검사 중 하나이다. 그리기 작업은 다양한 종류의 뇌손상에 민감하기 때문에 전통적으로 뇌손상 선별을 위해 사용되어 왔다(Lacks, 출판중). 여기서 선별은 인지장애가 있을 가능성이 있는 사람을 **식별**하는 것을 의미할 뿐이지 검사가 부위, 정도, 원인 등 뇌손상의 구체적인 세부사항을 설명할 수 있다는 의미는 아니다.

〈표 2-1〉 신경심리학적 영역과 각 영역을 평가하기 위한 척도의 예

기능 혹은 영역	척도 혹은 검사
주의와 집중	숫자기억검사(Digit Span, Arithmetic)
	웩슬러기억척도, 숫자[Visual Span (Wechsler Memory Scale)]
	기호잇기검사(Trail Making Test)
	스트루프색상단어검사(Stroop Color-Word Test)
학습과 기억	숫자기호대체검사(Digit Span, Digit Symbol)
	웩슬러기억척도(Wechsler Memory Scale)
	레이청각언어학습검사(Rey Auditory Verbal Learning Test)
	벤더게슈탈트검사, 회상(Bender Gestalt Test, Recall)
	벤턴시각기억검사(Benton Visual Retention Test)
	레이-오스테리스복합도형검사, 지연된 회상(Rey-Osterrieth Complex Figure Test, Delayed Recall)
시각-공간적 능력	벤더게슈탈트검사(Bender Gestalt Test)
	레이-오스테리스복합도형검사(Rey-Osterrieth Complex Figure Test)
	토막짜기(Block Design)
	촉각수행검사(Tactual Performance Test)
추상	보스턴이름대기검사(Boston Naming Test)
	범주검사(Category Test)
	레이븐지능발달검사(Raven Progressive Matrices)
운동기능	수지력검사(Finger Trapping)
언어기능	상식, 이해(Information, Comprehension)
	보스톤이름대기검사(Boston Naming Test)
	실어증선별검사(Aphasia Screening Test)
성취도	광역성취도검사(Wide Range Achivement Test)
실행기능	행동 관찰(Behavioral observation)
	위스콘신카드분류검사(Wisconsin Card Sorting Test)
정서상태	미네소타다면적인성검사(MMPI)
	벡우울척도(Beck Depression Inventory)
	간이정신진단검사-90(Symptom Checklist-90)

선별검사로서의 BGT

BGT는 광범위한 인지장애가 있는 사람을 식별하는 데 유용한 것으로 나타났지만, 주로 장애가 있는 지각-운동 기능과 실행기능을 평가한다. 확산성 뇌손상을 갖고 있는 사람 혹은 BGT가 감지하는 뇌 영역의 기능에 장애가 있는 사람은 BGT를 통해 식별되기 쉽다. 그러나 뇌의 다른 부위에 장애가 있는 일부 환자는 BGT를 잘 수행할 수 있다. 이러한 이유로 뇌기능장애에 대한 최소한 하나의 다른 선별검사가 선별배터리에 포함되어야 하며, 이는 BGT에 의해 감지되는 기능 이외의 다른 기능을 측정하는 것이어야 한다. 선택할 수 있는 검사의 예는 많은 신경심리학 텍스트에서 찾을 수 있다. 선택된 검사는 어느 것이든 뇌손상 환자와 조현병 또는 기타 심각한 정신건강의학적 진단을 받은 환자를 감별할 수 있는 능력을 보여 주는 것이어야 한다.

Webster, Scott, Nunn, McNeer 및 Varnell(1984)은 뇌손상에 대해 단 하나의 선별검사를 사용하는 것의 위험성을 입증해 주었다. 그들은 신경심리학적 자문 서비스를 의뢰받은 피질 손상이 있는 43명의 환자(이 중 20명은 좌반구와 우반구 모두 손상, 6명은 좌반구 손상, 7명은 우반구 손상)와 신경손상이 없는 환자 19명에게 인지능력선별검사(Cognitive Capacity Screening Examination: CCSE)와 도형기억검사(Memory for Designs: MFD)를 실시하였다. CCSE는 기질적 정신증후군, 특히 섬망을 식별하는 데 도움을 주기 위해 고안된 검사로 판단력, 정신적 속도, 지속적 노력을 평가하며, MFD는 Graham과 Kendall이 1946년에 고안한 것으로 뇌손상, 기능장애, 정상을 기준으로 개인의 시각적 기억을 측정한다. 분석 결과, 한 가지 검사만을 사용했을 때(CCSE = 61%; MFD = 73%)보다 두 가지 검사를 모두 사용했을 때(81%)가 전체 적중률이 더 높은 것으로 나타났다. 이 결과는 각 검사가 뇌의 다른 부분의 기능을 평가하기 때문인 것으로 설명해 볼 수 있다. CCSE는 뇌손상 환자 중 좌반구 손상이 있는 환자를 식별하는 데 더 우수했고(67% 대 33%), MFD는 우반구 손상으로 인한 기능장애를 평가하는 데 더 유용했다(86% 대 29%). 두 가지 검사를 모두 사용하면 한쪽 반구에 손상이 있는 13명의 환자를 식별하는 적중률이 77%였다. 진단과 검사 점수의 양극성 관계에 대한 추가 증거는 서로 다른 진단집단에 대한 두 검사 간의 상관관계에서 찾아볼 수 있다. 뇌손상이 없는 사람들의 경우 두 검사의 상관관계는 .99였고, 좌뇌와 우뇌에 모두 손상이 있는 사람들의 경우 두 검사의 상관관계는 .86이었다. 한쪽 반구에만 손상이 있는 환자들의 경우 두 검사의 상관관계는 .35였으며, 이는 다른 환자들보다 이 두 가지 검사에서 능력의 차이가 훨씬 더 컸음을 보여 주는 것이다.

종합적 신경심리평가

선별배터리검사를 기반으로 환자가 뇌손상을 갖고 있는 것으로 확인된 후에는 어떻게 해야 하는가? 적어도 세 가지의 해야 할 일이 있다. 하나는 추가적인 심리검사가 불필요하다고 판단하여 치료를 진행하는 것이다. 또 다른 선택은 내담자에게 종합적 신경심리 정밀검사를 의뢰하는 것이다. 그 사이의 선택은 환자의 강점과 약점을 체계적으로 살펴보기 위해 다양한 범위의 여러 선별척도를 사용하여 추가 신경심리검사를 수행하는 것이다. 검사는 양쪽 반구를 포함하여 뇌의 다른 영역에서 다양한 인지기능과 행동기능을 평가하기 위해 선택된다(〈표 2-1〉 참조). 많은 유용한 텍스트에서는 이러한 각 영역에 대해 다양한 간이 선별검사를 설명하고 있다. 성인을 위한 검사의 예는 Gregory(1987)와 Berg 등(1994)에서 발견할 수 있으며, 아동을 위한 검사의 예는 Franzen과 Berg(1989) 및 Sattler(1992)가 도움이 된다.

마지막으로, 초기 선별이나 추가 검사에서 뇌손상의 확실한 징후가 밝혀지면 진단을 확인하고 추가 세부정보를 제공하기 위해 철저한 신경심리평가가 처방될 수 있다. 6시간 이상 소요되는 이 종합적인 평가를 통해 뇌손상 영역과 그 원인을 정확히 찾아낼 수 있다. 이를 통해 장애 정도가 경증, 중등도, 중증인지 그리고 시간이 지남에 따라 악화될 가능성이 있는지를 판단할 수 있다. 최근 몇 년간 다양한 회복 시점에서 환자의 일상기능에 뇌손상이 미치는 영향을 문서화하기 위해 신경심리검사가 많이 필요해졌다. 관심 영역으로는 자기돌봄, 독립생활, 학업성취, 직업기능 등이 있다(Heaton & Pendleton, 1981). 예를 들어, Acker와 Davis(1989)는 머리 부상을 입은 148명의 부상 후(N = 부상 후 6.2년) 기능 상태에 대한 신경심리 배터리검사와 관련시켰다. 검사는 부상 후 평균 2.4년 만에 시행되었다. 웩슬러기억척도(Wechsler Memory Scale), 스트루프색상단어검사(Stroop Color-Word Test)와 같은 다른 신경심리검사의 점수와 함께 BGT 오류 수는 독립생활의 정도를 예측했다. 보다 특정 기능에 대한 이들 척도는 광범위한 IQ 검사나 연령 및 교육수준과 같은 인구통계학적 변인보다 환자의 이후 성공과 더 관련이 있었다. 이러한 검사들은 검사에서 확인된 결함을 기반으로 보다 현실적인 재교육 프로그램을 계획할 수 있기 때문에 재활 장면에서 비용 효율적이다. 표준화된 방식으로 시간이 지남에 따라 회복을 추적할 수 있으며, 사회 재진출을 위한 조정을 주기적으로 점검할 수 있다.

종합적 신경심리평가의 두드러진 장점은 치료 계획에 도움이 될 수 있다는 점이다. 신경심리학자는 치료 유형을 추천할 수 있을 뿐만 아니라 환자가 계획에 협조할 수 있는 능력에 대해서도 논의할 수 있다. 대부분의 정신건강의학과 치료센터에는 신경심리학적 서비스가 없는 것이 사실이다. 그러나 Yozawitz(1986)는 이러한 관행은 근시안적이라고 믿는다. 그는 또한 모든 신경심리학적 환자를 뇌손상이 있는 환자와 뇌손상이 없는 환자로 단순화하여 이분화하는 것의 위험성에 대해 경고한다. 뉴욕주의 한 급성 치료센터에서 그는 의뢰된 환자에게 유연한 신경심리평가가 제공되었을 때 **기능**(functional) 진단을 받은 많은 사람이 뇌기능장애가 있는 것으로 밝혀졌다는 사실을 발견했다. 이 환자들은 발달적 언어장애와 시각-공간적 장애를 가진 환자로 거의 동등하게 나눌 수 있다. 후자 집단에 속한 사람들은 교육, 직업, 의사소통 및 생활기술 향상을 위해 인지·학업 재활을 받을 수 있다. Yozawitz는 정신건강의학과 치료센터가 일상적인 신경심리평가와 그에 따른 인지재활을 종합적인 정신건강 관리에 통합해야 한다고 제안한다.

BGT는 무엇을 측정하는가

한번에 하나의 기능이나 능력만을 측정하는, 즉 매우 **특정한** 내용을 평가하는 순수한 심리검사를 사용하는 것이 편리하고 바람직할 것이다. 그러나 실제로 대부분의 검사는 다양하고 복잡한 기능과 능력을 측정한다. Dodrill(1997)은 일반적으로 신경심리검사가 낮은 수준의 **특정성**(specificity)을 보인다는 사실을 발견했다. 예를 들어, 간단해 보이는 BGT를 성공적으로 완료하려면 뇌의 많은 영역을 사용하는 다양한 기술이 필요해 보인다. BGT의 첫 번째 자극카드 제시로 인해 일련의 복잡한 인지 및 다른 요구사항이 발생한다. 제1장에서 설명했듯이 BGT 수행의 결정요인에는 손상되지 않은 시력, 주의력 및 집중력, 도형의 인지 또는 해석, 공간 관계, 관점, 언어적 지능, 기억, 운동기능, 지각-운동 통합, 그리고 심의, 계획, 의사결정, 추진력 또는 동기부여와 같은 **실행기능**(executive skills)이 포함된다.

BGT 수행에는 너무나 많은 상이한 능력이 관련되어 있기 때문에 뇌의 여러 부위가 작동하고 있다는 것은 분명하다. Lezak(1995)은 일반적으로 실행기능의 근원을 전두엽에 돌리고 있다. 그러나 전두엽은 뇌의 다른 부분의 손상에도 민감할 수 있다. BGT의 지각-운동 측면은 전통적으로 우측 두정엽에 속한다(Benton & Tranel, 1993; Black & Bernard, 1984; Joseph, 1996). 그러나 Benton과 Tranel은 좌반구 병변과 우반구 병변이 있는 개인 간의 시각구성적 검사 수행에 아주 큰 차이가 있다고 보고한다. 그들은 시각-지각적 측면이 우반구와 연결되어 있다는 것에 대해 의심한다. 그러나 BGT는 좌반구와 연결될 수 있는 숙고 및 지속적인 주의력과 같은 다른 기술을 요구한다. Benson과 Barton(1970)은 뇌의 서로 다른 4개의 사분면에 국한된 병변의 구조적 능력에 대한 영향을 조사한 결과, 4개의 사분면 모두의 병변에서 손상된 수행을 발견했지만 우측 후방에 병변을 가진 환자가 더 많이 이 기능의 붕괴를 보였다.

Black과 Bernard(1984)는 4개의 뇌 사분면 중 하나를 관통하는 전쟁 관련 파편 상처로 인해 뇌손상을 입은 52명의 남성을 대상으로 연구를 수행하였다. 연구대상자들에게는 WAIS와 BGT를 포함한 신경심리 배터리검사를 실시하였다. 종합 편차지능지수(Full Scale IQ)나 토막짜기(Block Design) 결과에서는 네 집단 간 유의한 차이가 없었지만, BGT 결과에서는 차이가 있었다. 우반구 손상이 있는 환자는 좌반구 손상이 있는 환자보다 수행 능력이 더 나빴다. **우측 후방**에 손상이 있는 환자들이 가장 나쁜 결과를 보였고, **좌측 전방**에 손상이 있는 환자들이 가장 좋은 결과를 보였다. BGT 수행에서 2개 이상의 오류를 보인 경우는 좌측 전방 손상이 6%, 우측 전방 손상이 25%, 좌측 후방 손상이 20%, 우측 후방 손상이 46%로 나타났다. 병변 크기는 구조적 결손에 미미한 영향만 미쳤다. 연구자들은 구조적 결손이 우측 후방 병변이 있는 사람들에게서 더 흔하고 심각하지만 뇌의 어느 사분면에서나 병변이 있을 때 발생할 수도 있다고 결론지었다. 후자의 연구 결과는 Garb와 Schramke(1996)가 신경심리평가 연구의 메타분석에서 발견한 것과 일치한다. 그들은 또한 신경손상이 뇌의 한 작은 영역에만 국한되는 경우가 거의 없다는 사실을 발견했다. 한쪽 반구에 구조적 병변이 있는 많은 환자는 뇌에 확산적 영향을 받을 수 있다. 머리 부상, 뇌졸중, 종양은 국소적인 장애를 일으킬 뿐만 아니라 뇌 전체에 영향을 미칠 수 있다.

요컨대, BGT가 무엇을 측정하는지에 대한 질문에 대한 대답은 쉽지가 않다. 뇌손상을 평가하려는 초기 시도에서는 뇌의 어떤 부분에 대한 손상이 유형이 아닌 정도만 달라지고 뇌에 단일 영향을 미치는 **기질성**의 단일 개념을 가정했다. 나중에는 뇌손상이 신경계 통합을 방해하여 적절한 신경심리검사의 레이더에 나타날 것이라고 생각했다. 심리학자들은 모든 유형의 뇌손상을 찾아내는 데 도움이 될 수 있는 단일 검사 또는 간편한 배터리검사를 찾았다(Gregory, 1987). 그러나 한동안 우리는 각 검사가 많은 뇌기능 중 일부만을 측정한다는 사실을 알고 있었으며, 한두 가지 기능만 측정하는 경우는 거의 없었다. 뇌기능과 뇌기능장애의 복잡성을 설명하려면 많은 양의 데이터와 검사의 전수조사가 필요하다.

현재 신경심리학자들은 뇌기능의 특정 **영역**을 측정하기 위해 특정 검사를 선택한다. 그러나 이러한 특정 이론을 엄격히 고수하는 것은 지나치게 협소한 태도로 보인다. 9개의 BGT 도형을 모사하는 데 필요한 다양한 기능의 결과로 우리는 아마도 뇌의 다양한 부분에서 다양한 기능을 측정하고 있을 것이다. BGT는 다소 광범위한 그물을 던진 것으로 보인다. 즉, BGT는 뇌의 여러 영역의 손상에 민감하다. 따라서 BGT는 뇌의 복잡한 작용을 밝히는 단일 검사라기보다는 뇌기능장애 **지표**(marker)에 가깝다. BGT는 시각-공간적 영역에 대한 좋은 척도이지만, 전두엽에서 시작되는 것으로 생각되는 실행기능과 같이 이 영역이나 심지어 뇌의 우측 두정엽 영역에만 국한되지 않는 많은 다른 기능도 측정한다. 확산성 뇌손상이 있는 개인도 이 검사에서 성적이 좋지 않을 가능성이 크다. 이러한 범주의 예로는 알코올 중독, 노화, 알츠하이머병으로 인한 치매, HIV 감염, 파킨슨병, 헌팅턴병 등이 있다. Lezak(1995)에 따르면, 확산성 뇌손상에 대한 이 검사의 민감도는 "모사작업에는 반드시 시각기능에 한정된 것은 아니지만 다양한 종류의 뇌손상으로 인해 손상되는 경향이 있는 높은 수준의 통합적 행동을 요구한다."(p. 568)는 점을 시사하고 있다.

BGT에 관한 신화

1938년에 개발된 BGT는 가장 오래되고 가장 많이 사용되는 신경심리검사 중 하나이다. 시간이 지남에 따라 이 검사가 사용되는 상황이 점차 변화되어 왔다. 변화되어 오는 각 단계에서 BGT에 대한 여러 오해가 생겨났다. 오해 중 일부는 신화의 지위에 이르렀다. 여기서 신화란 사실이 아닌데도 마치 사실인 것처럼 믿고 있는 잘못된 신념을 말한다. 가장 자주 표현되는 신화 중 몇 가지를 여기서 간단히 살펴보기로 한다.

① 많은 심리학자는 BGT를 뇌손상을 측정하는 유일한 검사로 사용한다.

이 오류는 수년간 지속되어 왔다. 그것은 지지하는 데 객관적인 증거 없이 절대적인 사실로 만들어지는 진술 중 하나이다. 실제로 심리학자들은 거의 항상 최소한 WAIS와 면담을 포함하는 배터리검사에서 BGT를 하나의 도구로 사용한다. 그들은 또한 일반적으로 자신의 검사 결과를 병력과 현재 증후와 같은 다른 알려진 환자의 정보와 통합한다.

② 조현병은 뇌손상의 한 형태이기 때문에 뇌손상과 조현병을 구별하기 위해 BGT와 같은 검사를 사용해서는 안 된다.

조현병의 정확한 원인이 무엇인지 아직 아무도 모른다. 그러나 우리는 조현병의 경과, 치료, 그리고 결과가 뇌손상을 입은 환자들의 그것과는 매우 다르다는 것을 알고 있다. 두 집단은 많은 심리검사에서 다르게 수행하는 것처럼 또한 BGT에서도 오류의 수와 유형 모두에 걸쳐 매우 다르게 수행한다. 정신증 환자 141명(그중 70%가 조현병 환자)의 집단에서 BGT는 그들 중 73%를 정확하게 식별했다. BGT는 조현병을 진단하는 데 사용되지 않지만, 치료 계획의 목적으로 **전통적으로** 정의된 뇌손상을 배제하는 데 사용된다. 가장 효과적인 치료법을 적용하려면 진단이 최대한 정확해야 한다. 뇌종양과 뇌전증은 둘 다 뇌손상의 한 형태이므로 구별할 필요가 없다고 주장하는 것이 타당한가? 아니다. 왜냐하면 이 두 질환의 경과, 치료 및 결과도 다르기 때문이다.

③ BGT는 우측 두정엽의 손상만을 측정하기 때문에 선별검사로 사용하는 데 제한적이다.

이전 논의에 따르면 BGT는 실행능력에 영향을 미치는 확산성 뇌손상과 전두엽 기능장애도 식별하는 경우가 많다. 어느 한 반구에 대한 일측성 비두정엽 손상을 구별하는 것이 가장 덜해 보인다.

④ BGT와 같은 검사로 선별검사를 하는 것보다 HRB와 같은 검사를 사용하여 종합적 신경심리평가를 하면 더 나은 결과를 얻을 수 있다.

그렇다. 할스테드-레이탄 배터리(Halstead-Reitan Battery: HRB)와 같은 대규모의 배터리검사를 통해 훨씬 더 많은 정보를 얻을 수 있다. 그러나 많은 상황에서는 그러한 심층평가가 필요하지 않다. 또한 대부분의 기관은 모든 환자에게 이러한 관심을 기울일 수 있는 재정적 또는 인적 자원을 갖고 있지 않다. 또한 전형적인 선별 장면은 조현병(최대 35%)의 기저율이 높은 정신건강의학과 진료소나 의원에서 심리학자들에게 뇌기능장애에 대한 선별을 의뢰하는 상황이다. 이러한 일반적인 장면에서는 정교한 배터리검사가 특히 뇌기능장애가 있는 사람과 조현병이 있는 사람을 비교할 때 높은 변별력을 보이지 않는다(Lacks et al., 1970).

⑤ 환자에게 뇌손상이 있다고 의심되면 자격을 갖춘 신경심리학자에게 의뢰하는 것이 가장 좋다.

대부분의 기관은 자원을 가장 잘 할당할 방법을 결정하기 위해 일종의 평가 및 치료 분류를 수행한다. 가정의가 값비싼 전문 검사나 상담에 대한 환자 의뢰를 제한해야 하는 것처럼, 임상심리학자도 추가적인 전문 평가가 필요한지 신중하게 고려해야 한다.

⑥ CT, MRI, PET 스캔과 같은 정교한 신경방사선 검사법이 많이 등장하면서 우리는 더 이상 뇌손상에 대한 심리진단검사에 대해 걱정할 필요가 없다.

뇌손상의 유형과 부위에 대한 의학적 진단이 심리검사의 사용을 불필요하게 만드는 경우가 있는 것은 사실이다. 그러나 이러한 의료 검사는 비용이 매우 많이 들고 모든 신경정신증 환자, 특히 공공 자금을 지원받는 정신건강의학과 환자가 쉽게 이용할 수 없다. 또한 이러한 신경방사선 검사는 오류가 없는 것이 아니다. 일련의 심리검사는 그 사람에게 뇌손상이 있는지 여부 외에도 많은 정보를 제공할 수 있다.

비록 BGT에 대한 많은 신화가 있긴 하지만 일부 타당한 비판도 있다. 일부 심리학자는 검사를 오용하여 특별히 유용하지 않은 보고서를 작성하기도 한다. 너무 많은 심리학자가 진단 정확도가 알려진 객관적인 채점방법에 의존하기보다는 BGT와 기타 유사한 검사들을 해석하기 위해 임상적 판단을 사용하는 것을 고집한다. 연구에 따르면, 이러한 관행은 진단 정확도를 감소시키는 것으로 나타났다. 이와 동일한 비판은 로르샤흐검사(Rorschach Test), 미네소타다면적인성검사(MMPI) 및 웩슬러성인용지능검사(WAIS)와 같이 자주 사용되는 다른 많은 검사에 대한 심리학자들의 해석 관행에도 해당된다. BGT에 대한 광범위한 규준이 있음에도 불구하고 다양한 인종집단의 수행에 대해 알려진 바가 충분하지 않아 여전히 격차가 있다. 일부 유망한 연구경로는 연구자에 의해 교차 검증되거나 추가 조사되지 않았다. 예로, Pauker 채점방법, 배경간섭절차와 '완벽한' 방법과 같은 실시 변형을 들 수 있다(McCann & Plunkett, 1984). 우리는 뇌의 어느 부위에서 어떤 뇌기능이 BGT 수행을 완전히 결정하는지에 대한 상세하고 정확한 그림을 아직 가지고 있지 않다. 이러한 비판은 많은 심리학자의 일반적이고 현재의 관행뿐만 아니라 이 검사의 사용을 용이하게 하는 답이 없는 질문을 언급하기 때문에 더 현실적이다.

뇌기능장애 검사에 관한 문헌을 읽을 때 주로 신경학적 장면에서 일하는 심리학자와 주로 정신 건강의학적 장면에서 일하는 심리학자 사이에는 의견과 관행에 큰 차이가 있다. 이러한 각 장면에서 볼 수 있는 환자의 유형이 다르다는 것은 명백하며, 이 사실은 문헌에서 제시된 모순된 권장 사항 중 일부를 설명할 수 있다. 다양한 유형의 환자를 대상으로 다양한 장면에서 평가 주제에 대한 연구를 확장하는 것이 도움이 될 것이다.

요컨대, BGT는 신경심리검사 내에서 많은 기능을 수행한다. 이는 뇌기능장애, 특히 확산성 뇌 손상 또는 우측 두정엽 영역의 손상에 대한 선별검사로서 좋은 지원을 제공한다. 또한 추가적인 평가가 필요할 때 시각구성적 영역을 측정하는 검사로도 사용할 수 있다. BGT는 60년 동안 사용되어 온 도구로 모든 연령집단에 적용된다. 이 검사는 객관적인 방법으로 채점할 수 있으며 규준과 진단 정확도의 비율을 제공하는 많은 연구의 초점이 되어 왔다. 이 책의 나머지 부분에서는 널리 사용되는 이 검사의 실시, 채점 및 결과 해석에 대한 자세한 내용을 제시한다.

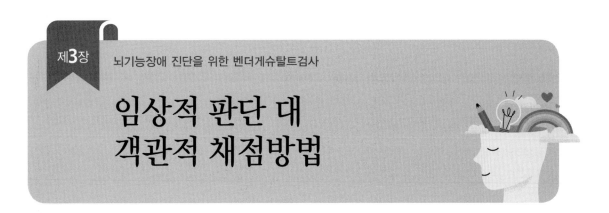

임상적 판단 대 객관적 채점방법

벤더게슈탈트검사(Bender Gestalt Test: BGT)의 역사 초기에는 검사 결과를 수량화하기 위한 공식적 절차가 없었다. 1946년에 Lauretta Bender가 검사 자극과 사용 설명서를 처음 만들었을 때 4~11세 아동의 성숙 진행과정을 가리키는 검사 반응의 차트만을 제공하였다. 이 차트는 제11장에 소개되어 있으며, 아동들을 대상으로 사용된다([그림 11-1] 참조). 최초의 객관적 채점방법은 1951년에 Pascal과 Suttell에 의해 제시되었다. 비록 이 방법의 개발은 많은 연구를 활성화시켰지만, 그와 동등하게 임상 실제에 영향을 미치지는 못한 것 같다. 대신, 임상 실제에서는 BGT 프로토콜이 대체로 **임상적 판단**에 의해 평가되어 왔다.

1961년에 숙련된 임상가 표본의 5%만이 BGT 프로토콜을 평가하기 위해서 오로지 채점방법에만 의존하였고, 31%는 객관적 채점과 주관적 인상을 병행하여 사용하였고, 56%는 전적으로 주관적인 임상적 판단에 의존하였다(Tolor & Brannigan, 1980). 1978년에 Robiner는 이와 비슷한 임상 실제의 패턴을 발견하였다.

BGT에 대한 임상적 예측의 일반적 단점에 관한 Meehl(1954)의 연구와 주관적 판단의 특별한 결점을 증명하는 Goldberg(1959)의 연구가 이어지면서 심리학자들은 이 검사를 위한 간단하고 객관적인 채점방법을 찾는 데에 보다 관심을 두게 되었다. 지금 여러 채점방법이 이용 가능하다. 그러나 현재 임상 사용률은 알려져 있지 않다.

객관적 채점방법

임상가에게 이용 가능한 BGT 채점절차는 무엇인가? BGT 도형을 그리는 데 수많은 오류와 왜곡이 있을 수 있다는 사실은 진단적 유용성을 가진 채점방법을 제공하기 위한 다양한 시도의 결과를 가져왔다. 1958년부터 1997년까지의 BGT 연구를 고찰한 결과에 따르면, 성인을 대상으로 표준적으로 실시할 수 있는 최소 8개의 서로 다른 채점방법이 개발되어 있다. 아동과 함께 일할 때 최소한 세 가지 추가 채점방법을 이용할 수 있다(제11장 참조). 발달적 벤더검사 채점방법(Developmental

Bender Test Scoring System)이라 불리는 방법이 Koppitz(1963)에 의해 개발되었는데, 아동들을 대상으로 거의 압도적으로 선호되는 채점절차이다. 연구에서 사용되어 온 성인 대상의 가장 인기 있는 채점방법은 Pascal-Suttell 채점방법, Hain 채점방법, Hutt-Briskin 채점절차를 적용한 Lacks 방법이다. 특정 심리검사의 임상적 사용은 동일한 검사에 대한 연구보고서와 상관관계를 보이는 경향이 있기 때문에 이 세 가지 방법이 임상에서 가장 많이 사용되는 채점절차일 가능성이 높다.

채점자 간 신뢰도는 이들 채점방법 모두에서 일반적으로 수용될 수 있다($r = .79 \sim 1.00$). 환자의 병리 수준과 재검사 간격(24시간에서 18개월 사이)에 따라 검사-재검사 신뢰도는 .63에서 .92의 범위이다. 그리고 발표된 이들 채점방법의 전체 진단 정확도는 55%에서 88%의 범위이다(Lacks, 1979).

Pascal-Suttell 채점방법

가장 초기이면서 가장 널리 알려진 평가방법의 하나가 Pascal과 Suttell(1951)에 의해 개발되었다. 이것은 도형 모사에서 105개의 가능한 오류를 통해서 정신병리의 정도를 측정하는 복잡한 절차이다. 각 도형(도형 A는 제외)은 10~13개의 가능한 오류(가중치 2~8점)가 있는가를 검토받게 된다. 예를 들어, 도형 1은 점의 파선, 점 대신 대시, 점 대신 원, 반복시행 등과 같은 10개의 가능한 오류에 대해 평가를 받는다. 그런 다음, 전체 구도에 대해 7개 형태적 항목에 대해 평가를 받는다. 원점수는 교육정도에 따라 z점수로 전환되며, z점수의 가능한 범위는 32~201이다. 뇌기능장애의 컷오프 표준 z점수는 100이다.

비록 Pascal-Suttell 채점방법은 출간된 연구에서 BGT 평가를 위해 자주 사용되어 왔지만 임상적 적용에는 즐겨 사용되지 않는다. 이 방법은 사용하기에 번거롭고(채점 매뉴얼이 100페이지에 달함), 채점하는 데 시간이 많이 소요된다(프로토콜마다 20분이나 많이 걸림). 또한 이 방법은 9년 이상의 교육을 받은 15~50세 연령의 개인에게 한정되어 사용되기 때문에 많은 정신건강의학과 환자로부터 획득한 자료에 적용할 수 없다.

Hain 채점방법

다른 접근으로 Hain 방법이 있는데, 이것은 15개의 징후로 구성되어 있으며 각 징후마다 1~4점(예: 누락=1점, 부분 회전=2점, 중첩=3점, 고집화=4점)의 가중치가 주어진다. 이 접근방법에서는 각 도형을 별도로 채점하기보다는 BGT를 하나의 전체로 본다. 각 징후는 기록마다 한 번 채점되며 전체 가중치는 0~34점의 범위가 될 수 있으며, 표준 컷오프 점수는 9점 이상이다. 이 접근방법을 적용하는 데는 3분 이내밖에 걸리지 않는다.

Hutt-Briskin 채점방법

Hain과 유사한 접근방법을 취하여 Hutt와 Briskin(1960)은 두개 내(intracranial)의 손상에 대한 열두 가지 주요 감별인자(예: 폐쇄곤란, 단순화, 단편화)를 제안했으며, 이 목록은 후속 출판물에서 여러 번 수정되었다(Hutt, 1975). 이 방법의 다양한 버전에 대한 평가는 Lownsdale 등(1989)에 의해 출간되었다. 원래의 Hutt-Briskin 채점방법에서 각 프로토콜은 12개의 징후 유무에 따라 평가된다. 5점 이상이면 뇌손상의 증거로 분류한다. 오류는 프로토콜마다 한 번만 채점될 수 있으며, 따라서 점수의 범위는 0~12점이 될 수 있다. Hutt는 BGT의 투사적 사용에 보다 관심을 두었기 때문에 이들 징후에 대해 자세한 내용이나 경험적 타당도를 제공하지 않았다. 그러나 Lacks는 1984년에 출간한 이 책의 초판에서 Hutt와 Briskin 절차에 대해 자세한 채점 매뉴얼을 고안하였다. Lacks 방법은 프로토콜마다 채점하는 데 3분 이내밖에 걸리지 않는다는 이점을 갖고 있다. Hutt와 Briskin의 채점 절차를 적용한 Lacks 방법은 보고된 많은 연구에서 성공적으로 사용해 왔다. Lacks가 고안한 방법은 이 책에서 Hutt-Briskin 채점방법에 대한 Lacks 적용 혹은 간단히 Lacks 방법이라고 언급된다.

Pauker의 빠른 채점방법

1976년에 출간된 Pauker의 빠른 채점방법(Pauker Quick-Scoring System)은 프로토콜마다 단지 1분 정도밖에 걸리지 않는다. 채점하는 데 시간이 짧은 이유 중 하나는 물리적 측정이 필요하지 않으며 차별적인 결정을 최소화하기 때문이다. 9개의 각 도형은 원래 자극으로부터의 일탈 양에 따라 0~4점이 주어진다. 전체 점수는 0~36점의 범위를 가질 수 있다. Pauker는 장애아동 집단을 대상으로 Koppitz 채점방법과의 상관이 .88이라는 점을 제시할 뿐, 컷오프 점수나 어떤 타당화 자료도 제시하지 않는다. 면허가 있는 심리학자 또는 기타 정신건강 전문가의 감독하에 평가 및 평가 수행, 치료 관리, 환자 지원 제공을 포함하여 임상 실습의 일상적인 운영을 지원하는 일을 하는 3명의 심리학 기술자(psychology technicians)가 이 방법으로 채점한 채점자 간 신뢰도는 .95~.98을 나타냈다. 이 방법의 진단 정확도를 발표한 연구는 1편에 불과하였다(Lacks & Newport, 1980). 3명의 채점자가 성인 복합 정신건강의학과 환자 50명(인지장애 기저율 34%)의 표본에 대해 9점 이상의 최적 컷오프 점수를 사용하여 채점한 결과, 진단 정확도가 78%, 78%, 82%였다. 이러한 결과는 희망적이긴 하지만 여전히 교차 검증이 필요하다. 이 방법을 사용한 추가 연구보고는 없다.

이 방법은 단순하고 간단하며 일찍부터 가능성을 보여 주었기 때문에 채점방법의 하나로 포함되었다. 성인과 아동 모두에게 사용할 수 있도록 고안되었다는 장점이 추가되었다.

Marley 감별 진단 방법

성인을 위해 가장 최근에 개발된 채점절차는 1982년 Marley에 의해 출간되었다. 그녀의 방법은 자신의 방법에 Hutt와 Briskin의 일부 준거를 결합한 것이다. 준거에도 서로 다른 가중치가 적용되어 있다. Hutt(1985)는 알 수 없는 효과를 도입하는 자극카드에 대한 Marley의 수정, 비현실적으로 긍정적인 결과를 도출하는 의심스러운 연구 관행, 뇌손상이 있는 그녀의 참여자를 진단한 준거에 대한 불충분한 설명 등을 이유로 이 방법에 대해 매우 비판적이었다. 더욱이 Marley의 채점절차는 뇌손상이 있는 640명의 개인을 대상으로 타당화되었는데, 이들은 모두가 급성 뇌졸중 피해자들이라서 다른 인지손상을 진단받은 개인에게 일반화하기 어렵다는 것이다. 한 연구에서는 Marley 방법과 Lacks 방법을 비교한 결과, 후자가 신경손상에 대한 진단 정확도가 더 우수하다는 것을 발견하였다(Weintraub, 1991). Marley의 채점절차에 대한 최종 평가를 위해서는 후속 연구가 필요하다.

심리학자들이 채점방법을 사용하지 않는 이유

Robiner는 1978년 그의 연구에서 많은 심리학자가 여전히 BGT를 해석하기 위해서 객관적 채점방법에 전적으로 의지하지 않고 있다는 점을 제시하고 있다. 그들이 채점방법에 익숙할지라도 그것을 사용하지 않을 수 있다. 이렇게 채점방법이 확산되는 상황에서도 임상가들이 일상 업무에서 이를 더 많이 사용하지 못하는 이유가 무엇인가? 그 이유로는 다음과 같은 것들이 있다.

① 일부 채점방법은 실무 종사자들이 쉽게 이용할 수 없거나 실행할 수가 없다. 예를 들어, Hain 방법은 출간되지 않았다. Pascal-Suttell 방법은 번거롭고 하나의 프로토콜을 채점하는 데 20분 이상 소요될 수 있다. 임상가는 검사를 실시하는 데 요구되는 것보다 4배나 더 길게 소요되는 평가기법을 사용할 가능성이 거의 없다. Pauker 매뉴얼은 한 페이지 내용에 불과하지만 예시를 제공하지 않아 일관되고 정확한 적용에 있어서 다소 문제가 된다.
② 일부 연구보고는 뇌손상 환자집단과 비손상 환자집단의 점수 분포 간에 상당한 중복을 보여 주고 있어 개인 사례의 예측을 위험하게 만들고 있다.
③ 채점방법에 대한 직접적인 비교 평가가 거의 이루어지지 않은 혼란스러운 연구 결과가 존재하고 있다.
④ 객관적 채점보다 전문가의 판단이 우수하다는 일부 증거가 있다.

일부 채점 매뉴얼을 얻는 것이 어렵다는 점을 감안할 때, 다른 채점방법을 배우거나 적절한 시간에 일부 방법을 적용해야 할 때 많은 임상가가 자신의 임상적 판단에 의존한다는 것은 놀라운 일이 아니다. 과거에 아동심리학자들이 성인심리학자들보다 BGT를 보다 자주 채점하였다. 그 이유 중 하나는 Koppitz(1975) 채점절차가 쉽게 이용할 수 있고, 적용하기 쉽고, 수행하기가 간단하다는 독특하고 바람직한 조합을 나타내기 때문일 수 있다.

BGT 채점방법의 상대적 유용성

임상가가 BGT의 객관적 채점방법에 의존하지 않는 것은 채점준거가 가장 효과적이란 명확한 증거가 부족하기 때문일 수 있다. 발표된 뇌기능장애에 대한 전체 진단 정확도는 55~88% 범위를 보이고 있다. 그러나 연구는 일반적으로 한 번에 하나의 방법에 대한 자료를 제공하기 때문에 이용 가능한 채점방법들의 상대적 가치에 관한 결론을 이끌어 내기가 어렵다. 연구마다 표본 크기 (30~1,003명), 뇌손상 기저율(18~67%), 비손상된 비교 표본의 구성, 검사 점수 컷오프, 진단 정확도의 측정 절차가 매우 다양하다. 다양한 객관적 채점방법의 신뢰도와 진단 정확도를 비교하기 위한 시도가 거의 없었다.

이러한 문제를 명료히 밝히기 위한 시도로 Lacks와 Newport(1980)는 뇌기능장애 기저율이 34%인 50명의 복합 정신건강의학과 입원환자로 구성된 동일한 표본을 대상으로 BGT에 대한 네 가지 간단한 채점방법의 유용성을 비교하였다. 적용의 상대적 용이성, 이용 가능성, 문헌에서 최근 사용의 빈도라고 하는 준거를 가지고 비교를 위해 Hain(1964) 채점방법, Hutt-Briskin 채점방법을 적용한 Lacks(1960) 방법, Pauker(1976)의 빠른 채점방법을 선정하였다. BGT 도형 모사에 있어서 회전이 뇌손상을 가진 사람들의 특징으로 자주 기술되어 왔기 때문에 회전의 수가 또한 매우 간단한 진단 준거로 사용되었다. 이들 방법은 모두가 사용하는 데 프로토콜마다 3분 미만이 소요된다.

채점자는 각 채점방법마다 3명씩 총 12명이었다. 표준 컷오프 점수가 있는 Hutt-Briskin 채점방법을 적용한 Lacks 방법을 사용한 채점자들이 가장 높은 수준의 진단 정확도(84%)를 보였다. Lacks 방법과 비교된 또 다른 채점방법은 Pascal-Suttell(Marsico & Wagner, 1990), 청소년 대상의 Koppitz(McIntosh , Belter, Saylor, Finch, & Edwards, 1988), Hutt의 구성적 분석(Lownsdale et al., 1989)이다. 3편의 모든 연구에서 Lacks 방법은 다른 방법과 동일했다. 이들 연구에 대한 자세한 부가적인 설명은 뒤의 장들에서 제시된다.

임상적 판단을 통한 BGT 평가

객관적 채점방법과 비교하여 임상적 판단으로부터 획득한 진단 정확도는 어떠한가? Butler 등(1976)은 Pascal-Suttell 채점방법과 Hain 채점방법 모두 뇌손상 환자와 정신건강의학과 환자를 감별할 수 없을 때에도 전문가의 임상적 판단의 진단 정확도가 69%가 된다고 보고하였다. Goldberg(1959)는 진단 정확도가 Pascal-Suttell 채점절차의 경우 63%, 22명 심판원(심리학자, 심리학 수련생, 비서)의 경우 평균 68%인 반면, 전문가(프로토콜마다 평균 40분 걸리는)의 경우 83%였다. Kramer와 Fenwick(1966)은 Hain 방법의 정확도가 76%인 것과 비교하여 전문가 판단의 정확도가 80%가 된다는 것을 발견하였다. 불행하게도 이들 연구의 대부분은 임상적 판단 문제와 경험수준 문제를 혼동하였다.

이 문제에 대한 가장 직접적인 대답은 아마도 Robiner(1978)가 수행한 연구에서 발견할 수 있다. 5명의 전문 임상심리학자와 5명의 임상전공 대학원생에게 BGT 프로토콜을 평가하라고 요청하였다. 모두가 적어도 1개의 객관적 채점방법에 익숙했지만 그들의 보다 주관적인 임상적 판단을 사용하기로 선택하였다. 그들은 Lacks와 Newport(1980)가 사용한 표본 50명 중 만성 알코올 중독이 있는 10명의 환자를 제외한 40명의 프로토콜을 평가하였다. 전체 진단 정확도는 Butler 등(1976)과 Goldberg(1959)에 의해 발견된 것과 거의 같은 수준인 71%였다. 이것은 또한 본질적으로 동일한 환자집단에 대해 Hutt-Briskin 채점방법과 Pauker 채점방법에서 발견된 것보다 상당히 낮은 수준이다.

이 두 연구는 동일한 환자 표본에 대해 BGT에 대한 여러 접근방법을 이용하여 다수의 평가자를 직접 비교한 유일한 것이다. 그들의 결과는 심리학자들이 간단하고 쉽게 학습한 객관적 채점방법인 Hutt-Briskin 채점절차를 적용한 Lacks 방법(그리고 결과에 대한 교차 검증이 이루어진다면 Pauker 방법)의 사용을 통해 BGT에 대한 높은 진단 정확도를 달성할 수 있다는 점을 시사한다. 보다 주관적인 임상적 판단에 계속해서 의존하는 것은 진단 결정에 덜 성공적인 결과를 가져올 것이다. 채점방법이 왜곡에 너무 민감할 수 있지만 임상가가 발생한 오류의 질적 차이를 감지할 수 있는 뇌손상 또는 꾀병 시뮬레이터의 경우에는 예외가 될 수 있다(Bruhn & Reed, 1975).

경험수준

채점방법의 문제와 관련된 것이 채점자의 경험수준과 전문성이다. BGT에 대한 보다 많은 과거 경험을 요구하는 채점방법들이 있는가 하면, 심리측정가로서 기능하는 누군가에 의해 보다 쉽게 학습할 수 있는 채점방법들도 있다. 적어도 2편의 연구(Goldberg, 1959; Kramer & Fenwick, 1966)는 BGT 전문가가 일반적인 심리학자보다 뇌손상을 보이는 프로토콜과 뇌손상을 보이지 않는 프로토콜을 감별하는 데 보다 더 성공적이라는 점을 보여 주고 있다. 그러나 Goldberg는 일반적인 심리학자, 대학원생, 비서 간에 차이가 없다는 것을 발견하였다. Miller와 Hutt(1975)는 경험이 많은 채점자와 경험이 없는 채점자 간의 채점자 간 신뢰도가 .90임을 발견하였다. Lacks와 Newport(1980)가 사용한 12명의 채점자는 사용된 네 가지 채점방법의 각각에 대해 세 가지 수준의 전문성(전문, 일반, 초보 채점자)을 대표했다. 각 채점방법을 사용한 세 채점자 간의 진단 정확도에 있어서 최대 4%의 차이를 보였다. 이전에 뇌기능장애 검사에 대한 경험이 전혀 없는 사람일지라도 Hutt-Briskin 채점방법과 Pauker 채점방법을 아주 짧은 기간에 훈련을 받을 경우 이들 방법으로 높은 수준의 진단 정확도를 달성하였다. Robiner(1978)는 또한 경험이 많은 임상가와 대학원생 간에 주관적인 진단적 통찰력에 있어서 아무런 차이가 없음을 발견하였다. 사실, 1년에서부터 30년까지의 경험 범위를 가진 10명의 평가자를 대상으로 진단 정확도와 경험 간의 상관관계를 알아본 결과 .07에 불과하였다. 이것은 BGT 프로토콜의 채점이 검증된 채점방법을 사용하도록 훈련받은 능력 있는 심리측정가에게 많은 상황에서 위임될 수 있음을 의미한다.

요컨대, 과거에 대다수의 심리학자는 성인의 BGT를 평가하기 위해 객관적 채점방법을 사용하지 않았다. 그 이유는 아마도 쉽게 이용할 수 있고, 적용하기 쉽고, 배우고 활용하기 위해 시간이 적게 요구되는 방법이 없었기 때문이다. 대신, 수많은 심리학자는 BGT에 대한 진단 결정에 도달하기 위해 그들의 주관적인 임상적 판단에 의존하였고, 이는 여러 연구에 의해서 받아들여지지 않는 관행이었다. 이 주제에 대한 연구를 간단히 검토해 보면 지금 BGT를 주관적으로 평가하는 심리학자들은 이 책에서 제시한 Hutt-Briskin 채점절차를 적용한 Lacks 방법과 같은 간단하고 쉽게 배울 수 있는 객관적 채점방법을 사용한다면 진단 정확도를 상당히 높일 수 있음을(평균 10~15%까지) 시사하고 있다. Lacks 방법은 1984년 이후 지금까지 널리 사용되어 왔으며, 간단하고 배우기 쉽다. 1984년

이후 BGT 평가 관행에 대한 조사는 발표되지 않았다. 이러한 방법의 이용 가능성과 임상적 판단의
함정에 대한 정보가 BGT의 주관적 채점에 대한 의존도를 높였는지 그렇지 않은지를 알아보는 것
은 흥미로울 것이다.

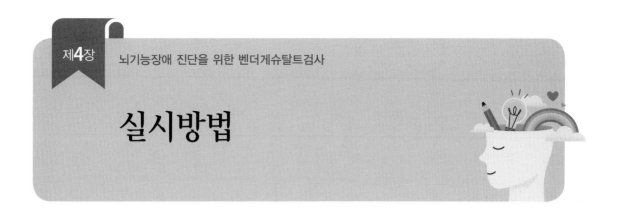

실시방법

벤더게슈탈트검사(Bender Gestalt Test: BGT)는 매우 간단해 보이기 때문에 일부 검사자는 실시하는 방식이 상대적으로 중요하지 않다고 생각할 수 있다. 이와 반대로, 다른 모든 심리검사와 마찬가지로 BGT도 신뢰할 수 있고 타당한 결과를 보장하기 위해 꼼꼼하게 따라야 할 표준화된 실시방법을 갖고 있다. 비록 소수의 임상가가 지시사항에 약간의 변화가 있어도 좋다고 주장하지만, 성인에게 실시할 때는 비교적 표준화된 절차를 따라야 한다. 아동들과 함께 일하는 검사자들은 제11장과 Koppitz(1963, 1975)에서 이 특정 집단을 위한 지시사항을 발견하게 될 것이다.

검사 자료

검사 실시에 필요한 자료는 8.5×11인치(약 21.5×28cm) 크기의 줄이 없는 흰색 용지 묶음, 지우개가 달린 여러 자루의 HB 연필(펜이 아닌), 필기하기에 매끄러운 표면의 책상, 그리고 9매의 자극카드이다. 자극카드는 4×6인치 크기의 흰색이고, 기하학적 도형이 인쇄되어 있으며, A와 1에서 8까지의 숫자가 적혀 있다. 카드는 [그림 4-1]에 제시된 Lauretta Bender(1946)에 의해 개발된 원래의 카드이거나 Hutt(1985)가 사용했던 약간 수정한 카드일 수 있다. 검사하기 전에 항상 카드가 올바른 순서와 방향으로 뒤집어져 더미에 쌓여 있는지 확인해야 한다. 그리고 항상 카드를 올바른 순서로 제공해야 한다.

표준 실시

검사가 시작되면 설명 없이 용지 1장을 피검자 앞에 수직(일반적인 쓰기) 자세로 놓고 여분의 연필과 남은 용지를 피검자 근처 옆에 놓는다. 그리고 나서 다음과 같이 지시한다(Hutt, 1985, p. 44에서 인용).

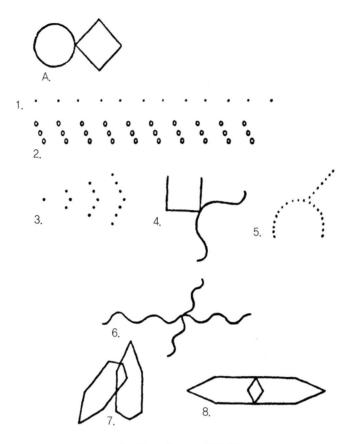

[그림 4-1] BGT 자극도형

출처: Lauretta Bender의 『A Visual Motor Gestalt Test and its clinical uses』에서 가져왔으며 허락을 받고 게재함. 이 도형들은 1938년 미국예방정신의학회에서 제작되었고, 1965년 Lauretta Bender와 미국예방정신의학회에서 새로 제작되었음.

지금부터 이 카드(카드를 가리키면서)를 한번에 한 장씩 보여 주겠습니다. 각 카드에는 간단한 도형이 있습니다. 당신은 될 수 있는 대로 그 도형을 용지에 똑같이 그리십시오. 최선을 다해 어떤 방법으로든 그리십시오. 이것은 미술능력의 검사는 아니지만, 될 수 있는 대로 정확하게 도형을 똑같이 그리십시오. 당신이 원하는 대로 빨리 그려도 좋고 혹은 천천히 그려도 좋습니다.

피검자에 따라서는 그가 지시사항을 잘 이해했는지 체크해 보고 그에 따라 지시사항의 전체 혹은 일부를 반복할 수 있다. 지시사항이 매우 똑바르고 간단해야 하기 때문에 일반적으로 무슨 뜻인지 설명할 필요가 없다. 몇몇 피검자는 자신이 미술을 못한다고 생각하거나 빨리 수행해야 한다는 두려움 때문에 불안해할 수도 있다. 보통은 몇 가지 확신을 주는 것만으로도 그들의 두려움을 진정시키기에 충분하다.

피검자가 도형을 그리기에 편하도록 용지를 조정하고(여전히 수직 방향을 유지하면서) 첫 번째 카드를 종이 상단과 정렬되도록 놓는다. 피검자가 각 카드를 완성할 때마다 카드를 제거하고 그 자리에 다음 카드를 놓아둔다. 대부분의 피검자는 9개의 도형을 모두 용지 한 면에 그릴 것이다. 그렇지만 사용할 수 있는 용지의 수는 제한이 없다. Golden(1990)은 피검자에게 용지 1~2장만 허용하는 것과 무제한으로 허용하는 것의 장단점에 대해 논의한다. 만약 피검자가 1~2장만 사용하도록 강요받으면 인지기능의 평가에 유용할 수 있는 계획 및 조직 능력의 측면을 더욱 드러내기 쉬울 것이다. 그러나 피검자가 한 묶음의 용지를 사용할 수 있는 경우에는 한 용지에 얼마나 많은 도형을 배열했고 도형의 크기가 어떠한지를 통해서 인성평가에 더 유용한 정보를 이끌어 낼 수 있다. 용지의 수에 대한 두 가지 접근방법은 아직 경험적으로 비교되지는 않았다. 표준 접근방법은 여분의 용지 묶음을 사용하는 것이다.

첫 번째 카드를 꺼낼 때 시간을 재기 시작한다. 분할 시간은 필요하지 않다. 스톱워치는 시간제한이 없다는 말을 들었음에도 불구하고 피검자에게 시간제한이 있다고 믿게 만드는 경향이 있다. 벽시계나 손목시계를 이용하면 충분히 정확한 추정치를 얻을 수 있을 것이다.

피검자는 카드를 더 가까이 옮기거나 더 잘 보기 위해 집어 들 수도 있다. 그러나 피검자가 자극카드의 방향을 돌리면 카드를 원래 위치로 되돌려 비언어적으로 올바른 위치를 나타낼 수 있다. 만일 피검자가 카드의 방향을 돌리기를 고집한다면 그렇게 하도록 내버려 둔다. 검사가 끝나면 즉시 프로토콜 자체에 화살표로 그림 상단을 표시한다. 피검자가 페이지를 비정상적인 위치에 놓은 경우엔 동일한 화살표 표시를 사용하여 용지 상단을 표시해야 한다. 이러한 중요한 단계를 검사자의 기억에 맡기지 말아야 한다. 그렇지 않으면 나중에 채점할 때 어려움을 겪게 될 것이다.

대다수의 피검자는 질문을 하지 않지만, 질문을 하는 일부 피검자가 언제나 있게 마련이다. 피검자의 질문은 대체로 다음과 같다.

- 점을 세어야만 합니까?
- 이것처럼 똑같이 보이도록 해야 합니까?
- 카드를 돌려도 됩니까?
- 용지를 1장 이상 사용해도 됩니까?
- 지워도 됩니까?
- 카드의 도형 크기와 똑같은 크기여야 합니까?

질문에 대해서는 지시사항을 반복하거나 다른 말로 표현하여 대답하거나 다음과 같이 좀 더 간접적인 대답으로 응해야 한다.

- 당신 마음대로 하십시오.
- 당신이 최선이라고 생각하는 바대로 하십시오.
- 당신이 할 수 있는 최선을 다해 하십시오.

만약 누군가가 검사를 하는 이유 혹은 검사의 의미에 대해서 논의하고 싶어 한다면 다음과 같이 대답할 수 있다.

- 검사가 끝날 때까지 기다려 보세요. 그러면 그때 논의할 수 있을 것입니다.

간혹 나오는 질문이 "자를 사용해도 됩니까?"인데, 이 질문에 대해서는 매우 간단하게 "아니요." 라고 대답한다.

일부 피검자, 특히 노인이나 뇌손상이 있는 사람은 그들의 작업능력에 대해서 불안을 표출하기도 한다. 그들에게는 검사 수행 내내 꾸준한 격려와 칭찬이 필요할 수 있다. 그러나 대다수 피검자의 경우 검사는 끝날 때까지 비언어적으로 진행되며, 과제 완수에 대해서만 칭찬이 주어질 수 있다.

마지막으로 언급해야 할 것은 스케치에 관한 것이다. 누군가가 스케치를 통해, 즉 하나의 단단한 선으로 그리기보다는 일련의 가벼운 획을 그어 그림을 모사하려고 시도하는 경우가 가끔 발생한다. 검사자는 이런 스케치에 대해 경계해야 하며, 스케치가 허용되지 않는다고 널리 알려 스케치하는 것을 중단시켜야 한다. 도형을 스케치하여 그린 프로토콜은 여기서 제시된 채점방법으로는 채점할 수가 없다.

이러한 지시사항은 **모사단계**의 기본 실시를 구성하며, 많은 임상가의 경우 모사단계로 BGT가 종료된다. 다른 임상가들은 이 시점에서 회상법(recall method) 혹은 배경간섭절차(background interference procedure)와 같이 이 장의 뒷부분에 설명된 일부 실시 변형을 진행하기를 원할 수 있다. 간혹 BGT가 반복해서 실시되는 경우도 있다. 그러한 경우에 임상가는 BGT가 연습 효과가 거의 없다는 확신을 가질 수 있다. 연구에 따르면, 연습은 큰 속도 요소를 갖고 있고, 익숙하지 않거나 거의 실전 경험이 없는 반응을 포함하고 있고, 답이 하나밖에 없거나 학습을 포함하는 심리검사에 주로 영향을 미치는 것으로 나타났다(Lezak, 1995). BGT의 표준 실시는 이러한 특성을 전혀 갖고 있지 않다.

행동 관찰의 진단적 중요성

이 책에서 사용하는 채점방법은 12개의 오류(errors) 혹은 **주요 감별인자**(essential discriminators)로 구성되어 있다. 일반적으로 이러한 오류 중에서 5개의 오류가 나타나면 뇌손상 혹은 뇌기능장애를 가리키는 것으로 본다. 그러나 이러한 오류들은 모두 과제에 대한 관심의 부족, 충동성, 검사자에 대한 적대감, 부주의, 피로, 꾀병, 청각이나 시력 문제 등으로 인하여 내담자 혹은 환자가 최선의 노력을 기울이지 않은 결과일 수도 있다.

일부 검사자는 믿을 수 없을 정도로 간단한 검사를 실시하는 것에 안주한 채 환자의 도형 그리기 **과정**(process)에 주의를 기울이지 않는다. 대신, 이러한 임상가들은 검사에 대한 모든 해석이 완성된 결과를 보고 이루어진다고 믿는다. 심지어 이러한 임상가들은 제대로 훈련되지 않은 심리측정가에게 검사를 실시하도록 하고, 자신의 역할을 검사 결과를 해석하는 데에 한정시키는 경우도 있다. 이는 **잘 훈련된** 기술자가 BGT를 실시할 수 없다고 말하는 것이 아니다. 그러나 누가 검사를 실시하든 간에 검사 수행 중의 피검자 행동을 관찰해야만 한다. 신경심리평가에 있어서 기술자의 활용에 관한 부가적인 논의에 대해서는 Lezak(1995)를 참조하기 바란다.

검사자는 오류가 피검자의 지각-운동 곤란 때문에 나타난 것인지, 아니면 피로나 부주의와 같은 다른 요인 때문에 나타난 것인지를 항상 잘 판단해야만 한다. 그리하여 진짜 지각-운동 곤란으로 인한 오류에만 점수가 주어져야 한다. 예를 들어, 어떤 피검자가 도형 1에서 단지 4개의 점만을 모사한다고 가정해 보자. 더욱이 이 피검자가 검사를 받는 것에 대해 적대감을 보이고, 모사하기 전에 자극카드를 좀처럼 보지 아니하고, 점들이 너무 많아서 모사하기 싫다고 투덜대고, 검사를 모두 마치는 데에 2분밖에 걸리지 않았다고 가정해 보자. 이런 경우 이 피검자는 뇌기능장애를 겪고 있다기보다는 검사에 대한 협조를 거부하고 있는 것으로 보아야 한다. 임상가가 검사 수행을 직접 관찰하지 않거나 검사를 실제로 실시한 검사자로부터 피검자의 검사 수행에 대한 설명을 듣지 않는다면, 그는 5개의 오류가 나타난 것을 보고 인지장애로 잘못 진단을 내리게 될 것이다.

이와 정반대로 뇌손상을 가진 사람이 긴 시간(심지어는 20~30분가량)을 들이고, 여러 번 지우는 과정을 통해 최선의 노력을 기울임으로써 적절한 기록(혹은 4개의 오류)을 산출할 수도 있다. 이러한 행동 관찰은 정확한 진단을 위해 결정적 단서가 될 것이고, 오류는 4개이지만 인지장애가 있다고 정확하게 진단을 내릴 수 있을 것이다. 다시 강조하건대, 행동 관찰이 정확한 진단을 내리는 데 매우 중요하다.

관련 있는 행동 관찰의 목록이 [그림 4-2]에 제시되어 있다. 목록은 두 부분으로 나뉘어 있다. 목록의 첫 번째 부분은 동기와 협조와 같은 **일반적인 수검 태도**로, 대부분의 심리검사 분석과 관련 있다. 두 번째 부분은 BGT와 같은 시각구성적 측정에 보다 특별하게 적용할 수 있는 행동들을 담고 있다. 목록의 두 번째 부분에 있는 몇 개의 항목은 BGT에서의 일부 오류(예: 오류를 교정하기 위한 반복된 비성공적인 시도)를 채점하는 데에 필요하다. 편의를 위해 검사자는 [그림 4-2]의 행동 관찰 용지를 복사하여 각 피검자에게 활용할 필요가 있다.

마지막 사항은 9개의 BGT 도형을 모사하는 데 걸린 시간의 길이에 관한 것이다. Lacks는 208명의 비환자 성인 표본에서 모사하는 데 걸린 시간이 평균 6분이라는 것을 발견하였다. 그녀가 도시지역의 한 정신건강센터에 입원한 환자들의 경우에 성격장애 환자들과 인지장애 환자들 간에 그리고 정신증 환자들과 손상된 뇌기능을 가진 환자들 간에 모사시간에 유의한 차이가 있지만, 성격장애 환자들과 정신증 환자들 간에는 유의한 차이가 없다는 것을 발견하였다. 〈표 4-1〉은 이러한 결과를 보여 주고 있다. Armstrong(1965)은 모사에 소요되는 평균 시간이 성격장애 환자의 경우 3.5분, 조현병 환자의 경우 4.5분, 우울증 환자의 경우 5.8분, 그리고 뇌손상을 가진 성인의 경우 6.25분이었음을 발견하였다. Andert, Hustak 및 Dinning(1978)은 지적장애를 가진 성인(평균 연령 26세)의 경우 모사시간이 장애의 정도에 따라 7~9.75분이 소요된다는 것을 발견하였다. Koppitz(1975)는 정상적인 아동들의 경우 5~6.5분 소요된다는 것을 발견하였다.

〈표 4-1〉 비환자와 세 가지 정신건강의학과 입원환자 집단의 BGT 완성에 소요되는 평균 시간(분)

진단	사례 수	범위	평균	표준편차
비환자	208	3.00~20.00	6.01	2.32
성격장애	80	2.50~12.50	5.64	3.00
정신증	81	2.50~15.50	5.90	2.72
뇌기능장애	33	2.00~38.50	11.07	8.66

일반적인 수검 태도

진지한 자세로 검사에 임함 ·· 가볍게 검사에 임함

협조적, 준수 ··· 비협조적, 저항

체계적, 신중함 ·· 부주의

곤란한 상황에도 지속적임 ·· 쉽게 포기함

주의 집중 ··· 주의 산만

잘하기 위한 동기가 충만 ··· 동기가 없음

침착, 긴장이완 ·· 불안, 흥분

검사자와 친화감 형성 ·· 검사자와 친화감 부족

특수한 행동 관찰

_____ 피로를 보임

_____ 검사 도형에 대한 불충분한 주의

_____ 신체장애로 인한 그리기 곤란

　　　　다음 문제 때문에 지시사항의 이해에 어려움을 보임

_____ 낮은 IQ   _____ 언어 곤란   _____ 청각

_____ 도형을 보는 데에 곤란을 보임

_____ 지나치게 주의를 기울이고 신중함

_____ 빈약하게 수행한 도형 그림에 대한 불만의 표현

_____ 오류를 교정하려고 반복해서 시도해도 성공적이지 못함

_____ 도형 그림의 회전

_____ 운동협응의 부족과 손 떨림   _____ 경미   _____ 보통   _____ 심함

_____ 다른 행동 _____

검사를 완성하는 데 걸린 시간(분): _____

[그림 4-2] BGT를 위한 행동 관찰 목록

그러므로 뇌손상이 없는 사람의 경우 9개의 도형을 모사하는 데 소요되는 평균 시간이 대체로 6분 이하라는 것을 알 수 있다. 만일 어떤 사람이 BGT를 완성하는 데 15분 이상 소요한다면, 이는 일반적으로 또 다른 강한 진단적 징후라 할 수 있다. 어떤 사람들은 환자가 4개의 오류를 범했을 때 이 과도한 시간을 비공식적인 추가 오류로 간주하기를 원할 수도 있다. 예를 들어, 뇌손상이 있는 사람은 이 검사를 완료하는 데 평소 4~8분이 소요되는 대신, 20~30분을 소요하여 오류를 4개로 제한할 수 있다. 뇌손상 진단을 위해 BGT 수행에서의 5개 오류 표시를 엄격하게 준수하면 이 사례를 **놓치게** 된다. 검사를 완료하는 데 과도한 시간이 소요된 점을 추가하면 해당 사례를 정확하게 식별할 수 있다. 이 절차는 BGT 수행의 모든 측면을 검토한 후 주의해서 사용해야 한다. 과도한 시간 소요를 오류로 포함하는 것은 아직 연구를 통해 검증되지 않았다는 점을 유의하는 것이 중요하다.

끝으로 말하고자 하는 점은 노인을 대상으로 이 검사를 실시할 경우이다. 노인집단은 시각과 청각에 문제가 있을 가능성이 높기 때문에 검사를 실시하기 전에 결함 여부를 체계적으로 체크해 보는 것이 좋다. BGT는 검사 배터리에서 첫 번째로 주어지는 것이 보통이기 때문에 모든 검사가 완료되기 전까지는 피검자가 도형을 볼 수 있거나 지시사항을 들을 수 있는지의 여부를 발견할 수가 없다. 이러한 감각적 결함을 체크해 보는 간단한 한 가지 방법은 피검자에게 다소 간단한 그림을 보여 주고 그것을 설명해 보도록 하거나, 카드에 적혀 있는 간단한 글을 읽어 보라고 요구하는 것이다. 또한 그들이 평소 안경을 착용하는지 여부를 항상 물어보아야 한다. 노인들은 자존심 때문에 혹은 당황하거나 깜박 잊고 안경을 착용하지 않고 검사에 임하는 경우가 많기 때문이다. 특수한 모집단을 조사하고 수행 수준을 최대화하는 것에 대한 보다 자세한 내용은 Lezak(1995, p. 131)를 참조하기 바란다.

꾀병

심리학자들은 심리평가 업무를 수행할 때 내담자나 환자가 당면한 과제에 최선을 다해 솔직하게 행동할 것을 기대한다. 비록 평가가 형사재판을 위한 것일지라도 대부분의 사람은 협력하여 자신의 장점을 보여 주고 결점에 대한 증거를 최소화하려고 노력할 것이다. 많은 사람은 정신이상이나 무능이라는 진단을 매우 바람직하지 않고 자존감을 낮추는 결과로 여길 수도 있다. 그러나 요즘 매우 어려운 시기에는 임상가들이 모든 종류의 법정 소송(즉, 형사적 책임을 줄이려는 시도, 혹은 개인 상해, 의료 과실 또는 장애에 대한 보상을 받으려는 시도)에서 전문가 증인이 되어 달라는 요청에 점점 더 직면하고 있다. 잠재적인 이익을 얻을 수 있는 이러한 상황에서 내담자 혹은 환자가 나쁜 모습을 보이고 싶어 할 가능성이 훨씬 더 높다. 그 어느 때보다 심리학자들은 속임수의 가능성에 대해 경계할 필요가 있다.

꾀병의 정의와 만연

『정신질환의 진단 및 통계 편람 4판』(DSM-IV; American Psychiatric Association, 1994)에서는 꾀병 (malingering)을 "병역 기피, 업무 기피, 금전적 보상 획득, 형사 기소 회피, 약물 획득과 같은 외적 동기에 의해 의도적으로 거짓되거나 지나치게 과장된 신체적 또는 심리적 증상을 생성하는 것"(p. 683)으로 정의한다. 꾀병은 외부 이득을 얻기보다는 아픈 역할을 맡으려는 심리적 동기에서 발생하는 의도적인 신체적 또는 심리적 증상을 특징으로 하는 허위성 장애(factitious disorder)와는 구별된다.

심리학자들은 허위 검사 응답이 원래 믿었던 것보다 더 널리 퍼져 있을 수 있으며 다양한 형태와 상황에서 나타날 수 있다는 점을 점점 더 인식하고 있다. Rogers(1997b)는『꾀병과 속임수에 대한 임상적 평가(Clinical Assessment of Malingering and Deception)』라는 그의 저서 서문에서 법의학 심리학자들은 꾀병 비율이 전체 법의학에서는 약 16%, 비법의학 장면에서는 7%, 정신이상의 심리상태에서는 20%, 상해 법정 소송에서는 최대 50%에 달하는 것으로 추정한다고 보고하고 있다. Trueblood와 Schmidt(1993)는 종합적 신경심리검사를 완료하고 인지결함을 가장하도록 외부 인센티브를 받은 106명의 연속 외래환자 표본을 조사하였다. 그들은 표본의 7.5%가 꾀병 선별검사에서 높은 점수를 받았고, 또 다른 7.5%가 타당성이 의심스러운 신경심리검사 결과를 얻었다는 것을 발견하였다. 아동들의 경우, 아픈 것처럼 가장하는 비율은 알려져 있지 않다. 아동들의 꾀병에 대한 문제는 논쟁적이며 상대적으로 탐구되지 않았다. 이 문제에 대해서는 제11장에서 간략하게 다루어진다.

꾀병의 지표

과거에 심리학자들은 꾀병의 가능성에 직면했을 때 주로 자신의 심리학적 상식, 꾀병 사례에 대한 과거의 경험, 다른 심리학자들이 공포한 비경험적 지침에 의존해야만 했다. 꾀병의 지표로 가장 자주 제안되었던 것 중 하나가 불일치(inconsistency), 즉 기대된 규준과 환자 반응 간의 불일치, 검사 결과와 환자 증상 간의 불일치, 보고된 증상과 관찰된 증상 간의 불일치, 그리고 여러 검사 수행에서의 불일치였다. 다른 지표는 있을 법하지 않거나 기이하거나 무의미한 반응(예: 쉬운 항목보다 어려운 항목에서 더 나은 수행), 무응답이 많은 반응, 무분별한 증상 시인, 특정 장애의 일반적인 범위보다 낮은 수행 수준이다(Franzen, Iverson, & McCracken, 1990; Lezak, 1995; Pankratz & Binder, 1997; Rogers, 1997a; Smith, 1997). 신경심리학자들은 또한 꾀병을 감지하기 위해 표준화된 심리검사를 사용해 왔다. 예를 들어, 미네소타다면적인성검사(MMPI)는 이러한 목적을 위해 고안된 F-K 지수 (F척도의 원점수에서 K척도의 원점수를 뺀 점수)와 같은 많은 타당도 척도를 갖고 있다(Franzen et al., 1990). F-K 지수를 통해 좋게 보이려고 하거나 나쁘게 보이려는 태도를 탐지할 수 있다.

그러나 심리학자들은 일부가 임상적 전통 관습에 기초한 경향이 있으므로 이러한 권장사항을 적용함에 있어 건전한 회의론을 행사해야 한다. 1993년에 Trueblood와 Schmidt가 수행한 연구는 이러한 점을 조심할 필요가 있음을 잘 보여 주고 있다. 그들은 신중하게 선정된 두 표본집단을 비교하였는데, 한 집단은 꾀병으로 의심되는 환자들이고 다른 한 집단은 타당성이 의심되는 검사 결과를 가진 환자들이었다. 이 두 집단은 유사한 부상을 입었고 또한 소송을 진행 중이거나 이득을 추구하고 있는 환자들이라는 공통점을 갖도록 구성되었다. 그들은 이전에 일반적으로 실시된 신경심리검사에서 타당성이 없는, 즉 무효성을 나타내는 지표로 제안되었던 열네 가지 척도와 비교되었다. 제안된 징후의 상당수가 그들의 표본에서 드물거나 없었다. 단지 3개 척도에 대한 점수만 의심되는 두 집단과 통제집단 간에 유의한 차이가 있었다. 의심되는 집단 중 한 집단에서만 3개 이상 척도에 대한 점수에서 유의하였다. 연구자들은 이러한 척도 점수에 의존하면 검사 결과의 정확성에 대한 과신으로 이어질 수 있다고 경고한다.

꾀병과 BGT

꾀병인 사람에 속은 BGT 프로토콜을 임상가가 간파할 수 있는가? 즉, 그것은 진짜 신경병리와 구별될 수 있는가? 초기 연구에서는 정신증을 흉내 내거나 '혼란스럽고' '나쁜' 혹은 '미친' 것처럼 가장하는 것을 간파하는 임상가의 능력에 초점을 맞추었다. 당시 뇌손상을 흉내 내는 경우는 드물었다. 1975년에 Bruhn과 Reed는 처음으로 BGT 수행에서의 속임수에 대한 공식적인 연구를 수행하였다. 그 이후로 수많은 연구가 BGT를 포함하고 있는 경우는 드물었지만 인지결함의 속임수에 대해 이루어져 왔다(Schretlen, 1988).

꾀병에 대한 연구는 뇌손상을 흉내 내는 정상인, 시뮬레이터 역할을 하는 수감자, 실제 꾀병자에 대한 연구, 예측 공식을 만들기 위한 판별 분석, 특정 선별장치의 효과에 대한 개발 및 평가 등 다양한 실험설계를 사용하였다. 이에 대한 자세한 문헌 고찰은 Nies와 Sweet(1994)를 참조하기를 바란다. Rogers(1997a)는 감별 전략에 자신감이 높은 임상가라면 임상적으로 다양한 참가자를 대상으로 한 가지 이상의 평가방법을 사용하여 이와 같은 여러 연구설계에 걸쳐 검증할 것을 권장한다.

대체로 심리학자들은 인정받고 있는 신경심리검사와 배터리의 표준 채점방법을 이용하여 꾀병 환자와 실제 뇌손상을 가진 환자를 구별하는 데에 거의 성공적이지 못했다. 예를 들어, Bruhn과 Reed(1975)는 Pascal-Suttell의 채점(1951)과 Canter의 배경간섭절차(Canter, 1966) 모두 높은 정확도로 뇌손상 환자를 흉내 낸 BGT 프로토콜을 감지할 수 없다는 것을 발견하였다. 그러나 임상적 판단을 통해 이사회 인증을 받은 임상심리학자는 대학생의 뇌손상 시뮬레이터와 뇌손상 환자를 구별할 수 있었다. 그는 예비연구에서 89%의 정확도를, 그리고 본연구에서는 100%의 정확도를 달성했다. 임상가는 다른 2명의 평가위원에게 자신의 접근방법을 가르칠 수 있었고, 그들은 이러한 방법을 사용하여 다른 표본에 대해 높은 수준의 차별을 달성할 수 있었다.

뇌손상 환자를 진단하기 위해 제안된 징후에는 단순화된 그림, 유사한 도형의 반복적인 왜곡, 유사한 난이도에서의 수행의 일관성, 회전과 같은 특정 유형의 오류가 포함되었다. 시뮬레이션의 구체적인 징후는 논의되지 않았다. 이 연구에 대한 비판점은 뇌손상 환자가 임상 실제에서 볼 수 있는 일반적인 유형의 모호한 사례라기보다는 더 심각하고 상당히 명확한 결함을 갖고 있었기 때문에 진단 작업이 더 쉬워졌다는 것이다(Trueblood & Binder, 1997). 평가위원들은 또한 표본의 꾀병 기저율에 대해 들었는데, 이는 실제 임상 장면에서는 일반적으로 알려지지 않은 정보이다.

Glasser(1982)는 비전문가인 병원 직원, 정신건강의학과 환자, 뇌손상 환자 등 세 가지 유형의 참가자를 대상으로 Bruhn과 Reed의 연구와 동일한 결과를 얻었다. 모두에게 BGT를 두 번 치르도록 요청했는데, 처음에는 표준 지침을 사용하고 두 번째에는 보상을 받기 위해서 직업상 부상을 과장하려는 사람의 수행 능력을 시뮬레이션 하는 지침을 사용했다. 세 집단은 Hain 채점방법과 Bruhn와 Reed 준거를 모두 사용하는 꾀병 조건하에서 그들의 BGT 결과를 크게 왜곡할 수 있었다. 각 채점방법의 여러 항목은 표준 지침에 따라 꾀병 수행과 정신건강의학과 진단 및 뇌손상 진단을 받은 환자의 수행을 구별하였다.

그러나 꾀병 연구에서 정상 시뮬레이터를 사용하는 것에 대한 일반적인 비판은 이러한 가짜 환자가 비정상적인 척하는 데 대한 구체적인 지침을 거의 받지 못하고 그렇게 할 재정적 동기가 거의 또는 전혀 없는 학부생인 경우가 많다는 것이다(Nies & Sweet, 1994). 결과적으로 그들은 실제를 대신하기에 부적절하다. 그들은 거짓말을 할 동기가 없거나 숙련되거나 지식이 풍부하지 않을 것이다. 예를 들어, BGT의 훈련되지 않은 시뮬레이터는 이 검사에서 다양한 오류를 범할 수 있지만 회전, 퇴행 및 무기력과 같은 뇌손상을 나타내는 특정 유형의 오류를 보일 가능성은 거의 없다.

BGT에 대한 다른 두 시뮬레이션 연구자는 Lauretta Bender(1938)가 원래 제안한 여러 가지 꾀병 징후를 조사하기 위해 보다 그럴듯한 시뮬레이터를 사용했다. 두 연구자가 조작적으로 정의한 징후는 작고 억제된 그림, 일관되지 않은 형태의 질(Bender 발달 수준이 6세 이하인 그림 중 적어도 하나와 9세 이상인 그림 중 적어도 하나), 45도 이상의 그림 회전, 정확하게 그렸지만 서로 연관되어 있지 않은 그림 세부사항, 복잡하거나 기괴한 세부사항의 추가, 심한 단순화(발달 수준 6세 이하) 등이다. Bash와 Alpert(1980)는 비정신증적 입원환자, 환각 조현병 환자, 비환각 조현병 환자, 청각적 환각을 가장하는 꾀병 환자로 진단된 네 집단을 비교하였다. 꾀병 집단은 다른 세 집단보다 3배 이상이나 높은 Bender의 징후 점수를 보였다.

Schretlen과 Arkowitz(1990)는 속일 가능성이 높은 사람들(즉, 일하거나 교육 프로그램에 참석하거나 석방을 준비하는 기타 활동에 참여할 것으로 예상되는 중간 보안 교도소의 수감자)을 이용했는데, 그중 절반은 지적장애인인 것처럼 반응하라는 지시를 받았고 나머지 절반은 미친 척하도록 지시를 받았다. 이들의 반응을 표준 지시를 받은 다른 세 집단(정신건강의학과 입원환자, 지적장애 성인 비환자, 교도소 수감자 통제집단)의 반응과 비교하였다. 거짓 상태에 있는 수감자들은 심리학자에게 발각되지 않고 속일 수 있는 경우 15달러의 인센티브를 제공받았다.

작업 요구사항에 따라 다양한 꾀병에 대한 세 가지 측정 척도가 사용되었다. 특정의 선별검사, MMPI의 F 및 F-K 척도, 그리고 Bender의 여섯 가지 가짜 준거 중 다섯 가지를 사용하는 BGT(다른 징후와의 상호 상관으로 인해 45도 회전은 제외)가 그것이다. 결과에 따르면, BGT는 다른 두 검사보다 더 정확하게 허위자와 비허위자를 구별하는 것으로 나타났다. 개별 징후별로 보면 허위자는 억제된 그림 크기, 일관되지 않은 형태의 질, 심한 단순화 및 왜곡된 관계에서 더 높은 점수를 얻었지만 복잡한 추가하기에서는 그렇지 않았다. 배터리검사는 어떤 단일 검사보다 더 높은 정확도를 보였다. 즉, 거짓 양성이 없는 상태에서 정신이상을 위장한 사람들의 85%, 거짓 양성이 7.5%인 상태에서 지적장애를 위장한 사람들의 80%를 정확하게 감별하였다.

Schretlen, Wilkins, Van Gorp 및 Bobholz(1992)는 동일한 세 가지 척도에 대해 정신이상을 가장하는 유죄 판결을 받은 중범죄자, 교도소 통제집단 및 정신건강의학과 입원환자를 비교한 이 연구를 반복하였다. BGT만으로도 가장자의 50%($M=8.8$, $SD=5.2$)와 가장자가 아닌 사람의 98%($M=4.6$, $SD=2.9$)를 정확하게 분류하였다. 전체 배터리를 기반으로 한 세 변인 판별 함수는 가장자의 89%와 가장자가 아닌 사람의 100%를 정확하게 식별하였다. 최적의 판별 함수는 세 가지 척도 모두의 예측변인을 사용하였다. 평균 MMPI F 원점수는 가장자의 경우 34.0($SD=8.5$), 비가장자의 경우 12.8($SD=7.3$)이었다. F-K 지수는 각각 23.8 대 -0.9였다($SD=9.5$ 대 9.3). 두 번째 연구에서는 입원 중인 조현병 환자의 표본과 비교하여 정신이상을 가장하도록 요청한 물질 남용자를 사용하여 판별 함수를 교차 검증하였다.

꾀병의 사례

한 법의학 심리학자는 Bender의 가짜 준거를 사용하여 알려진 꾀병을 부리는 사람에 대한 검사 파일을 검토해 달라는 요청을 받았다. 그는 이러한 기준을 충족하는 것으로 보이는 몇 가지 항목과 그렇지 않은 항목도 많이 발견하였다. [그림 4-3]은 Bender의 지침을 예를 들어 설명하는 BGT 프로토콜 중 하나를 보여 준다. 이 43세 아프리카계 미국인 남성은 여러 건의 은행 강도 혐의로 기소되었다. 그의 초기 병력은 청소년기 품행장애, 이전에 여러 기간에 걸친 수감, 스스로 기절한 적이 있는 기록과 함께 장기간의 다중 물질 의존성을 나타냈다. 구금 중에 그는 비정형적인 정신증과 유사한 증상을 보였다. 비록 그가 10년 동안 교육을 받았음에도 불구하고 읽거나 쓸 수 없다고 공언했는데, 그 주장은 거짓임이 판명되었다. 그가 법정에 설 수 있는 능력이 있는지의 여부를 평가하기 위해 심리평가가 이루어졌다.

검사 결과에 따르면, 그의 WAIS-R IQ는 언어성 점수와 동작성 점수 간에 아무 차이가 없고, 하위 검사 간에도 차이가 별로 없는 경미한 지적장애 범위에 있는 것으로 나타났다. MMPI에서 그는 모든 임상 척도에서 유의한 상승을 보였다. 또한 그의 F 원점수는 45, K 원점수는 5, F-K 지수는 40이었다. 밀론임상다축인성검사(Millon Clinical Multiaxis Inventory: MCMI II, DSM-5에 설명된 특정 정신장애를 포함하여 인성특성과 정신병리에 대한 정보를 제공하기 위한 심리평가도구)의 수정 지수는 X(공개 수준: 평가에 개방적인지 또는 자신에 대한 세부 정보를 공개하기를 꺼리는지 여부를 측정함)가 BR 100, Y(바람직성: 자신을 긍정적인 시각으로 표현하고 싶은지를 측정함)가 BR 43, 그리고 Z(저화: 자신의 부정적인 측면을 과장하는지를 측정함)가 BR -1이었다.

[그림 4-3]에는 표준 BGT 오류와 Bender의 꾀병 준거에 대한 점수가 포함되어 있다. 이 남성은 BGT에서 6개의 오류를 보여 뇌손상 범위에 놓여 있다. 또한 운동 부조화의 추가 오류에 대한 증거가 있을 수도 있다(일반적으로 이 오류에 채점이 필요하지만 이 사람에게는 수검행동을 이용할 수 없다). BGT는 또한 특히 도형 6, 7, 8이 그려지는 방식에서 이상해 보이는 비공식적 준거를 충족시키고

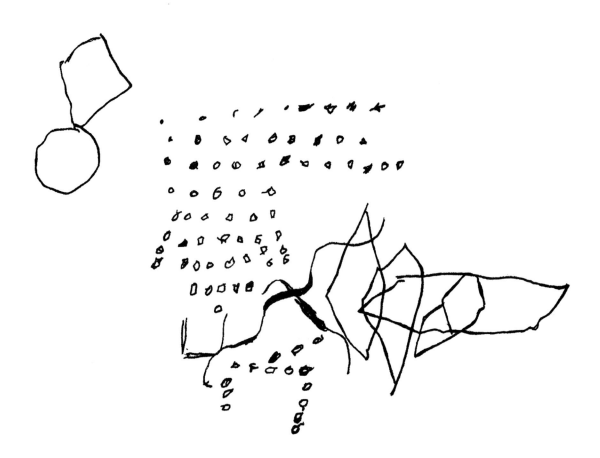

BGT 점수		Bender 꾀병 징후	
오류	도형	징후	도형
회전	A, 3	억제된 크기	없음
중복곤란	6	회전>45도	A, 3, 6
단편화	2	잘못 배치된 세부사항	없음
고집화, A 유형	3, 5	기괴한 추가	8
중첩	4, 6, 7, 8	전체 단순화	1, 2, 5, 6, 7
폐쇄곤란	A, 4, 7, 8	비일관된 형태 질	A, 4
점수: 6개의 오류		6개 징후에 대한 가중치:	11
		5개 징후에 대한 가중치:	8

[그림 4-3] 꾀병의 한 사례

있다. 가짜 징후 중에서 그는 45도보다 큰 3개의 회전을 보여 주었고, 하나는 도형 8에 복잡하거나 기괴한 세부사항을 추가했으며, 5개의 도형은 전체적으로 단순화를 보였다. 또한 도형 A와 4의 형태 질은 다른 도형에 비해 일관되지 않게 훨씬 더 높다. 도형 내에서 크기가 제한되거나 관계가 왜곡된 사례는 없었다. 이러한 지표에 발생 횟수에 대한 가중치를 부여하여 6개의 징후를 모두 합산하면 총 허위 점수는 11점이었고 회전을 제외하면 8점이었다. 그의 BGT와 MMPI의 허위 지수는 이전에 감옥 허위자에게서 발견된 범위 내에 있었다(Schretlen et al., 1992).

가짜 인지결함 탐지에 관한 최근 연구

보다 최근의 연구는 보다 효과적이고 입증된 탐지 방법의 개발에 중점을 두어 왔다. 증상 타당성 검사 또는 **강제-선택 검사**(forced-choice testing)는 가짜 인지결함에 대한 가장 타당한 탐지 전략으로 Rogers(1997a)에 의해 권장되고 있다(또한 Lezak, 1995; Nies & Sweet, 1994 참조). 이런 유형의 검사는 선다형 형식의 많은 항목에 의해 주장된 장애에 대한 평가로 구성되어 있다. 기회 수준 50% 미만의 점수는 환자가 의도적으로 실제 능력 이하로 수행하고 있음을 시사한다. 주장된 기억 문제에 대한 강제-선택 방법의 적용은 숫자기억검사(Digit Memory Test; Hiscock & Hiscock, 1989)와 포틀랜드숫자인식검사(Portland Digit Recognition Test; Binder, 1993)의 두 가지 측정에서 볼 수 있다. 가짜 기억 문제를 발견하기 위해 고안된 또 다른 유형의 측정 방법은 15개 항목으로 구성된 레이기억검사(Rey's 15-Item Memory Test; Lezak, 1995에 설명되어 있음)이다. 어려워 보이지만 실제로는 뇌손상 또는 지적장애 환자에게조차도 쉽게 수행할 수 있는 작업이다. Schretlen과 Arkowitz(1990)는 IQ 검사와 유사한 꾀병 척도를 개발했다. 이러한 기술의 성공에 대한 연구 고찰은 Lezak(1995), Nies와 Sweet(1994), 그리고 Pankratz와 Binder(1997)에서 찾아볼 수 있다.

가짜 정신질환 및 뇌손상 탐지에 관한 문헌은 심리검사 배터리를 이해하려는 실무자에게 큰 자신감을 불러일으키지 않는다. 많은 연구에서 소규모 표본과 종종 부적절한 유형의 참가자를 대상으로 했다. 일반적으로 신경심리평가나 특히 BGT에 적용되는 연구는 거의 이루어지지 않았다. Bender(1938)는 꾀병의 징후가 유망해 보이긴 하지만 더 많은 조사가 필요하다고 제안했다. 임상가는 특정 내담자나 환자에게 꾀병이 발생할 가능성이 있다고 의심할 때 탐지 성공률을 높일 수 있는 것으로 보인다. 또한 여러 측정이 단일 검사보다 더 큰 성공을 거두는 것으로 보인다. 거짓을 탐지하기 위해 특정 선별장치를 사용하는 것도 유망할 수 있다. 심리학자들은 인위적인 조건을 사용한 연구 결과에서 나타나는 것보다 꾀병을 부리는 사람을 더 잘 탐지할 수 있다. Garb와 Schramke(1996)는 심리학자들이 임상 실제에서 일반적으로 사용할 수 있는 모든 정보를 받을 때 가짜를 얼마나 잘 식별할 수 있는지에 대한 더 많은 연구가 필요하다고 주장한다. 다시 말해, 경험적으로 도출된 다양한 꾀병 척도를 사용하면 탐지 정확도가 얼마나 향상될 수 있는지에 대한 연구가 필요하다는 것이다.

의심되는 가짜에 대한 가능한 조치

때때로 심리학자는 꾀병이나 인위적 장애의 병력이 있거나 정신질환이나 뇌손상 진단을 통해 어떤 이익을 얻을 수 있는 상황에 있는 사람에 대해 꾀병을 의심할 필요가 있다. 이런 경우에 취할 수 있는 조치는 여러 가지가 있다. Franzen 등(1990)은 속임수를 측정하기 위해 고안된 적어도 하나의 선별절차를 포함하여 평가 배터리(다양한 응답 요구사항 포함)에 여러 개의 검사를 사용한다. 여러 검사에서 병리 또는 인지결함을 가장하는 것은 소수 또는 단 하나의 검사에서보다 더 어려울 것이다. 그들은 또한 임상가가 환자나 내담자의 기록을 철저히 살펴보고, 그를 아는 다른 사람들과 면담할 것을 제안한다.

BGT의 경우 Hutt(1985)는 검사자가 시뮬레이션에 대한 의심을 드러내지 말 것을 권장한다. 그런 다음, 며칠 후에 검사자는 BGT의 모사단계를 다시 실시해야 한다. 원래 시도가 위조된 경우 이전 오류를 기억하지 못하고 이번에는 오류를 범하지 않거나 다른 오류를 범할 수 있기 때문이다. 또는 카드가 반대 위치에서 두 번째로 다시 실시되어 이전에 위조된 응답에 대한 기억을 다시 방해할 수 있다. Groth-Marnat(출판 중)은 평소 병력보다 더 주의를 기울이고, 인성검사를 포함하여 병동에서 관찰을 하고, 신경해부학적 실제와 일치하지 않는 증상에 특별한 주의를 기울일 것을 권장한다.

좋은 소식은 심리학자들이 인지결함을 조작할 가능성을 미리 경고한 연구에서 진짜 뇌손상이 있는 사람과 꾀병을 부리는 사람을 매우 정확하게 구분했다는 것이다(예: Trueblood & Binder, 1997). Nies와 Sweet(1994)는 꾀병 탐지 연구를 광범위하게 고찰한 후 "뇌기능장애에 대한 꾀병은 감지하기 쉽지 않지만, 의도적으로 꾀병을 찾고 미리 염두에 둔다면 감지가 가능하다. 그러나 현재의 기술 수준을 고려할 때 일부 꾀병을 부리는 사람은 우리의 최선의 노력에도 불구하고 감지되지 않을 수 있다."(p. 540)라고 결론지었다.

실시의 변형

1938년 BGT가 도입된 이후 표준 절차에 많은 변경 사항이 고안되었다. 변경된 것은 모두 어려운 진단 결정에서 검사 효율성이 증가하거나 더 나은 성공 가능성을 보여 준다. 여기에는 집단실시, 회상 조건, 순간노출제시 및 Canter의 배경간섭절차가 포함된다. 집단실시는 주로 학교 아이들을 대상으로 사용되었기 때문에 제11장에서 논의된다. 그러나 이 방법은 성인에게도 적용할 수 있다.

회상법

BGT 변형 중 하나는 개인이 표준 모사단계를 완료한 후 기억할 수 있는 만큼 원래의 도형을 재현하도록 요청하는 회상단계(Reznikoff & Olin, 1957)이다. 이 방법에서 사용되는 점수는 일반적으로 올바르게 기억된 도형의 수이지만 때로는 기억에서 가져온 도형의 질도 평가된다. 그러나 BGT 회상절차를 사용하는 심리학자는 거의 없다.

회상법은 주로 뇌손상의 영향에 대한 민감도를 높이기 위해 개발되었으며, 특히 조현병으로 인한 손상과 뇌손상을 구별하려고 할 때 사용한다. Holland와 Wadsworth(1979)는 표준 모사점수와 달리, 회상점수가 재향군인병원(Veterans Affairs: VA, 참전 용사 및 퇴역 군인의 치료를 담당하는 의료센터)에 입원한 뇌손상 환자 20명과 조현병 환자 20명의 두 집단을 구별한다는 사실을 발견하였다. 그러나 진단 정확도 점수는 보고되지 않았다. Armstrong(1965)은 5개 진단집단으로 나누어진 정신건강의학과 입원환자 80명의 모사점수 및 회상점수를 비교하였다. 그녀의 결과는 뇌손상 환자들이 조현병을 포함한 다른 4개 진단집단의 환자들에 비해 도형을 더 형편없이 모사하고, 도형을 더 적게 기억하며, 기억하는 도형에서 더 많은 오류를 범했다. 인지장애 진단을 받은 사람들은 평균 3.85개의 BGT 도형을 기억했고, 다른 4개 정신건강의학과 집단의 사람들은 평균 5.57~6.09개의 도형을 기억했다. 뇌손상 환자들은 모사에 있어 큰 변동성을 보였지만, 회상에서는 지속적으로 열악한 수준을 보였다. 최적 컷오프 점수를 사용한 결과, 뇌손상이 있는 집단과 다른 4개 환자집단 간의 회상 질 점수에 중복이 거의 없었고 손상된 뇌기능을 정확하게 진단하는 데 약 80%의 정확도를 보였다.

Armstrong(1965)은 또한 9개의 개별 도형 각각에 대한 회상의 빈도와 정확성에 대한 자료를 보고하였다. 도형 8은 가장 많은 환자(85%)가 회상했고, 도형 4는 가장 적은 환자(31%)가 회상했다. 도형 8은 또한 가장 적은 오류(13%)로 회상된 반면, 도형 4는 가장 많은 오류(29%)를 나타냈다. Rogers와 Swenson(1975)은 정신건강의학과 환자를 대상으로 회상 점수와 웩슬러기억척도(Wechsler Memory Scale)와의 상관관계가 .74이지만, 주의집중척도(Freedom from Distractibility Scale)와는 .40에 불과하다는 것을 발견하였다. 그들의 결과는 BGT 회상이 기억기능의 좋은 척도이며 주의 산만으로 인한 결함만을 측정하는 것이 아니라는 결론으로 이끌었다.

[그림 4-4]는 10학년 교육을 받은 45세 남성의 BGT 회상 부분을 보여 주고 있다. 그는 이 검사를 받기 3년 전에 교통사고로 심각한 머리 부상을 입었다. 그는 도형 중 3개만 기억할 수 있었고 각 도형에서 오류를 범했다. 그의 BGT 모사단계는 제13장의 선택된 임상 사례에서 사례 H([그림 13-9] 참조)로 제시되어 있다.

다른 연구에서는 뇌손상이 있는 성인 환자집단을 손상되지 않은 집단과 구별하는 데 성공했다고 보고하고 있다. 그러나 Armstrong(1965)을 제외하고는 그러한 관행의 진단 효능성을 보여 주지 않고 있다(표준 모사 형식에 대해 잘 문서화되어 있음에도 불구하고). 또한 도형이 올바르게 회상된 것으로 간주되려면 도형이 얼마나 정확해야 하는지 또는 모사단계 후 회상이 요청되기까지의 간격이 얼마나 경과해야 하는지 명확하지 않다. 이러한 중요한 문제가 다루어질 때까지 임상가는 회상법을 큰 확신을 가지고 사용할 수 없다. 그러나 연구는 추가 연구가 필요한 잠재적인 유용성이 있음을 시사하고 있다.

[그림 4-4] BGT 회상

순간노출제시

BGT 실시의 또 다른 변형은 제한된 노출(보통 5초 간격) 동안 한번에 하나씩 자극을 제시한 다음, 피검자가 이를 모사하는 대신 기억을 통해 도형을 그리도록 요구하는 것이다. Hutt(1985)는 다음과 같은 지시시항을 제안하고 있다.

> 몇 장의 카드를 한번에 하나씩 보여 드리겠습니다. 각 카드에는 도형이 있습니다. 당신에게 단지 몇 초 동안 만 카드를 살펴볼 수 있도록 할 것입니다. 그런 다음, 카드를 치우고 기억을 통해 도형을 그려 달라고 요청하 겠습니다. 이해하셨나요? 단지 몇 초 동안만 카드를 보여 준다는 점을 기억하십시오. 제가 카드를 치우면 당 신이 기억을 통해 그릴 수 있도록 주의 깊게 살펴보십시오(p. 56).

때때로 검사자는 카드가 제거될 때까지 그리기를 시작하지 않도록 피검자에게 주의를 주어야 한 다. 모사와 심지어 회상의 방법에서도 순간노출제시가 추가될 수 있다.

남아프리카의 정신질환 환자와 비환자 성인을 대상으로 McCann과 Plunkett(1984)는 네 가지 다 른 변형, 즉 표준, 순간노출제시, 평소 많이 쓰지 않는 손, 오류를 제거하기 위한 다시 그리기를 사 용하여 BGT를 실시하였다. 이상적인 컷오프 점수를 사용하여 그들은 세 가지 진단집단(뇌장애, 조 현병, 비환자)이 네 가지 방법 모두에서 서로 다르다는 것을 발견하였다. 그러나 어떤 방법도 명확 한 예측 이점을 갖지 못했다.

임상가가 진단 작업에 의존할 수 있는 BGT의 순간노출제시의 유용성에 대한 증거는 충분하지 않다는 점이 분명하다. 현시점에서는 이러한 변형에 대한 더 많은 연구가 요구된다.

배경간섭절차

아마도 BGT 변형 중 가장 유망하고 가장 주목을 받은 것은 Canter(1966)의 배경간섭절차 (Background Interference Procedure: BIP)일 것이다. 이 방법은 이전에 물결선으로 표시된 용지에 그려진 두 번째 수행과 비교하기 위한 기준으로 표준 실시에 대한 개인 자신의 수행을 사용한다. 모사단계와 BIP 단계 모두 수정된 Pascal-Suttell(1951) 채점방법을 사용하여 채점이 이루어진다. BIP는 정신건강의학과 환자의 BGT 수행 결함으로 인한 진단 부정확성을 부분적으로 줄이기 위해 개발된 절차이다. Canter(1971)는 뇌손상 환자집단의 94%가 BIP 단계에서 더 **악화**된 반면, 장기 입원 (M=12.1년) 조현병 환자의 24%, 단기 입원(M=1.5년) 조현병 환자의 13%, 그리고 조현병과 뇌손상이 모두 없는 환자의 13%가 BIP 단계에서 더 악화되었음을 발견하였다. **향상된** BIP 수행 측면에서 보면, 단기 입원 조현병 환자의 53%, 장기 입원 조현병 환자의 29%, 조현병이 없는 환자의 38%가 BIP 단계에서 더 나은 결과를 보였다. 뇌손상 환자는 BIP에서 향상된 수행을 보이지 않았다. BIP의 추가 요구는 뇌기능장애 환자의 인지 통합을 방해하는 것으로 보인다.

이 변형은 많은 연구의 관심을 받았으며 규준 자료와 신뢰도 수치가 발표되었다. Heaton 등 (1978)은 정신건강의학과 환자를 대상으로 한 신경심리검사에 관한 문헌(94개 연구)을 요약하고, 가장 많이 사용되는 다섯 가지 검사의 인지장애 진단 적중률을 비교하였다. 진행성 또는 만성 조현병 이외의 환자와 비교하여 인지기능에 결함이 있는 환자에 대한 여덟 가지 분류 시도에서 BGT 표준 모사 실시는 중앙값 76%(범위=62~86%)의 진단 정확도를 가졌다. BIP는 11개 연구에서 적중률이 중앙값 84%였다(범위=52~95%). 여러 실험적 차이와 결함이 있는 이러한 연구를 기반으로 Heaton 등은 선별검사로서 표준 모사단계 대신, BIP를 사용해야 할 강력하고 일관된 증거가 없다고 결론지었다. 그들은 BIP 수정이 표준 절차보다 다소 더 효과적일 수 있다고 믿지만, 이러한 결론은 그러한 직접적인 비교를 하는 후속 연구 결과를 통해서 확증될 수 있다. 표준 BGT와 BIP의 직접적인 비교와 같은 연구가 이루어져야 할 뿐만 아니라 Pascal-Suttell 채점방법이 아닌 다른 채점방법을 사용하여 BIP를 시도하는 것도 가치가 있을 것이다.

Boake와 Adams(1982)는 일반적으로 연령과 IQ와 같은 변인에 대한 집단 차이를 통제하지 않은 초기 BIP 타당성 연구의 방법론에 대해 비판적이다. 그들은 BIP에 대한 높은 적중률이 이러한 변인을 통제한 연구에서 일관되게 나타나지 않았다고 주장하여 Heaton 등(1978)과 같은 적중률 요약을 의심한다. 그들의 연구에서 Boake와 Adams는 BIP의 전체 적중률이 61%에 불과하다는 것을 발견하였다.

Canter의 BIP는 많은 연구를 촉발했지만 임상적으로 널리 사용되는 것 같지는 않다. 이는 일관되지 않은 연구 결과 때문이거나, 또는 검사를 두 번 실시하고 시간이 많이 걸리는 Pascal-Suttell 채점방법을 사용해야 하므로 시간 요구가 증가했기 때문일 수 있다.

요컨대, BGT는 매우 단순해 보이지만 검사자는 표준 실시 절차를 꼼꼼하게 따르는 데 여전히 주의를 기울여야 한다. 행동 관찰은 채점방법을 실행하고 최종 진단을 내리는 데 특히 중요하다. BGT를 실시하기 위해 심리측정가를 활용하지만 결과를 스스로 평가하는 심리학자는 검사자에게 이러한 관찰의 중요성을 강조해야 한다. 최근 법의학 사례가 크게 증가함에 따라 신경심리학자들은 가짜 인지결함에 대해 경계할 필요성을 강조하기 시작했다. 여러 가지 꾀병의 징후가 BGT를 위해 제안되었다.

이 장에서는 BGT 실시의 다양한 변형에 대해서도 제시하였다. 집단실시에는 건전한 연구 기반이 있긴 하지만 회상과 순간노출의 방법은 그렇지 않다. BIP의 유용성은 더 논란의 여지가 있는 것 같다. 이 수정 방법을 사용한 초기 연구에서는 매우 유망한 진단 적중률을 보고했지만, 최근의 보다 통제된 연구에서는 일관된 성공을 보인 경우가 적었다.

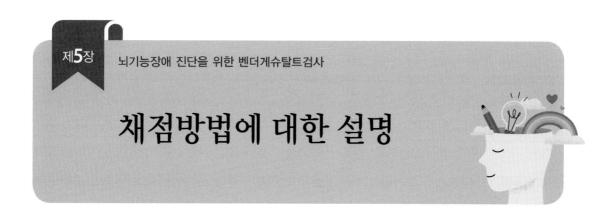

제5장 뇌기능장애 진단을 위한 벤더게슈탈트검사

채점방법에 대한 설명

이 책에서 지지하고 있는 채점방법은 1960년 Hutt와 Briskin의 연구에서 처음 기술된 '두개 내 손상의 12개 주요 감별인자'의 목록에서 연유하고 있다. 연구자들은 이러한 진단적 구성이 그들의 수년간의 임상 경험을 통해서, 맹검진단(blind diagnosis)을 시도한 실험에 의해서, 그리고 미발표된 수많은 실험연구를 통해서 검증되었다고 밝혔다. 이러한 유형의 구성적 분석은 내담자 혹은 환자에 대한 논리적인 일련의 가설을 검증하여 보다 철저한 추론적 분석으로 강화된다.

벤더게슈탈트검사(Bender Gestalt Test: BGT)에 대한 Hutt와 Briskin(1960)의 원래 12개 주요 감별인자 혹은 오류는 〈표 5-1〉과 같다. 12개의 오류는 5개 요인 범주에 속한다. 5개 요인과 포함되는 오류를 보면 ① 조직 요인(중첩), ② 크기 요인(코히전: 단독으로 크거나 작은 그림), ③ 형태의 변화 요인(폐쇄곤란, 각의 곤란), ④ 형태의 왜곡 요인(심한 회전, 퇴영, 단순화, 단편화, 중복곤란, 고집화), ⑤ 운동 및 그리기 요인(운동 부조화) 등이다. 무기력이라 불리는 오류는 5개 요인에 속하지 않는다.

〈표 5-1〉 뇌기능장애에 대한 Hutt와 Briskin의 12개 주요 감별인자

1. 심한 회전(Rotation: severe)
2. 중복곤란(Overlapping Difficulty)
3. 단순화(Simplification)
4. 단편화(Fragmentation)
5. 퇴영(Retrogression)
6. 고집화(Perseveration)
7. 중첩 혹은 중첩경향(Collision or Collision Tendency)
8. 무기력(Impotence)
9. 폐쇄곤란(Closure Difficulty)
10. 운동 부조화(Motor Incoordination)
11. 각의 곤란(Angulation Difficulty)
12. 코히전(Cohesion)

출처: Hutt & Briskin (1960).

Hutt와 Briskin(1960)은 각각의 오류에 대해서 다음과 같이 간단히 기술하고 있다.

1. 심한 회전   이 오류는 주요 각의 방향이 80도 내지 180도 변화되었을 때 채점된다. 회전은 자극카드나 모사용지를 회전한 것과 혼동해서는 안 된다. 회전의 예는 [그림 5-1]의 도형 3과 4에서 볼 수 있다.[1] [그림 5-2]의 도형 2는 회전의 또 다른 형태인 거울상(mirror image)의 예에 해당한다.

2. 중복곤란   이 오류는 중복되는 도형(도형 6과 7뿐)의 부분들을 그리는 데 어려움을 나타낼 때 채점된다. 이러한 어려움의 형태를 보면 중복되는 도형의 두 부분을 제대로 못 그리거나, 중복되는 지점에서 도형의 어느 한 부분의 그림을 단순화시키거나, 도형의 중복되는 부분을 스케치 혹은 다시 그리거나, 중복되는 도형을 왜곡시키는 경우이다. 예를 들어, [그림 5-1]의 도형 6과 [그림 5-2]의 도형 7이 이에 해당된다.

3. 단순화   도형의 부분 혹은 전체가 달라졌거나 보다 더 단순화된 형태로 대체된 경우이며, 성숙이라는 측면에서 보다 더 유치한 것과는 구별되어야 한다. 만일 성숙적인 측면에서 보다 더 유치하게 모사하였다면, 이는 퇴영으로 보아야 한다. 도형 7에서 2개의 육각형을 중복되게 모사하지 못했거나, 도형 A에서 원과 사각형이 접촉하지 못하고 인접하게 모사했을 때가 단순화에 해당된다([그림 5-3]의 도형 A, 6, 7 참조). [그림 5-2]의 도형 5와 6은 매우 단순하게 모사한 또 다른 형태의 예에 해당된다.

4. 단편화   이 오류는 도형을 불완전하게 모사했거나 도형이 깨져서 원래의 형태가 파괴된 것을 말한다. 이 오류의 극단적인 예는 [그림 5-1]의 도형 8과 [그림 5-3]의 도형 2, 3, 5에서 볼 수 있다.

5. 퇴영   이 오류는 자극카드의 도형을 보다 유치하게(예: 원 대신 고리모양, 점 대신 대시, 다이아몬드 혹은 육각형 대신 삼각형) 모사한 것을 가리킨다. 이 오류가 발생하면 보다 성숙된 형태로 그릴 수 있는 사람이라는 것이 명백할 때만 채점한다. [그림 5-1]의 도형 A, [그림 5-2]의 도형 7, 그리고 [그림 5-3]의 도형 7과 8이 모두 퇴영의 예에 해당된다.

6. 고집화   이 오류에는 두 유형이 있다. A 유형은 도형 2에서 도형 1의 점을, 그리고 도형 3 혹은 도형 5에서 도형 2의 원을 계속해서 사용하는 것처럼 이전 도형의 요소를 지속적이고 부적절하게 대체하는 것이다([그림 5-4]의 도형 3 참조).
B 유형은 자극도형에서 요구하는 한계를 넘어서서 도형의 요소를 부적절하게 계속해서 그리는 것을 말한다. [그림 5-4]의 도형 1에서 점을 14개 이상(12개 대신) 그리거나, [그림 5-1]과 [그림 5-3]의 도형 2에서 원의 열을 13개 이상(11개 대신) 그린 경우가 이에 해당된다. 흔한 예는 아니지만 도

---

1) 이 장에서 예시된 사례에 대한 채점 결과는 부록에서 확인할 수 있다. BGT 도형 번호는 58쪽에 있는 [그림 4-1]에서 알 수 있다.

형 2에서 원이나 도형 3에서 점의 열을 추가해서 그리는 경우도 있다([그림 5-5] 참조). 가끔 사람에 따라서는 모사용지의 가장자리에 도달할 때까지 자극도형을 계속해서 그리기도 한다(그리고 한 사례에서 저자는 뚜렷한 인식 없이 흰색 테이블의 맨 위를 가로질러 계속해서 그리는 것을 관찰했다). 드물기는 하지만 전체 도형을 반복해서 그리는 경우도 있지만, 보통은 도형 1과 2에서 요소들을 재생산하는 것에 한정된다. [그림 5-4]는 병원에 입원하지 않은 노인이 모사한 극단적인 예다.

7. 중첩 혹은 중첩경향　중첩의 오류는 도형들을 너무 접근시켜 실제로 중첩 혹은 충돌되도록 그렸을 때 발생한다. [그림 5-1]의 도형 3과 6, 그리고 [그림 5-4]의 도형 2와 3이 그 예에 해당된다. 중첩경향은 [그림 5-5]의 도형 1과 2, 2와 3, 3과 4처럼 한 도형을 다른 도형에 너무 접근시켜(1/4인치 이내) 그린 경우이다.

8. 무기력　도형을 부정확하게 그려 놓고는 이러한 사실을 인정하지만 그 오류를 교정할 수 없고, 다시 그리려고 시도하지만 도형 모사의 개선을 성공적으로 가져오지 못하는 경우이다. 이러한 시도는 보통 도형을 연속적인 그림의 형태를 취하거나 오류의 반복과 함께 지운 흔적이 많은 형태를 취하며([그림 5-1]의 도형 A와 8 참조), 욕구좌절이나 오류를 교정하지 못하는 무능력의 표현이라고도 볼 수 있다.

9. 폐쇄곤란　이 오류는 접촉되어야 할 도형의 부분을 접촉시키는 데에 반복해서 어려움을 보일 때 채점된다. 예를 들어, 원과 육각형을 닫게 하는 데에 어려움을 보이거나, 도형 A의 원과 사각형을 접촉시키는 데에 어려움을 보이는 경우이다([그림 5-2]의 도형 4와 8, [그림 5-5]의 도형 A와 8 참조). 이러한 곤란은 도형이 접촉되는 지점에 간격, 지움, 진한 선, 가중묘사가 나타날 때 분명해진다.

10. 운동 부조화　도형의 선이 떨리는 것을 가리키는 것으로, 도형의 선이 부드럽게 흘러가기보다는 불규칙적인 경우이다. 운동 부조화의 예는 이 책의 뒷부분에 제시된 많은 프로토콜에서 찾아볼 수 있다.

11. 각의 곤란　도형의 각을 모사하는 데에 어려움을 보이는 것으로, 요구되는 각도보다 크게 혹은 작게 그리거나 각에 변화가 생긴 경우이다([그림 5-1]의 도형 2 참조).

12. 코히전　프로토콜에서 다른 도형과 관련하여 도형의 크기가 단독으로 크거나 작은 것을 말한다(예: [그림 5-3]에서 도형 A 대 도형 1, [그림 5-4]에서 다른 도형들과 비교하여 도형 A의 크기). 또한 [그림 5-2]의 두 육각형과 [그림 5-3]과 [그림 5-5]의 도형 A에서 보듯이 도형에서 한 부분이 다른 부분보다 상대적으로 크거나 작은 경우도 이에 해당된다. 크기는 프로토콜에서 한 도형이 다른 도형들보다 혹은 한 도형의 일부가 다른 부분보다 1/3 이상 크거나 작아야만 한다.

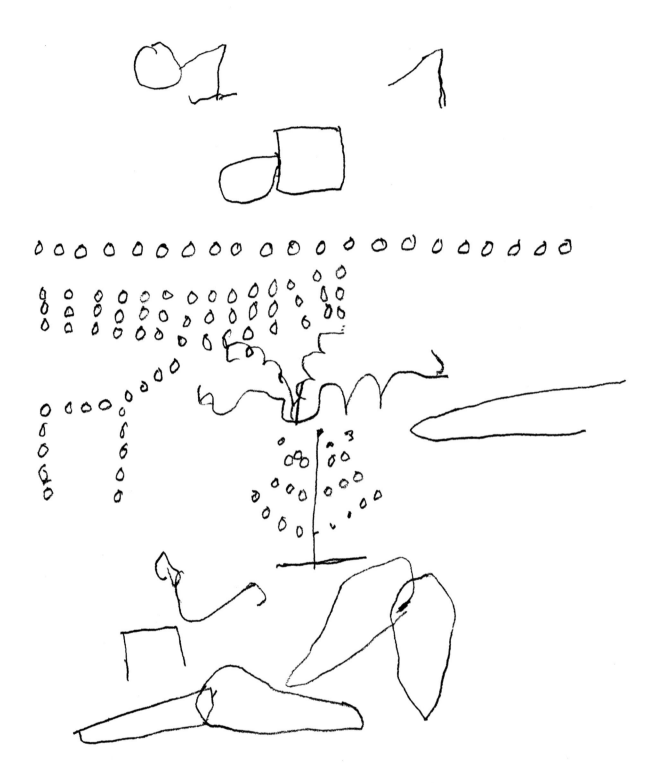

[그림 5-1] **혈관성 치매**

[그림 5-2] '신경손상의 증거가 명백한' 청소년 입원환자

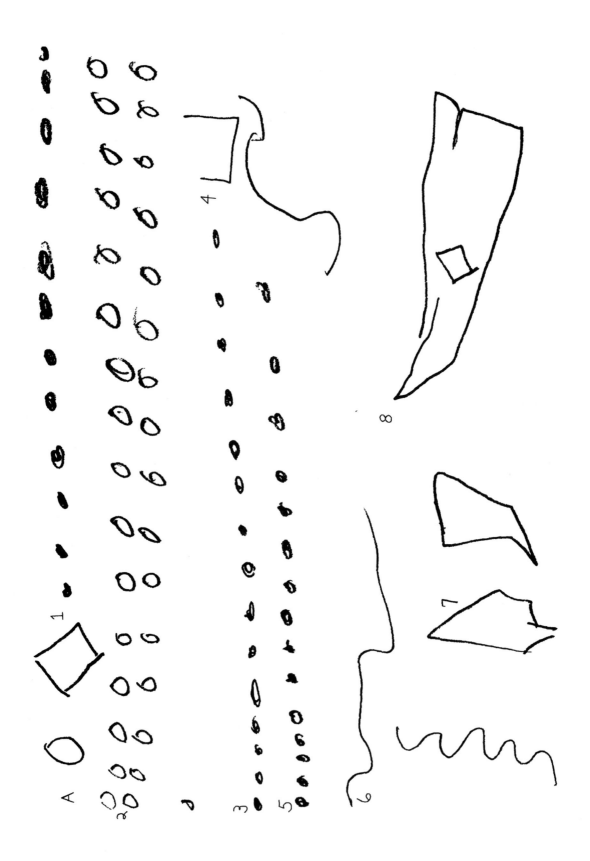

[그림 5-3] 중독성의 신진대사장애와 관련된 섬망

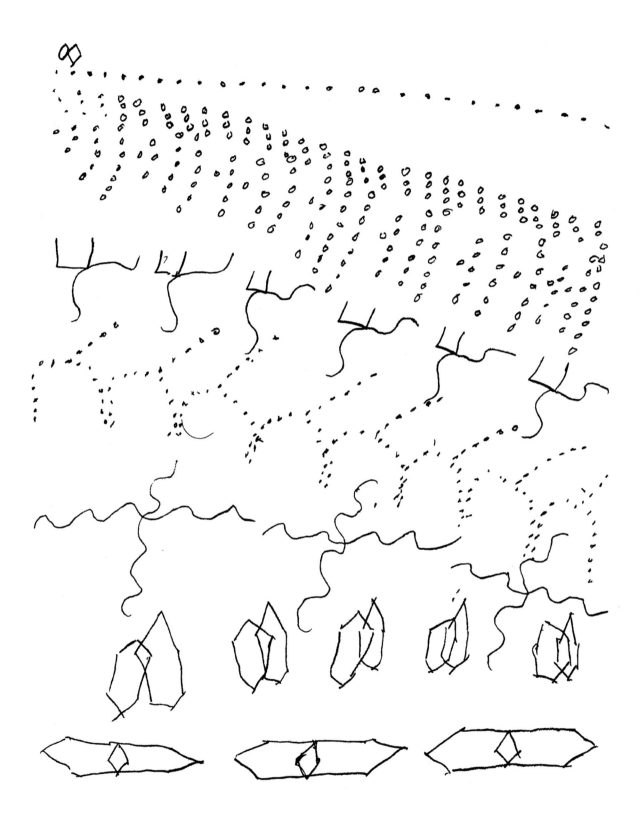

[그림 5-4] 병원에 입원하지 않은 노인

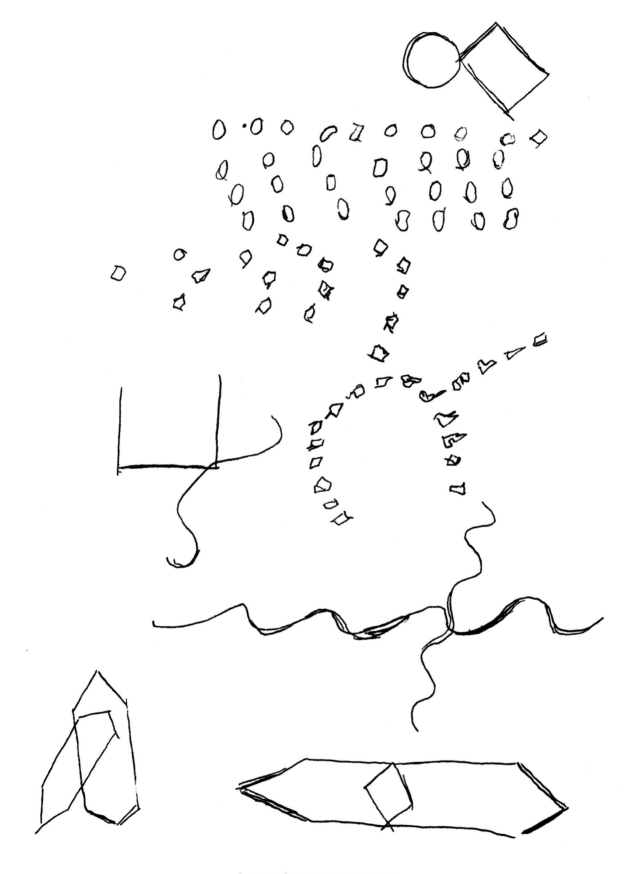

[그림 5-5] 발작을 동반한 인지장애

주지할 수 있듯이 Hutt와 Briskin(1960)은 12개의 오류 각각에 대해서 매우 간단히 설명하였고, 각 오류에 대한 채점을 돕기 위해 단지 1~2개의 예를 제시하였을 뿐이다. 그들의 책은 주로 각 검사요인의 성격 해석에 대한 임상적 중요성을 다루고 있다. 예를 들어, 폐쇄곤란은 "특히 대인관계에 대한 두려움과 상관이 있거나" "둘러싼 환경에서 적절한 대상과 지속적으로 주의 집중을 유지하지 못하는 능력"(p. 59)으로 설명하고 있다.

비록 이러한 접근은 내담자와 환자의 인성역동을 이해하는 데에 도움이 될 수 있을지라도, BGT를 뇌기능장애를 위한 선별도구로서 혹은 시각구성적 능력에 대한 별도의 척도로서 가장 널리 사용하는 임상가들에게는 큰 도움이 되지 못한다. 검사를 후자 목적으로 사용하기 위해서는 투사적(projective) 입장보다는 **심리측정학적**(psychometric) 입장, 즉 뇌손상이나 시각구성적 기능의 붕괴를 평가하기 위한 객관적 채점방법이 필요하다.

1961년에 BGT의 간단하고 객관적인 채점방법에 대한 연구의 필요성이 제기되었다. 그 당시 연구에서 가장 널리 사용되었던 방법은 Pascal-Suttell(1951)에 의해 개발된 것이었는데, 이 방법은 사용하기에 번거롭고 50세 이상의 환자와 같은 많은 환자에게 적용할 수 없다(제3장 참조). Hutt와 Briskin(1960)의 12개 주요 감별인자는 유망해 보였다. 그러나 그들의 오류 목록과 매우 간단한 정의는 프로토콜을 일관되게 채점하는 데 적합하지 않았다. 그래서 Lacks는 12개의 오류를 명료화하기 위한 비공식적인 채점 매뉴얼을 개발하였다. 이 매뉴얼은 여러 후속 실험에서 효과적으로 사용되었다(Brilliant & Gynther, 1963; Johnson et al., 1971; Lacks et al., 1970; Lacks & Newport, 1980; Lacks & Storandt, 1982). Hutt-Briskin 방법을 적용한 이 Lacks 방법은 일관되게 높은 채점자 간 신뢰도와 진단 정확도를 가진 것으로 입증되었다(제7장과 제8장 참조).

이후 작업에서 Hutt(1985)는 이러한 오류에 대한 더 많은 예시를 제공했지만, 새로운 집단에 대한 진단 정확도를 발표하는 동안 계속해서 징후 목록을 개정했다. 더욱이 Hutt는 계속해서 BGT의 심리측정학적 유용성보다는 투사적 활용을 보다 강조했다.

따라서 연구는 Hutt와 Briskin의 원래 12개 징후의 유용성을 일관되게 지지해 주었고, 개정 시도는 보다 낮은 진단 정확도에만 기여하였고, Hutt는 뇌손상에 대한 BGT의 객관적 채점을 덜 강조하였기 때문에 Hutt와 Briskin에 의해 제안된 12개 원래 징후에 대해 자세한 채점 매뉴얼을 발간하는 것이 바람직하다고 판단되었다. 저자는 1984년에 이 책의 초판에서 자세한 매뉴얼과 지지하는 자료를 출판하였다. 이번 개정된 판에서 제6장은 자세한 채점 매뉴얼과 Hutt와 Briskin의 채점방법을 적용한 Lacks 방법을 제시하고 있다. 오류로 채점하지 말아야 할 때와 오류로 채점해야 할 때를 명확하게 하기 위해서 많은 예가 제공된다. 제13장은 채점에 대한 자세한 논의를 덧붙인 12명의 임상 사례에 대해 채점한 예를 제시한다. 또한 정확한 채점에 대한 자세한 설명이 수반되는 10명의 실습용 채점 사례를 제공한다. 이 2개의 장은 독자들로 하여금 이러한 BGT의 객관적 채점방법을 빨리 능숙하게 사용할 수 있도록 하는 데 목적이 있다. 또한 제7장은 임상가가 자신감을 가질 수 있도록 이러한 접근방법의 타당성을 뒷받침해 주는 연구의 결과를 보다 자세하게 제시한다. 이 책의 초판에서는 BGT를 능숙하게 채점할 수 있는 역량을 습득하도록 하는 데 비중을 두었다. 이 새로운 판에서도 기본 사명은 계속 유지되고 있다. 그러나 2판에서는 또한 컴퓨터 보조 보고서 작성을 포함하여 검사 결과의 해석에 대한 새로운 자료를 포함하고 있다(제9장 참조). 게다가 독자들은 또한 노인들에게(제10장), 아동들에게(제11장), 그리고 청소년들에게(제12장) BGT를 활용하는 것에 대한 새로운 자료를 발견하게 될 것이다.

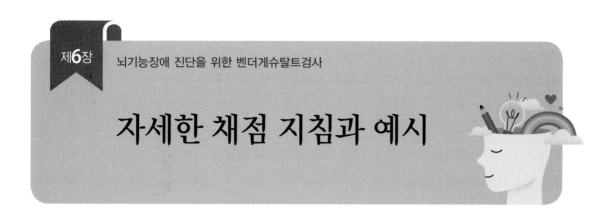

자세한 채점 지침과 예시

제6장에서 설명되는 뇌손상에 대한 12개의 징후는 Hutt와 Briskin의 "두개 내 손상의 주요 감별 인자"(1960)이다. 임상가의 오류 채점에 대한 의사결정을 돕기 위해 12개의 징후에 대한 설명이 확장되어 왔고 다양한 예가 제공되어 왔다. 일반적으로 이러한 12개의 오류 중에서 어떤 것이든 5개의 오류가 나타나면 기질적 뇌손상이 있는 것으로 간주한다.

그러나 이러한 모든 오류는 과제에 대한 관심의 결여, 검사자에 대한 적대감, 충동성, 혹은 부주의와 같은 요인 때문에 피검자가 최선의 노력을 기울이지 않았기 때문일 수 있다. 항상 검사자는 최종 점수가 이 같은 요인에서 기인한 것인지 아니면 진짜 지각-운동 곤란에서 기인한 것인지를 결정하도록 노력해야만 한다. 제4장의 행동 관찰에 관한 절과 [그림 6-1]의 채점 요약지와 같은 샘플이 이러한 판단을 하는 데에 도움이 될 수 있다. 진짜 오류가 아닌 왜곡을 가져올 수 있는 다른 요인으로는 그리기에 거친 책상 표면, 부적당하게 제시된 자극카드, 쇠약한 신체적 장애, 혹은 부적절한 그리기 도구 등이 있다.

게다가 가끔은 뇌기능장애를 가진 피검자가 특별나게 노력을 통해서 5개 미만의 오류를 보일 수 있다. 그렇지만 도형을 모사하는 데 상당한 시간을 소요한다. 대뇌피질 손상이 없는 정신건강의학과 환자들은 벤더게슈탈트검사(Bender Gestalt Test: BGT)를 완성하는 데 소요하는 평균 시간이 6분이다. 어떤 사람들은 내담자와 환자가 과제를 완성하는 데 15분 이상 소요한다면 비공식적인 추가 오류로서 간주하기를 원할 수도 있다(제4장 참조).

BGT 도형을 그리는 데 발생할 수 있는 수많은 유형의 오류 혹은 왜곡이 있다. 초보 채점자들은 종종 원래 자극도형의 모든 왜곡을 확인하고 싶어 한다. 그러나 이 채점방법에서는 여기에 설명된 **단지 12개**의 특정 왜곡에만 초점을 두어야 한다. 모든 다른 왜곡은 이 채점방법과 관련이 없다. 예를 들어, 별을 그리거나 원에 8자를 그리는 등 기이하거나 상징적인 행동은 보통 인지장애라기보다는 정신증의 지표이다.

끝으로, 이 채점방법에서 오류는 분명하거나 또는 명확한 오류로 관찰되는 경우에만 채점되어야 한다. 오류로 채점되려면 **심각**하거나 **지속적**이어야 하는 경우가 많다. 의심이 갈 경우에는 오류로 채점하지 **않는** 것이 좋다. 초보 채점자들은 늘 **과대채점**의 방향으로 실수를 저지른다. 이처럼 지나치게 엄격한 관행은 진단 정확도를 상당히 떨어뜨린다. 또한 어떤 오류는 특정 도형에서만 나타날 수 있지만(예: 각의 곤란은 도형 2와 3에서만 나타남), 또 어떤 오류는 어느 도형에서든 나타날 수도 있다(예: 심한 회전). 보다 많은 예시와 채점 연습은 제13장을 참조하기 바란다.

채점을 진행하기 위한 가장 효율적인 방법은 징후별 접근방식을 활용하는 것이다. 예를 들어, 심한 회전이라는 첫 번째 징후에 대해서 80~180도 회전이 있었는지 프로토콜 전체를 조사한다. 그런 다음, 두 번째 징후로 나아가 그 징후가 나타났는지 프로토콜 전체를 조사하고, 이어 마찬가지 방식으로 계속 진행한다.

동일한 왜곡을 2개의 다른 오류로 채점하여 피검자를 이중의 위험에 빠뜨리지 않도록 주의해야 한다. 즉, 동일한 왜곡을 2개의 다른 오류로 채점해서는 안 된다. 어떤 도형은 1개 이상의 왜곡(예: 심한 회전과 동시에 운동 부조화)을 포함하고 있을 수 있지만, 각 **왜곡**은 단지 1개의 오류로 채점되어야 한다. 예를 들어, 도형 2에서 어떤 피검자는 자극도형에 제시된 대로 왼쪽 대신 오른쪽에 제목이 붙은 원의 모든 열을 그릴 수 있다. 이러한 각도 반전은 회전 오류의 일종인 거울상의 예다. 만약 심한 회전 오류와 각의 곤란 오류로 모두 채점을 하면 피검자의 동일한 실수에 대해서 두 번 불이익을 주는 셈이 된다. 그러나 이 피검자가 또한 원의 열을 13개 이상 그렸다면 도형의 두 번째 유형의 왜곡인 B 유형의 고집화로 채점할 수 있다. 전자의 예에서는 두 가지 별개의 오류를 범한 것이 아니다. 그렇지만 후자의 예에서는 두 가지 **다른** 오류가 분명하다. 채점자는 12개 징후의 각각이 나타났느냐 나타나지 않았느냐를 살펴본다는 점을 명심하기 바란다. 만약 동일 징후가 한 번 나타나든 다섯 번 나타나든 단지 1개의 오류로 채점된다. 따라서 최대 오류의 수는 12개(만약 시간 별칙을 추가할 경우에는 13개)이다.

[그림 6-2]는 급성 정신건강의학과 치료센터에 입원한 환자의 프로토콜이다. 이것은 이 채점방법을 사용하면 오류가 없는 프로토콜이므로 이 장의 채점기준과 제13장의 실습용 채점 예를 비교하는 데 본보기 역할을 할 수 있을 것이다.

이름 _____   연령 _____   교육 _____

성별 _____   인종 _____   검사일 _____

일반적인 수검 태도

진지한 자세로 검사에 임함 ·· 가볍게 검사에 임함

협조적, 준수 ·· 비협조적, 저항

체계적, 신중함 ·· 부주의

곤란한 상황에도 지속적임 ··· 쉽게 포기함

주의 집중 ·· 주의 산만

잘하기 위한 동기가 충만 ·· 동기가 없음

침착, 긴장이완 ··· 불안, 흥분

검사자와 친화감 형성 ·· 검사자와 친화감 부족

특수한 행동 관찰

_____ 피로를 보임

_____ 검사 도형에 대한 불충분한 주의

_____ 신체장애로 인한 그리기 곤란

다음 문제 때문에 지시사항의 이해에 어려움을 보임

_____ 낮은 IQ _____언어 곤란 _____청각

_____ 도형을 보는 데에 곤란을 보임

_____ 지나치게 주의를 기울이고 신중함

_____ 빈약하게 수행한 도형 그림에 대한 불만의 표현

_____ 오류를 교정하려고 반복해서 시도해도 성공적이지 못함

_____ 도형 그림의 회전

_____ 운동협응의 부족과 손 떨림 _____경미 _____보통 _____심함

_____ 다른 행동 _____

검사를 완성하는 데 걸린 시간(분): _____

[그림 6-1] BGT 채점 요약지

출처: Patricia Lacks가 개발; 1996년에 출간된 『Bender Gestalt screening software for Windows: Vol. 1』의 출판사 Psychological Assessment Resources의 특별한 허락을 받고 게재함.

채점 체크리스트

_____ 1. 심한 회전   _____ 7. 중첩 혹은 중첩경향

_____ 2. 중복곤란   _____ 8. 무기력

_____ 3. 단순화   _____ 9. 폐쇄곤란

_____ 4. 단편화   _____ 10. 운동 부조화

_____ 5. 퇴영   _____ 11. 각의 곤란

_____ 6. 고집화   _____ 12. 코히전

_____ 완료하는 데 15분 이상 소요

전체 점수 _____   검사 진단 _____

의견

[그림 6-1] (계속)

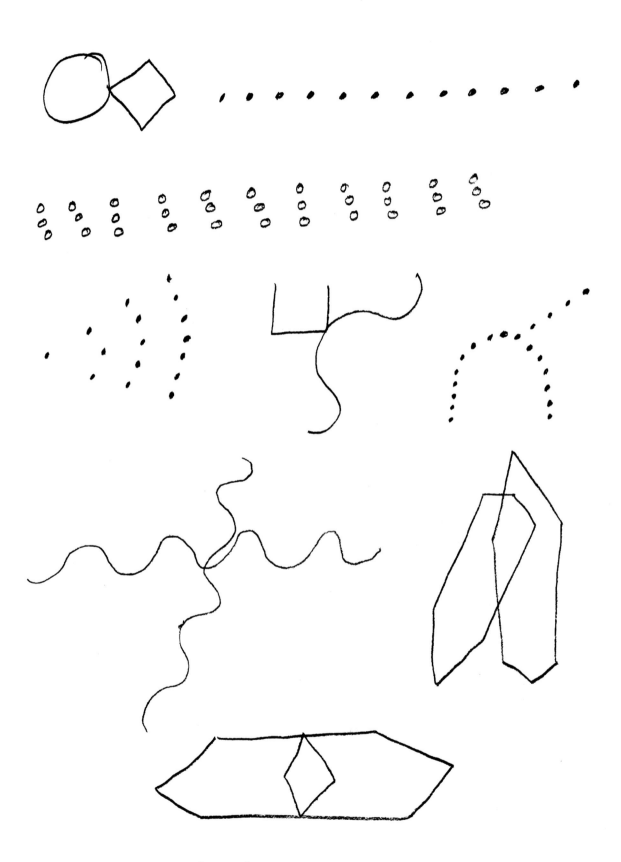

[그림 6-2] 오류가 없는 BGT 프로토콜의 본보기

1. 심한 회전

정의   전체 도형의(도형의 일부가 아닌) 주된 축이 80~180도 회전된 경우이다. 피검자가 자극카드나 모사용지를 회전하여 도형을 정확하게 그린 경우에는 해당되지 않는다.

도형   모든 도형에 대해 채점함

90도 회전

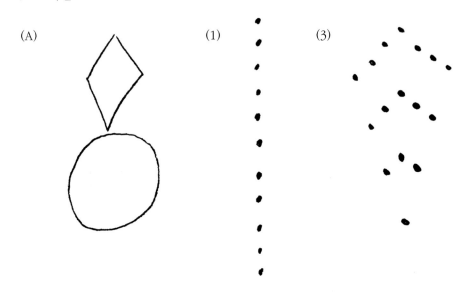

180도 회전

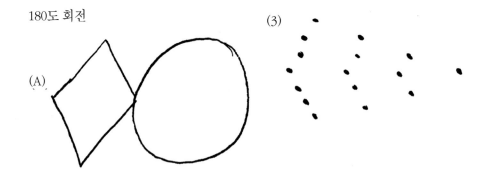

거울상

(2)

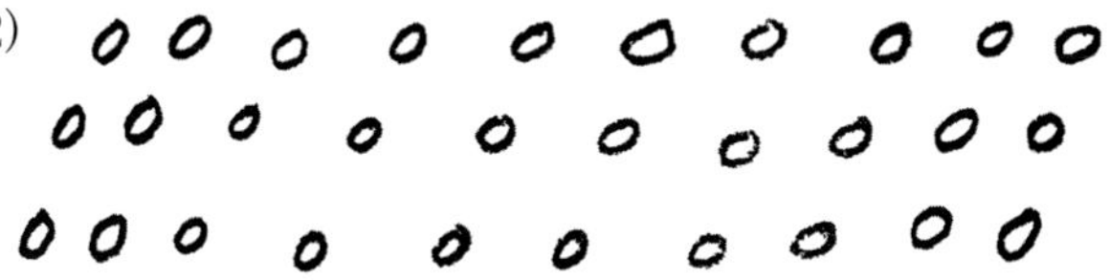

(5)

채점하지 않음

(A) (카드가 이 방향으로 돌려졌음)

(3) (거의 45도 회전)

(5) (도형의 일부만 회전됨)

2. 중복곤란

정의   중복되어야 할 도형의 부분들을 그리는 데 어려움을 보인 경우이다.

도형   도형 6과 7에 대해서만 채점함

(7)    중복되는 도형의 부분이 생략

(7)    중복되는 지점에서 도형의 단순화

중복되는 지점에서 두드러진 스케치 혹은 재묘사

(6) 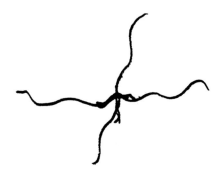   (7)

중복되는 지점에서 도형의 왜곡

(7)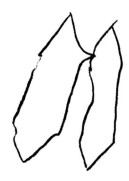

잘못된 위치에서 도형의 중복

(6)

(7)

도형의 중복 실패

(6)

(7)

채점하지 않음

(6)

(7)

(도형의 부분들이
1/8인치 이상 떨어짐,
단순화로 채점됨)

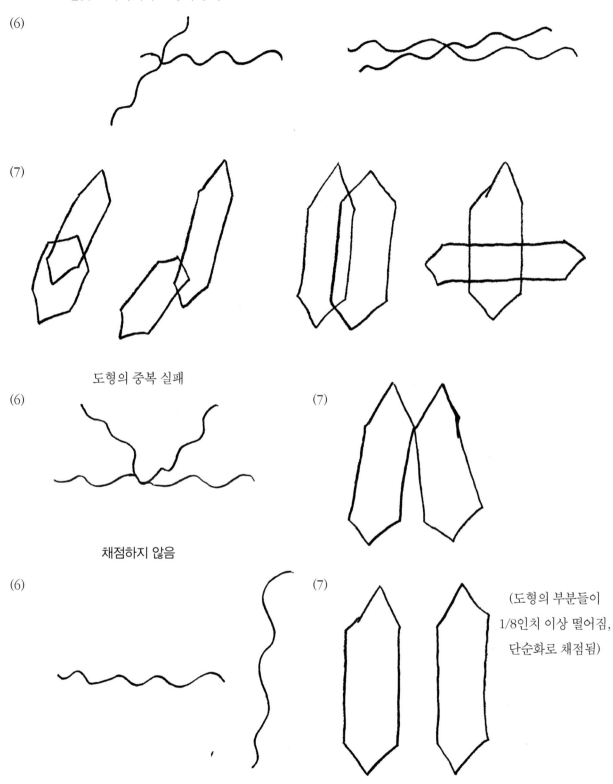

3. 단순화

정의   성숙적인 견해에서 볼 때 보다 유치한 것이 아니라 단순하게 혹은 보다 쉽게 그린 경우이다. 만약 보다 유치한 형태로 그린 경우에는 퇴영으로 채점한다.

도형   모든 도형에 대해 채점함

도형 1에서 점 대신 원의 사용

중복되지 않은 부분들

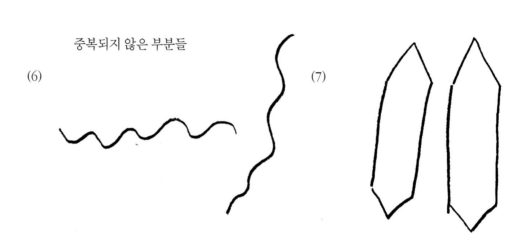

도형의 연결 부분들이 1/8인치 이상 떨어짐

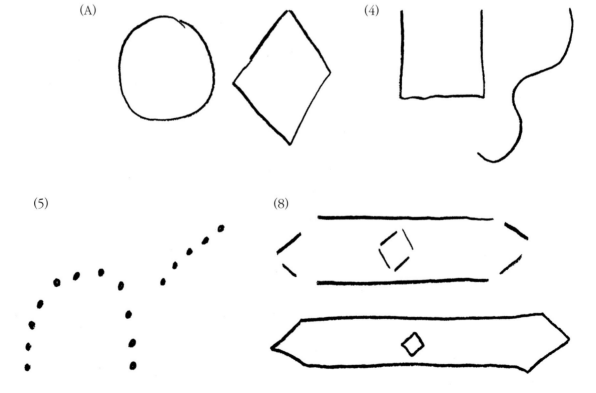

매우 단순화된 그림

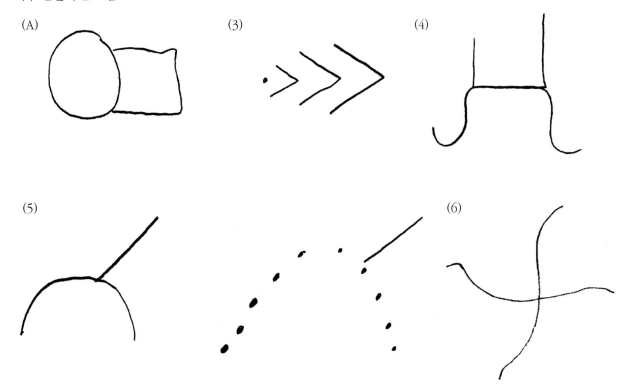

(A) (3) (4)

(5) (6)

채점하지 않음

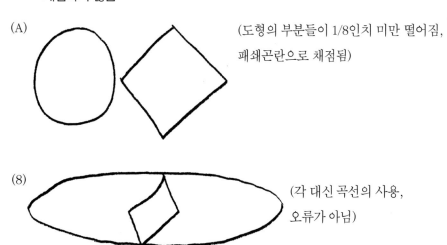

(A) (도형의 부분들이 1/8인치 미만 떨어짐,
패쇄곤란으로 채점됨)

(8) (각 대신 곡선의 사용,
오류가 아님)

4. 단편화

정의   도형이 부분들로 깨져서 형태가 파괴되었거나 도형을 완전하게 그리지 못한 경우이다(단, 피검자가 도형 전체를 그리는 것을 거부하지 않는다면).

도형   모든 도형에 대해 채점함

도형이 부분들로 깨져서 형태가 파괴됨

(33개의 원이 하나의 긴 열로 이루어짐)

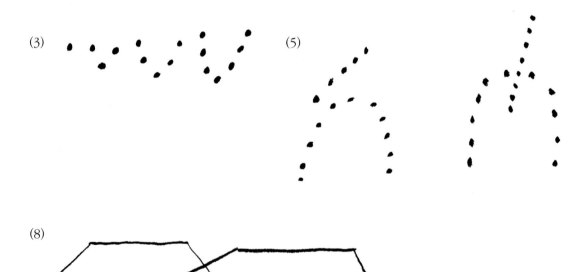

(자극 패턴을 인지할 수 없을 정도로
33개의 원이 마구잡이로 그려짐)

완성되지 않은 도형

(1)  (2) (점이나 원의 종렬이
6개 이하임)

(2) (원의 종렬이 3개가
아닌 2개인 경우)

(4)

(5)

채점하지 않음

(2)  (피검자가 나머지 원들을
그리고 싶지 않았다고 진술함)

5. 퇴영

정의   자극카드의 도형을 보다 유치한 형태로 그린 경우이다.

도형   도형 4와 6을 제외한 모든 도형에 대해 채점함

원 대신 고리모양의 사용(지속적일 경우)

(2)
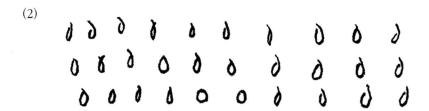

점 대신 대시의 사용(심하고 지속적일 경우)

(1)

(5)
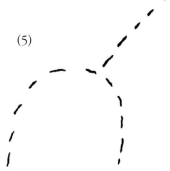

다이아몬드나 육각형 대신 삼각형의 사용

(A)

(7)
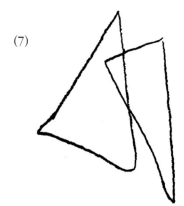

다이아몬드 대신 정사각형의 사용

(A) 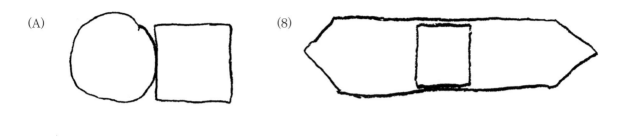 (8)

육각형 대신 직사각형의 사용

(7) 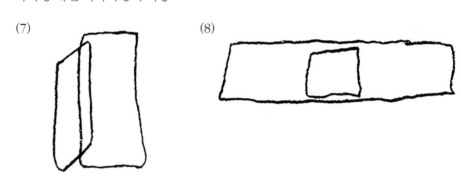 (8)

채점하지 않음

도형 7에서 각 대신 곡선을 사용하거나 육각형 밑부분의 각이 생략된 경우

(7) 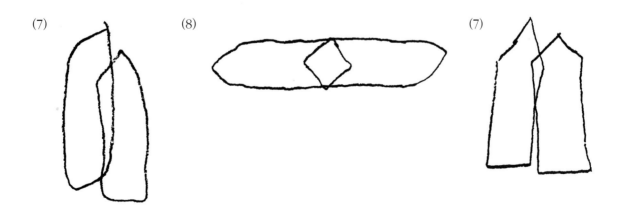 (8) (7)

6. 고집화

고집화 오류에는 두 가지 종류가 있다. 두 가지 종류 모두가 발생하더라도 이 오류는 한 번만 채점된다.

A 유형

정의   도형 2의 원을 도형 1의 점으로(도형 1에서 원이 아닌 점으로 되어 있어야만 함), 그리고 도형 3과 5의 점을 도형 2의 원으로(도형 2에서 원으로, 도형 1에서 점으로 되어 있어야만 함) 대체하는 것과 같이 이전 자극카드 도형의 특징을 부적절하게 계속해서 사용한 경우이다.

도형   도형 2, 3, 5에 대해서만 채점함

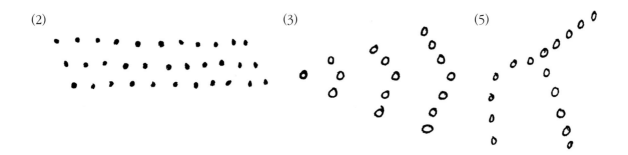

B 유형

정의   도형 내의 고집화 현상으로, 자극카드 도형에서 요구하는 한계를 넘어서서 도형을 계속해서 그린 경우이다. 도형 1에서 14개 이상의 점이 나타나거나, 도형 2에서 원의 열이 13개 이상 나타나거나, 도형 3에서 점의 라인이 5개 이상 나타나면 이에 해당된다.

도형   도형 1, 2, 3에 대해서만 채점함

(1)

(2)

(2) 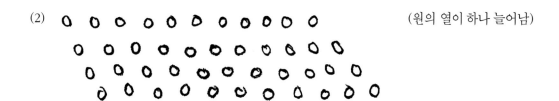 (원의 열이 하나 늘어남)

(3) 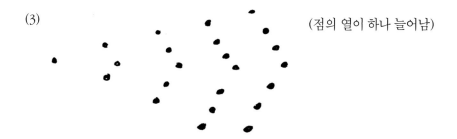 (점의 열이 하나 늘어남)

채점하지 않음

(1)  (도형 1에서 점 대신 원의 사용, 단순화로 채점됨)

(6)

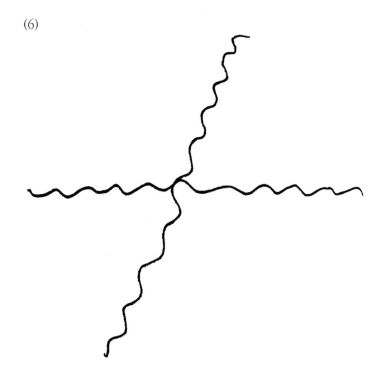

7. 중첩 혹은 중첩경향

정의   한 도형을 다른 도형에 접촉시키거나 중첩되게 그렸거나(중첩), 접촉은 되지 않았지만 한 도형이 다른 도형에 1/4인치 이내로 접근하여 그린(중첩경향) 경우이다.

도형   모든 도형에 대해 채점함

(5, 6)

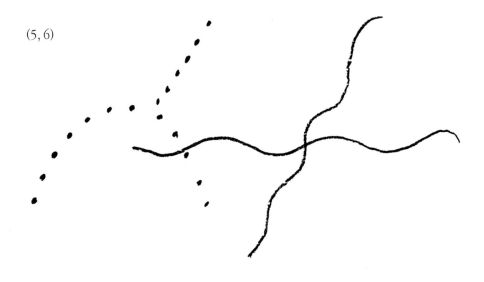

(4, 5)

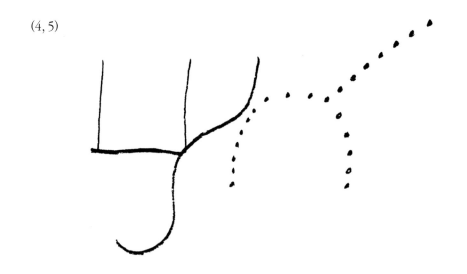

채점하지 않음

$(5, 6)$

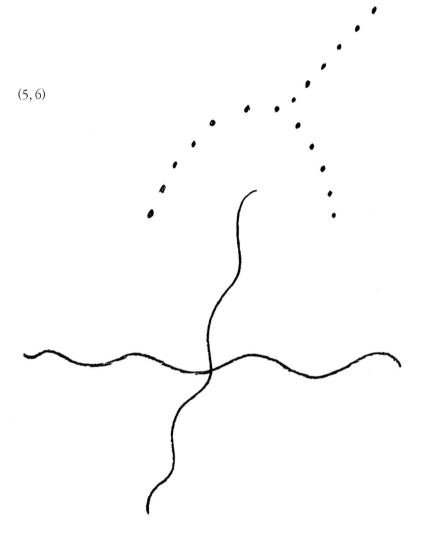

8. 무기력

정의   도형을 정확하게 모사하지 못하는 자신의 능력에 대한 행동적 혹은 언어적 표현을 한 경우이다("나는 내가 그린 그림이 옳게 그리지 못한 것이라는 것을 알고 있지만 난 정말이지 옳게 그릴 수가 없어요."와 같은 진술이 수반되는 경우가 흔하다).

도형   모든 도형에 대해 채점함

도형을 반복해서 그리거나 여러 번 지워서 다시 그렸지만 정확하게 그리지 못함

(A)

(4)

피검자기 오류가 생겼음을 인식하고 교정하려고 애쓰지만 성공하지 못하거나 교정할 수 없다고 표현함

(4)

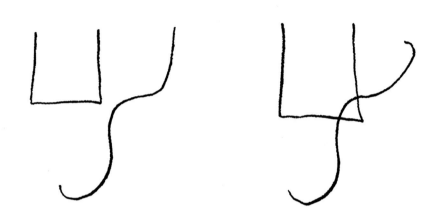

채점하지 않음

(4)

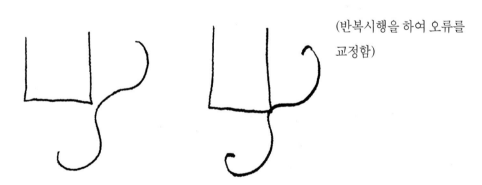

(반복시행을 하여 오류를 교정함)

9. 폐쇄곤란

정의   도형의 부분들을 함께 연결시키거나 접촉시키는 데에 어려움을 나타낸 경우이다. 연결 부위에서 1/8인치 이상 떨어져 있다면 단순화로 채점한다.

도형   도형 A, 4, 7, 8에 대해서만 채점함

3개의 도형 중에서 2개의 도형이 일관되지만 심각하지 않은 연결 문제를 보임

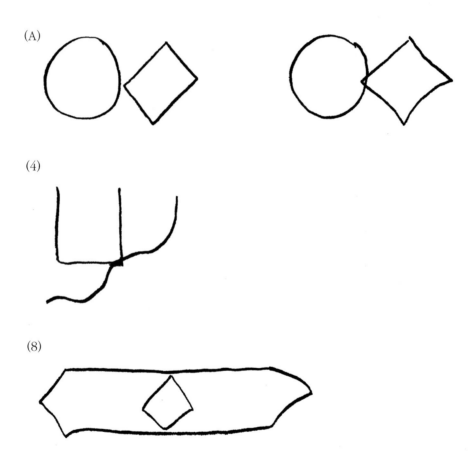

(A)

(4)

(8)

원이나 도형을 폐쇄시키거나 도형의 연결 부분들을 접촉시키는 데에 심각한 문제를 보임

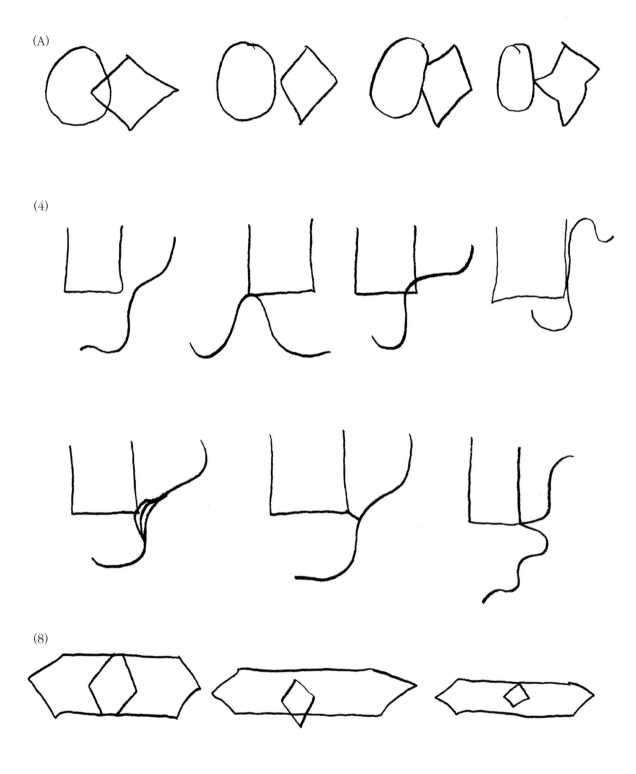

(A)

(4)

(8)

서로 연결되어 있는 부분의 지점에서 현저하고 계속적인 간격, 중복, 재묘사, 스케치, 지움, 연필에 압력이 가해짐

(4) (7)

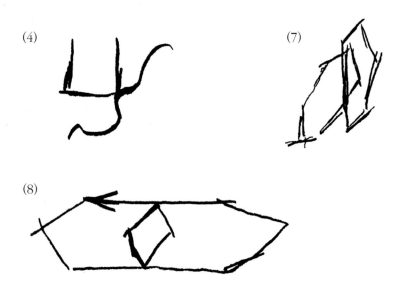

(8)

채점하지 않음

(A)

(도형의 부분들이 1/8인치 이상 떨어져 있다면 단순화로 채점함)

(8)

10. 운동 부조화

정의   도형의 선을 불규칙하게(떨리게), 특히 강한 압력을 가하여 그린 경우이다. 이 오류를 채점하기 위해서는 행동 관찰이 중요하다. 피검자가 매끄러운 책상 표면에서 그림을 그리고 있는지 확인해야 한다.

도형   모든 도형에 대해 채점함

(1)

(8)

11. 각의 곤란

정의   도형의 각을 모사하는 데에 매우 어려움을 보인 경우이다.

도형   도형 2, 3에 대해서만, 특히 도형 2에 대해 채점함

도형의 각을 모사하는 데 실패함

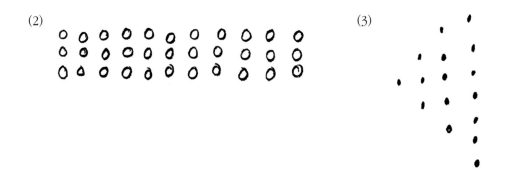

(2)   (3)

도형의 부분이 아닌 전체 도형의 각이 45~80도 기울어짐

(80도 이상일 때는 회전으로 채점함)

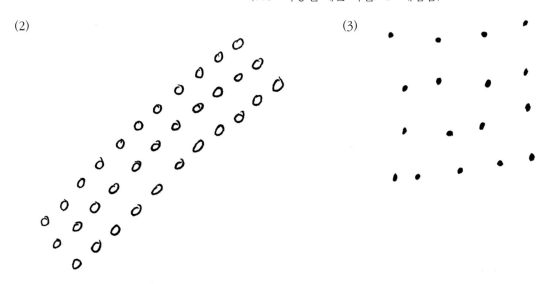

(2)   (3)

도형 2에서 원의 열이 반 이상 각이 달라짐

(2)

채점하지 않음

(3)   (도형 3은 각을 특히 모사하기 어렵기 때문에
관대하게 채점해야 함)

(2)   (도형 2의 각이
반대 방향으로 이루어진
경우에는 회전으로 채점함)

12. 코히전

정의   도형의 크기가 단독으로 작거나 혹은 크게 그려진 경우이다. 매우 조심스럽고 엄격하게 채점한다. 이 오류는 종종 과대채점이 되는 경향이 있다.

도형   모든 도형에 대해 채점함

한 도형에서 **한** 부분이 다른 부분보다 1/3 이상 크기가 작아짐(즉, **보다** 작은 부분이 높이나 무게에 있어서 다른 부분보다 크기가 2/3 이내임)

(A)

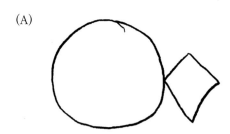

(4)

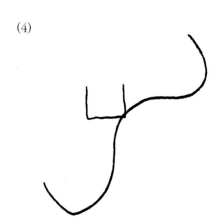

(7)

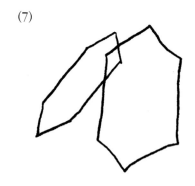

(8)

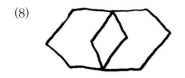

한 도형의 크기가 다른 도형에 비해(자극카드의 도형과 비교가 아닌) 상대적으로 1/3 이상 크거나 작음. 고집화에서 주로 기인하는 도형의 부분들은 배제함

(5, 6)

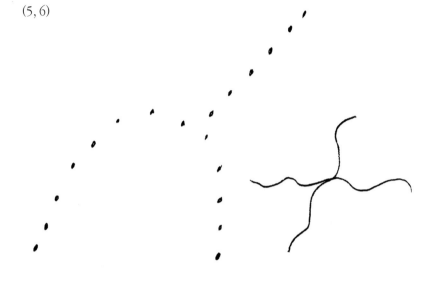

(7, 8)

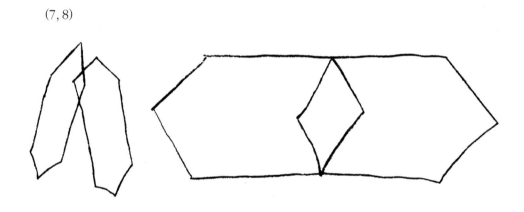

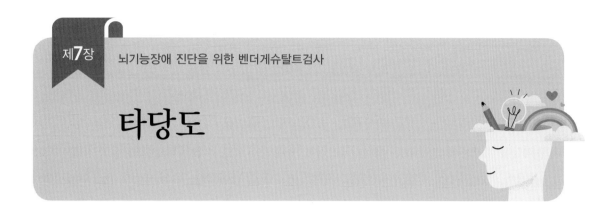

타당도

검사의 타당도(validity)란 그 검사가 측정하고자 하는 것을 제대로 측정하는 정도를 말한다. 성인에게 사용되는 벤더게슈탈트검사(Bender Gestalt Test: BGT)의 경우, 가장 잘 합의된 목표는 특히 일반적으로 뇌손상과 관련되지 않는 정신건강의학과 질환과 구별되는 뇌기능장애를 식별하는 데 있다. 검사의 타당도를 나타내는 단일 지표는 없다. 오히려 이는 임상가가 이용 가능한 모든 정보를 조사하고 평가한 후에 내리는 판단이다. 이 정보는 다양한 형태를 취할 수 있으며, 어떤 형태이든 모두 가치가 있다.

첫 번째는 검사의 규준(norms)이다. 이러한 유형의 도구에 있어서 규준은 뇌기능장애를 의심할 이유가 없는 사람들(즉, 비환자들)과 어떤 인지장애의 증거가 있는 사람들 간에 명확한 차이를 보여야 한다. 게다가 후자 집단은 대뇌피질 기능장애가 없는 정신질환 환자와는 확연히 달라야 한다. 또한 연령과 지각-운동 능력 간에는 잘 알려진 관계가 있기 때문에 이러한 검사의 규준은 연령이 증가함에 따라 지각-운동 능력 점수도 점차 증가를 나타내야 한다.

또 다른 평가 방법은 준거-관련 타당도(criterion-related validity)인데, 공인 타당도(concurrent validity)와 예측 타당도(predictive validity)의 두 가지 종류가 있다. 수행은 검사가 평가하고자 하는 것에 대한 어떤 준거나 독립적인 측정값을 기준으로 검토된다. 공인 타당도는 현재의 준거를 추정하거나 기존의 상태를 진단하는 검사의 능력을 가리킨다. BGT의 경우, 이는 뇌손상의 어떤 준거와의 비교를 의미하는데, 대부분 그 준거는 정신건강의학적 진단이지만 때로는 다른 심리검사나 신경검사 혹은 검사 배터리에서의 점수이기도 하다. 일반적으로 우리는 평가 대상의 검사가 준거에 비해 더 간단하거나, 더 효과적이거나, 더 저렴한 대안을 제공하는지 알고 싶어 한다. 결과가 통계적으로 최대화되지 않았음을 보장하기 위해 교차 타당도(cross validity)를 통해 결과를 재검증할 수 있어야 한다. 예측 타당도는 미래의 준거나 결과를 예측하는 검사의 능력을 보여 준다. 예를 들어, BGT는 헌팅턴병(Huntington's disease: HD, 신경계에 영향을 미치는 유전성 뇌질환으로 질병이 진행됨에 따라 조절되지 않는 경련성 신체 움직임이 보다 명확해지고 정신능력도 감소하여 결과적으로 환자가 사망에 이름)과 같은 인지장애의 미래 발병을 예측할 수 있는가?

지금까지 언급된 타당도는 모두 BGT에 적용 가능하다. 타당도를 평가하는 두 가지 다른 일반적인 방법이 있는데, 내용 타당도(content validity)와 구인 타당도(construct validity)가 그것이다. **내용 타당도**는 검사의 내용이 측정되는 행동 영역을 대표하는지 여부를 결정하는 것과 관련된다. 이러한 유형의 타당성 절차는 학력검사를 평가하는 데 가장 자주 사용되며, BGT에 대해서는 거의 또는 전혀 주의를 기울이지 않았다. 아마도 부적절하기 때문일 것이다. **구인 타당도** 또한 BGT에서 사실상 무시되어 왔다(Arbit & Zager, 1978; Field, Bolton, & Dana, 1982; Nemec, 1978를 제외하고는). 그러나 부적절하기 때문에 그런 것은 아니다. 이러한 보다 추상적인 유형의 타당도는 검사가 불안이나 자아강도와 같은 이론적 구인이나 특성을 평가하는 정도를 나타낸다. 단일 준거를 사용할 수 없거나 획득하기 어려울 때 가장 적용 가능하다. BGT에 대한 연구는 일반적으로 검사 점수와의 비교를 위한 준거를 얻는 데 어려움이 없었다. 문제는 준거의 적절성이었다.

앞에서 살펴보았듯이 '이 검사는 얼마나 타당한가?'라는 질문에 대답하는 방법에는 여러 가지가 있음을 알 수 있다(타당도에 대한 더 자세한 논의는 Anastasi, 1996 및 American Psychological Association, 1985 참조). 이 장의 초점은 규준과 가장 일반적으로 평가되는 준거-관련 타당도에 있다. 또한 인구통계학적 변인의 영향과 약물, 전기경련치료(Electroconvulsive treatment: ECT, 환자의 머리에 부착된 전극을 통해 전기를 흘려 주어 인위적인 경련을 유발하는 치료법) 등의 영향도 논의된다. 그러나 시작하기 전에 먼저 타당도와 관련된 많은 논쟁점(issues)을 간략하게 검토할 필요가 있다. BGT 결과의 해석에 관한 제9장에서는 다양한 타당도 자료가 임상 예측에 어떻게 사용될 수 있는지를 다룬다.

타당도에 대한 논쟁점

준거-관련 평가에서 가장 중요한 논쟁점은 준거의 적절성이다. 타당도는 준거가 허용하는 만큼만 적절할 수 있다. 검사가 준거를 예측하지 못하는 것은 측정도구의 결함보다는 준거 자체의 부적절함으로 인해 더 많이 발생할 수 있다.

준거로서의 진단

BGT에 대한 연구에서 가장 자주 사용되는 준거는 신뢰도가 부족한 것으로 악명 높은 정신건강의학과 진단이다. 그러나 준거 문제에 대한 대안적 접근방법(예: 부검, CT 스캔, 또는 신경검사)은 일반적으로 비실용적이고, 엄청나게 비싸며, 동일한 신뢰도 비판에 취약하다.

신경심리검사의 연구에서 준거로서 정신건강의학적 진단을 개선하기 위한 많은 제안이 제시되어 왔다(Heaton et al., 1978; Parsons & Prigatano, 1978). 진단은 경험이 풍부한 임상가에 의해 명확하게 구체화된 준거를 사용하여 표준 방식으로 이루어져야 한다. 일부 실험실 검사 자료를 포함하여 더 많은 정보를 기반으로 하는 최종 진단 또는 퇴원 진단이 진단으로서 더 바람직하다.

일반적으로 뇌손상 진단이 부적절하다고 비판을 받기는 하지만, 연구자들은 뇌손상을 수반하지 않는 정신건강의학적 진단에도 주의를 기울여야 한다. 많은 연구에서 만성 또는 진행성 조현병 환자에게 뇌손상 환자와 마찬가지로 신경심리검사를 실시하는 것으로 나타났기 때문에 조현병을 진단할 때 특별한 주의가 필요하다(Heaton et al., 1978). 뇌손상 환자와 비교하기 위해 주로 조현병 환자의 이질적인 표본을 사용하는 것은 일반적으로 만족스럽지 못한 적중률을 가져온다.

보고되는 진단 정확도

진단 정확도는 검사 타당도를 평가할 때 관심을 두어야 할 또 다른 논쟁점이다. BGT의 초기 연구에서는 검사 점수에서 통계적으로 유의한 집단 차이에 대한 결과만 보고하였다. 이러한 결과는 임상가가 검사의 임상적 유용성(utility)을 평가하는 데 도움이 되지 않았다. 필요한 것은 뇌손상 사례와 비손상 사례에 대한 검사를 통해 정확하게 분류한 지표이다. 이러한 진단 정확도의 측정값을 적중률(hit rate)이라고 부른다. 뇌손상 및 비손상의 경우와 통합집단에 대해 각각 적중률을 따로 계산할 수 있다. 특정 상황에 대한 검사의 유용성을 평가하는 임상가는 이 세 가지 수치를 모두 알아야 한다.

표준 대 최적 컷오프 점수

진단 정확도를 결정하기 위해 어떤 유형의 컷오프 점수(cutoff score)가 사용되었는가도 중요하다. 표준 컷오프 점수(standard cutoff score)는 매뉴얼에서 제안하거나 많은 상황에서 사용되는 점수이다. 최적 컷오프 점수(optimal cutoff score)는 일련의 특정 자료에 대해 최상의 결과를 제공하기 위한 특정 연구에서 설정된 점수이다. 최적 컷오프로 얻은 정확도는 일반적으로 교차 검증을 하면 감소하게 된다. 최적 컷오프 결과는 매우 엄격하게 활용되거나 전혀 활용되지 말아야 한다. Heaton 등(1978)은 신경심리검사에 대한 94편의 연구를 검토한 결과, 최적 컷오프의 적중률 중앙값이 표준 컷오프의 적중률 중앙값보다 14% 더 높은 것으로 나타났다. 이 장에서 보고된 Lacks 방법에 대한 모든 결과는 5개 이상의 오류를 표준 컷오프로 삼았다. 그러나 이들 연구 각각에서 최적 컷오프 점수는 항상 5개 이상 오류의 표준 컷오프 점수와 동일했다.

기저율

진단 타당도에 영향을 미치는 또 다른 논쟁점은 기저율(base rate) 또는 연구되는 장면에서의 질병 유병률이다. 기저율은 어떤 사실의 기초나 기본이 되는 비율 혹은 어떤 사건이 발생한 기본적인 통계적 확률을 말한다. Meehl과 Rosen(1955)은 환자의 정확한 분류가 검사의 진짜 양성 비율과 거짓 양성 비율뿐만 아니라 특정 장면에서 진단 범주의 기저율에 의해 어떻게 영향을 받는지 보여 주었다. BGT의 경우 가장 중요한 기저율은 뇌기능장애 및 조현병에 대한 비율이다. 신경클리닉, 일반 종합병원 및 정신건강센터에서는 이 두 진단 범주의 기저율이 상당히 다르다. 두 진단 범주 모두에 대한 기저율은 일반적인 입원환자 정신건강의학과 장면에서 평균 약 20~30%이다.

실제로 효과적이기 위해서는 검사가 기저율 예측만 사용하여 달성할 수 있는 것보다 더 높은 비율로 예측할 수 있어야 한다. 예를 들어, 한 기관에서 인지장애의 기저율이 10%라고 하면 기저율만 사용하여 90%의 진단 정확도를 달성할 수 있다. 이는 모든 사람을 뇌손상이 없는 것으로 분류함으로써 가능하다. 이 성공률은 현재 알려진 모든 심리학적 또는 신경학적 측정값을 능가할 것이다. 인지장애 기저율이 보다 일반적인 30%라고 한다면, 진단적 유용성을 갖기 위해서 검사는 70% 이상의 적중률이 필요할 것이다. 여러 저자(Garb & Schramke, 1996; Heaton et al., 1978; Satz, Fennell, & Reilly, 1970)는 신경심리검사의 예측 타당도에 대한 기저율의 기여에 대해 상세히 논의하고 있다. 전체 진단 기저율 외에도 고려해야 할 관련 요인은 ① 거짓 양성 및 거짓 음성 신호의 상대적 비율, ② 오분류 오류의 위험-이익 비율, ③ 진단 절차의 비용과 의학적 위험이다.

BGT의 예측 타당도는 타당도를 최대화하는 데 최적인 인위적인 기저율 설정(즉, 50% 인지장애) 하에서 자주 조사되었다. 이는 공표된 적중률이 이 검사가 실제 임상 장면에서 가져올 진단적 성공에 대해 과대평가를 할 수 있음을 의미한다. 이러한 사실을 감안할 때, 임상가는 인지장애를 분류할 때 검사를 보다 엄격하게 만들기 위해 컷오프 점수를 변경하여 성공을 향상시키기를 원할 수 있다. 컷오프 변경은 해당 장면의 기저율에 따라 달라진다. Heaton 등(1978)은 뇌기능장애의 기저율이 30%이면 가장 인기 있는 신경심리검사의 사용을 정당화할 것이라고 제안한다. Lacks가 수집한 타당도 자료의 대부분은 여러 정신건강의학과 의원에 연속적으로 입원한 내용으로 구성되었다. 이러한 접근방식은 기관들의 진단 기저율을 재현하는 자료를 수집하려는 시도로 취해졌다.

비록 거짓 양성 오류가 증가되어 결과적으로 전체적인 진단 정확도를 낮추는 것을 의미하더라도 거짓 음성 오류를 최소화하기 위해 검사 컷오프 점수를 설정할 것을 제안하는 사람들도 있다. 뇌기능장애의 사례를 놓치는 것이 더 심각한 것인지, 아니면 개인의 증상을 뇌손상의 증거로 잘못 진단하는 것이 더 심각한 것인지는 논란의 대상이다. 의사결정 전략에 중요한 요소는 예상되는 병리 과정과 가용성, 비용, 그리고 해당 질환에 대한 치료의 잠재적 효능일 것이다.

규준 자료

어떤 심리검사의 의사결정 과정에 필수적인 것은 다양한 집단이 해당 검사에서 일반적으로 수행하는 방식에 관한 정보이다. BGT의 경우에 이용 가능한 대부분의 규준 자료는 신경정신건강의학과 환자로부터 나온 것이다. 이 집단은 대부분의 결정이 신경정신건강의학적 상황에서 이루어지기 때문에 비교 목적을 위해서 가장 중요한 집단이다. 349명의 성인 정신건강의학과 입원환자로부터 얻은 규준 자료가 이 장에서 제시된다. 이 장에서는 또한 대학(N=40) 및 비대학(N=495) 표본 모두를 비환자 성인에게 적용된 Hutt-Briskin 절차를 사용하여 BGT 결과에 대한 요약을 제공한다. 노인에 대한 정보의 수요가 증가하는 것에 맞추어 이 책에는 60세 이상(N=334)에 대한 BGT 규준도 포함되어 있다. 해당 정보는 노인 인구의 BGT 사용에 대해 다루는 제10장에 제시되어 있다.

1988년에 McIntosh 등은 이 채점방법이 12~16세 청소년에 대한 평가에서 장점이 있음을 보여 주었다. 그 결과(N = 337)는 청소년을 대상으로 한 BGT 활용에 대해 다루는 제12장에 제시되어 있다. 앞서 언급한 바와 같이 이 채점방법은 아동의 프로토콜을 평가하는 데 사용되지 않는다. 아동의 프로토콜 평가에 관심을 갖고 있는 독자는 Koppitz(1975)와 아동을 대상으로 한 BGT 활용과 관련된 많은 문제를 검토하는 이 책의 제11장을 참조하기 바란다.

대학생

미국 중서부의 한 대형 사립대학의 40명 학생이 규준 작성의 목적을 위해 실시하는 BGT에 자원하였다. 학생들은 남성과 여성, 그리고 4개의 대학 수업에서 거의 똑같게 나뉘었다. 연령은 17~22세의 범위였으며 평균 19.5세(SD = 1.28)였다. 2명은 아시아계 미국인이었고, 나머지 다른 모든 사람은 백인이었다.

이 집단에 대한 BGT 프로토콜은 모든 연령의 비환자 성인 및 다양한 진단을 받은 정신건강의학과 환자의 프로토콜과 무작위로 혼합되었으며, 그다음 저자에 의해 연령 및 집단에 대해 모두 맹검(blind, 편향의 작용을 막기 위해 연구자에게 피검자에 대한 정보를 공개하지 않는 것)으로 채점이 이루어졌다. 대학생 집단의 경우, Lacks 방법에 의한 점수 범위는 0(N = 22)에서 1(N = 13), 최고 2(N = 5)였다. 집단의 평균 점수는 0.53(SD = 0.72)이었다. 모사 시간은 2분에서 18분 사이였으며 평균 6.21분(SD = 3.60)이었다. 중첩경향과 코히전이라는 두 가지 유형의 오류가 전체 오류의 75%를 차지했다.

따라서 대학생과 함께 일하는 사람은 누구나 그들이 이 작업을 매우 잘 수행할 것이라고 기대할 수 있다. 그들은 빠르게 수행하며 오류 수는 0개이다. 이 집단의 학생 중 단 한 명도 뇌기능장애의 준거인 5개 오류에 근접하지 못했다.

비환자 성인

여기에 제시된 것은 미국 인구의 성별, 인종, 연령 및 교육을 광범위하게 대표하는 **비환자**(nonpatient) 성인의 표본이다. 이 집단을 정의하기 위해 **정상**(normal)이라는 단어를 사용하는 것을 주저하지만, 검사를 받기 전에 뇌손상이나 정신병리가 있는 사람들을 선별하려는 시도가 있었다. 참가 가능성이 있는 사람들에게 이전에 뇌손상, 머리 부상, 발작, 약물 또는 알코올 남용, 정신건강의학과 입원 등의 병력이 있는 것으로 알려진 경우 검사에 자원하지 않도록 요청하였다.

〈표 7-1〉은 17~59세의 495명 비환자 표본에 대한 규준 자료를 제시한 것이다. 노인 비환자 규준은 제10장에서 확인할 수 있다. 표본(N = 325)의 상당수(66%)가 저자를 위해 일하는 3명의 연구보조원에 의해서 세인트루이스에서 수집되었다. 연구보조원 모두 BGT를 실시하고 행동 관찰을 적절히 기록하는 방법에 대해 광범위한 교육을 받았다. 세인트루이스에서 참가자들은 대학 야간학교 수업(N = 29), 비서 학교(N = 22), 그리고 공항, 버스 정류장, 볼링장, 미용실, 쇼핑센터, 병원 대기실, 카페테리아, 세탁소, 공공 도서관 등 다양한 장면에서 표집되었다.

〈표 7-1〉 비환자 성인 표본의 인종, 연령, 교육수준별 비교

연령	교육수준					전체
	<9	9~11	12	13~15	>15	
백인						
17~24	0.3	2.0	7.0	4.8	3.1	17.2
25~34	0.8	3.9	4.2	7.3	5.1	23.3
35~44	2.3	2.3	5.6	5.1	3.4	18.7
45~54	6.5	1.4	7.3	4.5	8.7	28.4
55~59	3.9	3.9	3.4	0.3	3.1	14.6
전체	13.8	13.5	27.5	22.0	23.4	
아프리카계 미국인						
17~24	0.7	2.2	9.4	7.2	2.3	21.7
25~34	0.0	2.2	12.2	5.8	3.6	23.8
35~44	1.4	4.3	4.3	3.6	1.4	15.0
45~54	10.1	9.4	4.3	0.0	3.6	27.4
55~59	7.1	3.6	2.2	0.0	0.0	12.9
전체	19.0	21.7	32.4	16.6	10.8	

주: 셀 항목은 인종/민족(즉, 356명의 백인과 139명의 아프리카계 미국인 참가자)에 따른 백분율을 나타냄.

3명의 연구보조원이 수집한 BGT 외에도 워싱턴대학교 의과대학의 Patricia West, Robin Hill 및 Lee Robins(1977)의 연구에서 112명의 중년 남성의 표본이 사용되었다. 참가자는 공공병원의 환자들과 트럭운전사조합(Teamsters Union)에서 운영하는 선불 의료시설의 명단에 있는 개인들이었다.

또 다른 171개의 비환자 BGT 프로토콜은 캔자스주 로렌스, 뉴욕주 롱아일랜드, 코네티컷주 웨스트 헤이븐, 그리고 캐나다 토론토(Clarke 정신의학연구소 및 토론토대학교의 Jerome Pauker로부터) 등 다른 지역의 여러 장면에서 획득된 것이었다. 의학적 장애가 있는 49명의 여성 재활 환자로 구성된 또 다른 집단은 Brian Bolton과 Richard Dana에 의해 제공되었다. 프로토콜은 아칸소 재활 연구와 훈련센터, 그리고 페이엣빌에 있는 아칸소대학교 심리학과가 후원하는 성격 평가 연구 프로젝트에서 선택되었다. 해당 프로젝트의 대학원 조교인 Karin Hampton이 파일에서 자료를 검색했다.

모든 프로토콜은 저자가 채점하였다. 대다수는 정신질환 및 뇌손상 프로토콜의 더 큰 집단에 무작위로 혼합되었으며, 진단을 포함한 환자의 특성에 대해서는 맹검으로 채점되었다.

총 495명의 비환자 중 356명은 백인(남성 191명, 여성 165명)이었고, 139명은 아프리카계 미국인(남성 82명, 여성 57명)이었다. 아프리카계 미국인이 표본의 28%를 차지했지만 다른 인종 집단은 거의 포함되지 않았다. 교육수준은 3년에서 20년까지 다양했다. 전체적으로 다섯 가지 연령 범주의 셀(cell) 빈도 범위는 67~139명 사이였다. 다섯 가지 교육수준 범주의 범위는 75~143명 사이였다.

〈표 7-2〉 비환자 성인의 성별과 인종에 따른 평균 BGT 점수

	백인			아프리카계 미국인			전체		
	N	M	%>4개 오류	N	M	%>4개 오류	N	M	%>4개 오류
남성	191	1.88	4	82	2.50	10	273	2.07	6
여성	165	1.22	1	57	1.79	9	222	1.37	3
전체	356	1.58	3	139	2.21	9	495	1.75	5

〈표 7-3〉 비환자 성인의 교육수준에 따른 평균 BGT 점수

	교육수준																		
	<9			9~11			12			13~15			>15			전체		
연령	N	M	SD	N	M	SD	N	M	SD	N	M	SD	N	M	SD	N	M	SD
17~24	2	-	-	10	2.20	0.99	38	1.17	1.43	27	0.93	1.00	14	0.86	1.03	91	1.47	1.37
25~34	3	2.00	1.00	17	1.94	1.56	32	1.44	1.27	34	1.06	0.92	23	0.52	0.67	109	1.22	1.18
35~44	10	2.70	2.16	14	2.00	1.36	26	1.23	0.91	23	1.30	1.33	14	0.71	0.91	87	1.46	1.39
45~54	37	3.08	1.38	18	2.72	1.27	32	1.81	1.18	16	1.69	1.25	36	1.25	1.02	39	2.11	1.41
55~59	23	3.61	1.62	19	2.37	1.01	15	2.07	1.28	1	-	-	11	1.91	1.58	69	2.62	1.53
전체	75	3.20	1.51	78	2.27	1.25	143	1.62	1.23	10	1.18	1.08	98	1.02	1.00	495	1.75	1.45

주: 빈 셀에는 각각 3명 미만의 사례가 포함되어 있음.

〈표 7-1〉은 전체 비환자 규준 표본의 백분율을 인종, 연령 및 교육수준 범주별로 제시한 것이다. 특정 연령 및 교육수준 범위는 미국 인구조사국에서 자주 사용하는 범위와 일치하도록 선택되었다. 이들 개인은 또한 광범위한 사회경제적 수준과 직업을 포괄한다. 표본에서 일부 지리학적 다양성이 달성되었지만 완전히 대표적인 것은 아니다. 중서부는 과도하게 대표되고 서부 지역은 전혀 대표되지 않는다. 게다가 참가자들은 거의 전적으로 도시 거주자들이다. 약 15%는 작은 마을이나 시골에 거주하는 것으로 설명될 수 있다. 이 표본의 연령과 교육 특성을 1980년 미국 인구조사 수치와 비교하면 표본이 이 두 변인의 모집단을 대체로 대표한다는 것을 알 수 있다.

처음에는 인종이나 성별에 따른 수행에 차이가 있는지 확인하기 위해 BGT 점수를 분석하였다. 통계적 분석을 통해 인종과 성별 모두에 대한 주요 효과가 밝혀졌다. 아프리카계 미국인의 오류 점수는 백인보다 훨씬 높았고, 남성은 여성보다 점수가 훨씬 높았다. 〈표 7-2〉는 이러한 평균 BGT 오류 점수를 나타낸다. 많은 수의 참가자가 비교적 작은 차이를 통계적으로 유의하게 만들었다. 그러나 여기에 제시된 차이는 일반적으로 **임상적** 의미가 없다. 따라서 〈표 7-3〉에서 독자는 모든 참가자의 연령 및 교육수준에 따라 정렬된 BGT 점수를 찾을 수 있다. 자료는 인종과 성별이 별도로 표시되어 있지 않다. 2개의 셀은 3명 미만의 개인이 포함되어 있으므로 표에서 삭제되었다.

이 표를 살펴보면 연령과 교육 효과가 드러난다. 제10장과 제11장의 자료는 아동기와 청소년기 동안 지각-운동 기능이 점진적으로 향상된다는 것을 보여 준다. 일단 성인이 되면 연령이 증가함에 따라 이러한 기능이 서서히 쇠퇴하기 시작한다. 즉, 개인의 평균 BGT 점수는 17~24세의 최저 1.47개 오류에서 55~59세의 최고 2.62개 오류로 증가한다. 마찬가지로 개인의 교육수준이 9년 미만에서 대학 졸업으로 높아짐에 따라 평균 BGT 점수는 3.20개 오류에서 1.02개 오류로 감소한다. 각 교육수준 범주 내에서는 동일한 연령 추세를 볼 수 있으며, 각 연령 범주 내에서도 동일한 교육수준 경향을 볼 수 있다.

495명의 비환자 전체 표본 중 23명, 즉 5%만이 뇌손상 범위(5개 이상의 오류)에서 점수를 받았다. 23명 중 45세 이상과 9년 미만의 교육을 받은 개인들이 각각 70%를 차지하였다. 표본의 10% 이상이 단지 네 가지 유형의 오류, 즉 고집화(18%), 중첩 및 중첩경향(45%), 폐쇄곤란(33%), 코히전(31%)의 오류를 범했다. 무기력은 비환자 2명에게서만 발견되었다.

따라서 뇌기능 손상이나 정신건강의학적 문제의 병력이 없는 17~59세의 비환자 성인은 손상되지 않은 진단 범위 내에서 BGT 도형을 일관되게 수행한다. 젊고 교육수준이 높을수록 BGT 도구에서 더 잘 수행할 수 있다. 이 장의 후반부에서는 연령과 교육의 효과에 대해 더 자세히 살피고 있다.

신경정신증 환자

신경정신증 환자에 대해 여기서 제시된 자료는 저자가 수집한 3편의 연구 표본에서 나온 것이다. 첫 번째는 중서부에 위치한 대규모 도시 급성 정신건강의학과 치료센터에 연속적으로 검사 가능한 입원환자 109명의 표본이다(Brilliant & Gynther, 1963). BGT는 입원기간과 약물치료 정도의 차이를 최소화하기 위해 입원 후 3일 이내에 실시되었다. 이러한 기관에서의 평균 체류기간은

〈표 7-4〉 신경정신증 환자의 세 표본에 대한 인구통계학적 변인

표본 출처	진단 범주	N	남성	여성	아프리카계 미국인	백인	평균 연령	평균 교육	평균 IQ*
급성	성격장애	43	28	15	8	35	37.70	10.30	97.80
정신건강의학과	정신증	33	12	21	19	14	39.67	9.42	92.49
입원환자	뇌기능장애	33	23	10	10	23	45.75	8.09	89.80
	계	109	63	46	37	72	40.75	9.38	93.76
급성	성격장애	80	61	19	24	56	33.49	9.94	101.48
정신건강의학과	정신증	81	31	50	22	59	37.75	10.50	96.93
입원환자	뇌기능장애	33	23	10	14	19	45.67	8.94	88.85
	계	194	115	79	60	134	37.34	10.01	97.43
재향군인병원	정신증	27	27	0	0	27	39.07	11.67	109.90
입원환자	뇌기능장애	19	19	0	0	19	44.89	10.58	101.42
	계	46	46	0	0	46	41.50	11.22	106.39
	전체	349	224	125	97	252	38.95	9.97	97.46

*IQ는 WAIS 어휘척도로 측정된 것임

3~4주이기 때문에 입원 후 처음 며칠 동안의 이 검사는 입원환자가 일반적으로 진단 목적으로 검사를 받는 기간과도 일치한다. 연속 입원은 환자가 임상 모집단을 대표하고 병원 진단 기저율(뇌기능장애 30%, 정신증 35%, 성격장애 17%)과 일치하는지 확인하기 위해 검사되었다. 다른 진단을 받은 입원환자는 포함되지 않았다. 〈표 7-4〉는 표본에 대한 인구통계학적 정보를 보여 준다. 거의 모두가 비숙련 또는 반숙련 노동자의 직업 분류와 함께 낮은 사회경제적 계층에 속하는 것으로 설명될 수 있다.

참가자들은 최종 병원 퇴원 진단에 기초하여 3개의 광범위한 진단집단에 배정되었다. 진단 결정은 일반적으로 최소 몇 주간의 관찰, 면담, 치료에 대한 반응 평가, 학제 간 직원 회의, 신체 및 신경학적 검사 및 검사 후에 대형 부속 의과대학 교수진의 정신건강의학과 전문의를 훈련하는 선임의사에 의해 내려졌다. 거의 모든 참가자에게 뇌파 검사(Electro Encephalo Graphy: EEG)가 부여되었다. 어떤 부분에서든 심리검사에 기초한 진단을 받은 환자는 포함되지 않았다. 검사는 진단에 대한 정보 없이 저자에 의해 채점되었다.

두 번째 표본은 같은 병원에서 같은 방법으로 선발된 194명의 환자로 구성되었다. 〈표 7-4〉에는 이 집단의 인구통계학적 자료도 제시되어 있다. 세 번째 표본은 주로 동부의 대형 종합 재향군인(VA)병원의 정신건강의학과 및 신경과 입원환자 46명으로 구성된 집단이다(Lacks et al., 1970). 이들 환자 중 상당수는 장기 입원 중이었다. 신경과 전문의가 뇌손상 진단을 내린 환자(N = 19)만 선택되었다. 조현병이라는 명확한 1차 진단을 받고(N = 27) 인지장애(특히 알코올 중독)의 배경이 없는 환자만 포함되었다. 이 세 번째 표본의 환자들은 입원기간 동안 입원 후 평균 2~3년 사이에 다양한 시기에 검사를 받았다. 이 집단의 인구통계학적 정보는 〈표 7-4〉에서도 확인할 수 있다.

〈표 7-5〉에서는 총 349명의 환자에 대해 이 세 가지 표본을 결합하였다. 진단 신뢰도를 극대화

하기 위해 자료를 성격장애(N = 123), 정신증(N = 141), 뇌기능장애(N = 85)의 세 가지 진단집단으로 분류하였다. 만성 알코올 중독 진단을 받은 환자(N = 83 또는 성격장애의 74%)는 뇌기능의 손상을 주의 깊게 선별하고 이 두 집단의 BGT 점수가 서로 다르지 않았기 때문에 성격장애 범주에 포함되었다. 정신증 환자의 약 30%는 양극성 장애 진단을 받았으며, 나머지는 조현병을 앓고 있었다. 뇌손상 환자는 두부 외상, 만성 물질 남용, 뇌염, 치매(예: 알츠하이머병, 혈관 질환, 헌팅턴병)와 같은 다양한 범위의 병인을 나타냈다.

〈표 7-5〉에는 세 가지 표본과 결합 집단에 대한 진단별 BGT 점수가 제시되어 있다. 각 표본에서 손상되지 않은 환자 두 집단의 평균 점수(M = 3.59 및 3.38개의 오류)는 뇌손상 환자(M = 5.87)의 평균 점수보다 유의하게 낮다. 성격장애집단과 정신증집단의 점수는 서로 유의한 차이가 없다. 뇌손상 환자의 평균 점수는 뇌기능장애를 나타내는 범위에 속하지만, 다른 두 환자집단의 평균 점수는 그렇지가 않다.

또 다른 유용한 정보는 5개 이상의 오류 점수, 즉 뇌기능장애의 검사 진단으로 이어지는 오류 점수를 가진 각 집단의 비율이다. 성격장애 진단을 받은 환자의 경우 점수가 5점 이상인 비율은 평균 24%였다. 정신증 진단을 받은 환자의 경우 평균은 27%였다. 뇌기능장애 진단을 받은 환자들의 경우 세 표본의 범위는 74~85%였으며, 전체 평균은 82%였다. 재향군인 표본에서 정신증과 뇌장애가 있는 소수의 개인이 BGT 점수 5점 이상을 획득했다는 점은 흥미롭다. 이 결과는 이들 환자가

〈표 7-5〉 세 정신질환 진단집단의 평균 BGT 점수

표본 출처		성격장애	정신증	뇌기능장애
급성 정신건강의학과 입원환자	N	43	33	33
	M	3.07	3.15	5.61
	SD	1.37	1.79	1.50
	%>4개 오류	14	30	85
급성 정신건강의학과 입원환자	N	80	81	33
	M	3.86	3.83	6.48
	SD	1.92	1.99	2.39
	%>4개 오류	29	35	85
재향군인 병원 입원환자	N	-	27	19
	M	-	2.89	5.26
	SD	-	1.48	1.48
	%>4개 오류	-	7	74
전체	N	123	141	85
	M	3.59	3.38	5.87
	SD	1.78	1.97	1.94
	%>4개 오류	24	27	82

주: 뇌손상이 있는 환자와 없는 환자 간의 모든 비교는 통계적 유의성에 도달한 반면, 뇌손상이 없는 두 집단 간의 비교는 통계적 유의성에 도달하지 않았음.

일반적으로 입원 후 일정 기간 동안 검사를 받았고 다른 두 표본의 환자들과 마찬가지로 급성 장애 상태가 아니었기 때문일 수 있다. 재향군인 환자들은 또한 교육수준과 IQ도 다소 높았다.

〈표 7-6〉에서 독자는 각 오류를 범한 각 진단집단의 해당 백분율과 함께 가능한 12개의 점수 오류 목록을 모두 찾을 수 있을 것이다. 예를 들어, 심한 회전 오류의 경우 성격장애로 진단된 환자의 9%가 이 오류를 범했지만, 정신증 환자의 13%, 뇌기능장애 환자의 26%가 이 오류를 범했다. 다시 말해서, 모든 오류에 걸쳐 손상되지 않은 진단을 받은 두 집단의 환자, 즉 성격장애와 조현병 사이 에는 유의한 차이가 없었다. 그들은 비슷한 수와 종류의 오류를 범한다. 정신증 환자와 뇌손상 환 자 간의 중첩 또는 중첩경향을 제외하고($p < .08$), 뇌손상이 있는 환자와 없는 환자 간의 모든 비 교는 통계적으로 유의한 수준에 도달했다. 뇌손상이 없는 환자의 40% 이상 기록에서 중첩 또는 중 첩경향, 폐쇄곤란, 코히전의 3개 오류만 발견되었다. 반면, 뇌손상 환자의 40% 이상이 9개의 오류 를 범했다. 세 진단집단 모두에서 가장 빈도가 낮은 세 가지 오류는 회전, 단편화 및 무기력이었다. 기본적으로 이러한 동일한 오류 분포는 495명의 비환자 성인과 334명의 비환자 노인의 표본(Lacks & Storandt, 1982; 제10장 참조), 조현병 집단과 뇌손상 집단의 비교(Hutt, 1985)를 통해 발견되었으 며, 112명의 남성 법의학 환자는 조현병, 뇌손상 또는 성격장애를 가진 것으로 분류되었다(Friedt & Gouvier, 1989).

반면에 조현병 환자들은 Lacks 방법에서는 채점하지 않는 경우가 많지만, 가끔 특정한 종류의 오류를 범하기도 한다. 이러한 오류의 예로는 점 대신 별과 같은 기호를 그리거나(예를 들어, 제13장 의 [그림 13-3] 참조), 도형 3을 크리스마스 트리로 만드는 것, 용지 위에 정교하게 장식하거나 낙서 하는 것이다(Hutt, 1985).

〈표 7-6〉 세 정신질환 진단집단의 BGT 오류 백분율

오류	성격장애 (N = 123)	정신증 (N = 141)	뇌기능장애 (N = 85)
1. 심한 회전	9	13	26
2. 중복곤란	26	26	45
3. 단순화	17	20	49
4. 단편화	6	10	27
5. 퇴영	21	18	42
6. 고집화	31	32	56
7. 중첩 혹은 중첩경향	50	52	65
8. 무기력	2	4	24
9. 폐쇄곤란	55	53	79
10. 운동 부조화	24	13	55
11. 각의 곤란	15	18	41
12. 코히전	50	47	68

주: 뇌기능장애와 다른 두 집단 간의 모든 비교는 중첩($p < .08$)을 제외하고는 유의한 차이를 보였음. 정신증과 뇌기능장애 간에 유의 한 차이를 보였고, 성격장애와 정신증 간의 모든 비교는 유의하지 않았음.

〈표 7-7〉 여러 비교집단에 대한 BGT 전체 점수의 백분위 분포

오류 수	비환자 성인 (N=495)	비환자 노인 (N=334)	뇌손상이 없는 정신건강의학과 입원환자 (N=264)	뇌손상이 있는 정신건강의학과 입원환자 (N=85)
0	20	5	3	0
1	51	17	10	0
2	75	35	31	4
3	87	52	55	9
4	96	74	74	18
5	98	85	85	51
6	99	92	93	71
7	100	96	96	80
8		99	99	87
9		99	100	95
10		100		99
11				100
12				

주: 뇌기능장애에 대한 컷오프 점수는 5개 이상의 오류임.

　〈표 7-7〉은 여러 비교집단에 대한 전체 오류 수의 백분위 분포를 보여 준다. 이 표를 조사한 결과, 뇌기능장애가 없는 세 집단 중 74~96%가 비장애 범위(4개 이하의 오류)의 BGT 점수를 받았으나 뇌기능장애가 있는 집단 중 18%만이 그러한 BGT 점수를 받은 것으로 나타났다.

진단 정확도

　정신질환 환자에 대한 규준 자료는 뇌기능장애 환자와 알려진 인지장애가 없는 환자 간에 명확한 집단 차이를 보여 주고 있다. 그러나 이 정보만으로는 BGT의 감별력을 평가하기에는 부족하다. 많은 연구에서 신경정신증 환자를 대상으로 Lacks 채점방법의 진단 정확도를 조사하였다. 모든 내용은 제1장에 설명되어 있다. 1984년 이전에 Lacks는 BGT의 규준과 진단 정확도를 확립하기 위한 세 가지 연구를 발표하였다. Brilliant(현재 Lacks)와 Gynther(1963)의 첫 번째 연구에서는 대도시 급성 정신질환 치료센터에 연속으로 입원한 109명을 평가하였다. 연구방법론은 이미 정신질환 환자의 규준 절에서 설명되었으므로 여기서는 반복하지 않는다(환자에 대한 설명은 〈표 7-4〉 참조). 이미 〈표 7-5〉에 나와 있듯이, 공분산 분석을 통해 연령과 교육수준의 초기 차이를 통제한 경우에도 뇌손상 환자는 뇌손상이 없는 환자보다 오류 점수가 훨씬 더 높았다.

　1970년에 Lacks 등은 코네티컷에 있는 재향군인병원의 대다수인 63명의 백인 남성 입원환자에게 BGT를 실시하였다. 환자들은 뇌손상 19명, 조현병 27명, 일반 의료환자 17명의 세 진단집단으로 나뉘었다. 뇌기능장애에 대한 모든 진단은 신경과 의사에 의해, 그리고 조현병은 정신건강의학과 의사에 의해 이루어졌다. 경계선 조현병 사례는 제외되었다. 어떤 유형이든 뇌손상의 배경을 가

진 사람들, 특히 알코올 중독자를 뇌손상이 없는 환자에서 제거하기 위해 모든 노력을 기울였다. 평균 연령, 교육수준 및 WAIS 어휘 IQ는 세 진단집단 간에 크게 다르지 않았다. 그러나 조현병 환자의 입원기간은 일반 의료집단에 비해 상당히 길었다(36.7개월 대 17.6개월). 표본은 〈표 7-4〉에 자세히 설명되어 있다.

〈표 7-5〉에서 독자는 두 정신질환 집단의 평균 점수를 볼 수 있다. 일반 의료환자 17명의 평균 BGT 점수는 2.88점(SD = 1.41)이었고, 12%는 5점 이상을 받았다. 다시 말하면, 뇌손상이 있는 환자는 신경손상이 없는 두 집단의 환자보다 유의하게 높은 오류 점수를 받았다.

Lacks와 Newport(1980)는 Brilliant와 Gynther(1963)와 동일한 방법론과 모집단을 사용하여 대도시 급성 정신질환 치료센터에 연속으로 입원한 194명의 큰 표본에서 50명의 환자를 선정하였다. 하위 표본은 병원 기저율과 인종, 성별, 연령, 교육 및 IQ를 고려하여 집단을 동질화하기 위해 선정되었다. 진단에 대한 다양한 수준의 경험을 갖춘 3명의 채점자가 맹검법에 의해 독립적으로 검사 프로토콜을 채점하였다. 뇌손상이 있는 17명의 환자에 대해 합산된 3명의 평가위원의 평균 BGT 점수는 5.80점(SD = 2.37)이었고, 환자의 71%의 점수가 5점 이상이었다. 뇌손상이 없는 33명의 환자는 평균 오류 점수가 2.58점(SD = 1.55)이었고, 5점 이상인 경우는 10%였다. 이 두 집단의 BGT 점수는 크게 달랐다.

1984년 Lacks의 채점방법이 발표된 후, 4편의 추가 연구가 다양한 모집단을 대상으로 이 방법을 사용하여 BGT 진단 정확도를 조사하였다(연구 세부사항은 제1장 참조). BGT의 타당성을 평가한 이 7개의 발표된 연구에서 알려진 인지장애가 없는 정신질환 환자와 비교할 때 뇌기능장애가 있는 개인의 점수가 일관되게 유의하게 더 높은 것으로 나타났다. 후자의 집단은 중증 정신질환 환자와 비환자 노인을 모두 포함한다. 비록 고무적이긴 하지만, 이러한 발견은 BGT가 신경심리 선별검사로서 차별적인 능력을 가지고 있는지를 보여 주지 못한다. 이 질문에 대답하기 위해서는 〈표 7-8〉에 제시된 진단 정확도를 살펴보아야 한다. 모든 사례의 정확한 진단을 위해 뇌손상이 있는 신경정신건강의학과 입원환자와 그러한 손상이 없는 환자를 비교할 때 모든 7편 연구의 BGT 적중률은 70~86% 범위이다. 전체 평균 정확도는 80%, 중앙값은 82%였다. 이러한 적중률은 기저율만으로 예측한 것(약 65~70%)과 Heaton 등(1978)이 가장 많이 사용되는 다섯 가지 신경심리검사에 대해 보고한 중앙값 적중률(68~84%)과 비교하여 매우 좋은 것이다. 표준 BGT에 대한 8편 연구의 경우는 76%이다(〈표 1-1〉 참조).

이 정확도는 Garb와 Schramke(1996)가 보고한 WAIS-R과 결합된 할스테드-레이탄 배터리(Halstead-Reitan Battery: HRB)를 사용한 11편 연구에 대한 메타분석 결과와도 일치한다. 이 모든 연구에서는 신경심리학자를 평가위원으로 활용하였다. 뇌손상 감지 측면에서, 2,383개 평정에 대해 이 연구자들은 전체 84%의 적중률을 발견하였다(평균 뇌손상 기저율 65%와 비교하여 한 장면에서는 80%까지 증가). 정확도는 11편 연구에 걸쳐 상당히 다양했다. 1,682개의 평정에 대해 뇌손상이 없을 것이라는 정확한 예측은 79%, 뇌손상이 있을 것이라는 정확한 예측은 86%였다. 이 수치는 BGT를 통해 얻은 수치와 유사하다(〈표 7-8〉 참조). 손상/비손상 이분법에 대해 달성된 신경심리학적 연구 11편의 정확도는 더 구체적인 진단이 이루어짐에 따라 점차 감소하였다. 즉, 좌반구 대 우반구

〈표 7-8〉 BGT 진단 정확도(정확하게 진단된 비율)

연구	N	뇌손상 없음	뇌손상 진단	전체
Brilliant & Gynther (1963)	109	92	67	82
Lacks, Colbert, Harrow, & Levine (1970)	64	89	78	86
Lacks & Newport (1980)	50	80	87	84
McCann & Plunkett (1984)	60	63	77	70
Friedt & Gouvier (1989)	112	85	55	74
Lownsdale, Rogers, & McCall (1989)	45	85	77	82
Marsico & Wagner (1990)	80	88	65	79

주: 처음 3편과 마지막 연구에서는 뇌손상을 결정하기 위해 5개 이상의 오류라는 표준 컷오프 점수를 사용했음. 다른 3편의 연구에서는 최적 컷오프 점수를 사용했음.

손상의 경우 89%, 뇌손상 없음 대 확산 좌반구 혹은 우반구 손상의 경우 65%, 그리고 보다 구체적인 뇌부위(예: 좌측 전두엽, 우측 측두엽 등)의 경우 29%였다.

이 장에 설명된 BGT 연구의 결과는 Garb와 Schramke(1996)가 보고한 11편의 HRB/WAIS 연구와 비교할 때 특히 인상적이다. 왜냐하면 후자가 매우 많은 양의 신경심리학적 자료를 수집했기 때문이다. 또한 후자 중 어느 누구도 뇌손상 환자와 양극성 장애나 조현병과 같은 심각한 정신질환의 진단을 받은 환자를 구별하는 매우 어려운 작업을 시도하지 않았다. 사실, 이러한 비교 중 일부는 연구를 위해 모집된 신경환자와 비환자 통제집단 사이에서 이루어졌다. 진단 정확도는 비교하는 방법에 따라 크게 다르다.

BGT 연구 결과도 특히 강력한데, 이는 7명 중 4명이 최적의 컷오프 점수가 아닌 표준을 사용했으며, 진단 정확도가 다양한 채점자 및 다양한 환자 모집단에서 매우 일관되기 때문이다(뇌기능장애 기저율이 거의 같음에도 불구하고 신경정신질환 표본 중 하나를 제외한 모든 표본의 기저율은 거의 30~35%로 동일했음). BGT는 신경손상이 있는 환자와 없는 환자 및 신경정신질환 환자를 구별하는 데 도움이 되는 유용한 선별도구가 될 수 있다.

이러한 진단 정확도의 비율은 단일 검사에 기초한 맹목적인 예측이라는 인위적인 상황을 기초하기 때문에 최소 성공률을 나타낸다는 점을 기억하는 것 또한 중요하다. 실제로 심리학자는 적어도 인구통계학적 정보, 임상 관찰 및 병력을 결합한 배터리검사에 기초하여 진단 결론에 도달하게 된다.

다른 채점방법과의 비교

연구에서는 일반적으로 한번에 하나의 방법만 보고하기 때문에 사용 가능한 BGT 채점방법의 상대적 가치를 평가하는 것은 매우 어려웠다. 또한 연구에 따라 표본 크기(30~1,003명), 뇌기능장애의 기저율(18~67%), 뇌손상이 없는 비교 표본의 구성, 검사 점수 컷오프 및 진단 효율성 측정 절차가 매우 다양하다. Marsico와 Wagner(1990)는 BGT 점수를 매기는 Pascal-Suttell 채점방법을 Lacks 채점방법과 비교하였다. 처음에 그들은 뇌손상이 있는 52명의 외래환자와 뇌손상이 없는 52명의 외래환자에 대한 자료를 사용하였다(검사를 위해 의뢰된 환자 파일에서 가져옴). 두 가지 채점방법의 결과는 높은 상관관계를 보였다. 최적 컷오프를 사용하면 Lacks 방법의 전체 적중률은 68%인 반면, Pascal-Suttell 방법의 경우 74%였다. 임상 기저율을 충족한 80명의 환자로 표본을 수정하고 표준 컷오프 점수를 사용했을 때 Lacks 방법의 전체 적중률은 79%인 반면, Pascal-Suttell 방법의 전체 적중률은 81%였다. 두 채점방법 모두 뇌손상이 있는 경우보다 뇌손상이 없는 경우를 진단하는 적중률이 높았으며, 이는 누락 사례의 높은 비율로 이어졌다. Pascal-Suttell 방법의 뇌손상 적중률은 Lacks 방법의 경우보다 훨씬 낮았다. 두 채점방법의 상관관계가 높기 때문에($r = .83$), 연구자들은 상대적으로 채점하기 쉽고 범위와 적용이 더 넓은 Lacks 방법을 사용할 것을 제안하였다.

Lacks 방법의 채점자 간 신뢰도와 진단 정확도를 다른 여러 BGT 평가방법과 비교하기 위해 또 다른 연구가 수행되었다. Lacks와 Newport(1980)는 상대적인 적용 용이성, 가용성 및 문헌에서의 최근 사용 빈도 등의 준거를 사용하여 Lacks 방법과 비교하기 위해 Hain(1964) 방법, Pauker의 빠른 채점방법(Pauker Quick-Scoring, 1976), 그리고 회전 수를 선택하였다. 후자의 매우 간단한 진단 준거는 모사의 회전이 뇌손상을 가진 사람들의 프로토콜의 특징으로 너무 자주 설명되었기 때문에 (예: Griffith & Taylor, 1960) 선택되었다. 이러한 접근방법은 일반적으로 각 프로토콜마다 채점하는 데 3분 미만이 소요된다.

이 연구를 위한 BGT 프로토콜은 50명의 혼합 정신건강의학과 입원환자의 표본에서 가져온 것이다. 검사와 진단방법은 Brilliant와 Gynther(1983)에서 이미 설명된 방법과 유사하였다.

사례는 50명의 집단에 대한 기저율이 달성될 때까지 더 많은 연속 입원집단에서 무작위로 선정되었다. 그런 다음, 진단집단이 인종, 성별, 연령, 교육수준 및 WAIS 어휘 점수에도 통계적으로 일치하도록 집단 구성에 약간의 변화가 이루어졌다. 환자들 중에 매우 다양한 진단이 제시되었는데, 퇴원 진단을 기준으로 뇌손상 있음(34%)과 뇌손상 없음(66%)이라는 두 가지 광범위한 진단집단에 배정되었다.

12명의 다른 채점자들이 세 가지 수준의 BGT 전문성, 즉 **전문**(expert), **일반**(typical), **초보**(novice) 채점자를 대표하기 위해 선택되었다. 모든 50개의 BGT 프로토콜은 환자 특성을 전혀 모르는 모든 채점자에 의해 채점되었다. 4명의 전문가는 모두 자신에게 매우 익숙한 채점방법을 사용했지만 나머지 8명의 채점자는 한 채점방법을 배우도록 요청을 받았다.

채점자 간 신뢰도 측면에서 보면, Hain 채점방법으로 점수를 받은 사람들이 가장 낮은 수준의 일치를 보였다(총 검사 점수에 대한 채점자 간의 Pearson 적률상관계수는 평균 .79이었음). 세 가지 다른 접근방법을 사용하는 모든 채점자는 허용 가능한 수준의 일치를 달성할 수 있었다. 즉, Lacks 방법의 경우 .87~.90, Pauker 방법의 경우 .92~.96, 그리고 회전의 경우 .93~.97이었다.

〈표 7-9〉는 이러한 네 가지 채점전략에 대한 진단 정확도를 보여 준다. Pauker 방법의 경우에 사전점수 또는 표준점수가 설정되지 않았기 때문에 이 표본에 대한 최적 컷오프 점수를 사용하여 결과가 보고되었다. Hain 방법의 최적 컷오프 점수는 14점 이상이었고, Pauker 방법의 경우 11점

이상이었다. 그러나 이 연구에서는 Lacks 방법(5점 이상)과 회전 수(1개 이상)에 대해 표준 컷오프와 최적 컷오프가 동일하였다.

모든 사례의 정확한 진단에서는 Lacks 방법이 평균 84% 정확하게 분류되어 가장 성공적이었고, Pauker 방법이 79% 정확하여 그다음 순이었다. Hain 방법과 회전 수 모두 전반적인 진단 정확도가 더 낮았다(각각 71% 및 63%). 뇌손상 유무에 대한 적중률을 별도로 볼 때 본질적으로 동일한 상대적 결과가 나타난다. Hain 방법에 표준 컷오프 점수를 적용했을 때 뇌손상 진단의 경우 평균 42%, 뇌손상 없음의 경우 73%, 전체 진단의 경우 61%로 진단 정확도가 상당히 낮아졌다.

이 연구의 결과는 Hain 방법의 지속적인 사용을 권장하지 않는다. 비록 Hain의 원래 검증 결과는 전체 적중률이 86%로 유망했지만, 그 자신의 교차 검증과 후속 연구(예: Kramer & Fenwick, 1966)에서는 훨씬 덜 성공적인 감별을 보여 주고 있다.

〈표 7-9〉 BGT에 대한 네 가지 채점방법의 진단 정확도(정확하게 진단된 비율)*

채점방법	뇌손상 없음	뇌손상 진단	전체
Hutt-Briskin	80	87	84
Pauker	79	80	79
Hain	75	72	71
심한 회전	45	70	63

주: Pauker 방법에는 표준 컷오프를 사용할 수 없기 때문에 모든 접근방법에 대한 최적 컷오프가 사용되었음. 최적 컷오프는 Hain의 경우 14점 이상, Hutt-Briskin의 경우 5점 이상, Pauker의 경우 9점 이상, 심한 회전의 경우 1점 이상임. 이 연구에서는 Hutt-Briskin과 회전의 경우 최적 컷오프와 표준 컷오프가 동일했음.
* 3명의 다른 채점자가 각 접근방법에 대해 신경정신건강의학과 입원환자 50명의 표본을 채점했음(Lacks & Newport, 1980).

비록 임상 실제에서 많은 심리학자가 이 고전적 징후에 크게 의존하고 대부분의 채점방법이 이 징후를 포함하고 있지만, 이전 연구에서는 회전 수에 대한 진단 정확도를 보고하지 않았다. 이번 연구 결과는 이 징후에만 크게 의존하는 것이 건전한 임상 절차가 아니라는 점을 보여 준다.

그 결과는 Lacks 절차가 뇌손상이 있는 정신건강의학과 환자와 뇌손상이 없는 정신건강의학과 환자를 감별하는 데 우수한 진단 효율성으로 사용될 수 있음을 분명히 보여 준다. 그 결과는 또한 이러한 결과에 대해 교차 검증이 이루어진다면 Pauker 방법이 효과적으로 사용될 수 있음을 시사한다. Lacks 절차의 84% 정확도는 기저율만으로 예측(66%)하는 것보다 정확도가 크게 증가한다는 준거도 충족한다.

뇌기능장애에 대한 다른 검사들과의 비교

Heaton 등은 1978년 신경심리검사 연구에 대한 고찰에서 가장 자주 사용되는 다섯 가지 검사에 대한 36편의 연구에서 진단 정확도의 중앙값이 그레이엄-켄달도형기억검사(Graham-Kendall Memory for Designs: MFD)의 경우 68%에서 배경간섭절차로 주어진 BGT의 경우 84%에 이르는 것을 발견하였다(〈표 1-1〉 참조). 그러나 이러한 연구의 대부분은 단일 검사를 한 번만 조사했으며, 동일한 연구 내에서 두 가지 이상의 검사의 효능성을 비교하려는 시도는 거의 없었다. 더욱이 8편의 BGT 연구 중 2편만이 Hutt-Briskin 채점절차를 사용하였다. 이 절에서는 이 채점방법을 적용시킨 Lacks 방법을 사용하고 1개 이상의 신경심리검사를 동시에 평가한 3편의 연구를 제시하고자 한다.

이 장의 앞부분에서는 Brilliant와 Gynther(1963)의 연구에 참여한 참가자와 연구방법론에 대해 자세히 설명되어 있다. 그들은 숙련된 정신건강의학과 의사의 퇴원 진단을 바탕으로 뇌손상 여부로 분류된 109명의 신경정신건강의학과 입원환자에게 BGT를 실시하였다(참가자에 대한 설명은 〈표 7-4〉 참조). 모든 참가자는 벤톤시각기억검사(Benton Visual Retention Test: BVRT)와 그레이엄-켄달 도형기억검사의 균형 잡힌 순서로 실시하였다. 모든 검사는 환자의 진단에 대한 지식 없이 점수가 매겨졌다. BGT는 5개 이상의 오류를 표준 컷오프로 하는 Lacks 채점방법을 사용하여 채점되었다. 최적 컷오프 점수 또한 5개 오류였다. 나머지 두 가지 검사는 매뉴얼에 포함된 표준 절차와 컷오프를 사용하여 채점되었다. BVRT에 대해서는 정반응 점수와 오류 점수라는 두 가지 점수를 얻었다.

세 가지 검사 모두에서 뇌손상이 있는 환자는 뇌손상이 없는 환자보다 수행 능력이 훨씬 더 나빴다. 이러한 결과는 공분산 분석을 통해 연령과 교육수준의 영향이 일정하게 유지되는 경우에도 마찬가지였다. BGT와 다른 두 검사 간의 상호 상관관계는 BVRT 정반응 점수와 .46, BVRT 오류 점수와 .57, MFD 원점수와 .34, MFD 차이 점수와 .07이었다.

〈표 7-10〉은 세 가지 검사의 진단 정확도 차이를 보여 주고 있다. 모든 사례의 정확한 진단을 위해서는 BGT가 전체적으로 82%의 정확도로서 가장 좋은 단일 측정치로 보인다. BVRT 오류 점수는 전체 사례 수의 66%만이 정확하게 분류되어 가장 적합하지 않았다. 뇌손상이 없이 정확하게 식별된 환자의 수만 고려했을 때 Benton 정반응 점수와 오류 점수의 결합이 98% 정확하게 분류하였다. 뇌손상으로 정확하게 진단된 사례만 고려했을 때, BGT가 적중률 67%로 가장 우수한 측정치였다. 가장 불만족스러운 결과는 Benton 오류 점수에 의해 정확하게 진단된 뇌기능장애를 가진 사람의 수였고, 47%만이 정확하게 분류되었다.

검사의 예측력을 제대로 평가하려면 병원 인구의 뇌기능장애 기저율도 고려해야 한다. 이 연구에서는 기저율이 30%였기 때문에 뇌기능장애가 없다는 진단이 사례의 70%에서 정확할 것이다. 그러나 BGT를 사용하면 82%가 정확할 것으로 예상할 수 있으며, 기저율 전략을 사용하면 얻을 수

〈표 7-10〉 뇌기능장애에 대한 BGT, BVRT, MFD의 진단 정확도(정확하게 진단된 비율)

	뇌손상 없음	뇌손상 진단	전체
BGT	92	67	82
BVRT(정반응)	85	62	76
BVRT(오류)	95	47	66
BVRT(결합)	98	62	81
MFD	88	63	78

출처: Brilliant, P., & Gynther, M. D. (1963). Relationships between performance on three tests for organicity and selected patient variables. *Journal of Consulting Psychology, 27*, 474-479. 미국심리학회(APA)의 허락을 받고 게재함.

있는 것보다 12%의 적중률이 증가한다. 반면, Benton 오류 점수는 환자의 66%만 정확하게 진단했으며, 이는 '좋은' 진단도구를 사용하면 진단 정확도가 떨어질 수 있음을 보여 준다.

Owen(1971)은 또한 조현병 입원환자의 검사 수행에 대한 클로르프로마진(chlorpromazine: 항정신증제제 약물로 조현병 등의 정신증을 치료하기 위해 주로 사용됨)의 효과에 대한 연구에서 BGT와 BVRT를 사용하였다. 그녀는 큰 도시의 급성 정신건강의학과 치료센터에 입원한 혼합형 조현병 환자 45명(급성 약물치료를 받고 있는 환자 15명은 제외)에게 이 두 가지 검사를 실시하였다. 환자들은 수련감독 정신건강의학과 의사들에 의해 조현병으로 분류되었다. 표준 컷오프가 있는 Lacks 절차를 사용하여 BGT는 환자의 73%를 뇌손상이 없는 것으로 정확하게 분류하였다. BVRT 정반응 점수의 경우에 진단 정확도는 64%, 오류 점수의 경우는 53%였다.

BGT의 감별력은 이 두 연구 모두에서 BVRT의 감별력을 초과했으며, 한 연구에서는 MFD의 감별력을 초과하였다. 두 번째 연구에서는 첫 번째 연구보다 두 검사 모두에서 진단 정확도가 더 낮았다. 이러한 결과는 Owen(1971) 연구의 참가자들이 가장 어려운 진단 비교집단인 조현병으로만 진단받았기 때문일 가능성이 높다. Brilliant와 Gynther(1963) 연구의 손상되지 않은 참가자 중 34%만이 조현병이 있었다. 신경심리검사에 대한 연구를 고찰하면서 Heaton 등(1978)은 반응성 조현병 환자와 뇌기능장애 환자 간의 감별에서 적중률 중앙값이 77%임을 발견했지만, 만성 또는 진행성 조현병과 관련된 감별에서는 적중률 중앙값이 54%에 불과했다. Owen의 혼합형 조현병 표본에서 진행성 조현병 환자가 몇 명인지는 알려지지 않았다. 그러나 이들의 존재는 Brilliant와 Gynther가 연구한 보다 일반적인 진단 작업보다 검사의 감별력을 낮추었을 가능성이 높다.

BGT와 Lacks 채점을 다른 신경심리학적 측정과 비교한 세 번째 연구는 Lacks 등(1970)에 의해 수행되었다. BGT와 할스테드-레이탄 배터리(Halstead-Reitan Battery: HRB)의 8개 검사 중 5개의 검사(범주, 촉각 수행, 시쇼어 리듬, 언어지각 및 수지력)가 63명의 백인 남성 재향군인병원 환자(뇌손상 19명, 조현병 27명, 일반 의료환자 17명)에게 실시되었다. 이 표본은 이 장의 앞부분에서 설명되었다(〈표 7-4〉 참조). 각 참가자가 뇌손상 범위 내에서 점수를 획득한 HRB 검사의 총 횟수에 0.143을 곱하여 원래 배터리에서 세 가지 검사가 누락된 것을 수정하고 복합 손상 지수를 얻었다. BGT는 손상 지수와 상관관계가 있었다($r = .66, p < .01$). Reitan의 컷오프 점수를 사용하여 정확하게 진단된 뇌손상 환자의 비율은 촉각 수행의 기억 점수 44%에서 복합 손상 지수의 84%까지 다양했다. 정확하게 진단된 손상되지 않은 환자의 비율은 범주 검사의 경우엔 44%, 촉각 수행의 기억 점수의 경우엔 86%까지 다양했다. 복합 손상 지수는 손상되지 않은 환자의 64%를 정확하게 진단했다. 이러한 결과는 뇌기능장애가 있는 환자(74%)와 뇌기능장애가 없는 환자(91%)를 정확하게 감별하는 BGT의 능력과 대조되는 것이다.

Lacks 등(1970)의 연구 결과에 따르면, HRB를 사용하면 일부 인지장애가 있는 환자를 정확하게 분류하는 비율이 높다는 것을 시사한다. 그러나 조현병 환자가 많은 환경에서 이 배터리를 사용하면 이 환자 범주에 대한 분류가 매우 자주 잘못될 수도 있다. 이 검사 배터리는 실시하는 데 3~4시간이 소요되기 때문에 6분 걸리는 BGT의 진단 정확도와 비교할 때 결과가 특히 실망스럽다. 물론 HRB의 여러 검사는 다양한 영역의 능력에 대해 훨씬 더 광범위한 정보를 제공한다.

BGT의 다른 임상적 적용

　이 책의 주요 부분은 전형적인 입원환자 정신건강의학과 장면에서 선별도구로서, 그리고 종합적인 신경심리평가 내에서 시각구성적 능력의 척도로서 BGT를 사용하는 것에 중점을 두고 있다. 아동의 경우, BGT는 성숙도와 학교준비도의 척도로서 널리 사용되어 왔다(제11장 참조). 그러나 학술 문헌 내에는 지각-운동장애와 보다 정교한 신경학적 준거의 관계를 조사하기 위한 것과 같은 이 검사를 다른 용도로 적용한 보고가 있다. 예를 들어, BGT의 혁신적인 사용 중 하나는 수술 후 신경손상을 줄이는 데 있어 다양한 수술 기법의 효과를 측정하는 것이었다. Landis, Baxter, Patterson 및 Tauber(1974)는 대학 의료센터에서 심장 절개 수술을 받은 28명의 환자를 대상으로 이 연구를 수행하였다. 수술 중 환자의 혈액은 심폐우회 장비를 통해 몸 밖으로 순환되고 산소화되었다. 심폐기에 있는 혈액에 산소가 공급되면서 미세 색전이 형성되었다. 이러한 단백질 조각과 손상된 적혈구는 반환된 혈액을 타고 이동하여 작은 혈관에 정착하여 혈류를 차단하고 뇌 조직을 파괴하는 것으로 여겨졌다.

　이 연구에서는 BGT(수술 전 1~2일과 수술 후 5~8일에 실시)를 사용하여 두 가지 유형의 심폐기(버블 산소 공급기와 막 산소 공급기)의 중추신경계 손상 감소에 대한 상대적 효능을 평가하였다. 또한 각 장비는 혈액을 환자의 신체로 되돌리기 전에 혈액에서 미세 색전을 제거하도록 고안된 특수 스크린 필터를 사용하거나 사용하지 않고 이용되었다. 결과에 따르면, 중추신경계 손상은 필터가 없는 버블 산소 공급기를 받은 환자에게서 가장 컸고, 필터가 있는 막 산소 공급기를 사용할 때 가장 덜 광범위했다. 그 후 환자에게는 더 복잡하거나 시간이 많이 걸리는 도구를 사용할 수 없었기 때문에 BGT는 이러한 상황에서 특히 적합한 평가도구였다. 향후 연구에서는 혈액투석과 같은 다른 유형의 수술이나 의료 시술에 사용되는 기술과 관련된 신경 후유증을 평가하는 데 BGT가 동등하게 도움이 될 수 있다.

　1950년대에 헌팅턴병 피해자의 자손 156명이 심리측정학적 검사에 참여했고 15~20년 후에 재검사를 받았다(Lyle & Quast, 1976). 재검사 당시 참가자 중 60명은 여전히 헌팅턴병이 없었고 추적 기간 동안 28명은 헌팅턴병이 발생했다(병전 집단). 비교할 목적으로 이미 이 질병에 걸린 25명의 개인도 초기 연구 중에 검사를 받았다.

　BGT는 임상적 판단과 회상 점수를 통해 분석되었다. 원래 검사의 회상 점수를 현재 질병 상태와 비교한 결과, 연구자들은 여전히 정상인 참가자는 5.7개의 도형, 후기 발병 병전 참가자(검사 후 6~18년)는 4.8개의 도형, 초기 발병 병전 참가자(첫 번째 검사 후 2년 이내)는 3.7개의 도형, 그리고 검사 당시 이미 영향을 받은 참가자는 4.5개의 도형을 회상한 것으로 나타났다. 이러한 결과는 임상적 무도병(chorea: 주로 사지의 세밀한 불규칙한 불수의 운동이 다양하게 반복되는 것으로 얼굴, 손, 발, 혀 따위가 뜻대로 되지 않고 저절로 심하게 움직여 마치 춤을 추는 듯한 모습이 되는 신경질환) 운동이 명백히 나타나기 훨씬 전에(2~18세) 지각-운동 능력의 저하를 보여 주었고, 이는 질병의 임상적 징후가 나타나기 수년 전에 뇌 퇴화의 과정이 시작되었음을 나타낸다.

BGT의 다른 임상적 적용은 노인, 아동 및 청소년을 다루는 나중의 장에서 설명될 것이다.

채점자의 전문성 수준에 따른 비교

뇌기능장애 검사와 관련된 또 다른 문제는 채점자의 전문지식이나 경험수준이다. 어떤 심리검사이든 그 검사의 정확성이 특별한 기술이나 수년간의 경험에 달려 있는지를 아는 것이 중요하다. Lacks와 Newport(1980) 연구의 두 번째 목표는 BGT의 네 가지 채점방법에 다양한 수준의 경험을 가진 채점자들의 정확성을 비교하는 것이었다. 각 채점방법에 대해 3명의 채점자가 선정되었으며, 각 채점자는 이 검사에 대한 전문, 일반 및 초보 수준의 경험을 대표한다.

전문 채점자들의 임상 경험은 12~25년 사이였으며, 모두 이전에 약 800~1,000개의 BGT 프로토콜을 채점했다. 또한 네 사람 모두 뇌기능장애 검사에 대한 연구를 발표했다. 일반 임상심리사들은 4~16년의 임상 경험을 갖고 있으며, 연간 평균 20~40개의 프로토콜을 채점했다. 이 두 집단의 채점자들 중 8명은 모두 임상심리학 박사학위를 보유하고 있었고 다양한 학술, 기관 및 개인 일터를 대표했다. 초보 채점자들은 심리학 학사학위를 막 마쳤으며 인지장애 검사에 대한 사전 지식이 전혀 없었다. 그들은 많은 심리학자의 경험정도를 대표했다.

〈표 7-11〉은 다양한 경험을 가진 채점자들의 Lacks 방법에 대한 진단 정확도를 비교한 것이다. 모든 사례에 대한 정확한 진단을 위해 각 방법을 사용한 3명의 채점자 간 정확도 차이가 최대 4%밖에 나지 않았다. 실제로 Lacks 방법의 경우 경험이 가장 적은 채점자가 가장 높은 수준의 진단 정확도를 달성하였다. 게다가, 네 가지 채점방법 내에서 BGT에 대한 경험수준이 크게 다른 채점자들 사이에서 일치 수준 또는 채점자 간 신뢰도는 일관되게 나타났다.

이 연구의 결과로부터 우리는 경험수준에 관계없이 심리학자들이 간단하고 쉽게 배울 수 있는 객관적인 채점방법인 BGT를 사용하여 높은 수준의 진단 정확도를 달성할 수 있다는 것을 알 수 있다. 신경심리평가를 위해 HRB와 WAIS-R을 사용한 11편의 연구에 대한 Garb와 Schramke(1996)의 메타분석에서도 비슷한 결과가 나타났다. 그들은 또한 경험수준이 신경심리학자의 진단 정확도에 미치는 영향에 대한 증거를 거의 발견하지 못했다. 또한 정확도와 판단에 대한 임상가의 자신감 사이의 상관관계는 .29에 불과했다. 그러나 Garb와 Schramke는 연구의 인위적인 진단 상황이 전문

〈표 7-11〉 채점자의 경험수준에 따른 BGT의 진단적 정확도(정확하게 진단된 비율)*

채점자의 경험수준	뇌손상 없음	뇌손상 진단	전체
전문 채점자	85	84	84
일반 채점자	70	90	82
초보 채점자	86	86	86
평균	80	87	84

* 50명의 신경정신건강의학과 입원환자의 표본(Lacks & Newport, 1980).

가에게 자신의 전문지식을 충분히 적용할 수 있는 기회를 허용하지 않을 수 있다고 제안한다.

BGT 점수와 인구통계학적 변인과의 관계

　신경심리검사의 과제는 검사 수행이 **비환자 범위**(nonpatient range)에 속하는지, 검사 점수가 이전 수준에 비해 수행 저하를 나타내는지, 즉 능력에 어떤 **손상**(impairment)이 발생했는지 여부를 결정하는 것이다(Heaton, Ryan, Grant, & Matthews, 1996). 규준은 그러한 판단을 내릴 수 있는 수단을 우리에게 제공한다. 그러나 규준이 유용하기 위해서는 편향되지 않고 일반인과 환자가 속한 집단을 대표해야 한다. 규준은 또한 검사 수행에 영향을 미칠 수 있는 인구통계학적 변인도 고려해야 한다. 많은 경우에 임상가는 심리검사 수행과 관련된 인구통계학적 변인 간의 관계를 알지 못하며, 이로 인해 검사를 부적절하게 사용하고 부정확한 결론을 도출하게 된다. 관련 인구통계학적 변인에는 성별, 인종, 연령, 교육 및 IQ가 포함된다. 불행하게도 많은 신경심리검사에는 이러한 변인에 대해 조정된 규준이 없다. 정신건강의학과 환자와 비환자 모두를 포함한 아동과 성인을 위한 정보가 여기에 제시되어 있다. 일반적으로 이러한 변인이 신경심리검사 점수에 미치는 영향은 뇌손상이 있는 사람보다 뇌손상이 없는 사람에게 더 크다(Heaton et al., 1996). 평가 딜레마는 개인의 검사 점수가 정상 범위 이내에 있는지 그 여부를 결정하는 것이다. 이 절은 이러한 중요한 인구통계학적 변인을 조정하여 BGT에 대한 판단을 내리는 데 도움이 될 것이다.

성별

　대부분의 연구 결과에 따르면, 임상가는 성인이든 아동이든 남성과 여성에게 공평하고 자신 있게 BGT를 적용할 수 있다. 예를 들어, Pascal과 Suttell(1951)은 연령(15~50세) 및 교육수준(고등학교 또는 대학)에 따라 일치하도록 구성된 비환자 성인 87명의 남성과 87명의 여성 간에 BGT 수행에 차이가 없음을 발견하였다. 이 결과를 통해 그들은 두 성별에 대한 규준 자료도 결합할 수 있었다.

　그러나 Lacks는 비환자 성인 495명을 대상으로 한 훨씬 더 광범위한 표본에서 작지만 통계적으로 유의한 성별 효과($r = .24, p < .01$)를 발견했다. 이러한 효과는 연령과 교육수준의 차이를 통제하기 위해 공분산 분석을 사용한 경우에도 지속되었다. 여성의 경우에 평균 1.37개 오류, 남성의 경우에 평균 2.07개 오류로 여성이 약간 우세한 것으로 나타났다.

　정신건강의학과 환자의 경우, Parsons와 Prigatano(1978)는 신경학적 검사에서 남성과 여성 간에 발생 가능한 수행 능력 차이가 거의 주목을 받지 못했다고 보고했다. 많은 연구가 남성 환자만을 대상으로 했다. 다른 연구들은 성별에 따른 표본의 구성을 보고하지 않았다. 나머지 연구에서는 일반적으로 성별의 차이를 측정하지 않았다. 그러나 성별 변인을 조사하는 Hutt-Briskin 채점방법과 관련된 3편의 연구가 있다.

　Hutt와 Miller(1976)는 조현병으로 입원한 환자 40명과 외래치료 환자 100명에게 BGT를 실시했다. 이 검사는 Hutt-Briskin 척도의 12개 징후 중 9개를 포함하는 Hutt의 정신병리척도에 대해 채점되었다. 조현병 환자 집단이나 외래환자 집단 모두에서 이 척도에 대한 성별 차이는 발견되지 않았다. Hutt-Briskin 채점절차를 적용한 Lacks 방법을 사용하여 Brilliant와 Gynther(1963), Fjeld, Small, Small 및 Hayden(1966)은 정신건강의학과 입원환자의 성별과 BGT 점수 사이에 무시할 수 있는 관계가 있음을 발견했다. 정신장애와 뇌기능장애는 비환자에게서 발견되는 성별 차이를 무시할 수 있을 만큼 충분한 차이를 가져올 수 있다.

인종

많은 연구자는 인종이 성인과 아동의 BGT 점수와 관련이 있다는 것을 발견했다(제11장 참조). 성인 비환자의 경우, Pascal과 Suttell(1951)은 규준 표본에 백인만 포함시켰다. 그러나 West 등(1977)은 45~65세의 비환자 남성의 경우, 백인보다 더 많은 아프리카계 미국인이 BGT-BIP에서 신경장애가 있는 것으로 분류되었지만 주로 8년 미만의 교육을 받고 남부 시골 배경을 가진 노인 참가자들이었음을 발견하였다. 이 책의 규준집단에는 139명의 아프리카계 미국인의 BGT가 포함되어 있다. 495명의 비환자 성인으로 구성된 매우 광범위한 표본의 BGT 점수를 분석한 결과, 유의한 인종 차이가 나타났다($r = .20, p < .01$). 아프리카계 미국인의 평균 오류 점수는 2.21로 백인의 1.58에 비해 약간 더 높았다. 연령과 교육수준의 차이를 통제하기 위해 공분산 분석을 사용한 경우에도 그 차이는 지속되었다.

정신건강의학과 환자들의 경우, Adams, Boake 및 Crain(1982)은 BGT-BIP에 대한 인종적 편견을 보여 주었다. 그들은 뇌손상이 있는 97명, 뇌손상이 없는 62명(백인 100명, 멕시코계 미국인 46명, 아프리카계 미국인 13명)으로 구성된 남성 정신건강의학과 입원환자 표본을 연구하였다. 그들은 백인 이외의 인종집단에 대한 더 높은 잘못된 분류 비율로 이어지는 뚜렷한 인종적 차이를 발견하였다.

이 두 연구의 결과와는 대조적으로, 주의 깊게 수행된 또 다른 연구에서는 BGT에 대한 인종적 차이를 발견하지 못했다. 아프리카계 미국인과 백인의 BGT 수행에 대해 매우 철저하게 비교한 Butler 등(1976)은 뇌손상이나 정신장애가 있는 것으로 진단된 72명의 아프리카계 미국인과 백인 남성 정신건강의학과 입원환자를 연구했으며 진단, 연령, 교육 및 IQ를 개별적으로 일치시켰다. BGT 프로토콜은 Pascal-Suttell(1951) 방법 및 Hain(1964) 방법을 사용하여 채점되었다. 그들은 뇌전증이 있거나 없는 환자를 대상으로 한 Hain 방법이나 뇌전증이 있는 환자를 대상으로 한 Pascal-Suttell 방법에 대한 인종적 효과를 발견하지 못했다. 그러나 비뇌전증 환자를 대상으로 한 Pascal-Suttell 점수에서 상당한 인종적 효과가 나타났는데, 아프리카계 미국인 환자들이 백인들보다 더 나은 수행을 보였다. Butler 등(1976)은 인종 차이에 대한 이전 연구 결과가 인종 자체보다는 아프리카계 미국인과 백인 간의 IQ 및 기타 차이 때문일 수도 있음을 시사했다. Lacks 채점방법의 경우, Brilliant와 Gynther(1963)는 연령의 영향을 통제했을 때 백인 환자들과 아프리카계 미국인 환자들의 BGT 간에 차이가 없다는 것을 발견했다. Fjeld 등(1966)은 정신건강의학과 입원환자들의 인종에 따른 차이를 발견하지 못했다.

BGT에 있어서 여성들과 마찬가지로 백인들에게도 약간의 이점이 있는 것으로 보인다. 이는 타고난 차이라기보다는 문화적인 차이 때문일 가능성이 높다. 예를 들어, 아프리카계 미국인들은 지각-운동 조정이 필요한 활동에 대해 초기에 덜 강조될 수 있다. Vega와 Powell(1973)은 아프리카계 미국인 아동들에게 그래픽 자료를 사용하여 연습하도록 허용하면 이러한 기회가 주어지지 않은 아동들에 비해 반복적인 BGT 수행 능력이 크게 향상된다는 사실을 발견했다. 더욱이 어떤 종류의 정신병리에 의한 차이가 인종적 차이의 영향을 무시할 수 있고, 이는 그들이 더 이상 정신건강의학과 집단에서 명확하게 나타나지 않게 만들 수 있다. 독자는 인종과 검사 수행과 관련된 추가적인 문제에 대한 논의를 위해 Heaton 등(1996)을 참조하기 바란다. 그들은 백인 영국계 미국인이 아닌 다른 인종집단의 사람을 검사할 때 주의할 것을 권고한다.

연령

기억, 인지, 지각-운동 조정을 측정하는 것과 같은 많은 심리검사는 검사 대상자의 연령에 의해 영향을 받는다. 예를 들어, Price, Fein 및 Feinberg(1980)는 은퇴한 건강한 학교 교사(평균 연령=72세)의 56%가 HRB의 표준 규준을 사용하여 뇌손상 범위에서 점수를 받았다는 사실을 발견했다. 연령과 관련된 결손은 배터리검사의 일부 하위 검사가 다른 하위 검사보다 더 극적이었다(다른 하위 검사에서 잘못 분류된 참가자의 범위는 18~90%였음). Heaton 등(1996)은 WAIS-R과 HRB에 대한 인구통계학적 효과를 평가함에 있어 상당한 연령과 교육 효과를 발견했다. 일반적으로 WAIS는 교육수준과, 그리고 HRB는 연령과 더 관련이 있었다. 즉, 나이가 들고 교육수준이 낮아짐에 따라 수행이 감소했다. 두 번째 문제는 배터리검사의 **민감도**(sensitivity), 즉 개인을 손상 대 비손상 범주로 올바르게 분류하는 능력이었다. 민감도 측면에서 신경손상이 있는 환자와 비교하여 비환자의 경우 연령과 교육의 효과는 달랐다. 비환자의 경우 연령이 높아짐에 따라 진단 정확도가 감소했으나 교육수준이 높을수록 진단 정확도가 증가했다. 뇌손상 집단에서는 그 반대의(opposite) 패턴이 나타났다. 즉, 나이가 들수록 정확도는 증가하고 교육수준이 높을수록 감소했다. 따라서 HRB는 상대적으로 젊고 교육수준이 높은 뇌손상자를 식별하는 데 어려움을 더 겪었다. 적중률은 40세 미만의 경우 55%, 60세 이상의 경우 94%였다. 교육의 경우에 교육받은 기간이 12년 미만인 경우 정확도는 87%, 16년 이상인 경우 정확도는 60%였다. 결과적으로 규준은 연령과 교육수준의 중간 범위에서 전반적으로 가장 정확했고, 극단적인 경우에는 수용할 수 없을 정도로 낮았다. 이러한 유형의 정보는 신경심리검사 수행을 평가할 때 인구통계학적 변인을 고려해야 할 필요가 있다는 강력한 증거이다.

BGT도 예외는 아니다. 아동을 대상으로 한 발달 연구(예: Bender, 1938; Koppitz, 1975)는 모든 도형이 성공적으로 실행될 수 있는 12세까지의 성숙 과정을 보여 준다. McIntosh 등(1988)은 12세부터 16세까지 지속적으로 BGT 수행이 개선됨을 발견했다. Tolor와 Brannigan(1980)은 비환자의 경우, 연령이 완전한 성숙에 도달하기 전과 노화로 인한 손상이 시작된 후에만 BGT 수행과 유의한 관련이 있다고 결론지었다. Pascal과 Suttell(1951)은 15~50세에서 BGT 점수와 연령 간에 유의한

〈표 7-12〉 세 정신건강의학과 진단집단의 연령에 따른 BGT 점수

연령	성격장애				정신증				뇌기능장애			
	N	M	SD	%>4 오류	N	M	SD	%>4 오류	N	M	SD	%>4 오류
18~24	28	3.32	1.76	14	17	2.47	1.18	18	-	-	-	-
25~34	32	3.03	1.67	16	43	3.26	1.73	30	14	5.00	1.41	79
35~44	33	4.33	1.95	45	41	3.78	2.04	32	23	5.26	1.81	70
45~54	27	3.33	1.24	11	25	3.92	1.87	28	22	5.64	1.89	77
55~59	-	-	-	-	13	3.92	1.75	31	12	6.67	1.78	100
65+	-	-	-	-	-	-	-	-	9	8.11	1.62	100

상관관계를 발견하지 못했다.

　앞서 비환자 성인을 대상으로 제시된 BGT 규준 자료는 오류 점수가 연령에 따라 점차 증가하는 경향을 보여 주고 있다. 연령과 BGT 점수 간의 상관관계는 .30($p < .01$)이었다. 이 표본과 Pascal 과 Suttell의 결과 차이는 아마도 후자의 연령 범위가 매우 제한적이기 때문일 것이다. 그러나 이러한 경향에도 불구하고 70대와 80대에 속하는 개인들조차 일반적으로 손상된 진단 범위의 점수를 나타내지 않는다. 45~59세의 비환자 중 7%만이 5점 이상의 오류를 기록했다. 이는 60~74세에서는 22%, 80세 이상에서는 39%로 증가한다. 따라서 정신건강의학과 환자가 아닌 개인의 경우 연령과 BGT 점수의 유의한 관계는 진단 정확도에 어떤 위험도 초래하지 않는 것으로 보인다.

　많은 연구(예: Hain, 1964)에서도 정신질환 성인의 연령과 BGT 오류 사이에 유의한 상관관계를 보고하고 있다. Brilliant와 Gynther(1963)는 BVRT와 MFD를 사용하여 유의한 관계($r = .26 \sim .40$)를 발견했는데, 둘 다 점수에 연령 수정이 포함되어 있다.

　Hutt와 Miller(1976)는 조현병 환자와 외래환자를 대상으로 연구된 연령 범위가 16~62세인 경우, 정신병리척도와 연령 간에 유의한 상관관계($r = -.08 \sim .20$)를 발견하지 못했다. Hutt-Briskin 징후가 12개인 사설 정신건강의학과 입원환자를 대상으로 더 넓은 연령 범위(17~84세)에서 연구한 Brilliant와 Gynther(1963)는 연령과 유의한 상관관계를 발견했다($r = .40, p < .01$).

　〈표 7-12〉는 이전에 설명한 세 진단집단에 대한 여섯 가지 연령대에 걸친 BGT 결과를 제시한 것이다. 세 진단집단 모두 연령이 증가할수록 오류 점수가 증가하는 경향이 있다. 그러나 가장 연령이 많고 손상되지 않은 집단에서도 평균 점수는 손상되지 않은 범위 내에 있으며, 뇌기능장애가 있는 젊은 환자의 평균 점수는 여전히 손상 범위 내에 있다. 〈표 7-13〉은 또한 동일한 환자의 경우에 연령이 진단 정확도에 거의 영향을 미치지 않음을 보여 주고 있다. 임상가는 정신질환 환자, 특히 연령 연속체의 극단적인 끝부분에서 연령과 BGT 수행의 관계를 잘 알고 있어야 한다. 이 범주에 해당하는 사람에 대해서는 신경심리검사 자료의 해석이 조정되어야 한다.

IQ와 교육

마찬가지로 IQ와 교육이 BGT 점수에 미치는 영향에 대한 상당히 일관된 증거가 있는 것 같다.

비환자 성인의 경우, Pascal과 Suttell(1951)은 개인이 최소 9년간 교육을 받았다면 교육이 아무런 영향을 미치지 않는다는 것을 발견했다. 이 장의 앞부분에 제시된 Lacks 방법의 규준 자료에서 교육($r = -.51, p < .01$)과 IQ($r = -.13, p < .05$)는 모두 BGT 점수와 유의한 관련이 있었다. 교육과 IQ가 감소하면 오류 점수가 증가한다. 그러나 이 효과는 교육수준이 매우 낮거나(즉, 8학년 미만) IQ가 낮은 사람들에게만 임상적으로 중요한 것으로 보인다. 그럼에도 불구하고 8년 이하의 교육을 받은 사람들 75명 중 16명, 즉 21%만이 손상된 진단 범위에 있는 점수를 받았다. 연령이 많거나 교육수준이 낮거나 IQ가 낮은 사람들 중에는 이전에 발견되지 않은 어떤 종류의 뇌기능장애를 겪을 가능성이 더 높은 사람들이 있을 수 있다. Golden(1990)은 "아이의 생애 초기에 발생하거나 뇌의 전반적인 파괴를 초래하는"(p. 251) 뇌손상의 예를 보여 준다. 〈표 7-13〉은 연령, IQ 및 진단 정확도 간의 관계를 극적으로 보여 준다. 연령과 마찬가지로 교육이나 IQ와 BGT 간의 관계는 비환자에 대한 이 도구의 진단 정확도를 위협할 만큼 충분하지 않은 것으로 보인다.

〈표 7-13〉 연령과 IQ 범위로 분류된 뇌손상 환자 및 뇌손상이 없는 정신건강의학과 환자의 정확한 진단 비율

진단	N	연령 범위					
		18~24	25~34	35~44	45~54	55~64	65+
뇌손상	82	-	79	70	77	100	100
정신장애	264	84	76	62	80	72	-

진단	N	IQ 범위					
		60~69	70~79	80~89	90~99	100~109	110+
뇌손상	82	86	93	84	100	57	82
정신장애	264	35	50	64	78	79	95

정신건강의학과 환자의 경우, Tolor와 Brannigan(1980)은 심각한 자아 손상이 없으면 IQ와 BGT 수행 사이에 큰 상관관계가 없는 것 같다고 보고하였다. Hutt와 Miller(1976)는 546명의 환자 표본에서 교육이 정신병리척도와 관련이 있다는 것을 발견하지 못했다. 그러나 많은 연구자는 교육이나 IQ와 BGT 수행 사이에 작지만 유의한 상관관계를 발견했다. Adams 등(1982)은 또한 BGT-BIP와 그러한 관계를 발견했다. Brilliant와 Gynther(1963)는 IQ와 교육이 BGT 점수와 $-.33$ 및 $-.41$과 상관관계가 있다는 것을 발견했다. Johnson 등(1971)은 240명의 입원환자를 대상으로 BGT 점수와 IQ 사이에 훨씬 더 높은 상관관계($r = -.53 \sim -.59$)를 발견했다. 그들은 평균 IQ보다 낮은 뇌손상 환자와 평균 또는 그 이상의 IQ를 가진 손상되지 않은 환자들에 대해서만 높은 진단 정확도를 발견했다.

Johnson 등(1971)의 연구 결과와는 반대로, 저자는 IQ 수준이 더 높은 뇌손상 환자를 정확하게 식별하는 비율이 감소하지 않는다는 사실을 발견했다(〈표 7-13〉 참조). 뇌기능장애 환자들의 이러한 불일치는 아마도 Johnson 등이 뇌기능장애 집단에 포함되는 준거 중 하나로 뇌전증이나 발작의 병력을 사용했기 때문일 것이다. Bender(1965)는 "뇌전증에는 지각 운동이나 형태 기능을 방해하는 특정한 유기적 피질 병리가 없다."(p. 189)라고 말했다. 많은 연구자가 이 진술을 입증하고 있다

(예: Delaney, 1982; Hauer & Armentrout, 1978). Johnson 등이 보고한 전체 진단 정확도 64%는 이 방법에 대해 발표된 다른 결과보다 상당히 낮다. BGT 정확도가 현저히 낮은 것으로 밝혀진 또 다른 연구(Butler et al., 1976)에서는 뇌손상 환자의 거의 절반이 뇌전증을 앓고 있었다. 그러나 저자는 상당히 낮은 비율의 손상되지 않은 환자가 60~89의 IQ 범위에서 정확하게 식별되었음을 발견했다(〈표 7-13〉 참조). 문제의 일부는 IQ가 낮은 개인이 실제로 정신건강의학과 의사에 의해 감지되지 못한 뇌손상을 갖거나 단순히 낮은 IQ로 인해 뇌손상을 가질 가능성이 더 높다는 것이다. 여하간 임상가는 IQ나 교육수준이 낮은 개인의 감별 진단에 추가적인 주의를 기울여야 한다.

요컨대, 임상가는 성별과 인종 변인이 일반적으로 검사 결과를 위태롭게 하지 않을 것이라는 확신을 갖고 남성과 여성, 아프리카계 미국인, 백인에게 BGT를 사용할 수 있다. 그러나 연령, IQ, 교육 변인과 BGT 점수 사이에는 유의한 상관관계가 존재하기 때문에 이에 대해 더 많은 관심이 필요하다. 연령, 교육, IQ 분포의 극단에 속하는 개인을 검사할 때 임상가는 이러한 요인들을 고려하여 검사 결과를 더욱 신중하게 해석해야 한다.

약물과 전기경련치료가 BGT 수행에 미치는 효과

임상가, 특히 입원환자 장면에서 근무하는 임상가가 매일 직면하는 딜레마 중 하나는 향정신성 약물과 전기경련치료(ECT)로 인한 심리검사 결과에 대한 간섭의 정도이다. 검사가 본질적으로 신경심리학적인 것이라면 문제는 훨씬 더 많은 우려를 불러일으킨다. 이러한 유형의 치료법은 모두 많은 정신건강의학과 장면에서 널리 사용되고 있기 때문에 심리학자는 이러한 검사에서 도출된 결론에 영향을 미칠 수 있는 모든 효과를 알고 있어야 한다.

약물과 BGT

향정신성 약물의 BGT 수행에 미치는 영향에 대한 문제는 대부분의 심각한 정신건강의학과 환자를 치료하기 위해 이러한 약물을 일상적으로 사용하기 때문에 발생한다. 이 약물은 또한 매우 다양한 부작용을 일으키는 것으로 잘 알려져 있다. 약물이 심리검사, 특히 BGT의 수행을 변경하는 것이 가능한가? 변경이 검사 결과를 더 나쁘게 보이게 만드는, 즉 뇌손상 진단의 가능성을 높이는 형태를 취할 수 있는가?

심리검사 수행에 대한 향정신성 약물의 효과에 대해 고찰한 여러 편의 연구가 이용 가능하다(예: Baker, 1968; Essman, 1973). Yozawitz(1986)는 90명의 정신건강의학과 환자를 대상으로 한 연구에서 향정신성 약물을 복용한 사람들이 이러한 약물을 복용하지 않은 사람들보다 신경심리검사에서 더 나쁜 결과를 내지 않았다는 사실을 발견했다. 실제로 약물을 복용하는 동안 검사 수행이 향상되었다는 일부 증거가 있었다. 한 연구에서는 BGT에 대해 이 문제를 조사했다. Owen(1971)은 조현병이 있고 뇌손상이 없으며 입원 전 최소 2개월 동안 약물이나 전기경련치료를 받지 않은 60명의 입원환자 표본에 BGT를 실시하였다. 환자들은 무작위로 4개 집단 중 어느 하나에 배정되었다(각각 N = 15). 그 4개 집단은 입원 후 48시간 이내에 약물을 투여하기 전에 검사를 실시한 치료 전 집단, 표준 클로르프로마진 치료 4~6일 후 검사를 실시한 집단, 향정신성 약물 투여 7~9일 후 검사를 실시한 집단, 그리고 약물치료 15~20일 후에 검사를 실시한 집단이다. 4개 집단은 성별, 인종, 연령 또는 IQ 측면에서 다르지 않은 것으로 나타났다.

BGT는 Lacks 방법으로 채점되었다. 연구된 세 가지 약물 투여 간격 모두에서 BGT에 대한 중요한 약물 효과가 발견되지 않았다. BGT에 특정한 이 연구와 다른 검사들의 효과에 대한 연구 고찰은 급성 투여 몇 주 후에 BGT에 대한 주요 효과에 대한 우려가 없어진 것으로 보인다. 그러나 Heaton 등(1978)은 만성 향정신성 약물 복용과 신경심리검사에 나타난 손상 사이에 상당한 상관관계가 있을 수 있다고 경고한다.

전기경련치료와 BGT

심리검사 결과에 영향을 미칠 수 있는 두 번째 유형의 정신건강의학과 치료는 전기경련치료(ECT)이다. Lezak(1995)은 이 주제를 검토하고 ECT를 받은 환자에게 기억력 장애가 흔히 발생한다고 결론지었다. 기억력 결함은 치료 과정 중에 가장 자주 발생하며 치료 후에 잠시 동안 발생한다. 결함은 최근 기억에 가장 자주 영향을 미치며, ECT를 일측적으로 적용하는 것보다 양측적으로 적용하는 환자에게 가장 심각하고 지속된다. 일부 연구에서는 치료 횟수가 20회를 초과하면 더 많은 기억력 문제가 발생하고 돌이킬 수 없는 결손이 발생할 가능성이 더 커진다는 사실을 보여 준다. Pettinati와 Bonner(1984)는 심지어 ECT를 받은 적이 없는 노인 우울증 환자들이 어렸을 때 ECT를 받은 비슷한 집단에 비해 보다 나은 기호잇기검사(B형) 결과를 발견했다.

ECT와 BGT 수행 간의 관계를 직접 검증한 연구는 2편에 불과하다. Erwin과 Hampe(1966)는 ECT 전후 매일 20명의 정신건강의학과 환자에게 BGT를 실시했다. 환자들은 3~16회의 치료를 받았으며 평균은 7회였다. BGT 프로토콜은 Pascal-Suttell(1951) 방법으로 채점되었다. 20명의 환자 중 18명은 실험에 비해 약간의 호전을 보였고, 1명은 약간의 악화를 보였으며, 우울증을 앓고 있는 53세 환자는 세 번의 충격 치료 후에도 전혀 도형을 그릴 수 없었다. 비록 환자 대부분의 BGT 수행은 악화되지 않았으며 ECT 중에 매우 가변적이었다.

두 번째 연구는 ECT 사전 및 사후 검사 점수를 ECT를 받지 않은 통제집단 환자의 반복 측정과 비교했다. Garron과 Cheifetz(1968)는 3~10회의 ECT를 받은 정신건강의학과 환자 19명(평균 6회)을 검사했다. 재검사 간격의 범위는 11~43일(평균 24일)이었다. 재검사는 마지막 ECT를 투여한 후 평균 2일(범위 = 0~6일) 뒤에 실시되었다. 통제집단은 연령, 인종, 성별, 교육 및 재검사 간격의 변인에 따라 ECT를 받은 환자와 개별적으로 대응된 19명의 정신건강의학과 환자로 구성되었다. Hain(1964) 채점방법을 사용한 결과는 ECT에 따른 BGT에 아무런 손상을 나타내지 않았다. 실제로 ECT를 받은 사람들은 평균적으로 약간의 BGT 수행 향상을 보였다.

이들 연구 중 어느 것도 Hutt-Briskin 채점방법을 사용하지 않았지만, 2편의 연구와 두 가지 서로 다른 채점방법에 기초하여 임상가가 이러한 유형의 치료의 단기간(3 ECT)부터 중간(15 ECT) 과정 후에 BGT를 자신 있게 사용할 수 있을 것으로 보인다. 검사는 아마도 ECT가 시행된 다음 날까지 기다려야 할 것이다. 현재로서는 장기간 ECT 과정의 효과에 대한 명확한 지식이 없다. 이러한 조건에서 수집된 검사 점수를 해석할 때는 주의가 필요하다.

요약

Hutt-Briskin 채점방법을 적용한 Lacks 방법이 뇌기능장애에 대한 선별검사로 사용될 때 그 타당성을 입증하는 상당한 증거가 있다. 정신증 환자가 아닌 광범위한 연령과 교육수준의 개인은 뇌병리 진단을 받은 사람들의 점수와 상당히 다른 검사 점수를 보여 준다. 또한 심인성 장애가 있는 정신증 환자는 집단적으로 BGT에서 신경병리 환자와 현저하게 다르다. 이들 집단은 서로 구별될 수 있을 뿐만 아니라 개별 사례를 평균 80~85%의 높은 정확도로 예측할 수 있다. 이러한 결과는 여러 표본뿐만 아니라 채점자들 간에 표준 컷오프 점수를 사용하여 교차 검증되었다.

BGT는 또한 BVRT, MFD, HRB와 같은 여러 다른 신경심리검사와 유의한 상관관계가 있는 것으로 밝혀졌다. 그러나 진단 정확도를 비교할 때 BGT는 신경정신건강의학과 장면에서 사용될 때 다른 것들보다 일관되게 우수하다. Lacks 방법을 BGT의 다른 여러 채점방법과 비교할 때도 일관되게 우수하다. BGT 전문, 일반 및 초보 채점자를 통해 높은 정확도를 달성했다.

비환자의 BGT 점수에서 인종과 성별에 대한 통계적 차이가 분명하지만 임상적으로 유의할 만큼 충분히 크지 않은 것으로 보인다. 그러나 아프리카계 미국인 이외의 인종집단에 따른 성인의 BGT 수행에 대한 자료는 거의 없다. 정신건강의학과 환자의 경우, 인종과 성별 차이가 뚜렷하지 않으며, 아마도 정신병리의 시작에 의해 무시될 수 있다. 다른 인지검사 또는 정보처리검사와 마찬가지로, 환자와 비환자 모두에게 상당한 연령, 교육 및 IQ 효과가 있다. 그러나 이러한 관계는 이들 변인의 극단적인 범위에서만 해석상 주의가 필요한 것으로 보인다.

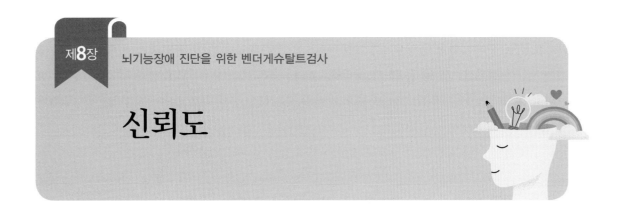

제8장 뇌기능장애 진단을 위한 벤더게슈탈트검사

신뢰도

검사의 신뢰도(reliability)는 정확하게 오차 없이 측정하고 있는가에 관련되는 개념으로 동일한 대상에 대한 측정치 간의 일관성으로 해석되기도 한다. 벤더게슈탈트검사(Bender Gestalt Test: BGT)의 신뢰도에 대한 주제에는 상대적으로 거의 관심을 기울이지 않았다. 대신, 타당도 문제에 중점을 두었다. 이러한 무시의 한 가지 이유는 BGT에 어떤 유형의 신뢰도가 적절한지에 대한 약간의 혼란 때문일 수 있다. 첫째, 신뢰도는 측정도구 자체의 일관성 또는 개인이 해당 도구를 사용하는 일관성의 관점에서 볼 수 있다. BGT에 대한 후자 유형의 신뢰도의 중요성에 대해서는 상당히 동의하고 있다. 검사에 대한 모든 채점방법은 서로 다른 채점자가 비교 가능한 결과를 생성할 수 있도록 해야 하고, 동일한 채점자가 시간이 지나도 일관성을 유지할 수 있도록 해야 한다. 더 어려운 문제와 의견 차이를 야기하는 것은 채점자 신뢰도가 아니라 검사 신뢰도 영역이다. 미국심리학회(APA)는 『교육 및 심리 검사 표준(Standards for Educational and Psychological Tests)』(1985)에서 가능하다면 병렬 형태의 검사 비교를 권장하고, 그렇지 않은 경우 검사를 반으로 나누어(예: 전후 또는 기우 반분) 비교할 것을 권장한다. 그러나 두 방법 모두 BGT에는 적합하지 않다. BGT 자극도형을 대체할 세트는 없다. 9개의 도형은 곤란도와 복잡성이 상당히 다양하고, Lacks 방법의 12개 오류 중 어느 것이 적용되는지가 상당히 다르기 때문에 검사를 분할하여 일치된 절반을 구성할 수도 없다(즉, 중복곤란은 도형 6과 7에 대해서만 채점될 수 있다).

이 검사에 적합해 보이는 한 가지 검사 신뢰도는 **시간적 안정성**(temporal stability)이다. 모든 검사의 중요한 측면은 시간이 지남에 따라 반복될 때 결과의 일관성이다. 시간적 안정성은 악화 정도를 평가하거나 모호한 결과를 확인하기 위해 종종 반복될 수 있는 신경심리검사에서 특히 중요하다. 또한 환자들은 이전에 다른 장면이나 이전에 입원상황에서 검사를 받은 경우가 종종 있기 때문에 연습 효과가 문제가 된다.

임상가가 시간이 지남에 따라 환자의 기능 변화에 대한 판단을 확신하려면, 검사 대상자의 실제 변화가 없는 경우에도 검사 결과의 안정성이 있어야 한다. 그러나 검사의 시간적 안정성은 평가되는 특성이 시간이 지나도 변하지 않는 경우에만 입증될 수 있다. 즉, 심리적 척도의 검사-재검사 신뢰도는 평가 대상인 개인의 실제 변화에 의해 약화될 수 있다. BGT의 초점인 뇌기능은 악화, 약물,

건강 변화 또는 노화로 인해 시간이 지남에 따라 변동될 수 있기 때문에 모든 검사-재검사 비교는 아마도 이 도구의 시간적 안정성 추정치의 하한으로 간주되어야 한다. 당연히 두 번째 검사까지 걸리는 시간이 길어질수록 실제 변화가 발생하는 데 더 많은 시간이 걸리므로 신뢰도가 낮아진다.

다음 절에서는 BGT, 특히 Hutt-Briskin 방법의 시간적 안정성이 보고된다. 또한 검사의 채점자 간 신뢰도가 조사된다.

검사-재검사 신뢰도

심리측정 이론가에게 있어 검사의 시간적 안정성 지수는 첫 번째 검사와 두 번째 검사 간의 상관관계 지수이다. 그러나 이 지수는 임상가에게 신뢰도에 대한 가장 유용한 정보를 제공하지 못하는 경우가 많다. 신경심리검사의 경우, 의사는 단지 일관된 점수보다 진단의 신뢰도나 일관된 결론이나 분류를 산출하는 능력에 대해 걱정을 더 자주 한다. 예를 들어, Hutt-Briskin 채점방법을 사용하면 점수의 범위가 0~4점이면 뇌기능장애가 없다는 검사 진단을 하게 되고, 5~12점 범위이면 뇌기능장애가 있다는 진단을 하게 된다. 이 방법으로 채점을 하고 가장 일반적인 선별 역할에 사용되는 BGT의 경우, 임상가에게 가장 중요한 정보는 뇌기능장애가 있음 또는 없음이라는 이분법적인 분류이다. 점수가 첫 번째 검사에서 4개 오류인지, 재검사에서 2개 오류인지, 혹은 처음에는 7개 오류이고 이후 평가에서는 9개 오류인지 여부는 임상가와 관련성이 적다. 환자가 정확히 동일한 오류를 범하는지 여부는 훨씬 덜 중요하다.

Matarazzo와 그의 동료들은 이러한 구분을 심리측정적 신뢰도와 임상적 신뢰도 간의 구분이라고 부른다(Matarazzo, Matarazzo, Wiens, Gallo, & Klonoff, 1976). 두 유형의 신뢰도가 반드시 더 '정확할' 필요는 없지만 각각은 특정 목적을 위한 가치가 있다. 검사는 두 가지 다른 관점에서 볼 때, 신뢰할 수 있는 것일 수도 있고 신뢰할 수 없는 것일 수도 있다. 다음 논의에서는 가능할 때마다 심리측정적 관점과 임상적 관점을 모두 반영하는 세 가지 방식, 즉 ① 한 세트의 총점과 다른 세트 간의 전통적인 Pearson의 적률상관계수, ② 서로 다른 시기에 채점된 정확한 종류의 오류 간의 일치도, ③ 보다 임상적으로 유용한 5개 이상 오류의 컷오프에서 도출된 진단에 대한 시간 경과에 따른 일치도(즉, 뇌손상 대 비손상)로 신뢰도를 제시할 것이다.

Tolor와 Brannigan(1980)은 그들의 문헌 고찰에서 다양한 객관적 채점방법과 다양한 임상 경험을 가진 채점자를 사용하여 연구가 만족스러운 BGT 검사-재검사 신뢰도를 입증했다고 결론지었다. 예를 들어, Pascal과 Suttell 절차를 사용한 검사-재검사 신뢰도는 정신병리의 정도와 검사 간격(24시간~18개월)에 따라 .63~.76 범위이다. Koppitz(1975)는 아동을 대상으로 한 채점방법을 사용하여 유사한 결과를 발견했다. 그러나 Koppitz, 그리고 Tolor와 Brannigan은 모두 임상가에게 신뢰도가 낮은 특정한 개별 오류보다는 분류를 위한 총 점수에 의존하라고 경고한다.

Miller와 Hutt(1975)는 Hutt의 17개 항목 정신병리척도(인지장애를 암시하는 Hutt-Briskin 오류 12개 중 9개 포함)에 대한 연구에서 2주 동안 40명의 정신건강의학과 입원환자를 대상으로 재검사를 실시했다. 정신병리 점수의 검사-재검사 신뢰도는 남성이 .87, 여성이 .83이었다. 이러한 수준은 점수가 낮은 환자와 점수가 높은 환자 모두에게서 발견되었다.

저자는 40명의 정신건강의학과 환자, 즉 재향군인병원 입원환자 22명, 사설 정신건강의학과 입원환자 13명, 대학 심리클리닉의 외래환자 5명을 대상으로 Lacks 방법에 대한 검사-재검사 신뢰도를 계산했다. 표본에는 남성 30명과 여성 10명이 포함되었으며, 그중 33명은 백인이었고 7명은 아프리카계 미국인이었다. 연령 범위는 18~60세였으며, 평균 연령은 36세(SD = 12.83)였다. 교육기간은 7~18년이었으며, 평균 교육기간은 12.03년(SD = 2.21)이었다. 진단은 조현병, 알코올 중독, 우울증, 인지장애를 포함하여 넓은 범위에 걸쳐 있었다.

환자들은 5~21일 간격으로 평균 9.56일 동안 BGT를 2회 받았다. 40건의 사례 중 32건에서 두 검사 모두 동일한 사람, 즉 표준 절차에 대해 광범위한 교육을 받은 학부 우등생에 의해 실시되었다. 나머지 사례에서는 두 번째 검사가 병원 심리측정가 또는 경험이 풍부한 임상심리학자인 2명의 검사자 중 1명에 의해 실시되었다.

모든 BGT 프로토콜은 Lacks 채점방법을 사용하여 저자(18년의 경험, 2,000개 이상의 프로토콜 채점)가 점수를 매겼다. 점수를 매기기 전에 모든 프로토콜은 비환자를 포함하는 대규모 참가자 풀(pool) 내에서 무작위 순서로 배열되어 환자 상태와 검사 시간에 대해 맹검(blind)으로 점수를 매길 수 있었다.

초기 검사 시 평균 BGT 점수는 2.30(SD = 1.40)이었고, 재검사 시에는 2.05(SD = 1.65)로 유의한 차이를 보이지 않았다. 총점의 일치도는 검사-재검사 상관계수가 .79로 만족스러운 수준이었다. 1차 검사부터 2차 검사까지의 정확한 징후에 대한 일치도는 86%였다. 진단(뇌손상 또는 손상 없음)에 대한 일치도는 두 검사 간에 93%였다.

치매 환자 표본을 대상으로 Lacks 채점방법의 검사-재검사 신뢰도가 또한 조사되었다.[1] 이 표본은 잘 기록된 알츠하이머형 경증 노인성 치매 환자 25명으로 구성되었다. 연령 범위는 64~81세로 평균 72.2세였다. 재검사 간격은 12개월이었다. 알츠하이머병 환자의 경우 두 번의 검사에서 평균 BGT 점수는 4.52(SD = 2.14)와 5.67(SD = 1.97)로 유의한 차이가 없었다. 총점의 검사-재검사 신뢰도는 .66이었고, 정확한 점수의 일치도는 63%였다. 임상적 신뢰도를 고려할 때, 이 표본에 대한 두 번의 검사 간에 진단에 대한 72%의 일치가 있었다.

〈표 8-1〉은 Lacks 채점방법을 사용하여 이 두 가지 시간적 안정성 연구의 결과를 요약한 것으로, 하나는 혼합 신경정신장애 환자를 대상으로, 다른 하나는 알츠하이머병 환자를 대상으로 한 것이다. 또한 환자가 아닌 노인들의 여러 표본에서 얻은 자료도 포함되어 있다. 첫 번째 표본은 알츠하이머병 환자에 대한 57명의 건강한 통제집단으로 구성되었다. 이들 모두는 광범위한 면담과 신경검사를 받았고 뇌기능장애가 없는 것으로 밝혀졌다. 다른 표본은 3개월 후(N = 186)와 12개월 후(N = 175)에 재검사를 받은 건강하고 자급자족을 하는 노인들로 구성된 대규모 표본의 BGT 수행에

1) 이 자료를 이용할 수 있게 해 준 노화의 기억(Memory in Aging) 프로젝트의 전 공동책임자인 Leonard Berg 박사와 Charles Hughes 박사, 그리고 자료 분석에 협조해 준 이 프로젝트의 연구 코디네이터인 Warren Danziger 박사에게 감사드린다.

대한 연구(Lacks & Storandt, 1982)에서 가져온 것이다.

이 표를 조사해 보면, Lacks 채점방법이 Pascal과 Suttell, Koppitz와 같은 다른 BGT 채점방법에 비해 적절한 심리측정적 검사-재검사 신뢰도(r = .57~ .79)를 보여 준다. 이 방법은 또한 훨씬 더 광범위한 신경심리검사에서 보여 주는 신뢰도 수준과 유사하다. 예를 들어, Golden, Berg 및 Graber(1982)는 루리아-네브래스카 배터리(Luria-Nebraska Battery)에서 평균 167일 동안 만성적이고 변하지 않는 뇌질환을 가진 27명의 매우 안정적인 환자집단에 대해 .88의 검사-재검사 신뢰도를 발견했다. 할스테드-레이탄 배터리(Halstead-Reitan Battery)의 경우, Matarazzo 등(1976)은 다양한 정신장애 및 인지장애 진단을 받은 집단에서 검사-재검사 신뢰도 계수 범위가 .63~ .83임을 발견했다. 재검사 간격은 12~52주였다.

임상적 관점에서 Hutt-Briskin 채점준거의 신뢰도를 살펴보면, 그 결과는 매우 고무적이다. 짧은 간격 후에 재검사를 받은 신경정신증 환자와 신경결손이 있는지를 주의 깊게 살펴보고 선별한 비환자 노인의 경우, 두 집단 모두 진단 일치도가 93%로 매우 일관된 결과를 보였다. 즉, BGT에 의해 측정된 실제 행동이 아마도 상대적으로 안정적인 두 집단에서 짧은 시간의 경과 또는 인지기능 저하로 이어지는 상태의 부재로 인해 BGT는 1년이 지났음에도 매우 일관된 진단 결론을 도출했다. 퇴행성 질환으로 인해 확산성 악화가 일어나는 것으로 알려진 알츠하이머병 집단에서는 진단 일치도가 72%로 떨어졌다. 1년 후 다른 진단을 받은 7건 모두 비장애 진단에서 인지장애 진단으로의 변화를 수반했다. 따라서 감소된 일치도는 검사 불안정성보다는 실제 변화의 결과일 가능성이 높다. 건강하고 자급자족하지만 신경장애에 대한 주의 깊은 검진을 받지 않은 비환자 노인의 두 집단에서 유사한 수준의 진단 일치도(73~75%)가 발견되었다. 이 집단의 시간 경과에 따른 일관성도 참가자의 연령이 60~87세였기 때문에 실제 변화로 인해 약화되었을 수도 있다. 요컨대, 이용 가능한 증거는 환자 행동에 실제 변화가 없으면 시간이 경과함에 따라 진단 안정성이 높다는 점을 보여 준다. 이는 임상가가 Hutt-Briskin 점수를 기반으로 시간 경과에 따른 진단 변화가 검사 대상 개인의 실제 변화를 반영한다고 확신할 수 있음을 의미한다.

〈표 8-1〉 BGT의 검사-재검사 일관성

대상	시간 간격	검사		재검사		신뢰도	정확한 징후 일치도	진단 일치도
		M	SD	M	SD			
40명의 신경정신증 환자	5~21일	2.30	1.40	2.05	1.65	.79	86%	93%
25명의 경증 알츠하이머병 환자	12개월	4.52	2.14	5.67	1.97	.66	63%	72%
57명의 비환자 노인	12개월	2.26	1.11	2.55	1.25	.58	81%	93%
186명의 비환자 노인	3개월	3.56	2.19	3.57	2.09	.57	76%	75%
175명의 비환자 노인	12개월	3.55	2.19	3.67	1.95	.63	78%	73%

주: 모든 신뢰도 계수는 $p < .001$에서 유의함. 채점에서 검사-재검사 변화는 유의한 차이가 없음.

채점자 간 신뢰도

Garb와 Schramke(1996)는 신경심리도구에 대해 판단하는 최근 연구를 검토했다. 그들은 손상 대 비손상, 손상의 위치, 시지각-운동 기능을 포함한 강점과 결점의 식별이라고 하는 세 가지 의사 결정 상황에서 채점자 간 일치도를 살펴보았다. 그들은 세 가지 영역 모두에서 채점자 간 일치도가 훌륭하다는 것을 알았다. 그러나 검사된 진단 작업은 인지장애가 있는 정신건강의학과 입원환자와 인지장애가 없는 환자를 구별하기 위해 여러 장면에서 심리학자가 직면하는 작업만큼 어렵지 않았다.

일반적으로 BGT의 대다수 채점방법은 채점자들 사이에서 만족스러운 일치를 누려 왔다. Hutt-Briskin 방법도 예외는 아니다. 출판된 대부분의 연구는 뇌기능장애 진단과 관련된 12개 오류 중 9개를 포함하는 Hutt의 17개 항목 정신병리척도에 중점을 두고 있다. 예를 들어, 100개의 조현병 프로토콜을 채점한 2명의 숙련된 임상가는 두 프로토콜 사이에 .96의 상관관계를 얻었다. 이 척도의 17개 개별 항목 중 3개(회전, 단순화, 중복곤란)만이 .81 미만의 신뢰도 계수를 나타냈으며, 개별 오류의 전체 범위는 .76에서 1.00까지이다. 상대적으로 경험이 없는 채점자와 경험이 풍부한 채점자를 비교했을 때 채점자 간 신뢰도는 .90으로 약간 떨어졌다(Miller & Hutt, 1975). 120명의 남성 비행자를 대상으로 사전검사 및 사후검사를 비교한 연구(Hutt & Dates, 1977)에서 3명의 심사자가 Kendall의 일치 계수(coefficient of concordance: 일련의 개체에 순위를 매긴 여러 심사자 간의 합의 척도로, 이는 순위가 매겨진 자료에 대한 급내 상관관계와 유사함)를 산출한 결과, .91(사전검사)과 .95(사후검사)를 나타냈다.

Hutt-Briskin 방법의 12개 징후를 사용하는 채점자 간의 일관성에 대해 한 연구(Lacks & Newport, 1980)에서는 3명의 채점자가 Lacks 방법을 사용하여 신경정신건강의학과 입원환자의 50개 BGT 프로토콜을 평가했다. 경험이 풍부한 1명의 채점자(이 책의 저자)는 18년의 경험과 2,000개의 BGT 프로토콜를 채점한 전문가였다. 또 다른 채점자는 6년의 임상 경험과 연간 평균 50개의 BGT 프로토콜을 채점한 보다 일반적인 심리학자였다. 세 번째 채점자는 심리학 학사학위를 갖고 있으며 BGT나 기타 신경심리검사에 대한 사전 지식이 없는 초보자였다.

Lacks 방법을 사용한 3명의 채점자에 대한 채점자 간 신뢰도는 총 검사 점수에 대한 채점자 간의 Pearson 적률상관계수로 측정되었다. 3명의 채점자는 .87~.90 범위의 신뢰도 계수로 허용 가능한 수준의 일치를 달성할 수 있었다.

채점의 정확한 일치도 측면에서 600개의 채점 기회(50개의 프로토콜×12개의 징후 유무)가 있었다. 이 600개의 기회에 대한 정확한 일치율은 2명 채점자의 경우 77~86%의 범위였으며, 동시에 3명 채점자가 측정했을 때의 일치율은 72%였다. 진단에 대한 일치 범위는 2명 채점자의 경우 86~94%였으며, 3명 채점자의 경우 84%를 보였다.

다양한 경험을 가진 3명의 채점자가 혼합 정신장애가 있는 입원환자 30명의 표본에 대해 모두 BGT를 채점했을 때 본질적으로 동일한 결과가 나타났다. 1명의 채점자는 약 5년의 임상 경험과

Lacks 방법을 사용하여 이전에 약 500개의 프로토콜을 채점한 비교적 전문가이다. 또 다른 채점자는 5년의 경험을 갖고 있지만 훨씬 적은 수의 프로토콜을 채점한 보다 일반적인 임상가를 대표했다. 세 번째 채점자는 학사학위를 갖고 있으며 경력이 1년에 불과한 심리측정가였다.

이 3명의 채점자 간 신뢰도는 .89~ .95 범위였다. 두 채점자의 정확한 징후에 대한 일치도는 85~88% 사이였으며, 3명의 채점자가 모두 동의한 경우 81%가 달성되었다. 인지장애 대 비장애 진단(BGT 점수에만 기초함)에 대한 일치도는 87~97%였다. 3명의 채점자 모두 진단에 87% 동의했다. 또 다른 연구(Friedt & Gouvier, 1989)에서 연구자들은 신경정신증 법의학 모집단에서 30개의 BGT 프로토콜을 채점한 2명의 검사자 간에 유사한 결과를 발견했다. 그들은 Lacks 방법 총점에 대해 94%의 일치도를 발견했고, 뇌손상 분류와 비손상 분류에 대해서는 97%의 일치도를 발견했다. 그들은 전체 점수의 신뢰도(즉, 점수의 존재 여부)가 열두 가지 유형의 오류에 걸쳐 77~97%라는 것을 발견했다. 평균은 88%였다.

비슷한 문제는 채점자 내 신뢰도의 하나인 동일한 임상가의 노력이 시간에 따라 일관성을 유지하는 것이다. Lacks와 Newport(1980)의 연구에 대한 자료가 수집된 지 몇 년 후, Lacks 방법의 전문 채점자에게 50개 BGT 프로토콜의 점수를 다시 채점해 달라고 요청했다. 두 번의 평가 시간 사이의 전체 점수 상관관계는 .93이었고, 정확한 징후에 대해서는 82%, 진단에 대해서는 94%의 일치도를 보였다.

이러한 연구는 BGT에 대한 Hutt-Briskin 방법을 적용한 Lacks 방법을 사용하는 채점자들 간에 높은 수준의 일치를 나타낸다. 비록 채점자가 이 특정 방법에 대한 일반적인 경험수준과 특정 배경이 근본적으로 다른 경우에도 마찬가지다. 또한 적어도 1명의 심리학자의 경우 동일한 채점자에 대해 시간이 지남에 따라 높은 일관성이 입증되었다. 그러나 초보 채점자들은 채점 매뉴얼을 공부하고, 10개의 실습용 프로토콜을 채점하고, 그 채점에 대한 피드백을 받는 등 약 2시간의 교육을 받았다는 점에 유의해야 한다. 이보다 적은 훈련으로는 채점 불일치가 증가했다. 채점 일관성을 최대화하기 위해 이 책에서는 사례의 예와 채점 실습을 제공한다. 이러한 방법으로 임상가는 독립적으로 만족스러운 교육을 수행할 수 있다. 그러나 채점에서 적절한 일관성을 달성하려면 임상가가 최소한 3~4시간을 투자할 필요가 있다는 점을 유념해야 한다.

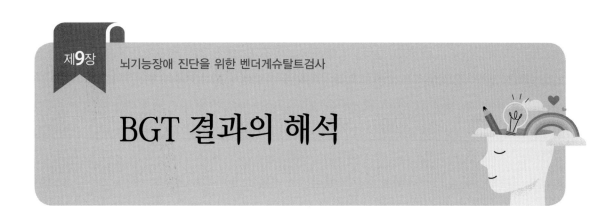

제9장
뇌기능장애 진단을 위한 벤더게슈탈트검사

BGT 결과의 해석

주의 깊게 검사를 실시하고, 관련 행동에 대한 관찰을 기록하고, 도형의 오류에 대해 부지런히 채점하고 나면 결과를 해석할 준비가 된 것이다. 이 해석은 벤더게슈탈트검사(Bender Gestalt Test: BGT)에만 근거한다는 점을 기억해야 한다. 그러나 BGT 결과는 내담자나 환자의 병력과 그에게 주어진 다른 검사의 결과와 통합되었을 때만 의미를 가진다. 검사를 조심스럽고 엄격하게 사용해야 하며, 항상 결론에 대한 여러 번의 확인이 필요하다.

해석을 위한 8단계

BGT 결과에 대한 책임 있는 해석은 검사 점수의 타당도에 대한 추정에서부터 과학적 의사결정의 규칙을 적용하기에 이르기까지 적어도 8단계를 요구한다(〈표 9-1〉 참조). 행동 관찰(제4장), 타당도와 신뢰도(제7장과 제8장), 규준(제7장)과 같은 해석과 관련된 논제에 대해 보다 자세하게 살펴보기 위해서는 이전의 장으로 되돌아가야 한다는 점을 잊지 말아야 한다. 또한 제10장과 제12장은 노인과 청소년을 위한 규준을 포함하고 있다.

〈표 9-1〉 BGT 해석을 위한 전략

1. 내담자나 환자의 노력에 대한 타당성과 신뢰성을 확인하라.
2. 오류의 수를 관련 규준과 비교하라.
3. 내담자나 환자의 점수를 분류하라.
4. 예측에 대한 계량통계적 접근방법을 취하라.
5. 내담자나 환자의 특정 오류를 분석하라.
6. 검사 해석에 영향을 줄 수 있는 다른 변인에 주목하라.
7. 가장 통상적인 진단 범주에 대한 최근의 연구에 친숙해지라.
8. 과학적 의사결정의 규칙을 적용하라.

1. 내담자나 환자의 노력에 대한 타당성과 신뢰성을 확인하라.   검사 분석의 첫 번째 단계에서는 심리학자가 평가를 받는 대상자가 결과에 대한 자신감을 불러일으키는 방식으로 BGT를 수행했는지 확인해야 한다. 일반적인 수검 태도와 특정한 행동 관찰의 목록을 제시하고 있는 [그림 4-2]의 일부 항목들은 이러한 확인에 도움이 될 것이다. 검사 오류가 정말 수행 곤란의 결과인 것인지 아니면 불충분한 주의, 지시사항의 부적절한 설명, 시력 문제, 꾀병, 혹은 심한 불안과 같은 다른 요인에서 기인하는 것인지를 확인하도록 노력해야 한다. 예를 들어, 만약 내담자나 환자가 검사에 주의를 기울이고 진지하며 잘 수행하기 위한 동기가 부여되어 있었고, 검사를 완료하는 데 4~10분을 소요하였고, 피로나 시력 문제와 같은 특정한 행동 관찰이 체크되지 않았다면, 그의 노력의 결과는 타당성과 신뢰성을 가진다. 반면, 내담자나 환자가 빈약한 수검 태도와 행동을 보였다면, BGT 결과의 타당성과 신뢰성에 의문을 가질 수 있다. 만약 후자가 사실이라면 해석에 조심해야 한다.

타당성 및 신뢰성과 관련이 있는 또 다른 행동은 환자가 검사를 완료하는 데 소요한 시간의 양이다. Lacks는 비환자와 뇌손상이 없는 입원환자의 경우 표준 BGT 수행에 소요된 평균 시간이 5~6분(SD=2~3분)이었음을 발견하였다(〈표 4-1〉 참조). 검사 완료 시간에 관한 두 가지 상황이 특히 타당성과 신뢰성과 관련이 있다. 첫 번째 상황은 환자가 2~3분 정도의 매우 짧은 시간에 검사를 완료하고 5개 이상의 오류를 보인 경우이다. 이런 경우에 오류의 수는 실제 오류의 수에 대해 과대평가를 할 가능성이 크다. 일반적으로 이런 환자는 또한 낮은 동기, 부주의, 검사자와의 친화감(rapport) 형성 부족을 가리키는 수검 행동을 드러내 보일 것이다. 두 번째 상황은 환자가 검사를 완료하는 데 대부분의 사람들보다 훨씬 긴 시간인 10분 이상을 소요했지만 3~4개의 오류를 보여 적절하게 작업을 수행한 경우이다. 이런 경우에 오류의 수는 진짜 점수에 대해 과소평가를 할 가능성이 크다. 이런 사람은 상당히 주의를 기울이고 신중한 모습의 수검 행동을 보이는 경우가 흔하다.

2. 오류의 수를 관련 규준과 비교하라.   해석 과정에 있어서 두 번째 단계는 오류의 수를 적절한 규준과 비교하는 것이다. 다음 집단에 대해 제공된 규준 자료는 다음과 같다.

집단	표 번호	페이지 수
비환자 성인	〈표 7-2〉, 〈표 7-3〉	121쪽
정신건강의학과 입원환자	〈표 7-5〉, 〈표 7-12〉	124쪽, 138쪽
비환자 노인	〈표 10-1〉	164쪽
치매가 있는 노인	〈표 10-2〉	168쪽
청소년	〈표 12-2〉	197쪽

불행하게도 비환자를 제외하고는 다른 인종집단이나 외래환자(치매 집단을 제외한)에 대한 별도의 규준이 없다.

이러한 표를 이용하여 피검자와 연령 및 진단집단이 같은 사람의 평균 오류 수와 표준편차를 기술할 수 있다. 〈표 7-12〉로부터 성격장애, 정신증, 뇌손상이 있는 것으로 진단된 내담자나 환자에 대한 정보를 연령별로 알 수 있다. 〈표 9-2〉는 뇌손상이 없는 집단과 뇌손상이 있는 집단으로 나누어 두 집단에 대한 정보를 제공한다. 과거에 정신건강의학과 치료를 받은 30세 성인의 평균 오류 수는 3.16개(SD=1.41)임을 알 수 있다. 이 오류 수를 뇌손상이 있는 입원환자의 오류 수와 대조해 볼 수 있다. 동일한 연령의 뇌손상이 있는 입원환자의 평균 오류 수는 5.00개(SD=1.41)이다. 또한 이들 집단의 몇 %가 5개 이상 및 4개 이하의 오류 수를 보이고 있는지를 확인할 수 있다. 뇌손상이 없는 30세 입원환자의 76%가 5개보다 적은 오류 수를 보이는 것과 비교하여 뇌손상이 있는 것으로 진단된 30세 입원환자는 21%가 5개보다 적은 오류 수를 보이고 있다. 〈표 9-2〉를 통해 18~64세 정신건강의학과 입원환자의 규준 양상을 파악할 수 있다.

〈표 9-2〉 뇌손상의 유무에 따른 정신건강의학과 입원환자의 BGT 점수

연령	뇌손상 없는 환자				뇌손상 있는 환자			
	N	M	SD	%>4개 오류	N	M	SD	%>4개 오류
18~24	45	3.00	1.78	16	-	-	-	-
25~34	75	3.16	1.70	24	14	5.00	1.41	79
35~44	74	4.03	2.00	38	23	5.26	1.81	70
45~54	52	3.62	1.54	20	22	5.64	1.89	77
55~59	13	3.92	1.87	28	12	6.67	1.78	100
65+	-	-	-	-	9	8.11	1.63	100

주: 〈표 7-12〉의 자료를 결합하여 이 표를 만들었다. 뇌손상이 없는 집단을 구성하기 위해 성격장애와 정신증 진단을 결합하였다.

3. 내담자나 환자의 점수를 분류하라. Groth-Marnat(1997)는 신경심리검사의 점수를 분류하기 위해 가장 많이 활용되는 2개의 전략은 "질적인 병리적 징후 접근과 양적인 컷오프 점수의 사용"(p. 536)이라고 언급하고 있다. BGT 분석은 두 접근을 모두 사용한다. Hutt-Briskin 채점방법을 적용한 Lacks 방법의 경우, 뇌손상을 가진 사람들을 가장 잘 감별해 주는 양적인 컷오프 점수는 5개 이상의 오류라는 것을 끊임없이 연구에서 밝혀 주었다. 5개의 오류가 현재 **표준 컷오프 점수**(standard cutoff score)로 간주되고 있다. 따라서 Lacks 방법에서 0~4개의 오류 수는 뇌손상이 없는 것으로, 그리고 5~12개의 오류 수는 뇌손상이 있는 것으로 분류된다. 다양한 점수 범위에 대해 다음과 같은 증거 설명을 사용할 수 있다.

오류의 수	뇌손상의 증거
0~3	뇌손상 없음
4	경계선
5~6	약간의 증거
7~8	강한 증거
9~12	매우 강한 증거

4. 예측에 대한 계량통계적 접근방법을 취하라. 진단적 분류의 정확성에 대한 자신감을 가지고 각 사례에 대해 판단하고 결정하는 것이 유용하다. 5개 미만의 오류를 보인 사람을 뇌손상이 없다

고 잘못 진단하거나, 5개 이상의 오류를 보인 사람을 뇌손상이 있다고 잘못 진단하는 경우가 얼마나 될까? 점수가 낮을수록 뇌손상이 없다고 잘못 진단할 가능성이 더욱 작아지고, 점수가 높을수록 (예: 8개 이상의 오류) 뇌손상이 있다고 잘못 진단할 가능성이 더욱 작아진다. 이러한 잘못 진단할 가능성을 추정하기 위해 BGT 점수의 백분위 분포(〈표 7-7〉 참조)를 활용할 수 있다. 뇌손상이 없다고 잘못 진단할 가능성을 알아보기 위해서 "뇌손상이 있는 정신건강의학과 입원환자"라고 분류된 열을 살펴보자. 신경장애가 있는 이 85명의 표본 입원환자 중 어느 누구도 0 또는 1개의 오류를 범한 환자는 없다는 것을 알 수 있다. 이것은 이렇게 낮은 점수를 받은 환자가 손상되지 않은 것으로 분류되어 잘못 판단되지 않았음을 의미하는 것이다. 따라서 이 표본에서 이렇게 매우 낮은 점수를 받은 환자가 잘못 진단될 가능성은 0%이다. 이 동일집단에서 2개의 오류를 보인 환자의 4%, 3개의 오류를 보인 환자의 9%, 그리고 4개의 오류를 보인 환자의 18%가 잘못 분류될 수 있다. 이와 유사한 방식으로, "뇌손상이 없는 정신건강의학과 입원환자"로 분류된 열을 조사함으로써 잘못 진단될 가능성을 추정할 수 있다. 즉, 4개 이하의 오류를 보인 환자의 74%가 정확하게 분류되지만, 5개 이상의 오류를 보인 환자의 26%가 잘못 진단될 가능성이 있다. 〈표 9-3〉은 〈표 7-7〉의 자료를 근거로 하여 잘못 진단될 위험성을 나타내 주고 있다. 또한 청소년도 비슷하게 수행을 하지만 이 연령 집단의 정확한 적중률은 알려져 있지 않다.

BGT는 모든 뇌기능장애에 민감하지 않기 때문에 낮은 검사 점수가 뇌손상을 완전히 배제하지 않는다는 사실에 주의하는 것이 중요하다. 잘못 진단될 수 있는 조건의 예로는 경도 인지장애, 언어장애, 국소병변(focal lesion: 뇌손상 후 뇌조직에 국한된 손상 영역)이다. 일부 연구자는 BGT가 광범위하고 천천히 진행되는 유형의 뇌손상이나 공간 관계의 지각을 방해하는 우측 두정엽 병변에 가장 민감하다고 믿는다.

5개 이상의 오류를 보인 환자들 중에는 BGT가 올바르게 분류했지만 기준 측정치가 잘못 진단한 진짜 뇌손상을 갖고 있는 환자도 있을 수 있다는 점을 명심해야 한다. 이 연구에서 뇌손상을 가진 것으로 잘못 분류된 환자의 대부분은 IQ가 90 이하이고 만성 조현병 진단을 받은 사람들이었다.

〈표 9-3〉 정신과 입원환자의 오류 수에 따른 잘못된 진단 비율

BGT 점수	잘못된 진단, %
0~1	0[a]
2	4[a]
3	9[a]
4	18[a]
5	11[b]
6	7[b]
7	3[b]
8	3[b]
9~12	0[b]

[a]손상이 있는데 손상이 없는 것으로 진단된 사례
[b]손상이 없는데 손상이 있는 것으로 진단된 사례

오류 4개의 경계선 점수를 보이는 환자들에 대한 보다 명확한 진단을 위해서는 행동 관찰, 다른 검사의 결과, 증후의 패턴, 환자의 병력을 고려해야 한다. 또한 부가적인 신경심리평가 혹은 신경평가의 자료를 검토해야 한다. 가능하다면 환자의 손상 징후가 증가되는지 계속해서 점검해야 한다.

5. 내담자나 환자의 특정 오류를 분석하라.   검사의 양적 분석 외에도 특히 뇌손상을 나타내는 오류를 의미하는 병리적 징후에 대한 질적 분석을 시행할 수 있다. 이 채점방법에서는 개별 BGT 모사 오류에 대한 특정 해석을 허용하는 신뢰할 만한 증거는 없다. 가장 진단적인 것은 오류의 합계이다. 그러나 어떤 오류는 다른 장애에 비해 인지장애에 보다 더 암시적이다.

Friedt와 Gouvier(1989), Hutt(1985)의 유사한 결과와 〈표 7-6〉에 제시된 자료를 토대로 12개의 BGT 오류를 3개의 군으로 나눌 수 있다(〈표 9-4〉 참조). 3개의 군은 뇌손상이 없는 환자들과는 대조적으로 뇌손상이 있는 환자들에게서 상대적으로 많이 나타나는 오류에 기초한 것이다. 각 오류 뒤에 오는 숫자는 곱셈 요소이다(예: 무기력은 뇌손상이 없는 집단에서보다는 뇌손상이 있는 집단에서 여덟 번 이상 자주 나타남).

〈표 9-4〉 뇌손상에 암시적인 BGT 오류

특히 암시적	다소 암시적	비암시적
무기력(8)	단순화(2.6)	고집화(1.8)
단편화(3.4)	각의 곤란(2.5)	중복곤란(1.7)
운동 부조화(3.1)	심한 회전(2.4)	폐쇄곤란(1.5)
	퇴영(2.2)	코히전(1.4)
		중첩(1.3)

주: 괄호 안에 있는 숫자는 곱셈 요소이다. 숫자는 뇌손상이 없는 입원환자들과 비교하여 뇌손상이 있는 입원환자들에게서 발생하는 오류의 빈도를 가리킨다. 예를 들어, 무기력의 오류는 뇌손상이 없는 환자들 사이에서보다는 뇌손상이 있는 환자들 사이에서 여덟 번이나 더 자주 발생한다.

첫 번째 군에 있는 3개의 오류는 뇌손상이 있는 집단에서 3~8회 나타나기 때문에 특히 인지장애 진단에 암시적이다. 중간 열에 있는 4개의 오류는 2회 정도 나타나는 다소 암시적인 것이다. 세 번째 군에 있는 5개의 오류는 1.5회 정도만 나타나기 때문에 뇌손상에 전혀 암시적이지 못하다. 사실, 중첩 혹은 중첩경향, 코히전, 폐쇄곤란은 모든 피검자에게 흔하게 나타나는 오류이기 때문에 (각 오류가 비환자의 경우 >30%, 뇌손상이 없는 환자의 경우 >50%, 뇌손상이 있는 환자의 경우 >65%) 진단집단들을 감별하지 못한다.

임상학적 지식으로 보면 심한 회전은 뇌손상의 병리적 징후로 간주된다. 그러나 349명의 정신건강의학과 입원환자의 표본에서는 뇌손상이 없는 환자나 뇌손상이 있는 환자 모두가 심한 회전이 2.4회만 나타났다. BGT에서 진짜 병리적 징후는 8회나 나타났던 무기력이다. 단편화가 그다음으로 3.4회 나타났다.

특정 오류에 대한 이러한 정보는 진단을 보증하는 데 사용될 수 없지만, 뇌기능장애를 판단하거나 배제하기 위한 하나 이상의 누적 자료 일부일 수 있다. 예를 들어, 어떤 사람이 무기력을 포함한

4개의 오류를 범했다면, 뇌손상이 없는 사람이 이러한 오류를 범하는 경우는 거의 없다는 점을 고려해 볼 수 있다. 또한 그 내담자나 환자가 정말로 무기력 오류를 범했는지를 확인하기 위해 채점한 것을 이중으로 점검해 볼 필요가 있다. 그리고 어떤 사람이 4개의 오류를 범했는데 모두가 세 번째 군(즉, 뇌손상에 암시적이지 않은)에 속하는 것이라면, 뇌손상을 잘못 진단할 가능성이 없다는 것에 보다 자신감을 가질 수 있다.

6. 검사 해석에 영향을 줄 수 있는 다른 변인에 주목하라.   어떤 변인들은 진단 양상(diagnostic picture)을 복잡하게 만들고, 결과에 대한 자신감을 낮추며, 또한 타당도와 신뢰도를 낮출 수 있다. 특정 유형의 특성이나 병력을 지닌 내담자나 환자의 BGT 수행에 관한 결론을 도출할 때 특별한 주의를 기울여야 한다. 만약 4개 이상의 오류가 있는 프로토콜에서 다음과 같은 변인들이 발생한다면 특히 주의를 기울여야 한다. 예를 들어, **교육수준이 낮거나 IQ가 90 이하인** 내담자나 환자의 감별 진단에서는 좀 더 주의를 기울여야 한다. 이러한 요인을 지닌 내담자나 환자는 뇌손상을 가진 것으로 잘못 식별될 수 있다. 그러나 이러한 사람들은 또한 이전에 발견되지 않은 어떤 유형의 뇌손상, 특히 생애 초기에 발생했거나 뇌에 광범위한 손상을 초래한 상태를 가질 가능성이 더 높다(Golden, 1990). 한편, Reitan과 Wolfson(1993)은 뇌손상의 영향이 연령과 교육수준의 영향보다 더 강해서 그러한 다른 요인들이 신경심리검사 수행에 미치는 영향을 최소화시킬 것이라고 주장한다. 또한 높은 IQ의 뇌손상이 있는 사람은 BGT에서 5개 이상의 오류를 범하는 것을 피할 수도 있다는 점을 고려해야 한다.

때때로 다른 **인종집단**의 구성원들이 백인 피검자보다 통계적으로 더 높은 BGT 오류 점수를 보이는 것으로 밝혀져 왔다. 그러나 실제적인 차이는 근소하여 대체로 임상적 중요성이 없다. 하지만 4개 이상의 오류를 보였다면 인종적 혹은 문화적 차이가 이 사람의 높은 BGT 점수에 기여했을 가능성을 고려해야 한다.

BGT를 통해 가장 어려운 감별은 **만성 조현병**과 인지장애 간의 감별이다. 조현병이 있는 표본 환자 중 무려 27%가 5개 이상의 BGT 오류를 보였다. 많은 만성 조현병의 환자는 인지결함을 보이는데, 이것은 아마도 그들의 상태에는 기질적 원인이 있기 때문에 장기간 입원했거나 장기간 향정신성 약물을 투여받았기 때문일 것이다. 그러나 오류의 수가 9개 이상이라면, 조현병은 BGT 설계의 이렇게 많은 왜곡을 설명하기 어렵다. 이러한 딜레마에 대한 보다 자세한 논의는 제1장과 제2장에서 찾아볼 수 있다.

해석을 어렵게 만들 수 있는 또 다른 요인은 법정 소송이나 보험 청구와 같은 '**나쁜 척**(faking bad)'을 조장하는 내담자나 환자의 상황이다. 이런 경우에 검사자는 이 사람이 이전의 오류 패턴을 반복할 수 있는지의 여부를 알아보기 위해 나중에 BGT를 다시 실시하기를 원할 수도 있다. 만약 그 내담자나 환자가 9~12개의 오류를 범하지만 명백한 뇌손상이 있는 것으로 나타나지 않는다면 꾀병의 가능성을 고려해야 한다. 이러한 문제에 대한 보다 자세한 논의는 제4장에서 찾아볼 수 있다.

해석을 어렵게 만드는 또 다른 요인으로 **고령**(older age)이 있다. 시간이 지남에 따라 BGT 수행이 점진적으로 저하되기 때문에 노인들은 젊은 사람들보다 더 많은 오류를 범한다. 그러나 80대에 속하는 노인들이라도 61%가 비손상 범위에 해당하는 BGT 총점을 보인다. 그러므로 노인들의 경우, 오류가 시력이나 청각의 저하 혹은 진행성 관절염과 같은 신체장애로 인한 결과가 아닌지 확인해야 한다.

신경심리검사의 결과에 크게 영향을 미치는 마지막 요인은 **알코올 남용**이나 다른 물질 남용이다. 1,500만 명 이상의 알코올 남용자 중 10%가 인지장애의 기준을 충족시키고, 50%가 금주한 지 3~4주 지나서 실시한 신경심리검사에서 경도 내지 중등도의 손상을 나타내 보이는 것으로 추정된다(Rourke & Loberg, 1996). 이러한 사실은 해독 단계, 즉 대체로 금단 후 한 달 동안 특히 그렇다. 이 기간 중에 내담자나 환자는 시간의 경과에 따라 개선될 수 있는 시각-공간적 분석과 복잡한 지각-운동적 통합을 포함한 다양한 영역에서 결함을 가질 수 있다(Grant, 1987). 실제 알코올 소비로 인한 결함은 적으며, 심장과 간 질환, 머리 손상, 영양 부족, 꾸준한 섭취 대 폭음, 발병 연령, 남용기간 등과 같은 알코올 남용과 관련된 다른 요인들과 더 관련이 있다고 믿는 연구자들도 있다(Rourke & Loberg, 1996). 예를 들어, Tarbox 등(1986)은 보다 어린 음주자들이 나이 든 알코올 남용자들보다 BGT 오류를 덜 범한다(3.61개 대 6.62개 오류). 적어도 2주간의 금주가 이러한 인지결함을 감소시키는 데 필요하다(Lezak, 1995).

7. 가장 통상적인 진단 범주에 대한 최근의 연구에 친숙해지라.   머리 부상과 기타 여러 질환을 다루는 Lezak(1995)의 신경치료에 대한 훌륭한 장을 참고하길 바란다. 신경정신적 장애에 대한 신경심리평가를 다루고 있는 Grant와 Adams(1996)의 저서 또한 매우 유용하다. 알코올 중독이나 치매와 같은 특정 질환에 대한 다른 우수한 자료에 대해서는 제2장에서 간단히 고찰한 논문과 책을 참고하기 바란다.

8. 과학적 의사결정의 규칙을 적용하라.   Wedding과 Faust(1989)는 신경심리학자들이 일반적으로 가장 신뢰도가 낮은 해석 전략 중 하나인 임상적 판단을 통한 해석과 결합된 임상적이고 기계적인 자료의 수집을 사용한다고 주장한다. 판단자로서 인간의 입증된 한계로 인해 이들 연구자는 검사 자료의 해석에 계량통계적 접근방법을 더 많이 사용해야 한다고 주장하게 되었다.

그들이 판단 오류에 영향을 미친다고 지적하는 요인 중 하나는 진단 합의를 묵인하거나 사례의 세부사항(예: 의료 검사 결과)에 대한 지식이 심리검사 해석 및 진단에 영향을 미치도록 허용하는 것과 같은 **사후 확신 편향**(hindsight bias)이다. 이 편향은 '그럴 줄 알았어'라는 말을 하게 되는 상황처럼 이미 일어난 일에 대해 원래 모두 알고 있었다는 듯이 말하거나 생각하는 경향을 말한다. 이러한 유형의 편향은 신경심리측정에 의해 제공되는 아주 특별한 정보를 완전히 활용하지 못하게 만든다. 또 다른 요인은 **기저율**(base rates)의 낮은 활용이다. 임상가들은 그들이 진단과 같은 어떤 준거와 얼마나 잘 관련시키는가에 의해서 실시한 검사를 평가하는 경우가 흔하다. 진단 정확도의 비율이 높은 검사는 거의 드물다. 이러한 사실은 임상가가 예측(예: 뇌손상의 진단)하려는 사건의 발생 비율이 일하는 인구집단에서 좀처럼 발생하지 않을 경우, 그가 실시한 검사의 결과는 진단적 성공을 실제로 낮출 수가 있다는 것을 의미한다. 뇌손상의 기저율이 임상가가 일하는 장면에서 30% 인 경우, 기저율만 사용한 예측을 개선하려면 70% 이상의 검사 정확도가 필요하다. Wedding과 Faust(1989)는 진단 정확도를 감소시키는 검사 지표에 의존하는 것이 신경심리학자들 사이에서 일 반적인 현상이라고 주장한다.

진단 합의를 위해 노력하고, 기저율을 무시하고, 객관적 채점방법 대신 임상적 판단을 사용하고, 자신의 경험과 전문지식이 의사결정 규칙에서 제외된다고 믿는 등 많은 다른 행동이 모두 진단 오 류에 기여한다. 진단 정확도를 높이기 위한 몇 가지 추가적인 권장사항은 다음과 같다.

① 인간 판단에 대한 문헌을 알아보라.
② 일하고 있는 장면에서의 진단적 기저율을 알아보라.
③ 통찰에만 의존하지 마라.
④ 반복 검사에서의 변화를 평가할 때 평균을 향한 회귀 현상을 고려해야 한다는 점을 기억하라.
⑤ 평가 과정에서 일찍이 획득한 자료는 나중에 수집한 자료의 판단에 영향을 미치는 경향이 있 기 때문에 가장 타당한 정보에 근거하여 해석을 시작하라.
⑥ 가능하다면 일하는 장면에 적절한 연령, 성, 교육에 맞게 조정된 규준을 사용하라.

주의사항

BGT를 해석할 때 피해야 할 몇 가지 사항을 반복해서 언급하고자 한다. 간단한 선별검사로서 의 BGT는 내담자나 환자에 대한 하나의 가설 근거를 제공하는 하나의 검사로 보아야 한다. 진단이 나 처치에 관한 어떤 권장사항도 이러한 하나의 검사에만 기초해서는 안 된다. BGT만으로 혹은 다 른 어떤 하나의 심리검사만으로는 뇌기능장애를 진단하는 데에 충분하지 않다. 대신, BGT의 결과 는 정신상태, 병력 및 행동 관찰과 더불어 주어진 다른 측정의 결과와 통합되어야 한다. 만일 이 검 사의 결과가 명확하지 않다면 다른 신경심리측정을 실시하거나 종합적 신경심리 배터리검사나 신 경조사에 의뢰하여 보다 명료하게 할 필요가 있다. 처치와 재활 계획을 수립하기 위해서 심리학자 는 BGT가 제공할 수 있는 것보다 훨씬 더 많은 정보, 이를테면 뇌손상의 유형과 부위, 손상된 특정 기능, 손상의 심각성, 내담자나 환자의 강점 유형과 정도에 대한 정보를 필요로 할 것이다.

BGT의 컴퓨터 보조 해석

최근 몇 년 동안 심리학자들은 심리평가의 실시, 채점, 해석 및 보고와 관련하여 도움을 받기 위 해 컴퓨터에 관심을 돌렸다(Piotrowski & Keller, 1989). 오늘날 WAIS와 로르샤흐검사와 같은 많은 심리검사에서 이러한 도움을 받기 위해 소프트웨어의 이용이 가능하다. 이에 대한 자세한 것은

Groth-Marnat(1997)의 저서를 참고하길 바란다.

하나의 그리기 과제로서 BGT는 실시 혹은 채점에 대한 전자 지원을 제공하지 않는다. 그러나 전자 해석과 보고서 쓰기는 가능하며, 최근에 Lacks 채점방법에서 이용할 수 있게 되었다(Lacks, 1996). 이 소프트웨어에서 심리학자는 컴퓨터에 내담자나 환자의 인구통계적 자료, 행동 관찰, 배경 정보, BGT 점수를 입력한다. 컴퓨터는 앞에서 설명한 여덟 가지 해석 단계 중 여섯 가지에 대한 자료를 평가한다. 그런 다음, 몇 분 안에 프로그램은 BGT 결과에 대한 자세한 보고서를 인쇄한다. 이 보고서는 심리학자의 사용만을 위한 것이지 다른 사람에게 배포하기 위한 것이 아니다. 이 보고서는 심리학자가 내담자나 환자를 평가하기 위해 사용된 모든 측정의 전체 보고와 통합하기 전에 BGT 검사 결과를 분석하도록 돕기 위한 것이다. 보고서는 심리학자에 따라 맞춤 설정이 될 수도 있다.

BGT에 대한 이러한 컴퓨터 보조 평가의 한 예가 [그림 9-1]에서 보는 바와 같다. 사례 A에 대한 보고서인데, 21세의 아프라카계 미국인 여성으로, 제13장에 검사 자료가 보고되어 있다. 이 여성은 12년간의 교육을 받았고 IQ가 81이다. 이 여성은 검사를 실시할 당시에 병원에 입원한 상태는 아니었다.

내담자/환자의 정보

이름	A	주민등록번호	
연령	21	교육	12
성별	여성	인종	아프리카계 미국인
직업	급여 사무원	검사일	06/28/97

다음 BGT 선별 보고서는 평가 대상의 내담자/환자에 대한 가설의 한 가지 자료로만 보아야 한다. 어떠한 진단이나 처치 결정이 이 자료에만 근거해서는 안 된다. 이 보고서의 진술은 다른 심리측정학적 검사 결과, 정신상태 결과, 내담자/환자의 병력, 면담 자료를 포함하는 이 내담자/환자에 관한 다른 출처의 정보와 통합되어야만 한다.

이 평가는 기밀이며 자격을 갖춘 전문가만이 심리진단 용도로 사용할 수 있다. 이 요약은 심리학자들의 개인 파일만을 위한 것이지 내담자/환자나 다른 사람들과 공유하기 위한 것이 아니다.

내담자/환자의 수검 행동

이 내담자/환자는 BGT 검사를 받는 태도가 진지했고, 협조적이며, 주의를 기울였다. 내담자/환자는 세심하고, 집중할 수 있으며, 잘할 의욕이 있는 것처럼 보였다.

1. 검사를 완료하는 데 소요된 시간은 6분이었다. 뇌손상이 없는 개인이 9개의 BGT 도형을 모사하는 데 걸리는 평균 시간은 6분($SD = 2.60$)이다. 전반적으로 검사자와 내담자/환자 간에 친화감이 형성되었다. 관찰된 행동에 근거하여 BGT의 결과는 대체로 타당하고 신뢰할 수 있는 것으로 보인다. 그러나 이 사람은 검사 중에 침착함을 유지하는 데 약간의 문제가 있는 것으로 나타났다.

BGT 채점

BGT 오류	도형
중복곤란	7
고집화	2
폐쇄곤란	A, 4
코히전	A

총 오류 수: 4(범위 = 0~12)

검사 소요시간: 6분

뇌기능장애를 위한 선별 측정으로서 BGT를 사용한 결과, 다음과 같은 결과를 보였다. 내담자/환자는 Hutt-Briskin의 채점방법을 적용한 Lacks 방법(Lacks, 1984)에 기초한, 가능한 12개의 오류 중에서 4개의 오류를 범했다. 이 방법에서 신경손상의 표준 컷오프 점수는 5개 이상의 오류이다.

2. 비교해 보면 이 연령과 교육수준의 비환자 성인의 평균 오류 수는 1.71개($SD = 1.43$)이다. 동일 연령의 뇌손상이 있는 입원환자가 범하는 평균 오류 수는 5.00($SD = 1.41$)이다. 아프리카계 미국인 여성 입원환자의 91%와 비교하여 인지

[그림 9-1] BGT에 대한 컴퓨터 보조 선별 보고서

출처: Patricia Lacks가 개발; 1996년에 출간된 『Bender Gestalt screening software for Windows: Vol. 1』의 출판사 Psychological Assessment Resources의 특별한 허락을 받고 게재함.

장애로 진단된 입원환자의 21%만이 5개 미만의 오류 점수를 보였다.

3. 아프리카계 미국인들은 백인 미국인들보다 통계적으로 나쁜 BGT 점수를 가지는 것으로 종종 발견되었다. 그러나 실제적인 차이는 근소할 뿐 대체로 임상적으로 유의하지는 않다. 인종적 혹은 문화적 차이가 특별히 내담자/환자의 점수 증가에 영향을 미칠 수도 있는 가능성을 고려해야 된다.

4. BGT의 4개 오류 점수는 뇌손상의 경계선 진단을 가리킨다. 4개 오류의 경우에 뇌손상이 없는 성인 내담자/환자를 잘못 분류할 가능성은 21%이다. 이 내담자/환자의 수행은 뇌손상에 특히 암시적인 무기력이나 심한 회전과 같은 오류를 포함하고 있지 않다. 그러나 현재 어느 특정 BGT 모사 오류에 특정의 해석을 할 만한, 신뢰할 수 있는 증거는 없다. 가장 진단적인 것은 오류의 합계이다.

5. 선별검사를 통한 뇌기능장애의 진단은 장애의 원인이나 손상의 정도를 밝혀 주는 것이 아니라는 점을 인식하는 것이 중요하다. 일부 신경심리학자는 BGT가 광범위하고 천천히 진행되는 유형의 피질 손상이나 공간 관계의 지각을 방해하는 우측 두정엽 병변에 가장 민감하다고 믿고 있다. 보다 명확한 진단을 위해서는 다른 검사의 결과, 증후의 패턴, 내담자/환자의 병력을 고려해야 한다. 예를 들어, 교육수준이 낮거나 IQ가 90 이하인 내담자/환자의 경우 피질 기능의 손상이 있는 것으로 잘못 식별되기가 쉽다. 그러나 이들은 또한 이전에 확인되지 않은 어떤 유형의 뇌손상을 갖고 있을 수도 있다. 따라서 IQ가 낮거나 교육수준이 낮은 사람들의 감별 진단에 있어서는 좀 더 주의를 기울일 필요가 있다.

6. 또한 이 내담자/환자는 이전에 정신증 진단을 포함한 병력을 갖고 있다. BGT를 통해 감별 진단을 할 때 가장 어려운 점은 정신증(특히 만성 조현병)과 인지장애의 감별이다. 조현병 표본의 27%가 BGT에서 5개 이상의 오류를 나타냈다. 많은 만성 조현병 환자가 인지결함을 보이는데, 이것은 그들의 상태가 기질적 원인에서 비롯되고 장기간 향정신성 약물을 투여받았기 때문일 것이다.

만약 진단이 아직 명확하지 않을 경우엔 부가적인 신경심리평가 혹은 신경평가를 실시해 볼 수도 있다. 가능하다면 내담자/환자의 악화 징후가 어떻게 진행되고 있는가를 계속 점검해 보기 바란다.

BGT를 포함한 어떤 검사도 그 검사만으로 뇌기능장애를 진단하거나 임상적 의사결정을 하는 데에 충분하지 않다. 종합적 신경심리 배터리검사나 신경조사를 의뢰하는 것을 포함한 보다 추가적인 진단적 평가를 통해서 임상 양상을 명료하게 해야 할 것이다. 처치와 재활 계획의 수립을 돕기 위해서는 손상의 종류와 부위, 손상된 구체적인 기능, 결함의 심각성, 내담자/환자의 강점 유형과 정도와 같은 정보가 필요하다.

요약

이 내담자/환자는 BGT에서 가능한 12개의 오류 중에서 4개의 오류를 범했다. 표준 컷오프 점수가 5개 오류인 점을 감안할 때 이 결과는 뇌손상의 경계선 진단을 가리킨다. 4개의 오류로서는 뇌손상을 잘못 진단할 위험성이 약간 있다. 그러나 내담자/환자의 수검 행동과 태도는 이러한 BGT 결과의 타당도와 신뢰도에 대해 확신을 갖게 해 준다. 내담자/환자의 인종집단, 보고된 정신증의 역사, 낮은 교육수준과 IQ와 같은 배경 정보는 이 사례의 진단 양상을 어렵게 만든다. BGT는 단지 간단한 선별검사이기 때문에 뇌병리의 진단은 그와 같은 도구만을 사용하여 이루어져서는 절대 안 된다. 보다 명확하게 진단하고, 손상의 원인과 정도를 밝히고, 처치와 재활의 자세한 계획을 제공하기 위해서는 부가적인 평가가 이루어질 것을 권장한다.

[그림 9-1] (계속)

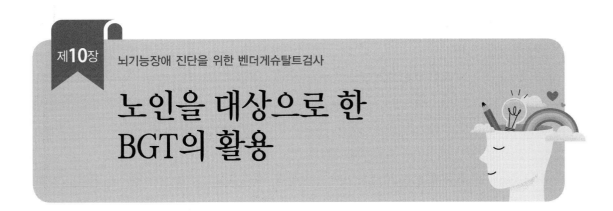

노인을 대상으로 한 BGT의 활용

개선된 의료 서비스와 접근이 가능해짐에 따라 인구 중에서 노인의 수가 증가하고 있다. 이러한 인구통계학적 변화는 심리학자들이 노인들에 관해 결정을 내려야 하는 경우가 많다는 것을 의미한다. 종종 이러한 결정은 내담자나 환자의 인지기능과 관련이 있다. 노인에 대한 신경심리평가를 하는 일반적인 이유로는 지역사회에서 독립적으로 생활할 수 있는 능력을 평가하고, 인지 및 행동 변화를 측정할 필요성이 있다는 점이다. 후자의 일부 원인으로는 뇌혈관 질환, 진행성 치매 또는 당뇨병과 같은 의학적 장애가 포함된다(Franzen & Rasmussen, 1990).

정상 노화의 인지적 함의

이전에는 정상적인 노인의 신경심리기능에 관해 이용할 수 있는 정보가 거의 없었다. 또한 우리는 노화가 심리검사에 미치는 영향에 대해서도 많이 알지 못했다(Lezak, 1987). 사실, 많은 연구에서는 55세 이상의 개인을 체계적으로 누락시켰다. 예를 들어, Pascal과 Suttell(1951)은 그들의 벤더게슈탈트검사(Bender Gestalt Test: BGT) 규준이 50세 이상의 내담자나 환자에게는 자신 있게 사용될 수 없다고 경고했다. 노인의 인지상태를 정확하게 평가하기 위해서 심리학자들은 어떤 종류의 변화가 노화의 **정상적**(normal) 부분인지, 어떤 종류의 변화가 **비정상적**(abnormal) 상태를 반영하는지를 알아야 한다.

연령이 인지기능에 미치는 영향

신경심리학자를 포함한 많은 사람은 인생의 후반부를 신체적 및 정신적 능력, 특히 기억력이 필연적으로 감소되는 시기로 본다. 실제로 인지능력, 감각적 예민성, 운동반응의 영역에서 그러한 변화를 기록한 수백 편의 연구가 있다. 그러나 이러한 감소는 모든 기능에 걸쳐 균일하지는 않다. 일부 능력은 인생의 후반까지 유지될 수 있다. 일반적으로 "건강하고 활동적인 70대와 80대의 사람들은 기능이나 능력 면에서 젊은 사람들과 크게 차이가 없다."(Lezak, 1995, p. 135) 노인들은 시간이 정해진 작업과 기억 및 적극적인 문제해결을 수반하는 작업에 대한 능력이 감소한다(Franzen & Martin, 1996). 감소는 이전에 믿었던 대로 우반구보다는 양측 전두엽 작동과 관련된 기능의 감소가 더 뚜렷하게 나타난다(Mittenberg, Seidenberg, O'Leary, & DiGiulio, 1989). 연령에 따른 이러한 변화의 결과로 표준 컷오프 점수는 많은 정상 개인을 손상이 있는 것으로 잘못 분류할 수 있다. 그러나 많은 신경심리검사는 연령대의 후반부에 대한 규준을 제공하지 못하고 있다(Lezak, 1987).

　지각-운동 수행에 대해 보다 구체적으로 말하자면, 자극이 익숙하면 지각 자극을 인식하고 처리하는 능력은 유지된다. 주의력은 과제가 복잡하고 까다롭지 않는 한 노년기가 될 때까지 감소하지 않는다. '연령이 많은' 노년층에서 시지각 조직에 대한 어려움이 증가했다는 증거가 있다(Lezak, 1995). 노화가 BGT와 같은 다차원적인 시각구성적 과제에 미치는 영향은 완전히 알려져 있지 않다(Franzen & Martin, 1996). 그러나 단순한 도형을 모사하는 활동은 연령이 많아도 손상되지 않는 것 같다(Lezak, 1995). 노인의 정상적인 인지 변화에 대한 보다 자세한 내용은 Lezak의 1995년 저서에서 찾아볼 수 있다.

노인의 인지 수행에 영향을 미치는 다른 변인들

　노인의 신경심리검사 결과가 좋지 않다고 해서 반드시 그 사람이 뇌손상을 갖고 있다는 의미는 아니다. 노화는 개인의 신체적 및 정서적 건강은 물론 인지능력을 포함해 복잡한 상호작용 요인의 집합이다. 노인의 신경심리검사 결과가 좋지 않은 것은 다양한 요인으로 인해 발생할 수 있다. 여기에는 당뇨병, 갑상선 불균형, 고혈압, 심장질환과 같은 질병이 포함될 수 있으며, 이들 모두는 이 연령대에서 매우 흔한 질병이다. 다른 요인으로는 수면 부족, 진정제 복용, 영양 부족, 불안한 기분 등이 있다. 그러나 우울증으로 인해 시각공간적 수행이 저하될 가능성은 적다. Franzen과 Martin(1996), 그리고 Franzen과 Rasmussen(1990)은 이러한 조건이 신경심리검사에 미치는 영향에 대해 더 자세히 논의하고 있다.

노화와 BGT

　정상적인 노화 과정에 대한 이런 정보는 BGT에 보다 구체적으로 어떻게 적용되는가? 첫째, BGT는 시간제한이 있는 검사가 아니므로 노년층을 평가하는 데 추가적인 이점을 제공한다. 평가자는 검사를 받는 사람에게 필요한 만큼의 시간을 허용할 수 있으며, 심지어 필요한 경우 휴식시간도 허용할 수 있다. 둘째, BGT는 기억력 검사도 아니고 새로운 자료를 다루지도 않는다. 자극도형은 모두 잘 알려진 기하학적 도형이며, 그림 그리기는 잘 알려져 있고 자주 실행되는 활동이다. 셋째, 검사는 최소한의 적극적인 문제해결을 수반한다. 넷째, Mittenberg 등(1989)은 두정엽-후두엽의 작동(종종 지각-운동 통합의 주요 원인으로 간주됨)이 정상적인 노화의 영향을 받지 않는다는 사실을 발견했다. 마지막으로, 1982년 이후로 개인의 수행을 평가할 수 있는 노인들을 위한 BGT에 대한 규준이 생겼다.

노인 고객에 대한 검사 실시의 문제

　Davies(1996)와 Lezak(1995)은 모두 노인에게 BGT와 같은 검사를 시행하는 데 대한 특별한 문제를 다루고 있다. 그들은 검사를 시작하기 전에 미리 생각하고 계획할 것을 촉구하며, 검사를 시작한 후에는 많은 인내심을 가질 것을 촉구한다. 가장 중요한 것은 뇌손상과 관련되지 않은 요인(감각적 예민성, 속도 및 에너지 감소와 같은)으로 인해 BGT 오류 수가 허위로 증가하여 부정확한 결론을 초래하지 않도록 하는 것이다. 가장 중요한 요인 중 하나는 노년기에 흔히 발생하는 감각 상실이다. 65~75세의 사람 중 7%, 75세 이상의 사람 중 16%가 BGT와 같은 시각-운동검사에서 오류의 증가뿐만 아니라 방향감각 상실 및 행동 저하를 초래할 수 있는 심각한 시각결함을 갖고 있는 것으로 추정된다(Bondi et al., 1996). 자극카드를 밝게 비추면 시력 저하에 도움이 될 수 있다. 검사를 시작하기 전에 항상 노인 내담자나 환자가 안경을 가져왔는지 확인해야 한다. 또한 상대방을 똑바로 쳐다보면서 크고 명확한 목소리로 지시를 해야 한다. 뒤에서 혹은 옆에서 말하지 말아야 한다. 지시사항을 제공하기 전에 내담자나 환자의 주의를 끌었는지 확인해야 한다. 지시사항을 반복하고 질문을 통해 지시사항을 받고 이해했는지 확인하는 것이 좋다. BGT는 위협적이지 않은 특성으로 인해 종종 배터리검사가 시작될 때 제일 먼저 혹은 초반에 제공된다.

　많은 신경심리검사에는 시간 요소가 있다. 특히 노년층에서는 인지능력과 운동능력이 전반적으로 느려지는 경향을 보이기 때문에 BGT와 같은 시간제한을 두지 않는 검사가 장점이 있다. 그러나 노인들은 빨리 피로해지는 경우가 많기 때문에 자주 휴식을 취하고 걸어 다닐 수 있는 기회가 필요할 수 있다. 시간적 압박을 주지 않는 것이 중요하다. 젊은 사람들은 BGT를 완료하는 데 평균 7분이 채 걸리지 않지만 연령이 많은 사람은 훨씬 더 많은 시간을 필요로 할 수 있다. 또한 많은 시간을 들여 검사의 목적을 충분히 설명하고, 검사에 협조하고자 하는 내담자나 환자의 욕구를 최대한 끌어내며, 검사자로서 최선의 노력을 기울이는 것도 현명한 방법일 것이다. 마지막으로, Davies(1996)는 좋은 평가를 위해 이 모든 조건을 충족시킬 수 없다면 아예 검사를 시작하지 말 것을 권장한다.

노인을 위한 BGT 규준

　Hutt-Briskin 채점방법을 적용한 Lacks 방법을 사용하여 Lacks와 Storandt(1982)는 두 곳의 노인 아파트 단지에서 모두가 독립적으로 생활하고 있는 334명의 비환자 노인(60~87세)에 대한 규준 BGT 자료를 수집했다. 이들 노인은 중하위 사회경제적 계층 출신이었고, 교육수준은 정규 학교를 다니지 않는 것에서부터 대학을 졸업할 때까지 다양했다(M=8.8년). BGT는 훈련된 심리학자, 대학원생 및 연구보조원에 의해 노인 개인의 집에서 표준 방식으로 실시되었다. 채점은 전문가와 이전에 BGT 경험이 없는 훈련된 연구보조원이 수행했다. 채점자 간 신뢰도는 163개의 기록에 대해 .87이었다.

〈표 10-1〉은 5개 연령집단의 평균 BGT 점수와 표준편차를 나타낸 것이다. 결과는 독립적인 노인들이 60대부터 80대까지 연령 범위에 걸쳐 BGT 수행이 점진적으로 감소한다는 증거를 보여 준다. 이들 5개 연령집단의 평균 오류 수는 3.00~4.33개였으며, 모두 뇌손상 컷오프 점수인 5점보다 낮았다.

〈표 10-1〉 비환자 노인의 연령에 따른 평균 BGT 점수

연령	N	M	SD	%>4개 오류
60~64	22	3.23	1.67	23
65~69	85	3.00	1.97	21
70~74	100	3.29	1.99	21
75~79	76	3.63	2.02	32
80+	51	4.33	1.85	39

출처: Lacks, P., & Storandt, M. (1982). Bender Gestalt performance of normal older adults. *Journal of Clinical Psychology, 38*, 624-627, 표 1, p. 625. John Wiley & Sons 출판사의 허락을 받고 게재함.

전체집단에서 26%, 5개 연령집단별로 21~39%가 5점 이상의 손상 범위 점수를 갖고 있었으며 75세 이후에는 급격히 증가했다. 예상대로 뇌기능장애의 증거는 연령이 보다 낮은 노년층(60~75세)보다 높은 노년층(75세 이상)에서 더 많이 발견되었다. 그러나 80대에도 불구하고 노인의 절반 이상(61%)이 뇌기능장애를 암시하는 BGT 점수를 보이지 않았다. 이러한 결과는 일반적으로 사용되는 다수의 신경심리측정에 있어서 연령이 큰 영향을 미친다는 연구 결과와 대조된다(Bak & Greene, 1980). 노인의 이전 표본에서는 신경장애에 대한 검사를 받지 않았기 때문에 그들 중 일부는 나이가 들수록 지각-운동 능력이 감소하는 원인이 되는 뇌기능장애가 발견되지 않았을 가능성이 높다.

BGT는 연령에 따라 교정된 규준을 가져야 하는가

비록 Lezak(1987)가 주로 시간제한 검사에 대해 강조하는 것이긴 하지만, 많은 연구자는 노인을 모든 인지기능검사에서 연령에 따라 교정된 규준에 의해 평가할 것을 권장한다(예: Erickson, Eimon, & Hebben, 1994; Smith, Wong, Ivnik, & Malec, 1997). 그러나 노인들은 80대까지 BGT에서 잘 수행하기 때문에 특별한 규준이나 더 높은 컷오프 점수가 보장되지 않을 수 있다. 예를 들어, 이 책에 제시된 모든 규준 자료를 살펴보면 노인의 컷오프 점수를 5점이 아닌 6점의 오류로 만들면 손상 범위에 속하는 내담자나 환자의 수가 절반으로 줄어들 것이다. 그러나 어쩌면 뭔가를 놓칠 수도 있다. 다시 말해, 노인들은 아마도 감지되지 않은 뇌기능장애를 가지고 있을 수도 있다. 노인을 위한 규준은 일반적으로 검사를 받지 않은 참가자를 대상으로 개발되며, 이들 중 일부는 뇌에 영향을 미

치는 장애의 초기 단계에 있을 수 있다. 규준을 그대로 유지하고 5개 이상의 오류를 범한 사람에 대한 추가 평가를 진행하는 것이 더 낫다.

노인의 특정 BGT 오류

구체적인 오류 측면에서 보면, 모든 연령대에서 노인 참가자의 50~60%가 중첩경향, 폐쇄곤란 및 코히전 오류를 범했다. 그러나 이 오류들은 또한 뇌손상이 없는 집단에서 가장 빈번하게 발생하는 것이기도 하다. 또 다른 30~40%는 중복곤란, 단순화(보통 도형 1에서 점 대신 원을 그리는 덜 심각한 문제) 및 고집화의 증거를 보여 주었다. 나머지 여섯 가지 유형의 오류는 20% 미만의 프로토콜에서 발견되었으며, 무기력이 가장 빈도가 낮은 오류(약 8%)였다. 세 가지 오류는 5개 연령대에 걸쳐 점차적으로 증가하는 것으로 나타났다. 그 세 가지 오류란 단순화(최연소 집단의 경우 18%, 최연장 집단의 경우 52%), 고집화 A 유형(14%와 40%), 각의 곤란(9%와 22%)이다.

따라서 정상적인 노인의 신경심리기능을 평가하기 위해 Lacks 채점절차와 함께 BGT를 사용하는 것에 대해 자신감을 가질 수 있을 것으로 보인다. 시력 저하, 청력 저하, 진행성 관절염과 같은 신체장애가 지시의 이해나 과제 수행에 방해가 되지 않도록 예방 조치를 취하는 한, BGT는 노인 인구의 뇌손상 선별장치로서 탁월한 선택이 될 것으로 보인다.

정상 노인의 BGT 사례

[그림 10-1]은 수년간 호텔웨이터로 일했던 12년의 교육을 받은 87세 남성의 BGT를 보여 준다. 그는 워싱턴대학교 의과대학의 기억과 노화 프로젝트에서 비환자 통제집단으로 참여했다. 그는 매우 신중한 태도로 검사를 치렀다. 이 남성은 BGT에서 단지 두 가지 오류만 범했다. 도형 5의 퇴영과 도형 2의 각의 곤란이 그것이다. 두 가지 오류 모두가 경미한 편이다. 도형의 형태는 모두 잘 유지되었고 회전, 단편화, 무기력과 같은 심각한 오류가 없었다. 이 BGT 프로토콜은 뇌손상이 없는 노인들이 매우 노령임에도 BGT를 매우 잘 수행할 수 있다는 것을 보여 준다.

또 다른 노인의 BGT가 제13장 사례 P([그림 13-17] 참조)에서 볼 수 있다.

고령 인구를 대상으로 한 BGT의 특정한 용도

노인들은 BGT가 다양한 용도로 사용될 수 있는 대규모 인구를 나타낸다. 간결성, 단순성 및 위협적이지 않은 특성으로 인해 이 집단의 평가장치로서 매우 바람직하다. 여기서는 몇 가지 잠재적인 용도를 간략하게 살펴보고자 한다.

주기적인 신경심리검사   노인 인구에 대한 BGT의 가장 확실한 용도는 신경결손에 대한 선별도구이다. 이는 혈액검사, 유방 조영술, 심전도를 통해 매년 신체기능을 검사하는 것과 유사하게 뇌

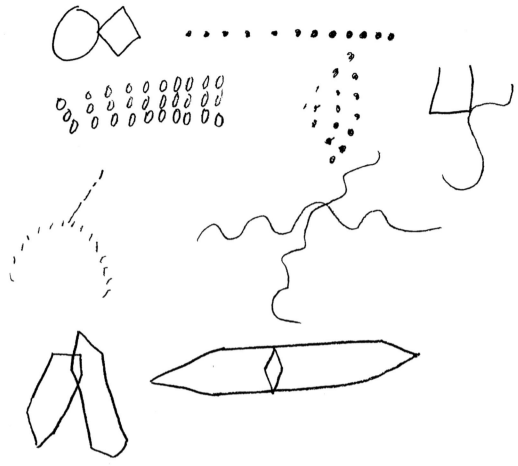

[그림 10-1] 정상 노인의 사례

기능을 정기적이고 주기적으로 점검하는 형태로, 다른 여러 간단한 도구(예: 기억력 척도)와 결합될 수 있다. 이렇게 하면 각 개인은 질병, 독성 대사장애 또는 사고로 인한 변화를 비교할 수 있는 기준선(baseline)을 1년 이내에 갖게 된다. 이러한 정보는 또한 노인과 그 보호자가 문제를 해결하고 치료 관리 전략을 계획하는 데 도움이 될 수 있다. 매년 BGT는 연령과 질병 사이의 복잡한 상호작용을 알아내는 데 도움이 되는 기준선 역할도 할 수 있다(Albert, 1981). 또한 BGT는 심리평가가 의뢰된 경우 광범위한 평가의 일부로 사용될 수 있다. 정신장애, 특히 우울증은 뇌손상에서 나타나는 행동과 유사할 수 있기 때문에 정확한 감별 진단을 위해서는 뇌기능장애에 대한 선별이 필요하다.

BGT와 진행성 치매   수명이 증가함에 따라 노인성 치매의 유병률도 크게 증가하였다. 그러나 대다수의 노인(85% 정도)은 이 질병을 앓고 있지 않다. 연령은 치매의 원인이 아니지만 치매 발병의 위험 요소이다. 치매는 단일 장애가 아니다. 인지장애의 원인, 경과, 심각도 및 양상이 다양하다. Bondi 등(1996)은 치매 진단을 위해서는 기억, 언어, 시각-공간적 기능, 판단이나 추상적 사고, 감정이나 성격 등의 심리적 영역 중에서 두 가지 이상의 저하가 필요하다고 말한다. DSM-IV(American Psychiatric Association, 1994)에서는 기억 문제가 영역 중 하나여야 하고, 손상은 능력 저하를 나타내어야 하며, 일상기능에 상당히 방해가 될 정도로 심각해야만 치매 진단을 내릴 수 있다고 한다. 연령 외에도 치매 위험을 증가시키는 다른 변인으로는 여성, 낮은 교육수준 및 직업성 취도, 가족력, 과거의 머리 부상 등이 있다(Bondi et al., 1996).

알츠하이머병(Alzheimer's disease: AD)은 치매 사례의 최대 50%를 차지할 수 있으며, 이는 아마도 4백만 명에 달하는 미국인에게 영향을 미칠 수 있다. 혈관성 치매는 두 번째로 흔한 유형으로, 뇌혈관 질환으로 인한 일련의 미세 뇌졸중으로 인해 발생한다. AD의 증상은 심각한 기억력 결핍뿐만 아니라 언어, 실행기능, 주의력 및 시각구성적 기능의 저하이다(Franzen & Martin, 1996). AD의 최종 진단을 위해서는 부검이 필요하다. 그러나 DSM-IV(American Psychiatric Association, 1994)와 같은 진단 체제는 부검 결과와 밀접한 관련이 있다. AD로 인한 뇌의 변화는 해마와 내후각 피질에서 먼저 발생하며, 질병이 진행됨에 따라 전두엽, 측두엽 및 두정엽 피질에서 손상이 뚜렷해진다(Bondi et al., 1996).

AD에 대한 생물학적 지표가 없기 때문에 신경심리평가는 장애 진단에 큰 역할을 한다. 이는 경미한 치매를 발견하고 특정 병인을 지적할 수 있는 결핍의 패턴을 설명하는 데 특히 도움이 될 수 있다(Franzen & Rasmussen, 1990). 예를 들어, 기억력 결함은 AD의 특징이지만 헌팅턴병으로 인한 치매에서는 덜 심각한 역할을 한다(Brandt & Butters, 1996). 신경심리평가를 통해 악화 정도를 기록하고 다양한 치료의 효능을 측정할 수 있다. 검사는 또한 가족의 환자 관리 및 계획에 도움이 되는 정보를 제공한다. 마지막으로, 이러한 유형의 평가는 향후 악화를 측정할 수 있는 기능의 기준선 수준을 제공할 수 있다. 일반적으로 학습 및 기억력 측정은 AD의 사례를 식별하는 데 가장 효과적이다. 그러나 언어, 실행기능 및 시각구성적 기능에 대한 측정은 특히 AD의 진행을 추적하는 데 유용했다. 왜냐하면 반복적인 기억력 검사는 기억 측정의 초기 '바닥 효과(floor effect)'로 인해 AD 환자와 관련이 없기 때문이다(Kaszniak & Christenson, 1994). 바닥 효과란 통계에서 자료수집 장비가 안정적으로 지정할 수 있는 자료 값에 대한 하한을 가질 때 발생한다. 즉, 수행이 척도의 하한에 있을 때 바닥 효과가 있다고 말한다. 그 반대 개념은 천장 효과(ceiling effect)이다. 최근에는 AD의 인지 저하가 임상적 진단이 명백해지기 최대 몇 년 전인 전임상(preclinical) 단계에서 식별될 수 있다는 증거가 있다(예: Masur, Sliwinski, Lipton, Blau, & Crystal, 1994).

시각구성적 기능은 AD로 악화되는 영역 중 하나이기 때문에 심리학자들은 치매에 걸린 사람을 평가하는 데 사용되는 모든 검사에 BGT를 포함시키기를 원할 수 있다. 세인트루이스에 있는 워싱턴대학교 의과대학의 기억 및 노화 연구 프로젝트에서 일하는 심리학자들은 AD에 대한 연구에서 BGT를 사용한다. 〈표 10-2〉는 매우 경증, 경증, 또는 중등도 AD 환자 144명과 건강한 노인 96명을 대상으로 한 연구의 BGT 결과를 보여 준다(Storandt, 1990). 심각한 AD 사례는 일반적으로 검사할 수 없기 때문에 포함되지 않았다. AD 사례의 40%는 발표 시점까지 부검을 통해 확인되었다. 통제집단 참가자 중 4명은 사망했으며, 부검 결과 치매가 없는 것으로 밝혀졌다. 참가자는 모두 백인이었고, 63~95세(M=73.9, SD=6.3)의 남성 97명, 여성 143명이었다. 교육기간은 6~23년(M=12.7, SD=3.6)이었다. BGT는 광범위한 심리측정 배터리의 일부로 제공되었으며 Lacks 방법으로 채점되었다.

그 결과, 뇌장애에 대해 주의 깊게 검사를 받은 비환자 노인들이 상대적으로 검사를 받지 않은

〈표 10-2〉 노인의 치매 정도에 따른 BGT 수행

측정	치매 없음 (N=96)	매우 경증 (N=48)	경증 (N=72)	중등도 (N=24)
	전체 점수			
M	2.40	3.38	4.33	7.42
SD	1.33	1.79	1.90	3.36
5개 이상 오류의 비율	7	21	56	79
백분위				
95번째	5	7	7	12
75번째	3	4	6	10.5
50번째	2	4	5	6.5
25번째	1.5	2	3	5
	각 오류 유형의 비율			
심한 회전	2	4	7	33
중복곤란	15	33	42	54
단순화	19	25	39	58
단편화	4	4	31	83
퇴영	6	15	17	50
고집화	26	46	60	75
중첩	40	46	47	67
무기력	4	10	15	67
폐쇄곤란	62	73	61	79
운동 부조화	15	21	33	50
각의 곤란	5	8	26	58
코히전	42	52	56	67

출처: Storandt, M. (1990). Bender Gestalt Test performance in senile dementia of the Alzheimer type. *Psychology and Aging, 5,* 604-606. 연구자의 허락을 받고 게재함.

노인집단보다 낮은 평균 BGT 점수(M=2.40, >5개 오류=7%)를 나타냈다(〈표 10-2〉 참조). 치매 정도가 높아질수록 평균 오류 수는 매우 경증 치매가 3.38개에서 중등도 치매가 7.42개로 점차 증가했다. 손상 진단의 기준인 5개 이상의 오류를 범한 사람의 비율은 매우 경증 치매가 21%에서 중등도 치매가 79%였다. 중등도 치매 환자와 노인 비환자를 비교했을 때 전체 적중률은 90%였다. 비환자와 경증 치매 환자를 가진 사람을 대조했을 때 그 적중률은 훨씬 낮았다.

비환자와 중등도 치매 환자를 가장 잘 식별하는 구체적인 오류는 회전, 단편화, 퇴행, 무기력 및 각의 곤란이었다. 식별력이 가장 낮은 오류는 인지장애가 없는 다른 집단이 흔히 범하는 오류인 중첩, 폐쇄곤란 및 코히전이었다.

기억 및 노화 프로젝트의 AD 사례에 대한 BGT의 예는 제13장의 사례 F를 참조하기 바란다.

BGT와 기본생활기능 특정 결함이 특정 활동에 미치는 영향에 대한 다양한 정보를 임상가에게 제공하기 위해서는 추가 연구가 수행될 필요가 있다. 이러한 종류의 실용적인 정보는 노인들을 위한 의미 있는 재활 계획을 수립하는 데 매우 유용할 것이다(Diller & Gordon, 1981; Heaton & Pendleton, 1981). 이러한 접근방법의 한 예로, Wolber와 Lira(1981)는 노인의 뇌손상과 행동기능 간의 관계를 연구하였다. 참가자는 65~84세($M=72.7$)의 노인 정신건강의학과 입원환자 35명이었다. 각 참가자에게는 BGT(Koppitz 방법으로 설명할 수 없는 점수 처리)와 일상생활의 일곱 가지 범주를 다루는 기본생활기능 평가가 주어졌다. 그들은 BGT와 기본생활기능 평가의 7개 하위 척도 중 5개 사이에 유의한 부적 상관관계가 있음을 발견했다($r=-.44 \sim -.63$, $p< .004$). 이 다섯 가지 범주는 외모, 개인위생, 음식과 음료 소비, 운동능력, 그리고 운동기능이었다. 의사소통능력과 대인관계기술은 BGT와 유의한 상관관계가 없었다. 전자의 범주는 모두 대근육 운동 행동을 포함하지만, 후자의 두 범주는 미세한(소근육) 운동기능을 포함한다.

산소결핍장애에서의 지각-운동 기능 지속적이고 적절한 산소 공급은 뇌기능의 온전함을 유지하는 데 중요하다. 산소결핍장애는 특히 노년층에서 흔히 발생한다. 이러한 장애의 예로는 심정지 또는 뇌졸중으로 인한 무산소증 또는 완전한 산소 결핍, 만성 폐쇄성 폐질환(Chronic Obstructive Pulmonary Disease: COPD), 또는 수면무호흡증으로 인한 저산소혈증 또는 부적절한 산소량 등이 있다. 많은 연구에서 산소 결핍이 있든 없든 간에, 그리고 상태의 심각도가 높든 낮든 간에 산소가 결핍되면 그 결과로 신경심리손상이 발생한다는 사실이 입증되었다(예: Bedard, Montplaisir, Richer, Rouleau, & Malo, 1991; Grant et al., 1987). 급성 저산소혈증과 만성 저산소혈증 신경심리학적 상관관계에 대한 철저한 고찰이 Rourke와 Adams(1996)의 저서 중 한 장(chapter)에서 다루어져 있다. 지각-운동 수행은 종종 적절한 산소 결핍에 의해 영향을 받는 기능 중 하나로 밝혀졌다. BGT를 사용하여 이 결과를 문서화한 연구는 Krop 등(1973)과 Greenberg 등(1987)이다.

많은 연구에서 산소 결핍으로 인해 관찰된 결함을 되돌리거나 개선하기 위해 보충 산소치료가 사용되었다. 예를 들어, Krop 등(1973)은 단기 산소치료를 받은 소집단의 COPD 환자와 치료를 받지 않은 COPD 환자 집단과 비교했을 때 IQ, 기억력, 손가락 두드리기 및 BGT에서의 지각-운동 기능의 신경심리학적 개선을 가져왔다는 것을 발견했다.

노인 대상의 또 다른 연구에서 Jacobs, Winter, Alvis 및 Small(1969)은 13명의 노인($M=68$세) 남성 입원환자를 대상으로 산소 증가가 기억력에 미치는 영향을 측정했다. 연구자들은 인지기능의 저하, 특히 최근 기억력의 손상이 적어도 부분적으로는 피질 산소 결핍 때문이라고 믿고 있다. 각 환자는 15일 동안 하루에 두 번 90분 동안 치료를 받았다. 참가자 중 절반은 지연치료(delayed-treatment) 통제집단의 역할을 했다. BGT 회상 실시는 치료가 시작되기 전, 그리고 마지막 치료 후 평균 12시간 뒤에 이루어졌다. 회상된 도형의 수와 질을 합친 가중치 채점방법(최대 점수 100점)이 사용되었다. 실험처치 전과 후의 남성 점수 간에 매우 유의한 변화가 발견되었다(각각 $M=10.00$과 41.00, $p< .001$). 통제집단의 경우 실험처치 전과 후에 BGT 회상에는 유의한 변화가 발생하지 않았다. 그러나 이후에 100% 산소를 공급받은 지연치료 참가자는 BGT 회상에서도 동일하게 큰 폭으로 증가한 것으로 나타났다. 웩슬러기억척도에서도 비슷한 결과가 발견되었다.

이 두 연구의 결과는 간헐적인 과산소 공급이 적어도 단기간 동안은 인지기능 저하의 증상을 크게 개선시킬 수 있다는 것을 보여 준다. 불행하게도, 다른 연구자들은 단기간의 치료로는 이러한 결과를 다시 보여 줄 수 없었다. 일부에서는 장기간의 산소 공급이 더 효과적이라는 사실을 발견했지만, 급성 및 만성 산소 결핍으로 인한 일부 인지기능결함은 영구적일 수 있다(Rourke & Adams, 1996).

재활 장면에서의 BGT   또 다른 연구는 뇌손상 환자, 특히 뇌졸중 환자의 치료와 재활에 시사하는 바가 있다. Nemec(1978)은 심혈관 사고를 당한 재활 환자의 언어 및 지각-운동 기능에 대한 배경간섭의 일반적 및 편측적 효과를 연구했다. 이들 환자 중 30명은 우반구 관련, 30명은 좌반구 관련, 30명은 뇌손상이 없었다. 참가자들에게는 표준 및 배경간섭 조건에서 언어적 단어 명명 과제와 BGT가 주어졌다.

결과에 따르면, 뇌손상이 있는 사람들은 심혈관 사고 부위에 관계없이 뇌손상이 없는 집단에 비해 두 과제 모두에서 수행 능력이 더 크게 떨어지는 것으로 나타났다. 그러나 좌반구 손상이 있는 환자는 우반구 손상이 있는 환자에 비해 언어 과제에 대한 언어 간섭으로 인해 훨씬 더 주의가 산만해졌다. 대조적으로, 우반구 관련 환자는 좌반구 관련 환자보다 지각 과제에 대한 지각 간섭에 의해 더 많은 감소를 보였다.

연구자들은 뇌손상이 일반적인 영향과 특정한 영향을 모두 가지고 있다고 결론지었다. 뇌의 어느 한쪽에 손상을 입으면 과제와 상관없이 주의 산만함이 증가한다. 그러나 언어적 주의 산만함은 손상된 좌뇌에 더 크게 차등적으로 영향을 미치고, 지각 산만함은 손상된 우뇌에 더 큰 영향을 미칠 것이다. 치료와 재활의 관점에서 이 연구는 심혈관 사고의 피해자인 모든 환자에게 구조화되고 통제되며 제한된 수준의 자극이 필요하다는 점을 지적한다. 그러나 일반적인 수준의 산만한 환경 자극 외에도 재활 치료사는 손상 부위에 따라 어떤 유형의 산만한 배경이 치료 진행에 특히 파괴적일 것인지 고려해야 한다.

요컨대, BGT는 노인을 대상으로 작업할 때 유용한 평가도구가 될 수 있다. 이는 건강한 노인의 인지기능을 점검하거나 치매와 같은 알려진 뇌손상이 있는 사람의 악화를 문서 기록화하기 위해 주기적인 신경심리학적 선별을 위한 일련의 검사에 활용될 수 있다. BGT 결과는 또한 기본생활기능을 평가하고 재활 프로그램을 계획하는 데 어느 정도 유용성을 보여 준다. 규준 자료에 따르면, 뇌기능장애가 없는 노인들은 90대까지 BGT를 잘 수행할 수 있다.

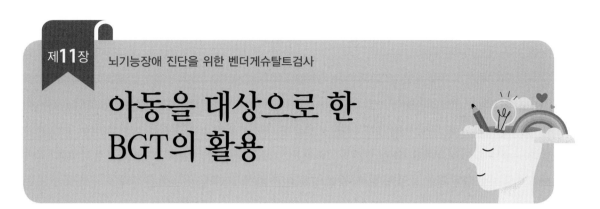

아동을 대상으로 한 BGT의 활용

이 책의 초점은 성인을 대상으로 한 벤더게슈탈트검사(Bender Gestalt Test: BGT)의 활용과 이를 뒷받침하는 연구에 있다. 그러나 BGT는 아동심리학자들 사이에서도 인기 있는 도구이다. 이 장에서는 아동 연령층에 BGT를 사용하는 것과 관련된 몇 가지 문제를 논의한다. 아동을 위한 BGT에 대한 추가 세부 정보를 제공하는 몇 가지 훌륭한 자료로는 Koppitz(1975), Sattler(1992), Tolor와 Brannigan(1980)이 있다. 제12장에서는 청소년을 대상으로 한 BGT의 활용에 대해 논의한다.

1938년 Lauretta Bender의 저서인 『시각운동형태검사 및 그 임상적 활용(A Visual Motor Gestalt Test and Its Clinical Use)』이 출판된 이후, 이 검사는 아동을 평가하는 가장 인기 있는 심리척도 중 하나가 되었다. 한 조사(Goh, Teslow, & Fuller, 1981)에 따르면, 학교심리학자의 93%가 지각-운동 기능을 평가하기 위해 BGT를 사용하는 것으로 나타났다. Rosenberg와 Beck(1986)은 임상아동심리학자의 64%와 학교심리학자의 79%가 과잉행동 아동을 평가하기 위해 BGT를 사용하고 있어 웩슬러아동용지능검사-개정판(Wechsler Intelligence Scale for Children-Revised: WISC-R)에 이어 두 번째로 가장 많이 사용되는 검사라고 보고했다. 그러나 BGT가 단독으로 제공되는 경우는 거의 없다. 성인의 경우와 마찬가지로 BGT는 인지 및 정서 발달을 평가하기 위한 보다 광범위한 검사 배터리 내에서 지각-운동 문제에 대한 선별장치로 사용되거나, 뇌기능장애를 평가하기 위한 일련의 신경심리검사에서 시각구성적 척도로 사용된다. 아동평가에 있어 BGT가 인기를 끄는 이유 중 하나는 저렴하고, 간단하고, 실시하기 쉬우며, 많은 평가 상황에서 유용하기 때문이다.

Lauretta Bender의 연구

1931년 뉴욕시에 있는 벨뷰(Bellevue) 병원의 소아정신건강의학과 의사인 Lauretta Bender는 아동들이 보도 위에 분필로 그린 그림에 관심을 갖게 되었다. 특히 그녀는 다양한 연령대의 아동이 그린 그림의 변화가 아동발달의 측면을 밝힐 수 있다고 믿게 되었다. 이러한 관찰을 통해 그녀는 아동들의 시각-운동 기능의 성숙 과정을 연구하게 되었다. 그녀는 아동들의 초기 그림은 순수한 운동 놀이를 보여 주는, 즉 운동 표현의 즐거움을 보여 주는 낙서라는 것에 주목했다. 비록 아동들이 그린 그림이 어떤 물체와 닮았다고 말할지 모르지만, 이 연령에서의 패턴은 아무것도 나타내지 않는다. 아주 어린 아동들이 그린 대부분의 그림은 나이가 들수록 고리 모양으로 분화된 후 대시, 점, z자 모양의 지그재그로 발전하는 소용돌이 양상을 보인다. 이 초기 단계에서는 특정 패턴을 유지하는 것이 일반적이다. 결국 아동들은 어떤 사물을 묘사하기 위해 의도적으로 이러한 패턴을 그릴 수 있다. 3세가 되면 아동들은 원, 호, 선을 그릴 수 있고, 4세가 되면 이를 일렬로 배열할 수 있다. 4세에서 7세 사이에는 점점 더 복잡한 형태의 급속한 분화가 분명해진다. 아동들의 이러한 과정을 보다 과학적으로 연구하기 위해 Bender 박사는 Wertheimer(1923)의 연구에서 9개의 형태 도형을 선택했다. Bender(1938)는 그녀의 저서에서 다양한 수준의 성숙도에 있는 아동들이 형태 도형을 모사한 많은 사례를 보여 주고 있다. 이 과정에 대한 광범위한 연구를 통해 그녀는 시각-운동 형태 기능이 언어능력과 "시각적 지각, 신체운동능력, 기억, 시간적 및 공간적 개념, 조직 또는 표현"(p. 112)과 관련된 발달의 복잡한 측면이라고 결론지었다.

Bender는 이어서 3~11세 아동 800명을 대상으로 한 검사를 표준화했다. 3세 아동은 어느 정도 통제된 낙서를 할 수 있다. 4세 아동은 원과 고리를 사용하여 도형을 표현할 수 있다. 5세 아동은 원과 고리를 닫힌 사각형이나 타원형으로 수정할 수 있다. 6세가 되면 아동은 이러한 형태를 서로 연관 지어 그리기 시작할 수 있다. 예를 들어, 수직으로 연결된 작은 원이나 2개의 교차된 물결선 등을 그릴 수 있다. 7세부터 11세까지 아동은 더 복잡한 조합을 만들어 내는 능력이 향상된다(예: BGT 도형 2는 왼쪽으로 기울어진 3개의 수직 원으로 구성된 11개 열의 조합임). Bender는 11세가 지나면 개인은 세부사항, 크기 및 거리에서만 개선을 가져온다고 믿었다. [그림 11-1]은 그녀의 연구 결과에 대한 요약 차트로, 3세부터 11세까지의 각 연령에서 예상되는 전형적인 반응을 보여 준다. 각 셀의 왼쪽 상단 모서리에 인쇄된 것은 표시된 것과 비슷하거나 더 나은 형태를 그릴 수 있는 아동들의 백분율이다. 처음부터 Bender는 이 검사에 대한 모든 종류의 공식적인 채점방법에 반대했다. 대신, 그녀는 평가자의 임상적 판단을 신뢰했다. 그녀는 이 차트가 모든 아동이나 '결함이 있는' 성인의 성숙 수준에 대한 지침을 제공할 것이라고 생각했다. "시각-운동 형태 기능을 왜곡하는 경향이 있는 어떤 종류의 정신질환"(p. 134)을 가지고 있지 않는 한, 그것은 정신연령이 11세 이상인 사람에게는 아무런 가치가 없다.

Elizabeth Koppitz의 연구

이 검사가 인기를 얻은 또 다른 이유는 아동을 대상으로 한 BGT에 대한 객관적 채점방법을 처음으로 개발한 Elizabeth Koppitz의 연구이다. 이 도구에 대한 아동심리학자의 첫 번째 저서인 『어린 아동을 위한 BGT, 1권(The Bender Gestalt Test for Young Children, Volume 1)』이 1963년에 출판되었다. 이 책에서 그녀는 아동을 대상으로 널리 사용되는 채점절차가 된 발달적 채점방법을 설명했다. 5~10세 아동의 시각-운동 지각의 성숙도를 평가하기 위해 6개월 단위로 표준화시켜 고안되었

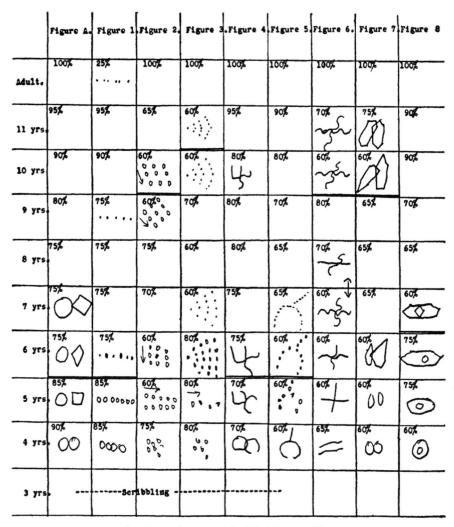

[그림 11-1] 3~11세의 전형적인 BGT 반응

각 셀의 숫자는 표시된 것보다 더 잘 그릴 수 있는 이 연령대 아동의 백분율을 나타낸다(Lauretta Bender의 『A Visual Motor Gestalt Test and its clinical uses』를 Lauretta Bender와 미국예방정신의학회의 허락을 받아 게재함).

다. Koppitz는 10세(또는 영리한 아동의 경우 8~9세)가 되면 정상적인 아동도 성인만큼 BGT를 수행할 수 있다고 믿는다.

뉴욕의 한 아동지도 클리닉에서 일하면서 Koppitz(1963)는 학습문제나 정서문제로 그녀에게 의뢰된 많은 아동이 지각문제를 보인다는 사실을 알게 되었다. 또한 그 시기 동안 미국의 학교는 학습문제에 큰 관심을 갖기 시작했다. 많은 공립학교에서는 학습장애가 있는 아동을 위한 특수학급을 만들고 있었다. 학교심리학자들은 이러한 종류의 특수교육으로부터 혜택을 받을 수 있는 아동을 식별하는 데 도움을 줄 수 있는 도구가 절실히 필요했다. 그들은 또한 입학을 연기하거나 추가적인 학업 지원을 제공하기 위해 초등학교 입학생들의 학습준비 상태를 평가하길 원했다. 학교심리학자들은 Koppitz 채점이 포함된 BGT가 아동의 학습장애를 평가하려는 노력의 일환으로 아동의 시각-운동 지각을 평가하는 데 유용한 도구라는 것을 발견했다. 1963년에 출간된 Koppitz의 책은 또한 이 검사의 다양한 활용에 대한 많은 양의 연구를 자극했다. 1975년에 Koppitz는 이 연구를 요약하고, 채점 지침을 일부 개선한 다음, 새로운 표준화 표본을 추가한 두 번째 책을 출판했다. 이 장의 대부분은 그녀의 채점방법을 설명하고 이에 대해 수행된 연구를 요약하는 데 할애된다.

지난 20년 동안 아동 신경심리평가의 하위 전문분야가 급속도록 성장해 왔다. 아동의 인지기능과 정서기능을 평가하는 과제를 위해 수많은 새로운 도구가 개발되었다. 그리고 이미 잘 확립된 검사와 함께 사용하기 위해 더욱 정교한 방법도 개발되었다. 많은 아동심리학자와 학교심리학자는 여전히 아동평가를 위한 배터리검사에 BGT를 포함한다. 이 장에서는 또한 BGT가 아동에게 일반적으로 사용되는 몇 가지 상황과 이를 위한 몇 가지 혁신적인 용도에 대해 설명한다.

아동에게 BGT의 실시

아동에게 BGT를 실시할 때는 성인과 마찬가지로 최소한의 지시사항과 질문에 대한 간결한 답변을 사용한다. 더 자세한 내용은 Sattler(1992)에서 확인할 수 있다. 아동들은 아마도 이 검사가 학교공부와 유사하지 않기 때문에 쉽고 재미있으며, 또한 위협적이지 않다고 생각한다. Koppitz(1975)는 초등학교 연령 아동의 경우, BGT를 완료하는 데 걸리는 평균 시간이 6.3분이라는 것을 발견했다. 학습 및 행동에 문제가 있는 아동들은 더 빨리 끝냈으며 평균 5.3분이 걸렸다. 과잉행동을 보이는 아동들은 마치는 데 단지 4.7분에 불과하였다.

행동 관찰

Cummings와 Laquerre(1990)는 아동을 검사할 때 **결과**(product: 검사에서 얻은 객관적인 점수를 의미함)와 **과정**(process: 검사를 받는 동안 아동의 행동)을 특히 구별해야 한다고 강조한다. 후자의 관찰은 아동의 행동양식, 좌절감에 대한 내성, 정서적 어려움, 지각-운동 기능에 대한 더 큰 통찰력을 이끌어 낼 것이다. 숙련된 아동심리학자는 정상아동과 비정형아동을 모두 수년간 관찰한 후, 분석에 도움이 되는 유용한 일련의 내부 규준을 개발할 수 있다.

Koppitz는 BGT가 일반적으로 대부분의 아동에게 위협적이지 않으므로 불안감을 거의 유발하지 않는다고 믿는다. 결과적으로, 이 검사를 치르는 동안 아동의 행동은 새로운 과제에 직면했을 때의 전형적인 행동을 나타내며, 아동이 어떻게 가장 잘 배울 수 있는지에 대한 귀중한 통찰력을 제공한다. 예를 들어, 잘 적응한 아동은 조용히 앉아 지시사항을 주의 깊게 듣고, 해결해야 할 문제를 분석하고, 매우 신중하게 과제를 진행한다. 심지어 아주 어린 아동들도 자신이 그린 도형이 불완전하다는 것을 인식하고 자발적으로 이를 개선하려고 시도한다. 잘 적응한 아동은 자신의 수행에 만족하며 안심시키는 행동을 할 필요가 거의 없다. 이와 대조적으로, 인지, 정서, 학습, 행동의 문제로 인해 심리학자에게 의뢰된 아동은 많은 문제행동을 보여 준다. 즉, 계속되는 질문과 확신을 위한 요구사항에서 보이는 자신감이 부족하고, 자리에 가만히 앉아 있지 못하고, 지시사항에 집중하지 못하며, 자신의 잘못된 그림에 대한 인식이 부족하다.

〈표 11-1〉은 아동을 관찰하기 위해 더 자주 언급되는 BGT 수검 행동을 정리한 것이다(Franzen & Berg, 1989; Koppitz, 1975; Sattler, 1992). 이러한 행동 중 중요한 몇 가지는 다음에서 논의된다.

〈표 11-1〉 BGT에서 아동행동 관찰사항의 예

- 손재주
- 과제를 완료하는 데 소요되는 시간
- 주의력
- 충동성
- 그림의 신중함 정도: 섬세한 것에 대한 관심, 완벽주의, 지우기
- 도형을 계속해서 쳐다봄 혹은 빠르게 보고 기억을 통해 그리기
- 그리기 보조 도구 사용: 손가락으로 추적하기, 도형의 특징 헤아리기, 자기 언어화 및 주로 사용하지 않는 손으로 위치를 '고정'하기
- 오류를 인식하고 수정하려는 시도
- 자신감: 만족이나 불만의 표현, 좌절에 대한 인내, 확신과 격려를 필요로 함
- 오류가 발생한 것을 알고 이를 수정하려고 계속 노력하지만 제대로 수정하지 못함
- 카드, 용지 또는 그려진 도형의 회전
- 피로, 질병 또는 관심 부족
- 신체적 문제: 청각, 시력 또는 협응
- 아이가 하는 언어적 논평

아동의 꾀병

초기 심리학자들은 꾀병이라는 개념이 아동에게 적용된다고 믿지 않았다. 최근에는 아동이 검사 응답을 허위로 할 수 있는지 여부에 대한 논란이 있었다. 이는 아마도 그 연령대에서 성인에게 그러한 속임수를 이끌어 내는 상황(예: 신체 상해 소송 또는 범죄에 대한 처벌 완화)이 드물기 때문일 것이다. 아동을 대상으로 한 몇 안 되는 속임수에 대한 연구(Faust, Hart, & Guilmette, 1988)에서는 9~12세의 참가자 3명에게 WISC-R 및 할스테드-레이탄(Halstead-Reitan) 척도에 대해 '나쁜 척(fake bad)'하라는 모호한 지시를 했다. 이들은 참여에 대한 재정적 인센티브와 발각을 피할 수 있는 경우 추가 금액을 제공받았다. 심사를 맡은 현직 신경심리학자($N = 42$)에게 간단한 사례 이력과 검사 결과가 주어졌다. 그 사례들은 신경심리학자의 7%에 의해 정상으로, 93%에 의해 비정상으로 판단되었다. 대부분의 심사자는 그 비정상성을 뇌기능장애로 돌렸다. 어떤 검사 결과도 꾀병으로 인한 것은 아니라고 판단되었다. 그러나 아동 꾀병의 기저율이 매우 낮고 심사자들이 꾀병이 가능하다는 말을 듣지 못했다는 점을 고려하면, 이러한 결과는 놀라운 일이 아니다(Nies & Sweet, 1994). 청소년을 대상으로 한 동일한 유형의 연구에서도 유사한 결과가 발견되었다(Faust, Hart, Guilmette, & Arkes, 1988). 이 주제에 대한 관심이 증가하고 있다는 신호 중 하나는 꾀병에 관한 새로운 책의 한 장(chapter)에서 아동과 속임수에 대해 다루고 있다는 점이다(Oldershaw & Bagby, 1997).

아동을 위한 실시의 변형

연구자들은 아동에게 BGT를 실시하는 여러 가지 방법을 설명해 왔다.

집단실시   BGT의 주요 용도 중 하나가 선별검사이기 때문에 어떤 상황에서는 한 번에 2명 이상의 사람에게 검사를 실시하는 것이 도움이 된다. Koppitz(1975)는 학교에 다니는 아동집단에 BGT를 실시하는 네 가지 다른 기술을 설명한다. 시간적인 관점에서 보면, 정상아동을 대상으로 한 집단의 검사는 15~20분 정도 소요되지만, 문제가 있는 아동집단을 대상으로 한 검사는 무려 35분 정도 소요된다.

집단실시의 한 방법에는 확대된 자극카드를 사용하는 것이 포함된다. Keogh와 Smith(1961)가 개발한 이 기술은 교실 앞쪽에 있는 특별한 거치대에 11×16 $3/4$인치의 카드(표준 카드 크기의 약 3배)를 사용한다. 이 형식은 실시 절차를 다른 교실 활동과 매우 유사하게 만들고 한번에 5~15명의 아동을 대상으로 검사할 수 있다. 검사의 다른 모든 측면은 표준 실시(연필, 용지, 지시사항 등)와 동일하게 유지된다. 일부 검사자는 검사 소책자를 사용하여 아동에게 각각의 도형을 별도의 페이지에 그리게 한다. 소책자 접근방식의 단점은 아동의 계획능력, 조직기술 및 판단력에 대한 정보가 손실된다는 것이다. 확대된 자극카드의 방법을 사용하면 검사의 실행을 관찰함으로써 제공되는 귀중한 정보도 잃게 된다. 그러나 수행에 의문을 제기하는 아동에게 추후 개별적으로 다시 검사할 수 있다.

검사자에게 행동 관찰을 가능하게 하는 두 번째 집단실시의 방법은 BGT 카드의 개별 묶음을 사용하여 한번에 2~4명을 대상으로 검사하는 것이다(예: Dibner & Korn, 1969). 검사를 받는 모든 사람은 준비가 되면 카드를 스스로 뒤집으며 각 카드에 있는 도형을 그린다. 그 외 검사의 다른 측면은 표준 실시로 이루어진다. 이 방법은 아주 어린 아동이나 정신질환 환자에게도 사용할 수 있다. 15~20명으로 구성된 더 큰 집단에서도 사용할 수 있지만, 이렇게 하면 행동 관찰의 가능성이 없어진다.

집단검사에는 특수 BGT 복사 소책자도 사용되었다. 이 소책자에는 9페이지(8$1/2$×11인치)가 포함되어 있으며, 각 페이지의 상단 1/3에는 표준 크기로 재현된 단일 자극도형이 있다. 각 도형은 각 페이지의 하단 2/3에 모사된다. 이 방법은 확대 카드 방식과 동일한 장단점이 있으며 소책자 인쇄 비용이 추가된다.

네 번째 집단검사의 방법은 BGT 도형을 슬라이드, 불투명 또는 오버헤드 프로젝터(OHP)를 통해 스크린에 비추는 것이다. 이 방법은 한번에 가장 많은 인원(20~30명)을 수용할 수 있다는 장점이 있다. 그러나 가장 큰 문제는 도형을 어두운 방에서 그려야 하며, 그 요인으로 인해 모사의 정확도가 낮아진다는 점이다.

이러한 네 가지 방법에 대한 적절성이 경험적으로 검증되었다. 예를 들어, Keogh와 Smith(1961)는 서로 다른 두 가지 집단방법을 사용하고 각 방법을 표준 개별실시와 비교함으로써 집단실시의 타당성을 조사했다. 그들은 표준 개별방법, 확대 자극 집단방법, 복사 소책자 집단방법을 사용하여 유치원 아동들 사이에 차이가 없음을 발견했다. 다른 연구자들은 유치원부터 4학년까지의 학생을 대상으로 자극의 슬라이드 투영과 별도의 자극카드 뭉치를 사용하는 것 사이에 차이가 없음을 발견했다(Brannigan & Brannigan, 1995; Dibner & Korn, 1969). Becker와 Sabatino(1971)는 5~9세 아동의 개별실시와 집단실시 점수 사이에 .85의 상관관계가 있음을 발견했다.

아동들에 대한 BGT의 집단검사가 가능한 것으로 보인다. 집단실시는 아동의 시각적 지각 발달을 연구하고, 학업성적과 읽기성취도를 예측하기 위해 많은 수의 아동을 저렴한 비용으로 선별하는 데 성공적으로 사용되었다. 또한 학습장애나 정서부적응과 같은 문제에 대한 위험이 높은 아동을 식별하는 데에도 사용되었다(Koppitz, 1975).

이미 문제가 있는 것으로 확인된 개인이나, 집단으로 작업하기에는 너무 어린 개인을 대상으로 진단 작업을 수행하는 경우, 대부분의 임상가는 여전히 표준 개별검사 절차를 선호한다. 이 방법은 친밀감을 형성하고, 지침을 준수하고, 검사를 완료하도록 장려하며, BGT 도형을 모사하는 과정을 관찰할 수 있도록 충분한 기회를 제공한다. 이러한 이점은 집단방법으로 달성되는 시간 절약을 훨씬 능가한다.

다른 실시방법 회상(recall), 순간노출(tachistoscopic) 및 배경간섭(background interference)의 방법은 성인에 대한 실시방법과 관련하여 이미 제4장에서 설명하였다. 아동을 대상으로 광범위하게 사용된 방법은 없었다. 이러한 형식에 대한 연구는 거의 이루어지지 않았으며, 아동들에게는 특히 유망한 결과를 보여 주지 못했다. Imm, Foster, Belter 및 Finch(1991)는 270명의 아동 및 청소년 정신건강의학과 입원환자의 BGT 회상에 대한 규준 자료를 제공하였다. 정확하다고 간주되기 위해서는 회상된 수치에 중대한 왜곡이나 누락이 포함되어서는 안 된다. 정확하게 회상된 도형의 수는 연령에 따라 증가하고 IQ가 낮을수록 감소했다. 8~9세 아동들은 평균 3.3개($SD=1.8$)의 도형을 회상했다. 10~11세 아동들은 4.5개($SD=4.5$)의 도형을 회상했다. 그러나 Koppitz(1975)는 회상법의 타당성이 잘 확립되기 전까지는 아동에게 이 방법을 계속 사용할 정당성이 거의 없다고 말한다.

배경간섭절차(Background Interference Procedure: BIP)는 아동을 대상으로 사용하기에 적합하지 않은 것으로 보인다. Adams와 Canter(1969)는 대부분의 아동이 13세까지 BIP를 사용하여 성공적으로 모사할 수 없다는 것을 발견했다. 아동의 BIP 수행에 대한 연구는 대부분 실망스러운 결과를 보여 왔다(Koppitz, 1975). BGT 실시의 변형에 대한 자세한 내용은 Koppitz(1975), Tolor와 Brannigan(1980)에서 확인할 수 있다. Koppitz는 또한 미취학 아동에게 사용할 수 있는 몇 가지 다른 수정 방법을 설명한다. 예를 들어, 아동에게 BGT 도형을 추적하여 운동협응만을, 그리고 선다형 형식을 사용하여 시각적 지각만을 탐색할 수 있다(Wedell & Horne, 1969).

한계의 검증 한계의 검증(testing the limits)은 BGT 도형의 모사에서 나타난 해석이 모호하여 확증을 얻기가 어려울 때 이 해석과 관련된 도형을 다시 모사시켜 정확한 의미를 얻는 데 그 목적이 있다. 때로는 BGT에서 이러한 아동 능력의 한계를 검증하는 것이 유용할 수 있다. 예를 들어, Sattler(1992)는 아동에게 문제가 있는 그림을 자극도형과 비교하도록 요청할 것을 제안한다. 아동에게 두 그림이 어떻게 비슷하거나 다른지를 표현하도록 요청할 수 있다. 그런 다음, 아동에게 하나 이상의 도형을 그릴 수 있는 두 번째 기회가 주어질 수 있다. 이 절차는 아동이 자신의 오류를 인식하고, 원래 자극도형과 구별할 수 있는지, 그리고 두 번째 모사의 기회가 주어졌을 때 오류를 수정하여 도형을 정확하게 모사할 수 있는지의 여부를 이해하는 데 도움을 줄 수 있다. 이는 오류가 "세부사항에 대한 주의 부족, 주의 산만, 충동성, 빈약한 조직력, 어려운 과제 완료에 대한 두려움, 피로, 또는 흥미 부족"(p. 360)과 같은 요인 때문인지에 대한 분석을 허용할 수 있다. 한계를 검증하는 것은 BGT 수행 저하가 주로 지각적 또는 운동적 측면에서 기인하는 것인지, 아니면 지각-운동 통합에 더 기인하는 것인지 여부를 알아보기 위한 정보를 제공할 수도 있다.

BGT에 대한 Koppitz 채점방법

1963년에 Elizabeth Koppitz는 Lauretta Bender(1938)의 보다 직관적인 접근방식보다 아동의 BGT에 대한 보다 표준화되고 객관적인 평가를 허용하는 공식적인 채점절차를 발표했다. 공식적인 명칭은 발달적 벤더검사 채점방법(Developmental Bender Test Scoring System)이지만 일반적으로 Koppitz 채점방법(Koppitz system)이라고 불린다. 그녀는 1975년에 자신의 방법을 어느 정도 명확히 하고 확장했으며, 그 방법이 현재 가장 자주 사용되는 아동 BGT 채점방법이다. 이 방법의 두 번째 부분은 정서지표(emotional indicators)를 평가할 수 있다. 그 절차는 3~5분밖에 걸리지 않아 사용하기가 쉽고 빠르다. Koppitz 방법은 5~11세 아동의 시각-운동 지각의 성숙 수준을 결정하도록 설계되었다. Koppitz는 10세까지 아동이 BGT 도형을 어렵지 않게 모사할 수 있다고 믿었다. 5세 미만의 아동에게 채점방법을 사용하려는 시도는 대부분 성공하지 못했다.

발달적 채점

Koppitz 방법의 발달적 채점 단계에서 평가자는 9개 BGT 도형 각각에 대해 다음과 같은 네 가지 유형의 오류를 조사한다.

- 모양의 **왜곡**(distortion)
- 도형의 전체 또는 일부를 45도 이상 **회전**(rotation)
- 도형의 부분을 **통합하지 못함**(failure to integrate)
- 일부 도형의 요소를 반복 또는 **고집화**(perseveration)

검사자는 채점 매뉴얼을 사용하여 30개의 오류가 있는지 혹은 없는지 확인한다. 9개의 도형에서 각각 2~4개의 오류가 가능하다. 각 오류는 명확하게 설명되어 있고, 여러 오류의 예가 제시되어 있다. [그림 11-2]는 그녀의 채점 매뉴얼(Koppitz, 1975, p. 181)에서 가져온 것으로 BGT 도형 6에 대한 가능한 네 가지 오류를 보여 주고 있다. 도형 6에는 가능한 두 가지 유형의 왜곡 오류와 한 가지씩의 통합 오류와 고집화 오류가 있다. 통합의 실패는 이 도형의 가능한 오류가 아니다. 각 오류마다 1점이 주어지기 때문에 최대 총점은 30점이 된다. 그러나 Koppitz에 따르면, 20점보다 높은 점수는 거의 나타나지 않는다. 오류가 하나도 없으면 0점이 된다. [그림 11-3]은 1975년에 출간된 책(p. 186)에서 가져온 것으로, 975명의 취학 아동에 대한 점수의 범위와 평균에 대한 규준 분포(6개월 단위)를 보여 준다. 5세 아동의 평균 오류 수는 13.1개($SD=3.3$)이고, 11세 아동의 평균 오류 수는 1.4개($SD=1.4$)이다. 또한 각 오류 수에 대한 연령 등가치와 각 연령수준에 대한 백분위 점수를 제공한다.

BGT의 Koppitz 점수를 설명하기 위해 Jerome Sattler의 『아동평가, 제3판(Assessment of Children, Third Edition)』에서 가져온 검사 프로토콜이 [그림 11-4]에 제시되어 있다. 이 BGT는 태어날 때부터 우측 대뇌 반구에 수술이 불가능한 병변으로 인해 발작, 학습장애, 언어문제를 겪고 있는 8세 10개월 여아가 그린 것이다. 그녀는 검사하는 동안 협조적이고 동기가 충만하며 다정했다. 그녀의 WISC-R 결과는 언어성 IQ=88, 동작성 IQ=60, 전체 척도 IQ=72였다. 하위 척도 점수의 범위는 공통성에서 10점, 미로에서 3점, 토막짜기에서 1점까지 다양했다. 광역성취도검사(Wide Range Achievement Test: WRAT)에서 그녀의 표준점수는 읽기에서 71점, 철자법에서 79점, 산술에서 68점이었다.

BGT에서 그녀는 〈표 11-2〉에 설명된 바와 같이 총 10개의 오류를 범했다. 그녀의 연령에 예상되는 평균 오류 수는 3개이다. 10개의 오류는 표준점수 58점이 되며, 그녀는 다섯 번째 백분위수 아래에 놓여 있다.

왜곡

18a. 모양의 왜곡, 곡선 대신에 3개 이상 분명한 각도나 교차점이 있는 경우, 의심스러운 경우에
     는 채점하지 않는다.

예:

18b. 직선으로 그려진 경우, 양쪽의 선이나 어느 한쪽의 선에 곡선이 전혀 없는 경우

예:

19. 통합

2개의 선이 교차되지 않고 있거나 한쪽의 선 혹은 2개 모두의 말단 부분에서 교차하고 있는
경우, 두 파선이 서로 얽혀 있는 경우

예:

20. 고집화

2개의 선이 어느 쪽에서든 6개 이상의 완전한 사인파(sinusoidal wave)가 그려진 경우

예:

사인 곡선

[그림 11-2] BGT 도형 6에 대한 아동의 가능한 Koppitz 오류

출처: Elizabeth M. Koppitz, *The Bender Gestalt Test for young children, Volume II: Research and application 1963-1973.* Allyn
and Bacon 출판사의 허락을 받고 게재함.

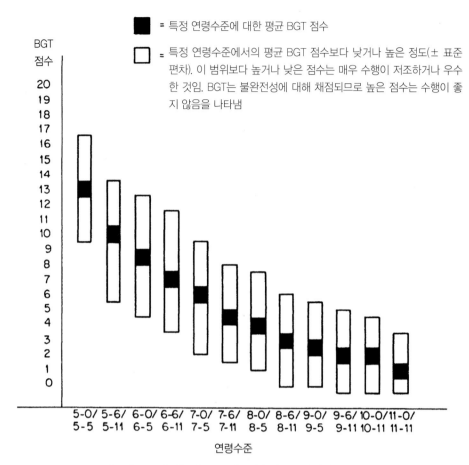

= 특정 연령수준에 대한 평균 BGT 점수

= 특정 연령수준에서의 평균 BGT 점수보다 낮거나 높은 정도(± 표준 편차). 이 범위보다 높거나 낮은 점수는 매우 수행이 저조하거나 우수한 것임. BGT는 불완전성에 대해 채점되므로 높은 점수는 수행이 좋지 않음을 나타냄

[그림 11-3] 아동의 BGT 평균점수와 표준편차의 분포

출처: 이 자료는 Koppitz의 1974 규준 표본(*N* = 975)에서 가져온 것임(Elizabeth M. Koppitz, *The Bender Gestalt Test for young children, Volume II: Research and pplication 1963-1973*. Allyn and Bacon 출판사의 허락을 받고 게재함).

〈표 11-2〉 뇌손상이 있는 한 아동의 Koppitz BGT 오류에 대한 설명(연령 8세 10개월)

도형	오류에 대한 설명	오류의 유형	오류 #
A	원과 다이아몬드가 접촉하지 않음	통합	3
1	선이 45도 이상 회전됨	회전	5
	열 지어 있는 점의 수가 15개 이상임	고집화	6
2	오류 없음	–	–
3	도형의 축이 45도 이상 회전됨	회전	11
4	도형이 45도 이상 회전됨	회전	13
	곡선과 박스가 1/8인치 이상 떨어짐	통합	14
5	도형이 45도 이상 회전됨	회전	16
6	오류 없음	–	–
7	육각형의 모양이 지나치게 잘못 그려짐	왜곡	21b
	두 육각형이 중첩되지 않음	통합	23
8	육각형과 다이아몬드가 지나치게 잘못 그려짐	왜곡	24

출처: Sattler, J. M. (1992). *Assessment of children* (3rd ed.). p. 709. San Diego, CA: Author. 허락을 받고 게재함.

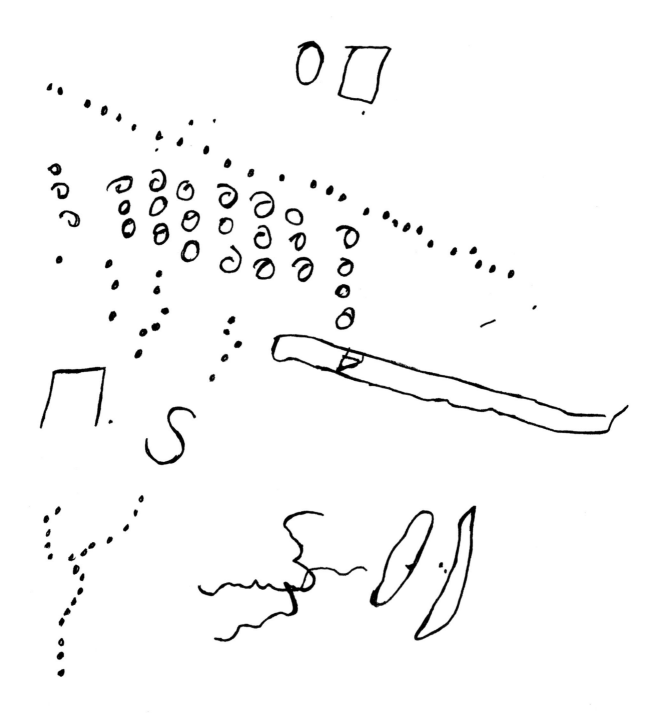

[그림 11-4] 우측 대뇌 반구에 수술이 불가능한 병변이 있는 8세 여아

Koppitz 채점방법의 타당도

연구자들은 Koppitz 방법의 타당도를 규준 자료, 점수와 다른 변인과의 관계, 학교준비도 예측 능력, 학습장애와 뇌손상 감지의 성공을 포함한 많은 준거에 따라 평가했다.

표준화

Koppitz는 1963년에 1,104명의 학교 아동을 대상으로, 그리고 1975년에는 975명의 아동을 대상으로 채점방법을 **표준화**하였다. 그녀는 1963년 책에서 두 집단의 결과를 제시했다. 98%가 백인이라는 점 외에 원래의 표본에 대해 알려진 세부사항은 거의 없다. 1975년 표본은 대부분 북동부 지역 출신(83%)이었고 백인 86%, 아프리카계 미국인 8.5%, 히스패닉계 미국인 4.5%, 아시아계 미국인 1%로 구성되었다. 그녀의 표본에 대한 다른 특성은 보고되지 않았다. 그녀의 1975년 책은 또한 Koppitz 채점방법의 타당도와 신뢰도에 관한 수백 편의 연구 결과를 제시했다. 예를 들어, 성(gender)의 효과와 관련하여 그녀는 원래 규준 자료 외에 18편의 연구를 인용했는데, 이 연구에서 여아와 남아(5~11세)의 평균 BGT 점수에 차이를 보이지 않았다. 연구대상의 아동들이 일반 학교 아동이든 정서나 학습에 문제가 있는 아동이든 모두 성별 차이는 발견되지 않았다. 결과적으로, 그녀는 자신의 채점방법에 대해 오직 한 세트의 규준 자료만 제공하기로 결정했다.

BGT 수행과 다른 변인과의 관계

지능 수준과 같이 BGT 수행과 관련될 수 있는 다른 많은 변인이 있다. Koppitz(1975)는 아동을 대상으로 한 13편의 연구를 검토하여 IQ와 BGT 점수 간에 −.19에서 −.66 범위의 상관관계를 밝혔다. 평균 정신능력을 가진 아동들을 대상으로 한 모든 연구는 유의한 관계를 보여 주었다. 뛰어난 지능을 가진 아동들에 대한 연구는 그렇지 않았다.

또 다른 변인인 **인종**은 아동의 BGT 점수에 지속적으로 영향을 미치는 것으로 나타났다. 연구를 검토한 결과, 아프리카계 미국인 아동들은 백인 아동들보다, 심지어는 불우한 백인 아동들보다 BGT 성적이 더 저조한 것으로 나타났다. 아메리카 인디언과 히스패닉계 미국인 아동들은 백인 아동들보다 더 느린 시각-운동 성숙도를 보였으나, 이 차이는 아동들이 나이가 들면서 사라졌다(Koppitz, 1975). Moore와 Zarske(1984)는 452명의 나바호 아동(6~16세)의 BGT를 평가한 결과, 그들의 점수가 백인 아동들의 점수와 비교하여 좋다는 것을 발견했다. BGT 수행과 인종적 차이에 대한 연구의 대부분은 소규모 표본에 기초하고 있다. 그러나 Sattler와 Gwynne(1982)은 다문화 다원주의 평가방법(System of Multicultural Pluralistic Assessment: SOMPA) 표준화 표본($N = 1,938$, 5~11세, 3개 인종집단의 인원이 균등함)에서 캘리포니아 아동들의 7개 연령집단과 3개 인종집단을 조사했다. 그들은 아프리카계 미국인 아동들이 백인 아동들보다 모든 연령수준에서 수행 능력이 낮았고(2배나 많은 오류를 범함), 히스패닉계 미국인 아동들보다 대부분의 연령수준에서 낮은 수행 능력을 가지고 있음을 발견했다. 후자의 집단은 일반적으로 백인 아동들과 동일한 수준으로 수행했다. 아프리카계 미국인 아동들의 수행 능력 저하에 대한 가능한 설명으로는 느린 지각-운동 발달, 지체된 성숙, 불충분한 동기부여, 그리고 인지결함 등이 있다. Taylor와 Partenio(1984)는 세 인종 집단에 균등하게 나누어진 652명의 아동을 대상으로 한 플로리다 SOMPA 표본에서 동일한 결과를 발견했다.

Zuelzer, Stedman 및 Adams(1976)와 마찬가지로 후자의 연구자들은 IQ를 통제하면 인종 효과의 상당 부분이 감소되거나 제거될 수 있다는 것을 발견했다. 평균 IQ 범위에 있는 아동들이 연령과 BGT 점수 간의 상관관계가 가장 높았다. 이는 IQ의 중간 범위에 속하는 아프리카계 미국인 아동들의 BGT 결과에 대해 더 높은 확신을 가질 수 있다는 것을 의미할 수도 있다.

그러나 이전의 어떤 연구도 다양한 인종집단이 서로 다를 수 있는 수많은 변인을 고려하지 않았다. 연구에 따르면, 일부 국가(예: 중국과 일본)의 육아 관행은 지각-운동 협응의 조기 발달을 선호하는 것으로 보인다. Helms(1992)는 검사 수행에 영향을 미칠 수 있는 아프리카계 미국인의 문화적 측면을 설명한다. Puente, Mora 및 Munoz-Cespedes(1997)는 스페인어를 사용하는 아동들의 신경심리평가의 복잡성을 탐구한다. 예를 들어, 그들은 서로 다른 문화적 환경이 서로 다른 패턴의 기능 발달로 이어질 수 있다는 점에 주목한다. 또한 사회문화적 배경이 다르다는 것은 종종 언어뿐만 아니라 의사소통 전략도 다르다는 것을 의미하는 경우가 많다. 특히 복잡한 검사의 경우에 간단한 번역은 부정확한 경우가 많으며, 영어로 아동을 평가하는 것만큼 많은 오류가 발생할 수 있다. 번역된 검사는 규준 자료를 제공하는 경우가 거의 없다. Sattler(1992)는 전반적으로 BGT가 다른 인지검사에 비해 문화적으로 덜 부담스럽다고 결론지었다. 이 검사는 지시사항이 상대적으로 단순하고 과제가 간단하고 비언어적이기 때문에 다양한 인종집단을 평가하는 데 특별한 이점을 가질 수도 있다.

학교준비도와 학업성취도의 예측

아동에게 BGT를 사용하는 원래의 목적 중 하나는 지각-운동 발달을 측정하여 **학교준비도와 학업성취도를 예측하는 지표**로 사용될 수 있도록 하기 위함이었다(Koppitz, 1975). 교육자들은 해당 연령수준에서 학습하는 데 특별한 주의가 필요한 아동들을 가능한 한 빨리 식별해야 할 좋은 이유가 있다. 추가적인 지적 · 정서적 후유증의 발생을 줄이기 위해서는 조기에 인지손상을 감지하는 것이 중요하다. 현대의 심리교육검사는 보통 BGT와 같은 지각-운동발달검사를 포함하여 다양한 기능의 측정을 포함한다.

연구에 따르면, BGT 점수와 학업성취도 간에는 정적 상관관계가 있는 것으로 나타났다. Koppitz는 1975년 책에서 .13~.58 범위의 54개 상관관계를 제시하고 있다. 그러나 그녀는 그 관계가 개별 아동의 성취도를 예측하기 위해 BGT만을 사용하기에는 충분히 높지 않다고 조언한다. 그녀는 또한 학생들이 이 검사에서 좋은 성적을 거두면 좋은 학업성취도를 예측할 수 있다고 믿는다. 그러나 낮은 학업성취도는 너무 많은 요인에 따라 달라지기 때문에 BGT는 학교에서의 실패를 예측하는 역할을 제대로 수행하지는 못한다(비록 1990년 Hartlage와 Golden이 보다 어린 아동들의 경우 더 나은 예측을 보여 주는 연구를 고찰했지만). Lesiak(1984)은 읽기성취도 예측인자로서 BGT에 대한 32편의 연구를 고찰하면서 이 검사가 특정한 읽기준비도 측정보다 열등하다고 결론지었다. 검사만으로는 읽기가 뛰어난 아동과 읽기에 어려움을 보이는 아동을 일관되게 구별할 수 없었다. 지각-운동 능력은 일반적으로 학교성공과 특별히 읽기성취에 필요한 기능의 한 측면일 뿐이므로 이러한 결과는 놀라운 일이 아니다. 예를 들어, Malatesha(1986)는 읽기능력이 언어적 정보를 개별적이고 **순차적**(sequential)인 방식뿐만 아니라 **동시적**(simultaneous)인 방식, 즉 형태 처리를 통해 처리하는 능력에 달려 있다고 설명한다. 어느 기능이든 부족하면 읽기문제가 발생할 수 있지만 BGT는 단지 동시처리 기능과 관련이 있다. 3학년 학생들로 구성된 세 집단(읽기가 정상인 아동, 읽기의 순차적 기능이 부족한 아동, 읽기의 동시적 기능이 부족한 아동)에게 BGT가 주어졌다. 예측된 결과를 얻었는데, 읽기가 정상인 아동들은 3.2점의 Koppitz 점수를 받았고, 순차적 처리가 부족한 아동들은 6.4점, 그리고 동시적 처리가 부족한 아동들은 10.3점을 받았다. 이 경우 BGT는 이 검사로 측정된 특정 기능과 관련된 어려움을 겪고 있는 읽기곤란 아동을 식별할 수 있었다.

또 다른 연구에서 Nielson과 Sapp(1991)은 저체중 출생아와 정상체중 출생아의 읽기와 수학에 대한 성취도를 비교했다. 예상대로, 저체중 출생아의 BGT 표준점수는 정상체중 출생아의 표준점수보다 낮았다. BGT는 또한 저체중 출생아의 학업성취도를 더 잘 예측할 수 있었는데, 이는 아마도 조산으로 인해 일종의 뇌기능장애나 발달지체가 발생했기 때문일 것이다. 게다가 Koppitz(1975)는 여학생들이 남학생들보다 더 낮은 지각-운동 능력을 뛰어나게 보상할 수 있기 때문에 남학생들의 낮은 BGT 점수는 학업문제를 예측할 가능성이 더 높다고 믿는다. 그녀는 또한 BGT 오류가 읽기보다 수학의 성취도와 더 관련이 있고 전반적인 학업기능을 가장 잘 예측한다는 것을 발견했다.

결론은 BGT가 모든 학령기 아동집단의 학교준비도나 학업성취도를 측정하는 단일 척도로서 만족스럽지 않다는 것이다. 그러나 이는 검사집단 내에서 특정 기능을 측정하는 데 유용한 것으로 보인다.

또한 BGT가 검사에 의해 측정되고 학교성공과 관련된 기능이 부족한 학생들의 하위 집단을 식별할 수 있다는 예비 증거가 있다. 예를 들어, 언어결함이 있는 아동은 시각-공간 처리에 어려움이 있는 아동보다 BGT에 의해 식별될 가능성이 훨씬 낮다(Franzen & Berg, 1989).

학습장애 감지

최근 조사에 따르면, 학습장애 사례가 급격히 증가하고 있지만 지적장애와 언어장애를 가진 학교 아동의 수는 감소하고 있다. 학습장애를 가진 아동의 추정치는 최대 20%에 달하며, 많은 경우 학습장애 진단을 받지 못한다. 이러한 증가는 인식 제고, 고위험 영아의 생존율을 높이는 의학적 발전, 자궁 내 마약에 대한 노출 증가 및 기타 원인 등에 의해 기인한다(Bigler, Nussbaum, & Foley,

1997). 이제 우리는 학습장애의 진단 범주가 균일한 장애가 아니라는 것을 알고 있다.

　이전 연구에서는 학습장애의 특정 영역(읽기, 철자법, 쓰기, 수학)에 따라 다양한 유형의 학습장애가 있다는 것을 규명하였다. 보다 최근에는 각 영역 내에서도 하위 유형이 등장하고 있다. 이러한 하위 유형은 증상, 신경심리학적 결과, 신경학적 패턴에서 차이가 있다(James & Selz, 1997). 일부 하위 유형은 지각-운동 영역에 어려움이 있는지 여부에 따라 구분된다. 예를 들어, Rourke와 그의 동료들은 광범위한 연구를 통해 학습장애의 세 가지 하위 집단을 확인하였다. 이들 중 단 하나만이 빈약한 시각-공간적 기능을 포함한다(Rourke, 1985). 수학장애 영역에서 그는 수학과제에 대한 두 가지 하위 집단을 발견했다. 하나는 읽기장애로 인한 것이고, 다른 하나는 시각-공간적 장애로 인한 것이다. 후자는 공간 조직, 시각적 세부처리 및 쓰기 근육운동기능과 관련이 있다(Rourke, 1993).

　Snow와 Desch(1988, 1989)는 학습장애 및 행동장애로 인해 대학 소아과 클리닉에 의뢰된 아동들에 대한 두 가지 조사에 대해 보고했다. 이 아동들은 BGT 점수, IQ, 의료 및 발달 이력, 사회적 혹은 적응적 행동이 크게 다른 여러 집단으로 군집분석이 될 수 있다. 그들의 연구는 다양한 분야의 직원에 의해 광범위한 평가를 받은 1,204명의 아동과 청소년(대부분 백인, 남성 72%, 평균 연령 =9.75세) 집단을 대상으로 수행되었다. 두 번째 연구에서 사례는 다음과 같이 5개의 하위 집단으로 분류되었다.

1. IQ가 평균 이상, BGT 오류가 거의 없음(평균 = 4.36), 의학적 또는 발달적 지표가 거의 없음
2. 1번과 비슷하지만 IQ가 낮으며, 평균 BGT 오류 = 5.05
3. 동작성 IQ(PIQ)<언어성 IQ(VIQ), 높은 BGT 오류(8.38), 선천적 기형
4. PIQ>VIQ, 경계선 IQ, 평균 BGT 오류 = 7.14, 언어발달 지체
5. 경미한 지체, 가장 많은 BGT 오류 수(평균 = 12.03), 의학적 및 발달적 지체의 병력

　그들의 결과는 BGT만으로 모든 학습장애 사례를 식별할 수 없는 이유를 설명하는 데 도움이 된다. 비록 일부 아동은 학습장애의 중심에 지각-운동 결함을 가지고 있지만, 학업적으로 다른 결함이 있는 많은 학생은 다른 뇌기능에도 손상을 가지고 있다.

　아동의 학습장애와 관련된 혁신적인 연구에서 Locher와 Worms(1977)는 BGT 시각적 스캐닝(visual scanning: 얼굴이나 물체 및 풍경을 포함한 다양한 종류의 시각적 자극을 탐색하는 것) 전략을 사용하여 지각장애와 신경장애가 있는 사람들의 시각적 인코딩(visual encoding: 시각적 정보를 기억에 저장하는 것) 과정을 조사했다. 참가자는 지각장애, 신경장애 및 비장애 6~12세 아동 각각 8명이었다. 확대된 자극도형은 광각 고분자 안구운동 기록 장치에 부착된 후방 투사 화면에 비쳐졌다. 비쳐진 자극도형은 아동의 오른쪽 눈에 반사되어 안구운동 기록 장치의 시야 포트에 설치된 비디오 카메라로 기록되었다. 이로 인한 주변 시력이 낮은 아동은 자극을 스캔하도록 강요했다. 그리고 나서 주의 이동(attention shifts)은 안구운동의 형태를 취했다.

　참가자들은 종이에 그것을 그릴 수 있다고 믿을 때까지 각 자극을 보도록 요구받았다. 스캐닝 절차 며칠 전에 각 아동에게 표준 방식으로 BGT의 모사단계를 실시했다. 안구운동을 분석하기 위해

비디오테이프는 느린 속도로 재생되었다. 시선의 전체 순서와 시청 시간이 각 도형의 모사본에 기록되었다.

　이 세 집단 아동들의 스캐닝 전략이나 인코딩 과정에서 명확하고 일관된 차이가 발견되었다. 손상이 없는 아동들은 도형의 두드러진 구조적 특징의 대부분 또는 전부를 스캔하기 위해 효율적인 방법으로 고정 장치를 사용했다. 그들은 전체 자극을 살펴본 다음, 정보 내용이 적은 영역을 무시하고 정보 내용이 많은 영역에 고정했다([그림 11-5] 참조). 이러한 정보 영역의 예는 도형의 부분들 간의 윤곽선의 변화나 접촉점의 변화이다. 정보 내용이 많은 자극 부분을 인코딩하기 위한 체계적인 선택은 자극의 최대 내부 **조직화**(organization)로 이어진다.

　이와 대조적으로, 지각장애가 있는 아동의 스캐닝 전략은 종류보다는 정도의 문제였다. 인코딩하는 데 더 많은 시간이 필요했고, 훨씬 덜 체계적이고 효율적이었다. 이 아동들은 더 많은 고정 장치를 사용했고, 이전에 조사한 영역을 다시 고정했으며, 각 도형의 두드러진 특징을 덜 인코딩했으며, 자극에서 벗어난 위치를 포함하여 정보 내용이 적은 영역에 자주 고정되었다([그림 11-5] 참조).

　신경장애가 있는 아동의 인코딩 과정은 장애가 없거나 지각장애가 있는 아동의 인코딩 과정에 비해 정도 및 종류가 모두 달랐다. 그들은 자극에 집중했을 뿐만 아니라 종종 화면에서 완전히 벗어났다. 그들은 또한 디스플레이를 무작위로 스캔하는 사이에 2~5초 동안 낮은 정보 자극 지점을

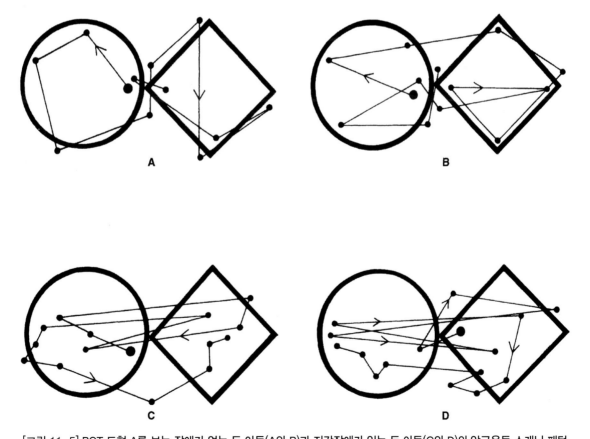

[그림 11-5] BGT 도형 A를 보는 장애가 없는 두 아동(A와 B)과 지각장애가 있는 두 아동(C와 D)의 안구운동 스캐닝 패턴

출처: Locher, P., & Worms, P. (1977). Visual scanning strategies of neurologically impaired, perceptually impaired, and normal children viewing the Bender Gestalt designs. *Psychology in the Schools, 14*, 151. John Wiley & Sons 출판사의 허락을 받고 게재함.

빠른 속도로 응시했다.

장애가 없는 아동과 지각장애가 있는 아동 사이에는 스캐닝 전략의 명확한 차이가 관찰되었지만, BGT 모사 수행에는 차이가 없었다. 대조적으로, 신경장애가 있는 아동의 모사 수행은 다른 두 집단의 모사 수행과 명확하게 구별될 수 있었다. 모든 BGT 프로토콜의 각 도형은 5점 척도(5 = 매우 정확한 모사)로 모든 구조적 구성요소의 '모사의 우수성'으로 평가되었다. 모든 도형의 평균 평점은 장애가 없는 아동의 경우 3.29(SD = .76), 지적장애가 있는 아동의 경우 3.25(SD = .93), 그리고 신경장애가 있는 아동의 경우 1.81(SD = .88)이었다.

이 연구의 저자들은 아동의 BGT 시각적 스캐닝 패턴을 조사하여 제공된 정보를 통해 운동기능과 무관하게 시각적 지각을 평가할 수 있다고 제안한다. 지각장애가 있는 아동의 운동기능은 영향을 받지 않았기 때문에 시각적 인코딩 과정에 대한 정보는 아동의 학습장애 유무와 유형을 감지하는 데 유용할 수 있다. 아동이 어떤 것에 집중하는 데 더 많은 문제를 겪을수록, 그리고 과제를 수행하고 시각적 자극의 관련 구조적 특징에 주의를 기울일수록 아동이 감각적 자극을 인식하고 해석하는 데 어려움을 겪을 가능성이 더 높으며, 따라서 학습장애를 보일 가능성이 높아진다(Pirozzolo, Campanella, Christensen, & Lawson-Kerr, 1981). 읽기와 같은 복잡한 기능을 학습하려면 효율적인 스캐닝 전략이 필요하다. 이 연구에서 장애가 있는 두 집단의 아동은 유형은 다르지만 인코딩 기술에서 모두 심각한 결함을 보였다. 이러한 과정에 대한 정보는 비효율성을 극복하기 위한 개별화된 시각-운동 훈련 전략을 계획하는 데 사용될 수 있다(Heaton & Pendleton, 1981; Satz & Fletcher, 1981).

결론적으로, 학습장애를 평가하는 것은 다양한 하위 유형의 결함이 있을 가능성이 높기 때문에 복잡한 과제이다. 연구에 따르면, 가장 좋은 접근방식은 뇌의 다양한 기능을 활용하는 다양한 측정방법을 사용하는 것이다. 지각-운동 기능은 학습장애의 여러 하위 유형에서 중요한 역할을 하는 것으로 보이기 때문에 이 기능의 척도가 배터리에 포함되어야 한다(D'Amato et al., 1997; Franzen & Berg, 1989). BGT는 특정 학습장애의 하위 유형을 가진 일부 아동을 식별하는 데 성공적인 것으로 밝혀졌다.

뇌손상

현대 신경심리학 운동 내에서 아동평가에 대해 상당히 다른 접근방식의 사용을 옹호하는 2개의 다른 진영이 있다. 하나는 아동에게 사용하도록 수정된 할스테드-레이탄 배터리(Halstead-Reitan Battery)와 루리아-네브래스카 배터리(Luria-Nebraska Battery)와 같은 전문적인 신경심리검사에 주로 의존한다. 다른 하나는 더 널리 퍼진 진영으로, 전통적인 심리검사를 사용하면서 신경심리학적 초점을 사용하는 것을 선호하는 심리학자들로 구성되어 있다. 후자의 진영은 원래 아동을 위해 구성되지 않은 검사의 사용과 뇌손상의 발달 측면을 고려하지 않은 검사의 사용에 의문을 제기한다(D'Amato et al., 1997). 아동의 인지기능은 성인의 인지기능과 상당히 다르다. 인지기능의 결핍이 반드시 뇌의 특정 부위의 손상과 연관되어 있는 것은 아니다. 더 높은 수준의 인지능력은 뇌의 다양한 부위에서 뇌손상의 영향에 민감할 수 있다(Franzen & Berg, 1989). 따라서 BGT는 우측 두정엽 손상을 구체적으로 측정하는 검사로 여겨지지만, 그 특정 뇌 부위에만 국한되지 않는 기능장애를 가진 아동에게 유용할 수 있다. 다음은 아동의 뇌기능장애의 일부 측면을 측정하기 위해 혁신적인 방법으로 BGT를 사용한 여러 연구에 대한 설명이다.

Shapiro, Shapiro 및 Clarkin(1974)은 2세에서 13세 사이에 시작되는 희귀한 잠행성 질환인 질드라 투렛 증후군(Gilles de la Tourette syndrome: GTS)의 원인을 조사했다. 프랑스 의사 Georges Gilles de la가 처음 보고한 이 질환은 자신의 의지와 무관하게 발생하는 순간적인 행동(움직임)과 소리를 내는 등 경련을 일으키는 신경질환이다. 증상에는 눈 깜빡임과 얼굴 찡그림, 물건 던지기, 머리 흔들기, 어깨 들썩이기, 코 킁킁거리기, 욕을 하거나 동물의 울음소리 내기 등이 있다. 1974년에 많은 임상가는 투렛 증후군의 원인이 심리적인 것이라고 믿었고, 다른 사람들은 생물학적 인과관계가 있다는 관점을 지지했다.

BGT는 투렛 증후군 환자 30명(16세 미만 14명, 16세 이상 16명)에게 IQ 검사, 뇌파 검사(EEG), 신경의학적 및 정신건강의학적 평가와 함께 주어졌다. BGT는 11세 미만의 환자에게는 Koppitz 방법으로 채점하였고, 다른 모든 환자에게는 Hutt-Briskin(1960) 방법으로 채점하였다. 모든 출처의 자료는 투렛 증후군 환자의 중추신경계 이상이 있다는 가설을 뒷받침했다. IQ 검사에서 37%가 뇌손상이 있는 것으로 확인된 반면, BGT에서는 83%가 뇌손상이 있는 것으로 확인되었다. 두 검사를 결합한 심리검사에 따르면, 환자의 77%가 경미하거나 현저한 뇌기능장애를 가지고 있는 것으로 평가되었다. 이 수치는 뇌파 검사, 신경의학적 또는 정신건강의학적 평가에서 뇌손상이 있는 것으로 확인된 약 50%와 대조된다.

또 다른 연구에서는 BGT를 사용하여 2개의 암페타민 광학 이성질체가 미세 뇌기능장애(Minimal Brain Dysfunction: MBD)를 가진 아동들에게 미치는 차별적인 효과를 평가하였다(Arnold, Huestis, Wemmer, & Smeltzer, 1978). 레보암페타민(levoamphetamine)과 텍스트로암페타민(dextroamphetamine)은 이전에 미세 뇌기능장애, 과잉행동, 또는 학습장애가 있는 아동들의 행동과 체외 대사 활동에 유익한 효과가 있는 것으로 나타났다. 그러나 이 두 약물이 학교성적의 중요한 요소인 시각-운동 기능에 미치는 효과는 이전에 조사되지 않았다.

연구자들은 이 두 약물과 가짜약(placebo)에 대한 이중맹검(double-blind), 교차, 무작위 라틴 방진(Latin-square: 각 행과 열이 각각 주어진 알파벳의 문자를 모두 중복되지 않게 포함하는 정사각 행렬) 비교의 일부로 BGT 수행을 조사했다. 참가자는 MBD 진단을 받은 4~12세($M = 8$세)의 남아 26명과 여아 5명이었다. BGT의 결과는 4개의 시점, 즉 약물 전 단계와 3개의 4주 약물 조건이 각각 종료되는 시점에서 획득되었다. '맹검' 채점자는 Koppitz 방법을 사용했다.

행동적으로 두 약물 모두 위약보다 유의하게 우수하고 대략적으로 서로 비슷했다. 그러나 지각-운동 기능은 약물 중 하나인 텍스트로암페타민에 의해서만 유의하게 향상되었다. 연구자들은 암페타민이 시각-운동 수행에 미치는 영향은 행동에 미치는 영향과는 다른 신경약리학적 기제(mechanism)를 통해 매개된다고 제안한다. 그들은 약물 효능 연구에서 단순한 행동 변화 그 이상의 모니터링이 중요하다고 강조한다.

다른 두 연구에서는 부모의 알코올 중독(Werner, 1986) 또는 어머니의 만성 마약 사용에 대한 자궁 내 노출(Davis & Templer, 1988)의 장기적인 영향에 대한 조사의 일환으로 지각-운동 기능을 측정했다. 이전 연구에서는 알코올 중독자 부모를 둔 49명의 하와이 자손을 대상으로 수년에 걸쳐 BGT를 포함해 광범위한 평가를 실시했다. 참가자들은 심각한 대처 문제가 있는 사람과 그렇지 않은 사람으로 나뉘었다. 또한 아동의 성별과 알코올 중독자 부모가 어머니인지 아버지인지 여부에 따른 효과를 측정했다. 회복력이 강한 집단은 알코올 중독자 아버지의 자손인 여성으로 불균형하게 구성되었다. 10세와 18세의 회복력이 있는 자손은 심각한 대처 문제가 있는 자손보다 BGT에서 훨씬 적은 오류를 범했다(18세에서 1.4 대 2.8의 오류). 특히 임신 중에 알코올을 섭취한 어머니를 둔 아동 집단이 취약했다. 이들 중 33%가 뇌손상을 나타내는 BGT 점수를 받았다.

Davis와 Templer(1988) 연구에서는 6세에서 15세 사이의 마약에 노출된 아동 28명을 동일한 수의 노출되지 않은 아동과 비교했다. 평가에는 WISC-R, BGT, 빠른 신경학적 선별검사 및 행동평가 척도가 포함되었다. 마약에 노출된 집단은 동작성 및 전체 IQ가 유의하게 낮았고, BGT 오류 수가 더 많았으며(6.95 대 3.42), 더 심각한 행동을 보였다. 두 집단은 BGT 정서지표에 차이가 없었다. 자궁 내에서 메타돈(methadone)에 노출된 아동은 헤로인(heroin)에 노출된 아동보다 더 많은 손상을 보였다.

요컨대, BGT를 사용한 많은 연구는 단순히 진단 정확도에 초점을 맞추는 것을 뛰어넘었다. 연구자들은 이 검사를 통해 수술 절차를 평가하는 것부터 아동의 시각적 인코딩 과정을 조사하는 것에 이르기까지 이전에 탐구되지 않은 영역에서의 다양한 행동을 연구해 왔다. 이러한 혁신적인 영역에서 더 많은 작업을 수행하면 BGT의 유용성이 임상가에게 확장될 것이다.

Koppitz 채점방법의 신뢰도

신뢰도에 관해서 Koppitz(1975)는 연령과 재검사 간격(당일부터 8개월까지)에 따라 .53~.90의 검사-재검사 신뢰도(test-retest reliability) 범위를 보고하고 있다. 그러나 Sattler(1992)는 이러한 연구의 신뢰도 중앙값($r = .77$)이 아동의 지각-운동 기능에 대한 진단적 결정을 보장할 만큼 충분히 높지 않으며, 대신 다른 자료로부터 확인되어야 하는 가설을 세우기 위해 결과를 사용해야 한다고 말한다.

채점방법은 비교적 쉽게 익힐 수 있는 것으로 보인다. Morsbach, Del Priori 및 Furnell(1975)은 검사 경험이 없는 4명의 학부생이 Koppitz 지침서를 읽음으로써 확실하게 채점하는 방법을 배울 수 있다는 것을 발견했다. 이들의 결과는 경험이 풍부한 심리학자 4명의 결과와 일치했다. 31편의 연구에서 채점자 간 신뢰도(interscorer reliability) 범위는 .79~.99였으며, 연구의 89%가 .89 이상을 달성했다. 그러나 Koppitz(1975), Tolor와 Brannigan(1980)은 임상가들에게 분류를 할 때 모두 낮은 신뢰도를 보이는 네 가지 유형의 특정한 오류보다는 총 점수에 의존하도록 경고한다. 예를 들어, Neale과 McKay(1985)는 200명의 6세 아동의 프로토콜을 분석하여 총 점수에 대해 평정자 간 일치도가 92%라는 것을 발견했다. 개별 점수의 경우 도형 A의 모양 왜곡이 71%에서 도형 A의 회전이 94%에 이르기까지 다양했다.

아동을 대상으로 한 BGT의 다른 객관적 채점방법

1960년대와 1970년대에 아동에게 사용하기 위해 많은 다른 BGT 채점방법이 개발되었다. 그러나 그중 어느 것도 오랫동안 지속될 만큼 강력하거나 효과적이지 못했으므로 여기서는 검토하지 않을 것이다. 지난 30년 동안 엄격하게 객관적인 평가방법(예: Koppitz 방법)과 임상가의 직관적인 판단으로부터 더 많은 입력을 허용하는 방법의 상대적 장점에 대한 의견 차이가 계속되어 왔다. 일부 심리학자는 후자의 접근방법을 사용하면 BGT 도형을 모사하는 데 필수적인 지각, 운동 및 발달 요인에 대한 보다 풍부한 분석이 가능하다고 생각한다. 최근에 발표된 채점방법은 양적(정량적) 요소와 질적(정성적) 요소를 통합하려고 시도한다. 질적 채점방법(Qualitative Scoring System: QSS; Brannigan & Brunner, 1989)은 원래 BGT 도형 중 6개(A, 1, 2, 4, 6, 8)만 사용한다. 이들 도형은 덜 어렵다고 생각되므로 아동들의 평가에 가장 적합하다고 생각되는 것들이다. QSS의 경우, 채점 매뉴얼에 제공된 준거에 기초하여 닥치는 대로의 그림부터 완벽한 표현까지 6개 도형 각각에 0~5점의 점수가 할당된다. 이 접근방법에 대한 초기 연구는 유망하다. 예비연구의 대부분은 이 방법의 연구자에 의해 수행되었다. 예를 들어, Brannigan, Aabye, Baker 및 Ryan(1995)은 QSS와 메트로폴리탄성취도검사(Metropolitan Achievement Test: MAT; 1~4학년의 수학, 읽기 및 언어 능력 측정) 간의 상관관계가 Koppitz 채점방법과 MAT 간의 상관관계보다 더 높다는 것을 발견했다.

정서지표

Koppitz 채점방법의 두 번째 부분은 아동의 정서적 안정성을 다룬다. Koppitz 발달적 점수로 측정된 지각-운동 협응에 문제가 있는 아동은 정서적 문제에 취약할 수 있지만 항상 정서적 문제로부터 고통을 받는 것은 아니다. Koppitz는 원래 1963년에 BGT에 10개의 정서적 문제 지표를 지정했고, 1975년에 2개를 더 추가했다. 그녀는 그 지표들이 지각-운동 기능의 발달 수준과 무관하다고 믿었다. 12개 정서지표의 예로는 **과소묘사**(small size: 자극도형의 절반 이하 크기), **가는 선**(fine line: 관찰하는 데 노력이 필요할 정도로 너무 얇게 그린 선), **부주의한 가중묘사**(careless overwork) 또는 **심하게 강한 선**(heavily reinforced lines), **반복시행**(second attempts: 첫 번째 시도를 제거하지 않고 두 번째 그리기) 및 **확장**(expansion: 두 장 이상의 용지를 사용하여 9개의 도형을 그리기) 등이 있다. Rossini와 Kaspar(1987)는 7~10세의 정상아동과 적응장애 또는 행동장애가 있는 아동의 BGT 정서지표를 비교했다. 발달 수준을 통제한 결과, 두 임상집단 모두 정상아동(1.42개)보다 더 많은 정서지표(적응장애 2.12개, 행동장애 2.57개)를 나타냈지만, 두 임상집단은 서로 다르지 않은 것으로 나타났다.

Koppitz는 각각의 정서지표에 대해 진단, 성격 및 학교 행동과 관련된 연구 결과를 요약하고 있다. 일반적으로 이러한 정서지표의 사용에 대한 확신을 불러일으키기에는 연구의 양과 유형이 부족하다. Koppitz는 하나의 정서지표가 반드시 아동에게 심각한 정서적 문제가 있음을 의미하지는 않는다고 믿는다. 일부 연구에서는 심각한 정서장애에 대한 의심을 불러일으키려면 최소한 세 가지 정서지표가 필요하다는 것이 밝혀졌다. Rossini와 Kaspar(1987)는 정신병리 진단을 고려할 때 두 가지 이상의 정서지표가 필요하다는 것을 발견했다. 정신병리의 정도와 가장 관련이 있는 것으로 밝혀진 세 가지 지표는 ① 용지에 혼란스러운 순서(confused order)로 그려진 그림, ② 과대묘사(large size: 자극도형보다 최소 2배 큰 그림), ③ 도형 주위에 그려진 상자(box)이다. 정서지표 중 5개는 통제집단에서 빈도가 낮았고(앞 단락에 설명된 5개 정서지표 참조), 나머지 지표는 어떤 집단에서도 거의 나타나지 않았다. 어떤 경우든 Koppitz는 이러한 가설을 다른 검사 자료 및 아동 관찰의 사항과 비교하여 검증할 것을 권장한다.

이러한 공식적인 정서지표 외에도 많은 아동심리학자는 BGT를 완료하는 데 걸리는 시간을 성격 요인의 유용한 지표로 꼽고 있다. 예를 들어, Sattler(1992)는 BGT를 완료하는 데에 지나치게 많은 시간을 소요하는 아동은 매우 느리고 체계적인 문제해결 접근법을 가지고 있거나, 강박적이거나 우울할 수 있는 아동이라고 말한다. 도형을 지나치게 빨리 완성하는 아동은 문제해결에 있어서 매우 충동적일 수 있다.

아동의 BGT 결과에 대한 해석

연구와 임상 경험에 따르면, BGT는 초등학교 아동의 학교준비 상태, 학습장애, 지각-운동 결손, 뇌손상 및 정서문제를 평가하는 데 귀중한 자산이다. 그러나 단일 검사(single test)가 아니라 다른 요인을 측정하는 다른 배터리검사 내에서 사용될 때 아동의 지각-운동 발달(perceptual-motor development)의 성숙도를 나타내는 지표로서 BGT의 가치가 있다. 또한 이러한 검사는 발달적 역사, 신체적 건강, 사회적 상호작용, 학습 진전도 및 전형적인 행동 패턴에 대한 정보와 함께 사용되어야 한다. BGT 결과의 해석은 또한 아동의 지각-운동 과정에 대한 몇 가지 기본 지식을 가정한다(감각-지각 과정의 복잡한 패러다임에 대해서는 Williams, 1983 참조). 진단을 위한 마지막 핵심 요소는 아동이 9개의 도형을 모사하기 위해 사용하는 과정(process), 즉 검사 행동을 임상가가 주의 깊게 관찰하는 것이다. 이러한 모든 요소는 중요하며 철저한 평가를 위해 통합되어야 한다.

BGT 해석의 몇 가지 일반적인 원칙은 Sattler(1992)에 의해 제시되었다. BGT 도형의 정확한 모사와 관련된 기술에는 "적절한 미세운동 발달, 지각적 식별 능력, 지각 및 운동 과정을 통합하는 능력"(p. 361)이 포함된다. 그러나 과제 수행의 어려움에는 자극과 모사된 도형 간에 주의를 전환할 수 없거나, 입력 정보에 대한 잘못된 인식, 실행 문제 또는 기억의 잘못된 저장 및 검색 등과 같은 결함이 포함될 수 있다. "부적절한 시각-운동 수행은 성숙지체, 제한된 지적 자극, 검사 장면에 대한 생소함, 또는 신경손상이 관련될 수 있다."(p. 361) Sattler는 또한 빈약한 수행이 출력(운동 또는 표현) 기능 때문인지 아니면 입력(지각 또는 수용) 기능 때문인지를 구별하기 위한 몇 가지 단서를 제공한다. 아동이 도형을 그리는 데 어려움을 겪는 것처럼 보인다면 출력 문제가 발생할 가능성이 더 크다. 그럼에도 불구하고 인식되지 않은 오류를 나타낼 가능성이 가장 높은 그림을 쉽게 그리는 것은 입력 문제를 의미할 가능성이 높다. 오류를 인식할 수는 있지만 오류를 수정할 수 없으면 출력 문제가 있다는 신호일 수 있다. 오류를 볼 수 없다는 것은 입력의 결함을 의미할 수 있다.

　심리학자가 BGT 수행 저하를 뇌기능장애 또는 학습장애로 해석하기 전에 배제해야 하는 다른 요인으로는 시력 저하, 질병, 피로, 스트레스 및 지적장애와 같은 신체장애, 환경적 결손, 그리고 동기 부족이 있다.

　BGT는 많은 아동의 어려움을 진단하는 데 유용한 도구로 널리 알려졌지만, 특정 진단을 나타내는 특정 징후는 오랫동안 지속될 만큼 강력하거나 효과적이지 못했거나 과학적 조사를 견뎌 내지 못했다. 5~10세 아동의 경우 BGT는 지각-운동 성숙을 평가하는 데 가장 유용한 것으로 보인다. 만약 이 검사에서 지각-운동 곤란이 발견되면, 정확한 진단을 내리기 위해 해당 지식을 아동에 대한 다른 많은 정보와 통합되어야 할 것이다. Sattler(1992)는 이러한 과정, 즉 검사와 다른 출처의 정보와 통합하기, 진단에 도달하기, 권고하기를 자세히 설명하는 우수한 아동에 대한 사례를 제공했다.

청소년을 대상으로 한 BGT의 활용

　　앞의 장에서 알 수 있듯이 아동을 대상으로 벤더게슈탈트검사(Bender Gestalt Test: BGT)를 활용하는 것에 대한 풍부한 임상적 정보와 연구가 있다. Koppitz(1975)는 오직 아동의 시각-운동 지각의 성숙도를 측정하기 위해 그녀의 널리 사용되는 채점방법을 설계했다. 그녀는 발달적으로 정상적인 아동의 지각-운동 기능이 10세 때까지 완전히 성숙하다고 믿는다. 이 연령 이후에는 더 이상 이 인지기능의 성숙도를 평가할 필요가 없다. Koppitz 규준(1975)은 그러한 발달의 정체기(plateau)에 대한 증거를 보여 준다. 10세와 11세까지 아동들은 최대 30개의 BGT 오류 중 평균 2개 미만의 BGT 오류를 범한다. 따라서 Koppitz는 청소년을 대상으로 한 BGT 평가가 제한적이거나 전혀 사용될 수 없다고 믿는다. 결과적으로, 그녀의 채점 규준은 단지 11세까지만 적용된다.

　　성인 채점방법(제3장 참조)의 경우, 규준은 18세부터 시작된다. 그 결과, 12~17세의 개인들에게 이 검사를 사용하는 것에 대한 정보가 거의 없는 일종의 청소년 변방 지대가 생성된다. 임상적으로, 심리학자들은 때때로 어린 십대들에게는 Koppitz 방법을 사용하고, 더 나이가 많은 십대에게는 성인을 대상으로 하는 방법을 사용하라고 권고받았다. 그러나 최근까지 이러한 관행의 근거를 뒷받침하는 연구는 없었다. 불행하게도 잘 실행되고 널리 보급된 연구가 없는 상황에서 많은 심리학자는 주관적인 판단에 의존하여 청소년 BGT 점수를 해석한다.

　　이 장에서는 청소년을 대상으로 한 BGT 평가를 위해 보다 객관적인 자료를 제공하는 것을 목표로 하는 최근의 연구 결과를 확인해 볼 수 있다. 십대 내담자나 환자의 경우 이제 Koppitz 방법과 Lacks 방법 모두에 대한 예비 규준이 있다. 이 장의 말미에는 이러한 방법의 사용을 입증하기 위해 두 청소년의 사례가 예시적으로 제공된다. 일반적으로 실시와 행동 관찰을 위한 절차는 사용되는 특정 채점방법을 따라야 한다. 그러나 청소년 내담자나 환자가 더 높은 연령대에 있다면 성인을 검사하기 위한 지침이 더 적절할 것이다.

청소년을 위한 BGT 채점

청소년을 위한 BGT 규준 자료와 인구통계학적 변인의 효과에 대해 간략하게 고찰하면 다음과 같다.

청소년 규준 자료

세 세트의 조사자들이 비환자 청소년과 정신장애 또는 신경장애가 있는 청소년 모두를 대상으로 Koppitz 방법(1963, 1975)의 타당성을 연구했다. 1988년에 McIntosh 등은 청소년(12~16세) 337명의 BGT 프로토콜에 대해 Koppitz 채점방법을 적용했다. 이들 중 150명은 특수교육이나 정신건강 서비스를 받은 이력이 없는 일반 공립학교에 재학 중인 비환자 학생들이었다. 또 다른 140명은 정서장애(37%), 품행장애(29%), 적응장애(18%), 정신증(4%)과 같은 진단을 받은 '정서적으로 불안한' 환자들이었다. 세 번째 집단은 지적장애, 신경손상 또는 두 가지 모두를 가지고 있는 입원환자 47명으로 구성되었다. 표본 구성은 여성 54%, 아프리카계 미국인 19%였다.

〈표 12-1〉은 연령 및 하위 진단집단별 Koppitz 채점방법에 대한 McIntosh 등(1988)의 결과를 나타낸 것이다. 결과는 연령과 진단 모두에서 유의한 효과가 있는 것으로 나타났다. 신경손상이 있는 집단은 서로 차이가 없는 다른 두 집단보다 더 많은 오류를 범했다. 연령이 증가할수록 오류가 감소하는 경향이 있었다.

Bolen, Hewett, Hall 및 Mitchell(1992)은 McIntosh 등(1988)과 매우 유사한 연구를 수행했다. 그들은 특수교육 서비스를 받은 적이 없는 청소년만을 대상으로 했으며, 11.5~15세의 학생 311명(여성 52%, 아프리카계 미국인 59%)이었다. 그들은 McIntosh 등(1988)의 결과와 매우 유사한 결과를 발견했다. Koppitz 오류의 평균 수는 가장 어린 집단의 경우 1.83개($SD = 1.10$, 범위 0~4)였고, 가장 나이가 많은 집단의 경우 1.42개($SD = 1.14$, 범위 0~6)였다. Shapiro와 Simpson(1995)은 행동장애와

〈표 12-1〉 연령과 하위 진단집단별 Koppitz 점수 평균과 표준편차

연령	비환자			정서장애			지적장애/뇌손상		
	M	SD	N	M	SD	N	M	SD	N
12세	3.50	2.84	30	2.74	2.16	19	5.13	3.04	8
13세	1.83	1.49	30	1.93	1.94	29	5.63	4.75	8
14세	1.27	1.76	30	1.38	1.39	26	6.63	4.57	8
15세	1.27	1.39	30	1.53	1.85	30	3.25	2.59	16
16세	1.67	1.52	30	1.28	1.75	36	3.29	2.87	7
전체	1.91	2.03	150	1.69	1.86	140	4.55	3.62	47

출처: McIntosh, J. A., Belter, R. W., Saylor, C. F., Finch, A. J., & Edwards, G. L. (1988). The Bender-Gestalt with adolescents: Comparison of two scoring systems. *Journal of Clinical Psychology, 44,* 226-230, 표 1, p. 228. John Wiley & Sons 출판사의 허락을 받고 게재함.

정서장애가 있는 87명의 청소년 입원환자(12~17세, 여성 49%, 아프리카계 미국인 44%)를 대상으로 Koppitz 방법에 대한 세 번째 연구를 수행했다. 그들은 또한 McIntosh 등(1988)의 결과와 매우 유사한 결과를 발견했다. 평균 오류 수는 가장 어린 집단의 경우 2.57개(SD=1.99, 범위 0~6)에서 가장 나이가 많은 집단의 경우 1.00개(SD=1.00, 범위 0~3)였다. 오류 점수는 기분, 행동, 적응의 진단 범주 간에 큰 차이가 없었다.

같은 연구에서 McIntosh 등(1988)은 또한 Koppitz 채점을 Hutt-Briskin 채점방법을 적용한 Lacks(1984) 방법과 비교하였다. Lacks 방법 결과는 〈표 12-2〉에서 확인할 수 있다. 진단과 BGT 오류 수 사이에는 강한 연관성이 있었다. 신경장애가 있는 청소년은 서로 차이가 없는 다른 두 집단보다 오류 수가 훨씬 더 많았다. Lacks 방법에서는 연령이 증가함에 따라 점수가 감소하는 경향이 Koppitz의 경우만큼 뚜렷하지 않았다. 채점자 간 신뢰도는 Koppitz(r = .97)와 Lacks(r = .71)의 채점방법 모두에서 우수했다. 두 채점방법의 점수는 서로 어느 정도 일치했다(r = .71).

인구통계학적 변인과 BGT

이전의 각 연구에서는 검사 수행과 **연령** 간에 유의한 관계가 있지만 **성별**은 그렇지 않은 것으로 나타났다. 일반적으로 청소년들은 나이가 들수록 BGT 수행 능력이 계속해서 향상되었다. Bolen 등(1992)은 **인종**을 조사한 유일한 사람들이었다. 그들은 유럽계 미국인과 아프리카계 미국인의 수행 간에 차이를 발견하지 못했다. 그러나 Tindall(1991)은 스페인어를 사용하는 가정의 특수교육 서비스를 받는 학생들이 영어만 사용하는 가정의 특수교육 서비스를 받는 학생들보다 더 많은 오류(두 채점방법 모두에서)를 범한다는 것을 발견했다.

〈표 12-2〉 연령과 하위 진단집단별 Lacks 점수 평균과 표준편차

연령	비환자			정서장애			지적장애/뇌손상		
	M	SD	N	M	SD	N	M	SD	N
12세	2.67	1.49	30	3.32	2.03	19	4.87	2.59	8
13세	2.43	1.43	30	2.52	1.82	29	5.63	2.26	8
14세	2.30	1.44	30	2.65	1.94	26	5.00	2.51	8
15세	2.27	1.48	30	2.10	1.32	30	3.94	2.46	16
16세	2.17	1.29	30	2.00	1.93	36	3.57	1.72	7
전체	2.37	1.42	150	2.43	1.84	140	4.51	2.38	47

출처: McIntosh, J. A., Belter, R. W., Saylor, C. F, Finch, A. J., & Edwards, G. L. (1988). The Bender-Gestalt with adolescents: Comparison of two scoring systems. *Journal of Clinical Psychology*, 44, 226-230. 표 2, p. 229. John Wiley & Sons 출판사의 허락을 받고 게재함.

BGT 회상법

오직 한 연구만이 청소년들에게 BGT 회상법을 사용한 것을 조사했다(Imm et al., 1991). 연구자

들은 12~16세의 정신건강의학과 입원환자 194명을 대상으로 했다. 참가자들에게 먼저 BGT의 모사단계를 수행한 다음, 기억을 통해 가능한 한 많은 도형을 다시 그리도록 했다. 그림에 도형의 큰 왜곡, 누락 또는 변형이 없으면 정확하게 그린 것이다. 회전은 그림을 실격시키지 않았다. 20개 기록에 기초하여 회상 점수에 대한 채점자 간 신뢰도는 .98이었다. 12~13세 환자들($N=68$)은 평균 5.4개($SD=1.6$)의 도형을 회상했고, 14~16세 환자들($N=126$)은 5.9개($SD=1.7$)의 도형을 회상했다. 이들 청소년을 8~11세 아동 76명과 함께 분석한 결과, IQ가 90 미만인 자들이 IQ가 90 이상인 자들보다 도형을 훨씬 더 적게 회상했다(각각 4.6개 대 6.0개의 오류). 연구자들은 BGT 회상 점수가 단기 시각기억의 유용한 척도라고 결론지었다.

정서혼란에 대한 평가

Hutt(1985)와 Koppitz(1975)는 모두 BGT를 통해 정서혼란을 평가하는 방법을 제안했지만, Koppitz는 자신의 접근방법을 아동에게만 사용하려고 했다. Belter, McIntosh, Finch, Williams 및 Edwards(1989)는 지각-운동 기능에 대한 BGT를 평가하는 데 사용한 표본과 동일한 337명의 청소년(이전 설명 참조)을 대상으로 이 두 가지 정서 평가 접근방법을 비교했다(McIntosh et al., 1988). 각 BGT 프로토콜은 제11장에 설명된 Koppitz의 12개 정서지표(emotional indicators)에 대해 채점되었다. 각 BGT 프로토콜은 또한 심각도와 발생빈도에 따라 1~10점으로 평정하는 Hutt의 정신병리 척도(Psychopathology Scale)의 17개 요인의 항목에 대해서도 채점되었다. 그뿐만 아니라 정신병리척도의 7개 항목이 일정 점수 이상일 경우 1~2점의 가중치를 부여하는 Hutt의 청소년 구성적 척도(Adolescent Configuration Scale)를 이용하여 평정하였다. 그 결과, 정서혼란이 있는 청소년을 식별하기 위해 Hutt의 두 가지 척도를 사용하는 것을 지지하지 않는 것으로 나타났다. 정상집단과 정서혼란집단의 점수 간에는 차이가 없었다(〈표 12-3〉 참조). 그러나 지적장애나 신경손상이 있는 집단은 다른 두 집단보다 점수가 유의하게 높았다. 아마도 이 결과는 정신병리척도가 뇌손상에 대한 Lacks 채점방법(1984)에서 사용된 12개의 오류 중 9개의 오류를 포함하고 있기 때문일 것이다. Hutt의 척도는 정서혼란보다는 뇌손상을 측정하고 있을 수 있다.

〈표 12-3〉 연령과 집단에 따른 평균 정신병리척도와 청소년 구성적 척도의 점수

진단집단	정신병리척도			청소년 구성적 척도	
	N	M	SD	M	SD
비환자	150	61.31	13.34	6.61	2.34
정서혼란	140	62.19	15.44	6.83	2.42
지적장애/신경손상	47	83.55	20.56	9.34	2.76

출처: Belter, R. W., McIntosh, J. A., Finch, A. J., Williams, L. D., & Edwards, G. L. (1989). The Bender Gestalt as a method of personality assessment with adolescents? *Journal of Clinical Psychology, 45*, 414-422. John Wiley & Sons 출판사의 허락을 받고 게재함.

정서혼란에 대한 Koppitz 척도를 사용한 결과는 〈표 12-4〉에 연령과 집단에 따른 평균 정서지표 점수로 제시하였다. 연구자들은 그들의 결과가 정서지표의 유용성을 어느 정도 뒷받침한다고 믿는다. 통계적 분석에 따르면, 점수는 하위 진단집단과 관련이 있지만 연령과는 관련이 없는 것으로 나타났다. 비환자 집단이 정서지표 점수가 가장 낮았고, 지적장애나 신경손상 집단이 가장 높았으며, 정서혼란 집단은 그 중간 수준이었다. 정서지표 수와 IQ 간의 상관관계는 없었으며, 정신병리(예: 우울, 불안, 또는 분노)에 대한 자가보고 목록 결과와도 상관관계가 없었다. 후자의 결과는 이 척도가 정서혼란을 명확하게 측정하고 있는지에 대한 의문을 제기한다. 〈표 12-5〉는 집단에 따른 정서지표 백분율을 나타낸 것으로, 실제 점수와 동일한 패턴을 보인다. 그러나 세 진단집단 간에는 상당한 중복이 있다는 점에 유의해야 한다. Koppitz(1975)는 정서혼란을 강하게 나타내는 것은 정서지표의 총점이 아니라 어떤 세 가지 이상의 징후의 존재라고 믿는다. 적어도 이 연구의 자료에

〈표 12-4〉 연령과 집단에 따른 평균 정서지표 점수

연령	비환자			정서혼란			지적장애/신경손상		
	M	SD	N	M	SD	N	M	SD	N
12세	1.73	.98	30	2.58	1.07	19	3.87	.83	8
13세	1.83	1.15	30	2.62	1.08	29	2.37	1.92	8
14세	1.80	1.06	30	2.04	.96	26	3.00	1.31	8
15세	1.83	1.09	30	2.30	1.02	30	2.25	.93	16
16세	1.37	.85	30	1.81	1.04	36	3.86	.69	7
전체	1.71	1.03	150	2.23	1.07	140	2.91	1.33	47

출처: Belter, R. W., McIntosh, J. A., Finch, A. J., Williams, L. D., & Edwards, G. L. (1989). The Bender Gestalt as a method of personality assessment with adolescents. *Journal of Clinical Psychology*, 45, 414-422, 표 5, p. 420. John Wiley & Sons 출판사의 허락을 받고 게재함.

〈표 12-5〉 집단에 따른 Koppitz 정서지표의 빈도 분포

정서지표의 수*	지표의 백분율		
	비환자	정서혼란	지적장애/신경손상
0	9	3	2
1	38	23	11
2	30	34	30
3	18	29	23
4	5	10	21
5	0	1	11
6	0	0	2
전체	100	100	100

*3개 이상 지표가 있으면 정서혼란을 나타냄.

출처: Belter, R. W., McIntosh, J. A., Finch, A. J., Williams, L. D., & Edwards, G. L. (1989). The Bender Gestalt as a method of personality assessment with adolescents. *Journal of Clinical Psychology*, 45, 414-422, 표 6, p. 420. John Wiley & Sons 출판사의 허락을 받고 게재함.

서는 세 가지 징후의 기준이 너무 낮다. 통제집단의 23%, 정서혼란이 있는 사람의 60%, 신경손상이 있는 사람의 43%가 그 기준을 충족했다. 〈표 12-5〉는 세 가지 이상의 징후에 대해 컷오프 점수를 사용할 경우 Koppitz 정서지표에 대한 일부 지지를 보여 준다. 비환자의 5%만이 3개 이상의 정서지표를 보인 반면, 정서장애가 있는 환자의 11%, 지적장애 또는 신경손상이 있는 환자의 34%가 3개 이상의 정서지표를 보였다. 이 기준이 다른 청소년 표본에도 유효한지를 확인하려면 추가 연구가 필요할 것이다.

Oas(1984)는 충동성의 행동에 특정한 BGT 정서 징후를 조사하기로 결정했다. 임상 및 연구 출처를 통해 그는 충동적 청소년과 비충동적 청소년의 전형적인 열두 가지 BGT 변인 목록을 각각 개발했다. 100명의 청소년 입원환자는 세 가지 다른 측정치에 기초하여 충동성 또는 비충동성으로 평가되었다. 그런 다음, 두 집단을 BGT와 인물화검사(Draw-A-Person Test)에서 비교했다. 충동적 청소년은 비충동적 환자보다 훨씬 더 많은 충동성 BGT 징후를 보였다. 반대로, 비충동적 청소년은 충동적 환자보다 훨씬 더 적은 충동성 BGT 징후를 보였다. 그 결과는 병원에 입원하지 않은 두 번째 청소년 집단에 대해 교차 검증되었다. 판별분석 결과에 따르면, 두 표본 모두에서 충동성의 가장 성공적인 BGT 징후는 도형의 전반적인 질, 불연속성 및 누락이었다. 인물화검사에서도 유사한 결과가 나타났다. 안타깝게도 이러한 오류는 논문에 완전히 설명되어 있지 않다.

두 청소년의 사례

[그림 12-1]은 14세의 백인 여성 Kate의 BGT 포르토콜이다. 그녀는 '신경손상의 가능성 증거'가 있는 입원환자이다. 그녀의 전체 IQ는 88로 추정된다. 두 가지 채점방법에 대한 그녀의 점수는 다음과 같다(괄호 안은 도형 번호).

Koppitz 발달적 채점방법			Lacks의 채점방법	
1a	모양의 왜곡	(A)	중복곤란	(7)
6	점의 고집화	(1)	B 유형의 고집화	(1, 2)
12a	통합-모양 상실	(3)	폐쇄곤란	(A, 8)
20	곡선의 고집화	(6)	각의 곤란	(2, 3)
21b	모양의 왜곡	(7)	코히전	(2, 6 & 3, 4)
23	통합-중복 없음	(7)		
24	모양의 왜곡	(8)		
	전체 오류 수: 7		전체 오류 수: 5	

현재로서는 이러한 점수를 적절하게 특성화할 방법이 없다. Koppitz 점수의 경우, 11세의 아동(규준에서 가장 나이가 많은 아동)은 1.4개의 오류를 범할 것으로 예상된다. Kate의 오류 점수는 7개로 그보다 훨씬 위에 놓여 있다. 7개의 오류에 해당하는 연령은 6세이다. 따라서 Koppitz의 관점에

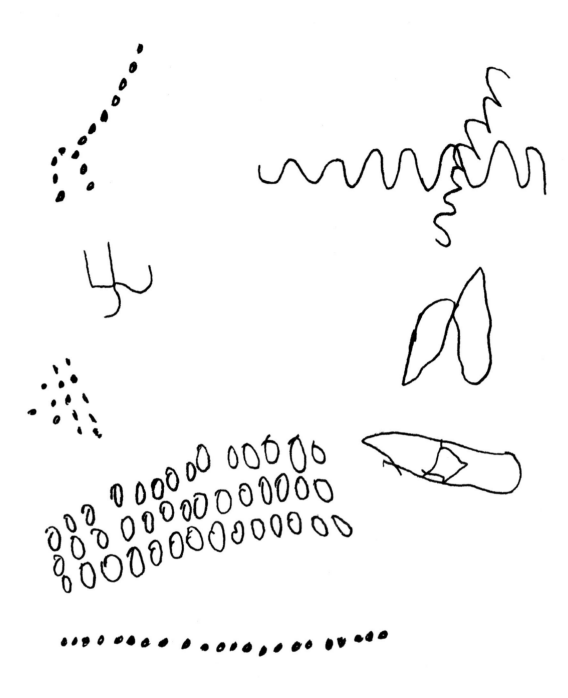

[그림 12-1] Kate, '신경손상의 가능성 증거'가 있는 14세의 여성 입원환자

서 보면, Kate가 이 검사에서 심각한 발달적 미성숙을 보이는 것이 분명하다. Lacks 방법의 경우, 5개의 오류 점수는 17세에서 80세 이상의 연령에 걸친 뇌손상을 나타낸다. McIntosh 등(1988)의 연구에서는 신경손상을 가진 집단의 14세 아동들은 평균 6.63개의 오류를 범한 것으로 나타났다. 따라서 Kate의 5개 오류 점수는 확실히 더 완전하게 평가되어야 하는 뇌기능장애에 대한 의문을 제기한다. 정서적 요인 측면에서 Kate는 Koppitz 정서지표 중 하나만 가지고 있는 것으로 밝혀졌다. 도형 A, 3, 4, 5의 과소묘사가 그것이다. Koppitz(1975)에 따르면, 이러한 정서적 징후들 중 3개 미만은 정서혼란이 없음을 나타낸다. 과소묘사의 징후는 위축 및 소심함과 관련이 있다.

Terrell의 BGT 결과는 [그림 12-2]에서 볼 수 있다. 그는 12세 3개월의 아프리카계 미국인 입원환자이다. 그의 IQ는 80으로 추정된다. 그는 '뇌손상의 절대적 증거'를 가지고 있는 것으로 밝혀졌다. 두 채점방법에 대한 그의 점수는 다음과 같다(괄호 안은 도형 번호).

Koppitz 발달적 채점방법			Lacks의 채점방법	
1a	모양의 왜곡	(A)	퇴영	(A, 1, 3, 5)
6	점의 고집화	(1)	B형의 고집화	(1)
18b	모양의 왜곡	(6)	중첩경향	(A, 5)
19	교차의 통합	(6)	무기력	(A)
21	크기의 왜곡	(7)	폐쇄곤란	(A, 4, 8)
21b	모양의 왜곡	(7)	각의 곤란	(2, 3)
24	모양의 왜곡	(8)		
	전체 오류 수: 7		전체 오류 수: 6	

Koppitz 점수의 경우, 11세 아동이 1.4개의 오류를 범할 것으로 예상된다. Kate와 마찬가지로 Terrell의 7개의 오류 점수는 그 예상되는 수보다 훨씬 위에 놓여 있다. 7개의 오류에 해당하는 연령은 6세 6개월에서 6세 11개월이다. 따라서 Terrell도 이 검사에서 심각한 발달적 미성숙을 보여 준다. Lacks 점수의 경우, 5개의 오류 점수는 17세에서 80세 이상의 연령에 걸친 뇌손상을 나타낸다. McIntosh 등(1988)의 연구에서는 신경손상을 가진 집단의 12세 아동들이 평균 5.13개의 오류를 범한 것으로 나타났다. 따라서 그의 6개 오류 점수는 추가 평가가 필요한 뇌기능장애에 대한 심각한 의문을 제기한다. 정서적 요인 측면에서 Terrell은 Koppitz 정서지표 중 4개를 가지고 있다. 혼란스러운 배열순서, 도형 2에서 원 대신 대시 사용, 도형 1, 2, 3의 점 크기의 증대, 도형 A에서의 반복시행이 그것이다. Koppitz(1975)에 따르면, 이러한 징후들 중 3개 이상의 징후를 보이면 정서혼란을 나타낸다. 그녀는 일부 연구에서 이러한 특정한 징후들이 계획능력의 부족, 충동성 및 낮은 욕구좌절 인내력과 연관된다고 설명한다.

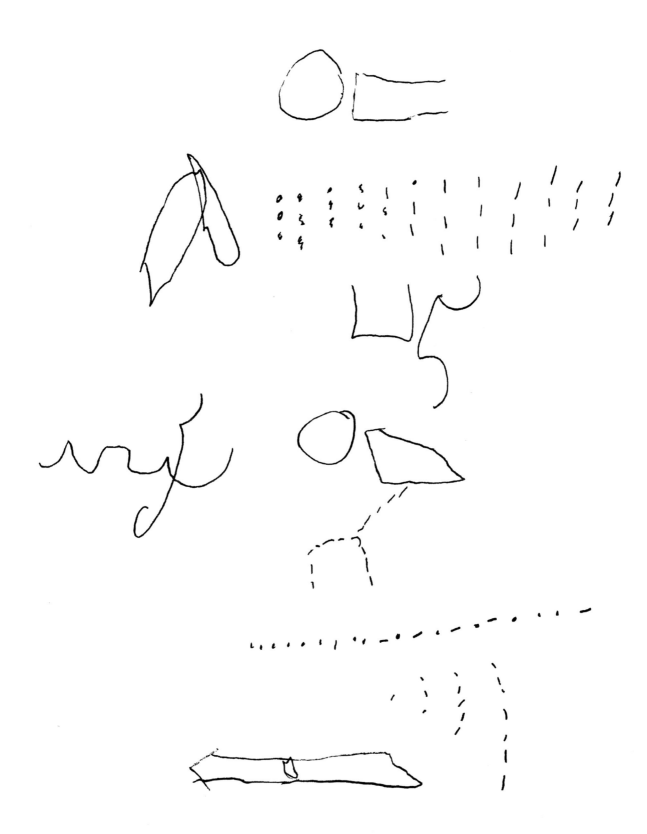

[그림 12-2] Terrell, '신경손상의 절대적 증거'가 있는 12세의 남성 입원환자

요약

지각-운동 발달이 본질적으로 10~11세까지 완료된다는 Koppitz의 믿음은 사실이 아닐 수도 있다. 최근 3편의 연구에 따르면, 환자집단과 비환자집단 모두에서 12세 이후에 BGT 오류 수가 계속해서 감소하는 것으로 나타났다. 즉, 지각-운동 통합기능은 11세 이후에도 계속해서 발전하는 것으로 보인다. 모든 연구에서는 12~16세에서 BGT 수행과 연령 간에 유의한 상관관계가 있음을 발견했다. 현재 이용 가능한 연구에 따르면, 현재로서는 임상가가 청소년의 지각-운동 능력을 평가할 때 Koppitz 채점방법 또는 Lacks 채점방법을 사용할 수 있는 것으로 보인다. 그러나 임상가가 이 연령대의 채점방법에 대해 충분한 확신을 가지려면 더 많은 연구가 수행되어야 한다.

3편의 연구 모두 놀라울 정도로 일치된 결과를 보여 주었지만 각각 단점도 있었다. Koppitz 채점방법과 Lacks 채점방법 중 어느 것이 청소년의 뇌기능장애를 감지하는 능력이 우수한가에 대한 체계적인 평가는 이루어지지 않았다. 게다가 이 두 방법에 대한 3편의 청소년 타당성 연구는 모두 지리적으로 동일한 지역에서 수행되었으며, 각 지역의 하위 집단에 있는 청소년의 소규모 표본을 사용했다. 각 연구에는 아프리카계 미국인이 잘 대표되어 있지만 다른 인종집단은 포함되지 않았다. 따라서 '정상' 집단에는 정서적 또는 신경적 문제가 있는 청소년이 포함될 수 있다. 청소년 BGT 점수와 성별, 인종, IQ 및 교육과 같은 다른 변인 간의 관계를 명확하게 하려면 추가 분석이 필요하다. 끝으로, Hutt(1985)와 Koppitz(1975)의 성격지표의 유용성에 대한 지지는 BGT의 지각-운동 측면에 대해서 발견된 것보다 훨씬 적다.

제13장 뇌기능장애 진단을 위한 벤더게슈탈트검사

선정된 임상 사례

이 장에서는 선정된 12개 임상 사례에 대한 각각의 벤더게슈탈트검사(Bender Gestalt Test: BGT) 프로토콜과 채점에 대해 설명을 할 것이다. 이들 사례 중 한 사례만이 이 책의 초판에 소개된 표본 사례에서 가져온 것이며, 나머지 사례는 모두 새로 예시한 것이다. 다양한 임상 사례를 제공하고, 임상가가 BGT를 사용하여 기질적 뇌기능장애를 선별할 때 접할 가능성이 있는 모집단을 대표하고자 노력하였다. 다음과 같은 사례가 예시로 선정되었다.

- 조현병 (2)
- 치매 (4)
- 다른 인지장애 (4)
- 비환자 (2)

각 사례는 간단한 이력, 지능검사 결과(이용 가능할 때), 수검 행동 관찰, 오류의 목록과 그림 양상, 채점에 대한 설명(어떤 오류가 채점되지 않는 이유를 포함하여), 검사와 그 밖의 자료(예: 병원 퇴원 진단)로부터의 진단을 포함하고 있다. 프로토콜은 이 책의 저자인 Lacks가 채점하였다.

채점되는 오류와 채점되지 않는 오류에 주목하면서 이 12개의 사례를 꼼꼼하게 살펴보고 연구하길 바란다. 채점되지 않는 오류는 채점되는 오류만큼 유익할 것이다. BGT 자극카드의 도형 번호는 58쪽의 [그림 4-1]에서 알 수 있다. 이러한 12개의 사례가 충분히 이해되면, 채점하지 않은 유사한 또 다른 10개 사례가 포함되어 있는 이 장의 후반부로 이동하여 연습해 보기를 바란다. 10개의 사례는 실습의 기회를 제공하기 위함이다. 후반부에 있는 사례의 채점에 대한 피드백은 이 장의 끝부분에 제시되어 있다.

채점된 예

사례 A

개인 정보   A는 21세의 아프리카계 미국인 여성으로서 고졸 학력을 가지고 급여를 담당하는 경리직원이었다. 이 여성은 임신 8개월로, 미혼모를 위한 집에서 살면서 출산과 입양을 기다리고 있었다. A는 두려움과 그로 인한 불면증 때문에 외래환자로 검사에 의뢰되었다. 그녀는 비타민 섭취를 거부하고 대신 흙을 구워서 먹었다. 평가 중에 A는 어떤 음성이 들리고, 자해를 하게 만들려는 어떤 압박을 느끼며, 밤에 그녀의 방에 누군가가 있는 느낌이 든다고 밝혔다. 그녀는 과거에 과도한 스트레스 상황에서 두 번이나 '환상'을 포함해 이와 유사한 증상을 인정했다. 그러나 그녀는 병원에 입원한 적이 없었다. A는 또한 어떤 경우든 어떤 종류의 약을 복용하는 것을 거부했다. 심리검사를 한 결과, 정신장애로 드러나 A는 급성 정신건강의학과 치료센터에 입원하였다. 당시 웩슬러성인용지능검사(WAIS)를 실시한 결과, 전체 IQ가 81이었다.

행동 관찰   이 여성은 매우 협조적이고 고분고분하였으며, 최선을 다해 검사에 임하고자 하는 것 같았다. 검사 결과는 대체로 타당해 보인다. 그러나 때때로 그녀는 다소 동요된 것처럼 보였다. 검사 소요시간은 6분이었다.

BGT 채점

오류	도형
중복곤란	7
고집화, A 유형	2
폐쇄곤란	A, 4
코히전	A
전체 오류 수: 4	

검사 분석   중복곤란은 중복되는 지점에서 도형의 재묘사와 왜곡을 보이고 있는 도형 7에서 볼 수 있다([그림 13-1] 참조). 이 환자는 반복시행에 의해서 도형 그림을 개선할 수 있었기 때문에 무기력으로 채점되지 않는다. 일부 채점자는 도형 1, 3, 5에서 점 대신 원으로 이루어진 것을 볼 수도 있다. 그러나 원을 점으로 채우기 위한 시도가 좀 있었기 때문에 단순화로 채점되지 않는다. 그렇지만 A는 도형 2에서 원 대신에 도형 1의 점을 계속해서 사용하고 있기 때문에 A 유형의 고집화로 채점된다. 두 연결 부분을 함께 연결시키는 데에 심각한 문제가 도형 4에서 볼 수 있다. 게다가 A는 도형 A의 두 부분을 연결시키는 데 있어서 약간의 폐쇄곤란을 확실히 보여 주고 있다. 프로토콜은

도형 2와 3에서 각의 곤란 문제를 약간 나타내고 있지만 오류로 채점될 수 있을 정도로 심한 것은 아니다. 끝으로, 이 프로토콜은 도형 A가 나머지 다른 도형들보다 훨씬 더 크게 그려 코히전의 예를 잘 보여 주고 있다.

검사 진단   전체 오류 수가 4개이므로 분명하게 뇌기능장애라고 진단하기에는 충분하지 않다. 그러나 A는 다른 뇌기능장애 검사에서 경계선 양상을 보였기 때문에 아이를 출산 후에 재검사가 권장되었다. 그녀가 먹었던 흙, 임신에 의해 가능한 화학적 불균형, 혹은 과거에 복용했던 약물이 뇌기능을 약간 방해하는 원인일 수도 있다.

병원 진단   병원 퇴원 진단은 편집형 조현병이었다.

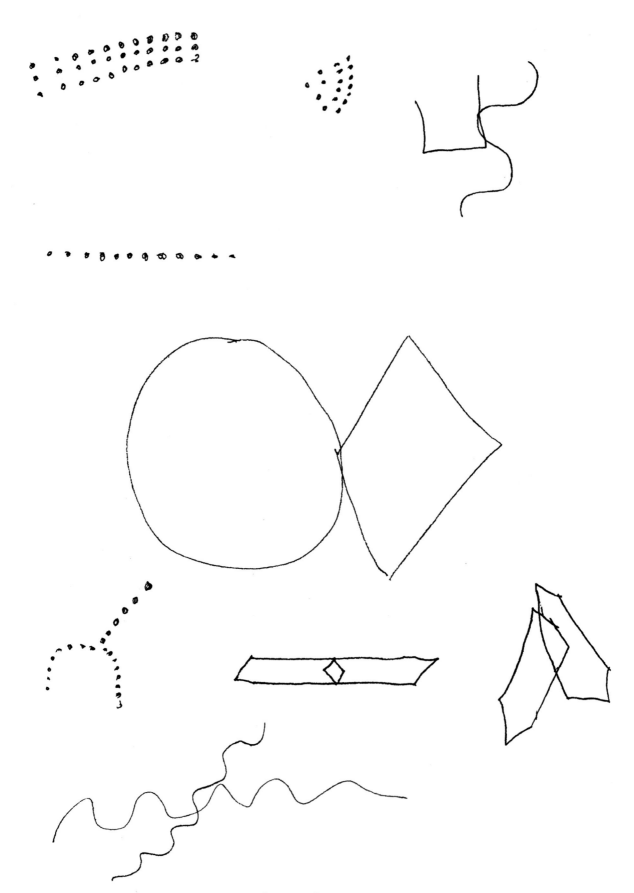

[그림 13-1] 사례 A

사례 B

개인 정보   B는 현재 6학년인 12세 아메리칸 인디언 여성이다. 특수교육이나 정신건강 서비스를 받은 적이 없거나 받을 필요가 없기 때문에 선정된 학생규준 표본의 일원이었다.

행동 관찰   B는 협조적이었고 검사에 열심히 임하였다. 결과는 신뢰할 수 있고 타당해 보인다. 검사 소요시간은 6분 30초였다.

BGT 채점

오류	도형
회전	A, 1, 2
중첩	4 & 6
폐쇄곤란	4, 8
코히전	A
전체 오류 수: 4	

검사 분석   이 어린 여성은 BGT의 첫 3개의 도형을 회전시켰다. 이 3개의 도형을 모두 회전시킨 것은 물론 도형 2의 열을 회전시켰다([그림 13-2] 참조). 그녀는 또한 도형 4와 6을 중복시켜 중첩의 오류를 보였다. 도형 1과 2는 중첩곤란을 가리킬 만큼 근접되어 있다. 그러나 중첩의 오류는 더 심각한 결함이므로 채점에서 우선순위를 갖는다. 도형 4와 8에서 모두 이 학생은 각 도형의 두 부분을 결합시키기 위해 부가적인 선을 사용해야만 했다. 이러한 행위는 폐쇄곤란의 오류에 대한 조건 중 하나인 도형 A, 4, 8의 '3개 중 2개에서 일관되지만 심각하지 않은 결합 문제'를 충족하고 있다. 네 번째 오류가 코히전인데, 원과 마름모가 원래 같은 크기이지만 마름모가 원보다 상당히 작아진 도형 A에서 보인다.

검사 진단   전체 오류 수가 4개이므로 BGT만을 기반으로 보면 경계선의 기질적 뇌 관련이 있다는 결론을 내릴 수 있다. 규준 자료를 보면 그녀의 연령에 해당하는 청소년의 평균 BGT 오류 수는 2.67개이다.

병원 진단   이 여학생은 인지문제에 대해 알려진 병력이 없다.

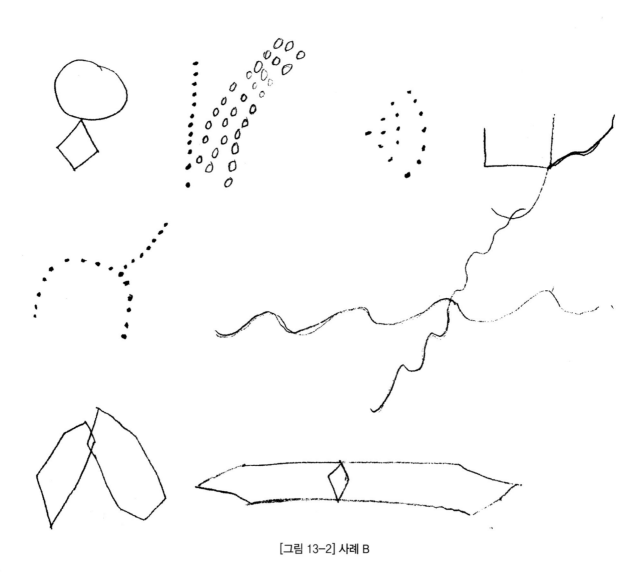

[그림 13-2] 사례 B

사례 C

개인 정보 검사할 당시에 C는 미국 동부에 있는 큰 정신건강의학과 병원에 입원한 환자였다. 이 백인 여성은 28세로 고등학교를 졸업했으며 요양원 직원으로 일해 왔다. 그녀는 번화한 거리 한복판에서 그녀가 외설적인 소리를 지르는 것을 발견한 경찰에 의해서 병원 응급실로 후송되어 왔다. 그녀의 IQ는 평균 범위에 있는 것으로 추정되었다.

행동 관찰 C는 외모가 평범했고 행동이 뻣뻣했다. 그러나 검사자와 친화감이 형성되자 부지런히 BGT 작업을 수행하였고 최선을 다하고자 하는 의욕이 있어 보였다.

BGT 채점

오류	도형
중복곤란	6
단순화	A
중첩경향	3 & 6
코히전	3 & 6
전체 오류 수: 4	

검사 분석 이 환자는 도형 6의 두 요소를 수직 파선의 잘못된 위치에서 중복시키고 있다(중복곤란; [그림 13-3] 참조). 도형 A의 두 접촉 부분의 간격이 커서 단순화로 채점된다. 단순화 오류는 도형 5에서는 채점되지 않는다. 왜냐하면 C는 처음에 단순화하여 그린 도형을 수정할 수 있었기 때문이다. 두 번째 시도에서 그녀는 단편화 혹은 불완전한 그림을 수정할 수 있었다. 도형 1이 원으로 이루어져 있는지, 아니면 점으로 이루어져 있는지에 대해서는 판단이 필요하긴 하지만, 보다 점같이 보인다. 점으로 채우고자 하는 시도가 보이기 때문이다. 그렇지 않으면 이것은 또한 단순화로 채점될 것이다. 도형 3과 6은 서로 1/4인치 이내에 그려져 있어 중첩경향의 결과를 보이고 있다. 코히전은 도형 3과 6의 상대적인 크기 차이에서 찾을 수 있다. 도형 7의 왜곡된 좌측 육각형에 대해서는 퇴영으로 채점하지 않는다. 육각형은 모사하기가 어려워 엄격하게 채점하지 않기 때문이다. 도형 5는 두 번째 시도에서 상당히 개선되었기 때문에 무기력으로 채점되지 않는다. 비록 도형 3과 5에서 점 대신 별로 왜곡되어 있긴 하지만, 이 채점방법의 12개 오류에 해당되지 않는다. 나의 경험으로 볼 때, 이와 같은 점 대신 별로 대체하는 것은 조현병의 사례에서 흔하게 발생한다.

검사 진단 전체 오류 수가 4개이므로 BGT 결과에 기초하여 경계선 뇌기능장애로 진단된다. 특별히 뇌손상을 암시하는 유형의 오류는 하나도 없었다.

병원 진단 병원 퇴원 진단은 미분화형 조현병이었다.

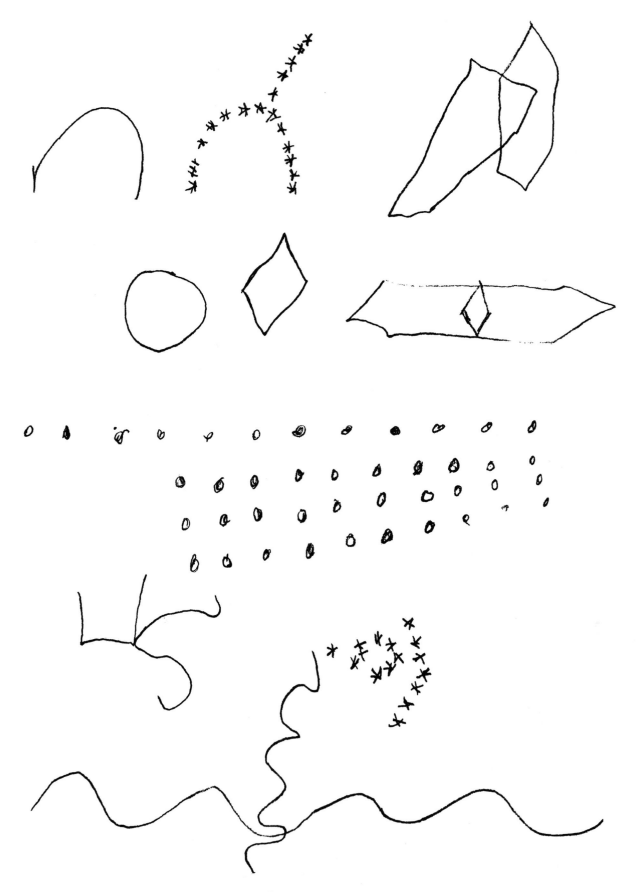

[그림 13-3] 사례 C

사례 D

개인 정보   D는 은퇴하고 직업소개소 직원으로 일하는 78세의 백인 여성이다. 그녀는 머리가 좋은 정상 범위의 IQ로 추정되는 고등학교 졸업자이다. 그녀는 최근 떨리는 목소리의 변화와 관련된 수년간 지속된 손 떨림에 대한 평가를 원했다. 떨림은 휴식 중에는 뚜렷하지 않으며, 글을 쓰거나 신문과 같은 자료를 잡을 때만 나타난다. 그녀는 또한 인슐린을 복용하는 중등도의 당뇨병 문제를 가지고 있다. 그러나 떨림은 당뇨병보다 먼저 발생한다. 그런 문제만 없으면 건강상태가 양호하다.

행동 관찰   이 여성은 BGT를 잘 수행하고자 하는 동기가 강했고, 매우 진지하고 집중력 있는 자세로 검사에 임했다. 그녀는 평균 수준의 주의력과 지속성을 보였다. 그녀는 또한 검사 중에 보통 수준의 손 떨림을 보였다. 검사를 완료하는 데 7분이 소요되었다. 이러한 행동에 근거하여 BGT의 결과는 타당하고 신뢰할 수 있을 것 같다.

BGT 채점

오류	도형
고집화, A 유형	2
중첩경향	4 & 6, 5 & 6
폐쇄곤란	A, 4, 7, 8
운동 부조화	모든 도형
전체 오류 수: 4	

검사 분석   일반적으로 이 여성은 9개 도형의 모든 형태가 잘 보존되고 있다([그림 13-4] 참조). 그러나 그녀는 도형 2에서 원 대신 도형 1의 점을 계속해서 사용하고 있다. 이 오류는 A 유형의 고집화에 해당된다. 여러 개의 도형, 즉 도형 4와 6, 도형 5와 6이 서로 1/4인치 이내에 그려져 있어서 중첩경향을 보이고 있다. 그리고 4개의 도형, 즉 도형 A, 4, 7, 8에서 폐쇄곤란의 오류를 보이고 있다. 이 여성은 비록 실질적이지는 않지만 이 네 가지 도형의 결합 부분을 병합하는 데 일관되게 어려움을 겪고 있다. 보고된 떨림과 일치하게 그녀는 운동 부조화도 나타내고 있다.

검사 진단   노인들의 규준에 비추어 이 연령의 사람은 3.63개의 오류를 보일 것으로 기대된다. 내담자는 4개의 오류를 범했고, 그중 하나는 그녀의 떨림과 관련되었다. 인지장애를 가리키는 다른 병력이 전혀 없다. 그러므로 검사 결과, 뇌기능장애로 진단되지 않는다.

병원 진단   그녀의 가정의는 그녀에게 본태성 떨림이라는 진단을 내렸다.

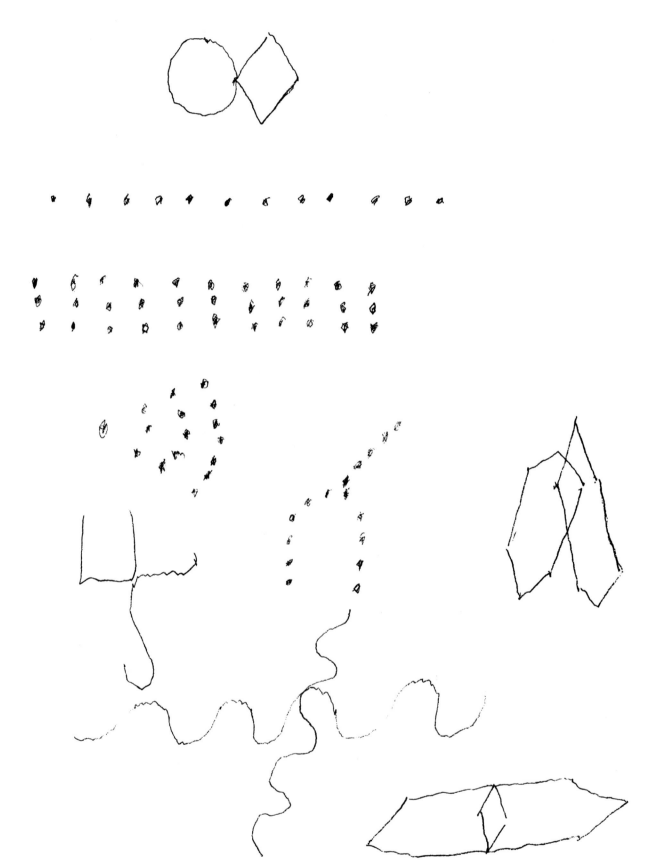

[그림 13-4] 사례 D

사례 E

개인 정보   E는 22세의 백인 남성 외래환자이다. 그는 8년간 특수교육 프로그램을 이수하였고, WAIS 전체 IQ가 50이며, 고용된 바가 없다. 그는 또한 발작의 병력이 있다.

행동 관찰   이 남성은 BGT를 6분에 완료하였고, 도형들을 진지하고 끈질기며 체계적인 방법으로 그렸다. 그는 조용하고 순응적이었다. 심리학자는 E의 눈에 적당한 초점이 없고 경미한 손 떨림이 있다는 것을 알아챘다. 그는 모사용지 뒷면에 도형 A를 첫 번째로 그렸다. 그런 다음, 그는 모사용지를 뒤집어서 두 번째 그림을 그렸지만 동일한 왜곡을 보였다. 그는 또한 도형 3이 부정확하게 그려졌지만 어떻게 수정해야 할지 몰랐다고 논평했다. 검사를 완료하는 데 소요된 시간은 알려져 있지 않다.

BGT 채점

오류	도형
단순화	6
단편화	2, 3
무기력	A, 3
폐쇄곤란	A, 4, 8
운동 부조화	6
코히전	A & 7 혹은 8

전체 오류 수: 6

검사 분석   도형 6은 훨씬 더 쉬운 형태로 그려져 있고 파선의 대부분이 생략되어 있어서 단순화의 오류를 범하고 있다([그림 13-5] 참조). 도형 2는 3개의 줄 중 1개의 줄만 있는 미완성의 그림이다. 도형 3은 그림이 부분으로 깨져 있고 인식할 수 없을 정도로 왜곡되어 있다. 이들 2개의 오류는 단편화의 예에 해당한다. 비록 도형 A, 1, 4, 5, 7, 8은 모두가 왜곡되어 있지만, 퇴영이나 다른 오류로 보기에는 충분하지 않다. 예를 들어, 도형 1에서의 대시는 매우 충분치가 않다. 또한 도형 7은 모사하기 어려운 도형이기 때문에 채점에서 상당히 관대하게 처리된다. 오류를 수정하지 못하고 두 번 그림을 그리는 행동(도형 A), 혹은 오류를 인지하고도 수정할 수 있는 능력이 없음을 표현하는 행동(도형 3)은 모두 무기력의 예에 해당한다. 폐쇄곤란의 심각한 문제를 도형 A와 8에서 볼 수 있으며, 덜 심각한 경우를 도형 4에서 발견할 수 있다. 떨림의 행동 관찰과 일치되게 운동 부조화가 도형 6에서 뚜렷이 나타나고 있다. 도형 A가 도형 7이나 8보다 크기가 훨씬 작다는 사실은 코히전으로 분류된다. 간혹 그림이 어떤 오류를 범했는지 판단할 수 없도록 왜곡된 것을 볼 수 있다. 예를 들어, 도형 3을 각의 곤란으로 판단할 수가 없다.

검사 진단   6개의 오류는 뇌기능장애의 진단에 대한 증거를 제공한다. 그러한 진단은 E의 병력과 일치하고 있다.

병원 진단   이 젊은 남성은 지적장애와 뇌전증 증세가 있는 것으로 진단되었다.

[그림 13-5] 사례 E

사례 F (1회)

개인 정보   F는 큰 의과대학에서 수행한 기억과 노화에 관한 연구 프로젝트에 참가한 75세의 기혼 백인 여성이었다. 그녀는 8학년 교육을 마쳤고 항상 주부로 생활해 왔다. 검사할 당시에 그녀는 평균 지능을 가진 것으로 추정되었다. 그녀는 또한 정신착란과 기억장애의 병력이 약간 있다. F는 2년 6개월 뒤에 다시 검사를 받았다.

행동 관찰   F의 수검 행동은 모범적이었다. 즉, 그녀는 매우 협조적이었고 주의력이 있고, 끈기가 있으며, 검사자와 친화감을 형성하였다. 따라서 검사 결과는 타당하고 신뢰할 수 있는 것으로 여겨진다. 비록 그녀가 주의를 기울였지만 BGT를 완료하는 데 3분도 채 걸리지 않았다.

BGT 채점

오류	도형
중복곤란	6, 7
단순화	1
중첩경향	1 & 2, 2 & 3
무기력	7
폐쇄곤란	7, 8
각의 곤란	2
코히전	A, 5, 7
전체 오류 수: 7	

검사 분석   도형 6과 7은 모두 중대한 중복곤란을 보이고 있다([그림 13-6] 참조). 도형 6의 경우에 선들이 한 곳이 아닌 세 곳에서 중복되어 있다. 도형 7의 경우엔 중복시키기 위해 여러 번 시도하고 다시 재묘사하고 있다. 도형 1에서 점 대신 원으로 그린 것은 단순화의 예에 해당한다. 도형 2, 3, 5에서 비록 약간의 점과 원이 그려져 있지 않지만 형태는 여전히 보존되어 있다. 따라서 단편화의 오류로 채점되지 않는다. 도형 1과 2, 그리고 도형 2와 3은 서로 1/4인치 이내에 그려져 있지만 서로 접촉하고 있지는 않기 때문에 중첩경향의 오류로 볼 수 있다. 내담자는 도형 7에서 중대한 문제를 보이고 있는데, 반복해서 시도했지만 향상을 가져오지는 못했다(무기력). 도형 7과 8에서 F는 폐쇄곤란, 즉 연결해야 할 도형 부분들을 결합시키지 못했다. 비록 도형 4의 보다 낮은 위치에 있는 부분이 왜곡되어 있긴 하지만, 그녀는 두 부분을 연결할 수 있었다. 도형 2에서 열의 경사는 불규칙하며 3개만 올바른 방향으로 기울어져 있어서 각의 곤란을 나타내고 있다. 끝으로, 도형 A와 7에서 도형의 한 부분이 다른 부분보다 부적절한 비율로 작다. 이것은 코히전의 오류에 해당한다. 이 오류의 또 다른 양상을 도형 5에서 볼 수 있는데, 도형의 전체 크기가 도형 A와 같은 다른 도

형들보다 더 작다.

검사 진단   BGT에서의 7개의 오류는 어떤 유형의 뇌기능장애가 있다는 강력한 증거가 된다. 내담자의 연령에 해당하는 규준의 오류 수는 3.63개에 불과하다.

병원 진단   연구의 일부로 실시된 종합적인 심리평가와 신경평가 결과에서 경중의 치매로 진단되었다.

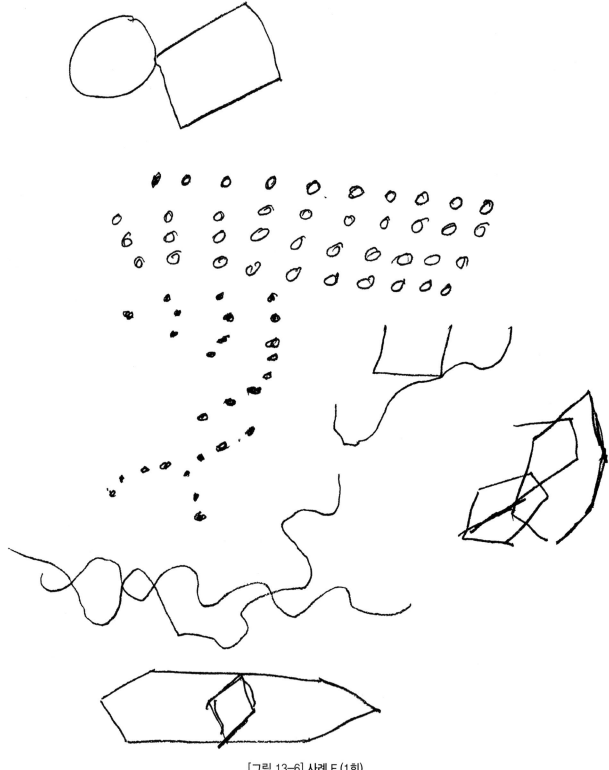

[그림 13-6] 사례 F (1회)

사례 F (2회)

개인 정보   기억과 노화의 연구 프로젝트의 일환으로 F는 2년 6개월 뒤에 다시 검사를 받았다. 재검사 당시 연령은 78세가 되었다.

행동 관찰   두 번째 검사에서 F는 BGT에 대한 접근에서 여전히 진지하고 체계적이며 끈기를 보였다. 그러나 그녀는 또한 다소 불안해했고 약간 피로해 보였다. 더욱이 그녀는 수행을 향상시킬 수 있는 능력이 없었음에도 불구하고 제대로 그려지지 않은 도형에 불만을 표출했다. 검사를 완료하는 데 5분이 소요되었다.

BGT 채점

오류	도형
회전	4
단순화	A, 1
퇴영	A
단편화	2, 3, 5, 6, 7
중첩경향	모든 도형
무기력	3 ~ 8
폐쇄곤란	A, 4
코히전	A
전체 오류 수: 8	

검사 분석   F는 도형을 그리는 데 상당히 어려움을 보였다([그림 13-7] 참조). 어떤 면에서 이 프로토콜은 많은 심한 왜곡이 없는 프로토콜보다 채점하기가 더 어렵다. F는 도형 4를 90도 회전하였다. 도형 A의 두 부분 간의 지나친 거리 간격과 도형 1에서 점 대신 원의 사용은 단순화 오류이다. 도형 A에서 사각형을 삼각형으로 그린 것과 도형 7에서 육각형 대신 다이아몬드로 그린 것은 자극 도형을 보다 원시적이고 유치한 형태로 대체시킨 퇴영의 예에 해당한다. 도형 2, 3, 5, 6, 7은 모두가 형태가 파괴될 정도로 불완전하여 단편화의 오류로 처리된다. 자신의 오류에 대한 이 여성의 인식과 일부 도형을 개선하기 위한 시도의 반복된 실패는 무기력의 매우 좋은 예이다. 모든 도형이 중첩 경향에 해당하는 서로 1/4인치 이내에 그려져 있다. 도형 A와 4의 접촉 부분이 모두 폐쇄곤란을 보이고 있다. 코히전은 도형 A의 크기가 상대적으로 더 큰 것에서 확인할 수 있다. 내담자는 중복곤란과 각의 곤란 오류를 범할 수 없었다. 도형을 이러한 오류에 대한 기준을 충족할 만큼 충분히 그리지 않았기 때문이다(예: 도형 6은 1개의 선만을, 그리고 도형 7은 1개의 육각형만을 갖고 있어서 누락된 부분과 중복될 수 없음).

검사 진단   F는 두 번째 검사에서 1개의 오류만 더 추가되었지만, 검사 프로토콜은 훨씬 더 나빠 보인다. 그녀는 전보다 더 많은 오류와 더 심각한 왜곡 사례를 보여 주었다. 그녀의 시도는 원래 형태를 거의 유지하지 않은 원시적이고 유치한 그림을 보여 주고 있다. 그녀의 상태가 매우 악화된 것으로 보인다. 8개의 오류는 다시 뇌손상의 강한 증거이다. 게다가 F는 뇌손상에 특히 암시적인 3개의 오류 중에서 2개의 오류(무기력과 단편화)를 범했다.

병원 진단   두 번째 검사를 할 당시에 F는 심한 알츠하이머형 치매를 갖고 있는 것으로 판단되었다. 사망 후 부검을 통해 치매가 분명한 것으로 확인되었다. 2년 6개월 간격으로 측정된 두 BGT의 결과는 그녀의 치매가 심각하게 진행되었음을 보여 준다.

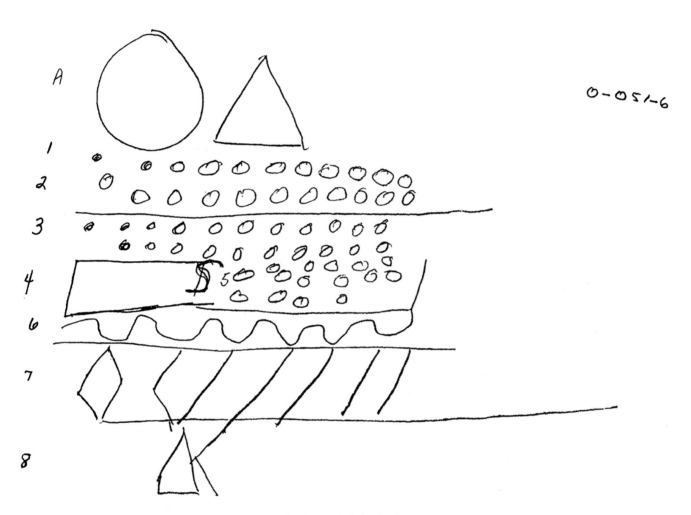

[그림 13-7] 사례 F (2회)

사례 G

개인 정보   G는 대학교 1학년 과정을 수료한 73세의 기혼 백인 주부이다. IQ는 81이다. 이 검사가 행해지기 전 1년간 몇 차례 뇌졸중을 겪었다. 그녀의 불평 사항에는 혼란, 중간 정도의 기억력 문제, 계획 곤란, 간헐적인 편집증적 망상이 포함된다.

행동 관찰   이 여성은 약간의 우울 증세, 불안, 피로에도 불구하고 BGT에 많은 노력을 기울였다. 진지하고, 주의력이 있으며, 동기가 충만했다. 그러나 그녀는 자신의 도형 모사의 질에 대해 불만을 표현하였다. BGT를 완료하는 데 20분을 소요하였다.

BGT 채점

오류	도형
회전	2
중복곤란	7
단편화	2, 3, 4
퇴영	7
고집화, A 유형	3, 5
중첩경향	A & 1, 1 & 2
무기력	A, 2, 4
폐쇄곤란	A, 4, 7, 8
코히전	5 & 8
전체 오류 수: 9	

검사 분석   회전은 도형 2에서 볼 수 있다([그림 13-8] 참조). 도형 6의 재묘사는 중복곤란을 나타낸다. 도형 2, 3, 4는 모두 도형의 형태를 심각하게 손상시키는 누락된 부분이 있으며, 이는 단편화를 나타낸다. 도형 7의 육각형을 성숙적인 면에서 보다 원시적이고 유치한 다이아몬드로 그린 것은 퇴영을 가리킨다. 도형 3과 5에서 점 대신 원으로 그린 것은 도형 2의 원을 계속 고집하는 고집화(A 유형) 오류에 해당한다. 도형 A와 1, 도형 1과 2는 중첩경향의 오류를 보증할 만큼 충분히 가까이 그려져 있다. 도형 A, 2, 4를 여러 번 다시 그렸음에도 불구하고 G의 향상 결여는 무기력을 나타낸다. 폐쇄곤란이 가능한 4개의 도형(A, 4, 7, 8) 모두가 도형의 일부를 결합하는 데 문제가 있는 여러 예를 보여 주고 있다. 도형 5와 8은 상대적 크기가 대조를 이루고 있어 코히전의 오류를 보여 주고 있다.

검사 진단   9개의 오류는 뇌기능장애의 매우 강한 증거를 나타낸다. 이 여성이 모든 도형을 그리는 데 20분이 걸렸다는 점을 고려하면 9개의 오류는 더욱 눈에 띄는 것이다. 또한 그녀가 보인 오류는 뇌손상에 특히 암시적인 2개의 오류, 즉 무기력과 단편화를 포함하고 있다. 뇌손상이 없는 이 연령의 노인들에 기대될 수 있는 오류 수는 평균 3.29개이다.

병원 진단 G의 병력을 보면 검사 전, 1년간 몇 차례 뇌졸중을 겪었다. 결과적으로, 그녀는 상당한 뇌손상이 지속된 것으로 보인다. 진단명은 혈관성 치매였다.

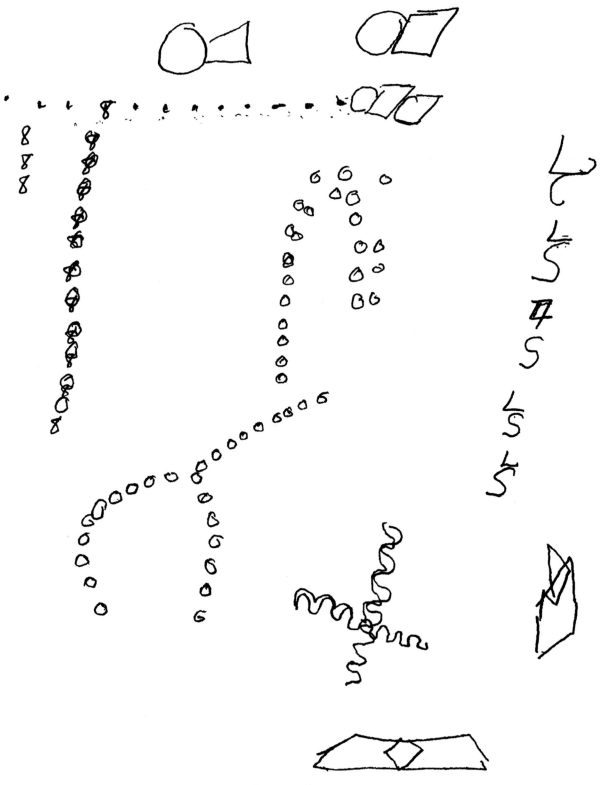

[그림 13-8] 사례 G

사례 H

개인 정보   H는 10년간의 교육을 받은 45세의 백인 이혼 남성이다. 검사를 받기 3년 전에 자동차 사고로 심한 머리 부상을 입었다. 그는 처음에 깊은 혼수상태에 빠졌고, 사고 후 3개월간 기억상실증을 겪었다. 병원에서 퇴원한 후 그는 기억, 통찰, 판단 및 지적 기능의 심각한 인지결함을 가지고 있는 것으로 알려졌다. 그는 또한 기분 불안정성의 에피소드를 보여 주었다. 부상을 당하기전, H는 비숙련직의 노동에 종사하였다. 그의 병전 IQ는 평균 내지 낮은 평균으로 추정되었다. 현재 그는 검사 결과 경계선 지적장애 수준인 것으로 밝혀졌다. 그는 지금 혼자 살 수가 없다. 내담자의 상태가 종합적인 심리검사를 통해 평가되었다.

행동 관찰   검사 중에 H는 단어를 발음하는 데 어려움을 겪었고, 어떤 작업에서든 계속 집중하려면 지속적인 상기가 필요했다. 그러나 내담자는 상당히 주의를 기울이고 신중하게 검사에 임했다. 검사 소요시간은 7분이었다. 그는 의욕적이고 주의를 기울였지만, 또한 상당히 흥분하였다. 그는 또한 보통 수준의 손 떨림이 있는 것으로 관찰되었다. 검사 결과는 그의 기능 수준을 정확하게 평가한 것으로 여겨진다.

BGT 채점

오류	도형
고집화, A 유형	3, 5
폐쇄곤란	A, 4, 7, 8
운동 부조화	A, 4, 6, 7
각의 곤란	2
전체 오류 수: 4	

검사 분석   H는 모사용지의 하단에서 시작하여 상단 방향으로 작업하였다([그림 13-9] 참조). 도형 A와 1을 두 번 시도한 것을 볼 수 있다. 그러나 두 번째 시도는 두 도형 모두에서 개선되었기 때문에 무기력의 증거로 볼 수 없다. 그는 도형 1에서 정확하게 점을 사용하였지만, 도형 3과 5에서 원으로 전환했다. 이것은 A 유형의 고집화 혹은 도형 2의 원으로 부적절하게 대치한 것이다. 많은 도형들(예: A, 4, 7, 8)이 또한 도형의 부분들을 접촉시키는 데의 어려움, 즉 폐쇄곤란을 보여 주고 있다. 떨림 혹은 운동 부조화가 행동적으로 눈에 띄었고, 여러 도형(A, 4, 7, 8)에서 두드러지게 드러난다. 도형 2에서 내담자는 열 경사를 이루기 위해 도형 전체를 약 45도 각도로 기울였다. 이것은 각의 곤란에 해당하는 기준의 하나이다. 이러한 회전의 정도는 심한 회전 오류로 볼 만큼 충분하지가 않다. 또한 여러 도형의 점이나 원의 수가 결여되어 있는 것을 볼 수 있다. 그러나 단편화 오류에 해당하는 기준을 충족할 만큼 누락된 것은 아니다. 모든 도형이 비교적 작게 그려져 코히전의 증거

가 없다.

검사 진단   4개의 오류는 경계선 뇌손상의 증거를 나타낸다. 4개의 오류 중 운동 부조화만이 특히 뇌손상에 암시적이다. 그는 또한 다른 유사한 검사에서 경미한 뇌손상을 보였다. 그러나 BGT의 회상 정도는 심각한 기억력 결함을 보여 준다.

병원 진단   이 사람은 많은 능력에 걸쳐 지속적이고 꽤 광범위한 신경심리손상에 대한 문서화된 증거를 가지고 있다. 그의 진단명은 머리 외상으로 인한 치매이다. 그러나 BGT와 다른 검사의 결과를 보면, 시각구성적 영역에서 경미한 손상에 불과하다. 이 남성은 분명히 뇌손상을 갖고 있긴 하지만, 그의 모든 인지기능을 똑같이 방해하지 않는 것 같다.

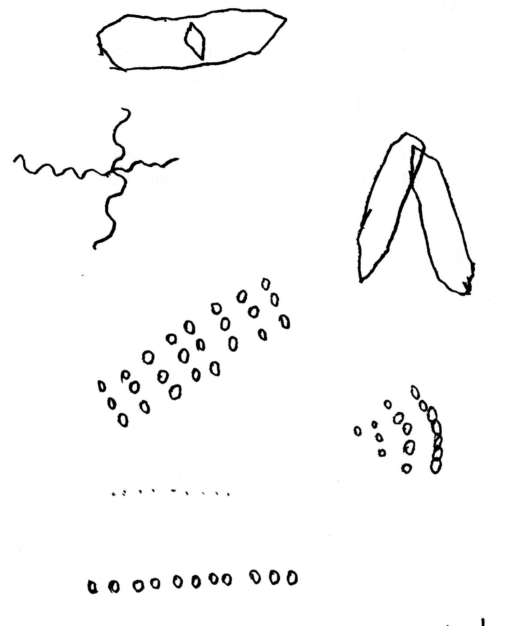
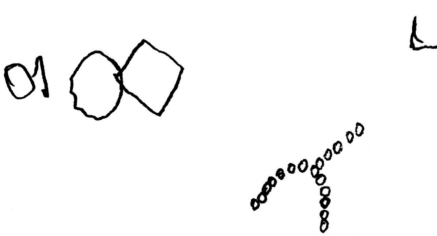

[그림 13-9] 사례 H

사례 I

개인 정보   이 20세의 아시아계 미국인 남성은 11년간 특수교육을 받았고 추정된 IQ가 77이다. 학업기능이 심각하게 제한되어 있다고 생각된다. 현재 미취업 상태다. 그는 세상이 자신을 반기지 않고 있다고 불평하는 사회적 고립자로 묘사된다.

행동 관찰   검사 중에 이 젊은 남성은 아주 불안했고, 단지 보통 수준의 주의력, 지시사항 준수, 끈기를 보였다. 작업 수행에서 다소 부주의한 모습을 보였다. BGT를 완료하는 데 15분을 소요하였다.

BGT 채점

오류	도형
고집화, B 유형	2
중첩	2 & 7
폐쇄곤란	A, 4, 7, 8
코히전	A & 6
전체 오류 수: 4	

검사 분석   대체로 모든 도형의 형태가 보존되어 있다([그림 13-1] 참조). 첫 번째 오류는 도형 2에서 요소의 고집화(B 유형)인 세 열의 선이 명백하게 길어진 것이다. 또한 도형 7이 도형 2의 끝에 접촉되어 있는 중첩을 보이고 있다. 도형 A, 4, 7, 8에서 지속적이지만 심하지 않는 결합 문제 혹은 폐쇄곤란을 보이고 있다. 코히전은 도형 A가 가장 큰 도형 6보다 상대적으로 훨씬 작게 그려져 있는 것에서 찾아볼 수 있다. 도형 5가 다소 왜곡되긴 했지만, 12개의 특정 오류 어느 것이든 해당하는 기준을 충족하지 못하고 있다. 도형 1에서 그는 점보다는 뭔가 다른 구불구불한 선과 같은 것을 사용하는 경향이 있다. 그러나 이 왜곡은 퇴영이나 다른 어떤 오류의 기준을 충족하지 않고 있다. 도형 3과 5에서 점을 그리는 능력을 보여 주고 있다. 도형 3과 6은 매우 잘 그려져 있다.

검사 진단   4개의 오류는 경계선 뇌손상의 증거를 나타낸다. 이 연령과 교육수준에 해당하는 규준 오류 수는 2.20개이다. 뇌기능장애에 대한 논쟁을 일으킬 수 있는 정보는 낮은 IQ와 제공받은 특수교육이다. 그러나 특정의 뇌손상 병력은 없다. 또한 4개의 오류 모두가 피검자들이 흔하게 범하는 것이고 뇌손상을 암시하는 것이 아니다. 끝으로, 검사 중에 보인 이 남성의 무관심한 행동은 그의 점수를 낮추는 데에 기여했을 것이다.

병원 진단   심리평가를 완료한 후에 임상가는 이 사람에 대해 분열성 성격장애 및 심한 학습장애라고 진단했다.

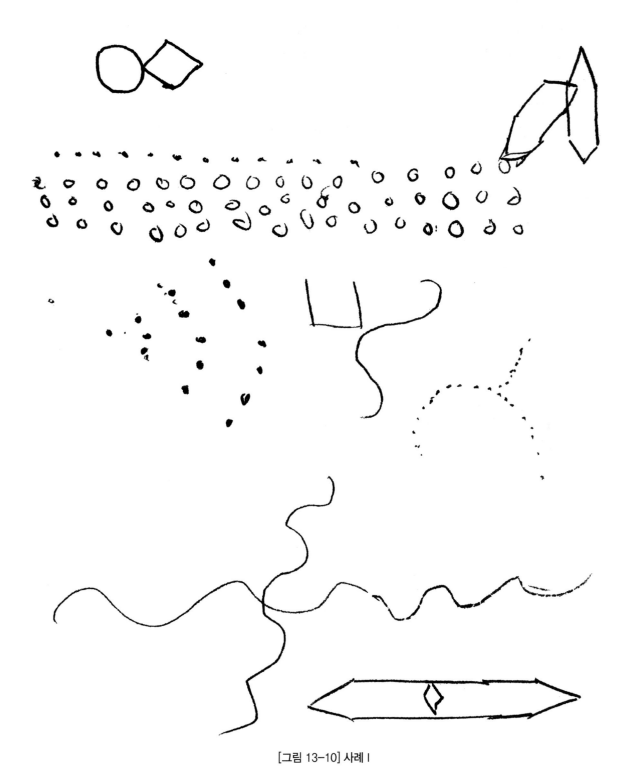

[그림 13-10] 사례 I

사례 J

개인 정보   J는 혼란, 호전성, 극도의 위생 소홀 증상으로 입원한 78세의 백인 정신증 환자이다. 병원에서 그는 종종 혼란스런 모습을 보였고, 직원과 다른 환자들에게 공격적이었다. 그는 친구나 친척도 하나 없이 혼자 살았다. 배경 기록은 거의 확인할 수 없다.

행동 관찰   J는 검사를 완료하는 데 15분이 소요되었다. 그는 보통 수준의 협력, 주의력, 끈기를 갖고 있는 것으로 보인다. 때때로 그는 동요했지만, 꽤 빨리 진정될 수 있었다. 손 떨림이 눈에 띄긴 했지만, 어떤 시력이나 청각 문제가 있는 것 같지 않았다.

BGT 채점

오류	도형
중복곤란	6, 7
단순화	4
단편화	7
퇴영	A, 8
고집화, A 유형	3, 5
고집화, B 유형	2
중첩	A & 8, 2 & 7
무기력	A, 5, 8
폐쇄곤란	A, 8
운동 부조화	6, 7
전체 오류 수: 9	

검사 분석   도형 6에서 선을 재묘사한 것이 보인다. 중복곤란의 다른 예가 한 육각형이 중복되는 지점에서 왜곡된 도형 7에서 나타나 있다([그림 13-11] 참조). 도형 4에서 J는 도형의 두 부분을 결합하려고 할 때 쉬운 방법을 택했고, 이는 단순화의 오류를 가져왔다. 도형 7은 완성되지 않아 단편화를 확실히 보여 주고 있다. 도형 A와 8은 모두 고급스런 다이아몬드 대신에 삼각형을 보여 주고 있어 명백한 퇴영의 오류에 해당한다. 고집화의 두 유형이 모두 이 프로토콜에서 분명하다. A 유형은 도형 2의 원을 도형 3과 5에서 계속 사용하고 있기 때문에 발생한다. B 유형은 환자가 도형 2에서 원의 11개 열 대신에 16개 열로 그렸기 때문에 발생한다. 이 프로토콜에서 2개의 명백한 중첩의 경우가 있으며 다른 여러 경우는 중첩경향을 보이고 있다. 중첩과 중첩경향 두 가지 문제가 나타날 때는 보다 심각한 것으로 여겨지는 중첩의 경우만을 채점한다. 이 남성은 도형 A를 그리기 위해, 그리고 도형 8에서 다이아몬드를 위치시키기 위해 어떻게 세 번이나 시도했는가를 주시해

보면 여러 번의 시도에도 불구하고 교정할 수 없었으며, 이는 무기력의 오류에 해당한다. 폐쇄곤란이 도형 A와 8에서, 그리고 운동 부조화나 떨림이 도형 6과 7에서 발생했다.

검사 진단   9개의 오류는 매우 강력한 뇌손상의 표시이다. 건강한 78세의 남성은 평균 3.63개의 오류를 범한다. 이 연령집단 표본의 32%만이 5개 이상의 오류를 범했다. 더구나 그는 뇌손상에 특히 암시적인 3개의 오류(무기력, 단편화, 운동 부조화)를 모두 범했다.

병원 진단   종합적인 심리평가 및 신경평가를 한 후, 이 남성은 전두엽 병변을 동반한 인지장애가 있는 것으로 진단되었다.

[그림 13-11] 사례 J

사례 K

개인 정보   K는 31세의 히스패닉계 여성으로 가정부와 보모로 일하고 있다. 6학년의 교육을 받았고 IQ가 57로 추정되고 있다. 그녀는 지적 능력이 얼마나 되는가를 알아보기 위해 검사에 의뢰되었다.

행동 관찰   검사 중에 K는 주의력이 분산되고, 당혹해하며, 수다를 떨었다. 그럼에도 불구하고 그녀는 검사에 협조적일 수 있었다. 그녀의 검사 결과는 타당하고 신뢰할 수 있을 것 같다.

BGT 채점

오류	도형
단순화	A, 4, 7
퇴영	7
고집화, A 유형	3
중첩경향	7 & 8
무기력	4
전체 오류 수: 5	

검사 분석   도형 2는 회전으로 시작되었으며 환자는 이를 교정했다([그림 13-12] 참조). 두 부분을 결합해야 하는 도형은 1/8인치 이상 떨어져 그러서 단순화 오류의 예에 해당한다(도형 A, 4, 7에서 나타남). 도형 7에서 보듯이 육각형을 다이아몬드처럼 보다 원시적이고 유치한 형태로 대체한 것은 퇴영의 오류이다. 도형 1은 정확하게 점을 사용했지만, 도형 3은 도형 2의 원을 부적절하게 계속 사용하고 있다. 이러한 실수는 A 유형의 고집화라고 불린다. 도형 7과 8은 상호 1/4인치 이내에 그려 중첩경향을 보이고 있다. 이 사람은 도형 4를 두 번 그렸다. 그녀는 회전을 다시 교정했지만 여전히 단순화의 오류를 범했다. 이러한 행동은 아마도 무기력을 나타낸다. 그러나 자세한 행동 관찰이 없으면 확신하기 어렵다. 도형 3에서 각이 뚜렷하지 않지만, 각의 곤란으로 채점하지 않는다. 이 도형에 대한 채점은 아주 관대하기 때문이다.

검사 진단   BGT에서 5개 오류는 뇌기능장애의 증거로 본다. 그러나 이들 오류 중 하나(사실, 가장 심각한 오류)는 다소 의문의 여지가 있다. 다른 네 가지 오류는 특히 뇌손상을 암시하는 그룹에 속하지 않는다. 때때로 뇌손상과 관련된 개인 이력의 기타 요인은 낮은 IQ와 낮은 교육수준이다. 심리학자가 최종 진단을 내리기 위해서는 실시된 다른 검사들을 주의 깊게 살펴볼 필요가 있다.

병원 진단   이 여성의 진단은 원인불명의 경도 지적장애였다.

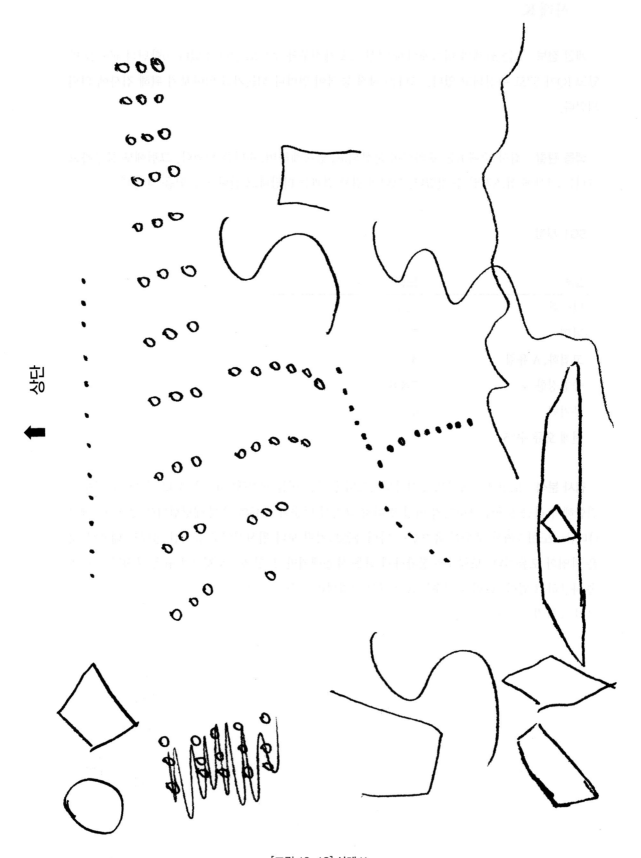

[그림 13-12] 사례 K

채점 실습

사례 L

개인 정보   L은 9년의 교육을 받은 31세의 아프리카계 미혼 남성이다. WAIS 어휘 하위 검사를 통해 언어성 IQ는 87로 추정되었다. 전기가 윙윙거리는 소음과 목소리가 들리고, 살해당하는 망상 등의 증상으로 도시의 입원환자 수용 정신건강의학과 의원에 입원한 것은 이번이 두 번째였다. 입원 당시 그는 유쾌하고, 옷을 잘 차려입었지만, 겁을 먹고, 상황적 사고(circumstantial thinking: 사고가 연결되어 있지만 원래 주제로 돌아오기 전에 주제에서 벗어난 사고) 및 접선적 사고(tangential thinking: 주제에서 벗어나지만 원래 주제로 돌아오지 않는 일련의 연결된 사고)의 혼란으로 주의가 산만해졌다.

행동 관찰   그의 BGT 실행은 조심스러워서 7분이 걸렸다. 그는 카드 A를 거꾸로 뒤집어 이 위치에 그렸기 때문에 회전의 오류로 간주되지 않는다. 그의 행동에 근거할 때 검사 결과는 타당하고 신뢰할 수 있는 것 같다([그림 13-13] 참조).

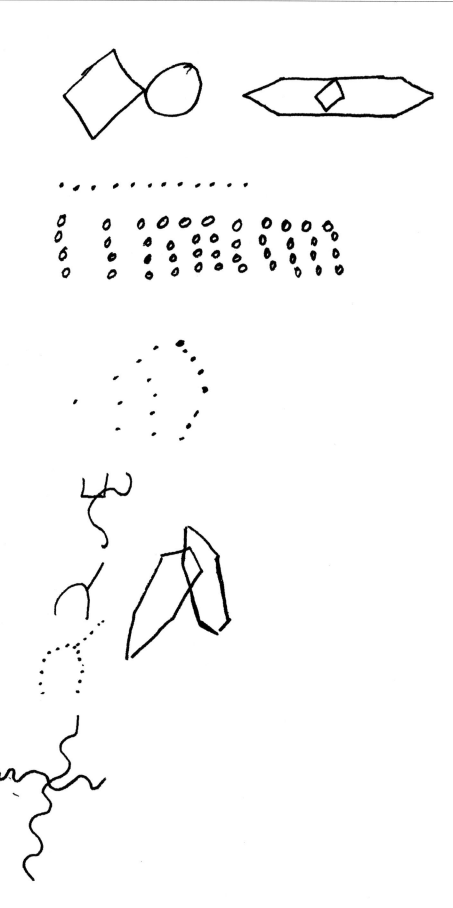

[그림 13-13] 사례 L

사례 M

개인 정보　M은 주로 청소 업무를 하는 비정규직 직업 이력을 가진 36세의 아시아계 미국인 남성이다. 그는 특수교육 고등학교를 졸업했고, IQ가 77이었다. 출생 시 부상으로 인해 그는 뇌성마비를 앓고 있다. 직업재활상담의 일부로 신경심리검사를 요청받았다.

행동 관찰　M은 검사 중에 매우 협조적이고 열심히 하고자 했으며, 따라서 BGT 도형을 상당히 세심하고 신중하게 그렸다. 그러나 그는 신체장애로 인해 도형을 그리는 데 약간의 어려움을 나타내 보였다. 검사 소요시간은 15분이었다([그림 13-14] 참조).

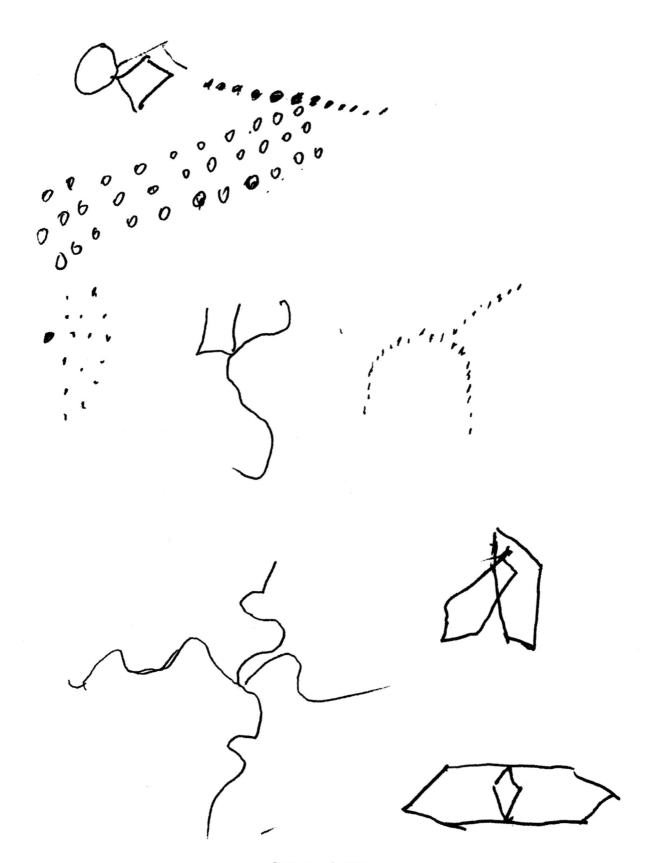

[그림 13-14] 사례 M

사례 N

개인 정보   N은 남부 아시아에서 이민 온 39세 미혼 남성이다. 그는 고등학교를 졸업했으며 전에는 사무원으로 일했다. 뇌기능장애가 의심되어 담당 내과의사가 심리검사를 의뢰하였다. 기억, 조직, 판단의 문제를 포함한 인지 수행의 저하 증후를 보였다. 그의 WAIS IQ는 77이었다.

행동 관찰   N은 매우 협조적이고 세심하며 열중하는 자세로 검사에 임했다. 그러나 그는 검사 중에 매우 불안해했다. BGT 도형을 그리는 데 12분이 소요되었다([그림 13-15] 참조).

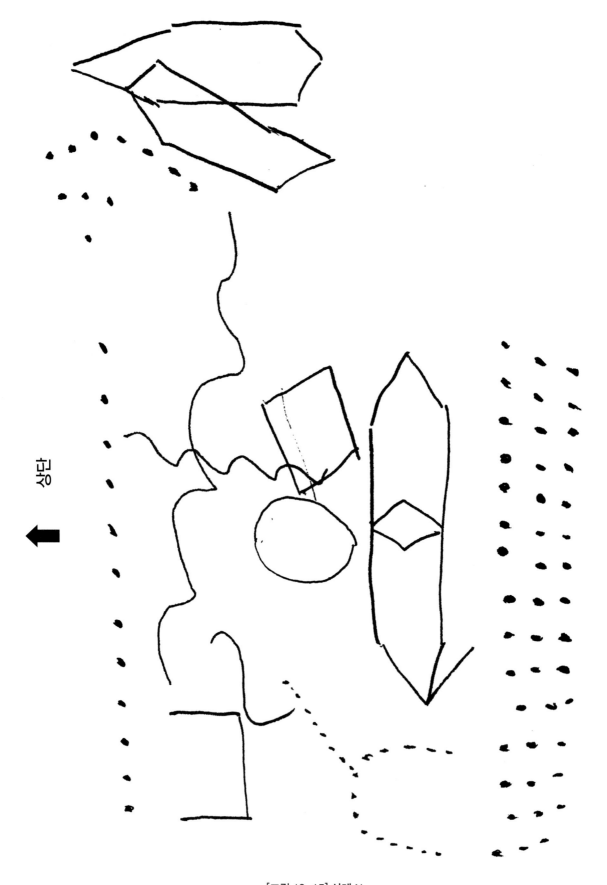

상면

[그림 13-15] 사례 N

사례 O

개인 정보　O는 20년간 알코올 중독 이력이 있는 45세 백인 남성이다. 그는 10학년 교육을 이수했고, 추정된 IQ는 88이었다. 그의 직업 이력은 수년 동안 불규칙했다. 그는 술에 취해 '난폭한' 행동을 하고 시각적 환각을 경험해 급성 정신건강의학과 의원 응급실로 실려 왔다. 비록 그가 과거 오랫동안 알코올 중독으로 병원에 입원했었지만, 어떤 정신증적 증후의 병력이 전혀 없었다.

행동 관찰　그가 병원에 입원한 후 5일 뒤에 BGT가 실시되었다. 그 당시에 그는 여전히 다소 불안하고 의심스러워했다. 피로를 보이고 검사를 완료하는 데 13분이 소요되었지만, 적절하게 주의를 기울이고 협조적이었다. 도형을 그리는 중에 심한 손 떨림이 관찰되었다. 또한 환자는 도형 7을 정확하게 그릴 수 없다는 사실에 당황함을 나타냈다([그림 13-16] 참조).

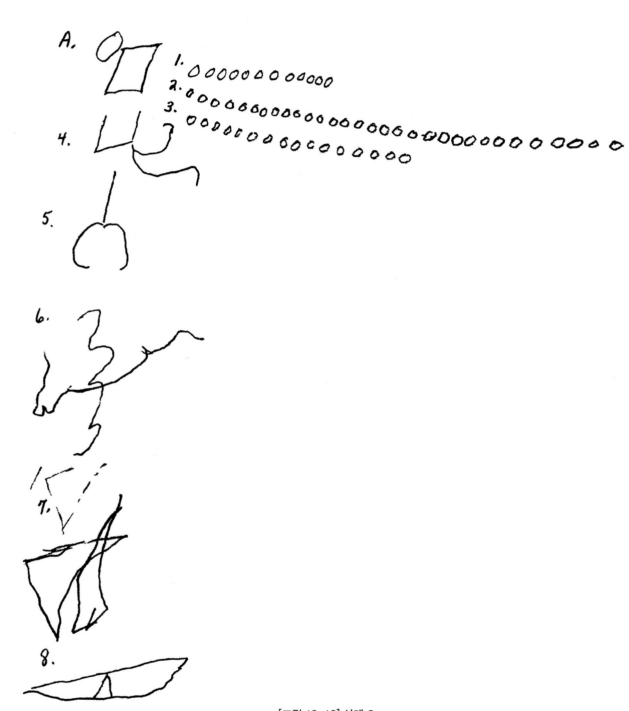

[그림 13-16] 사례 O

사례 P

개인 정보   P는 기억과 노화에 관한 연구 프로젝트에 비치매인 통제집단으로 참여한 64세의 백인 과부 주부이다. 그녀는 8년간의 교육을 받았고, 평균 이상의 지능을 가진 것으로 추정되었다.

행동 관찰   그녀는 매우 빨리 작업을 수행하였지만(소요시간 2분), 주의력이 없는 것은 아니었다. 그녀는 진지하고 끈기가 있으며 주의력을 보였다. 청각이나 시각의 문제는 전혀 눈에 띄지 않았다 ([그림 13-17] 참조).

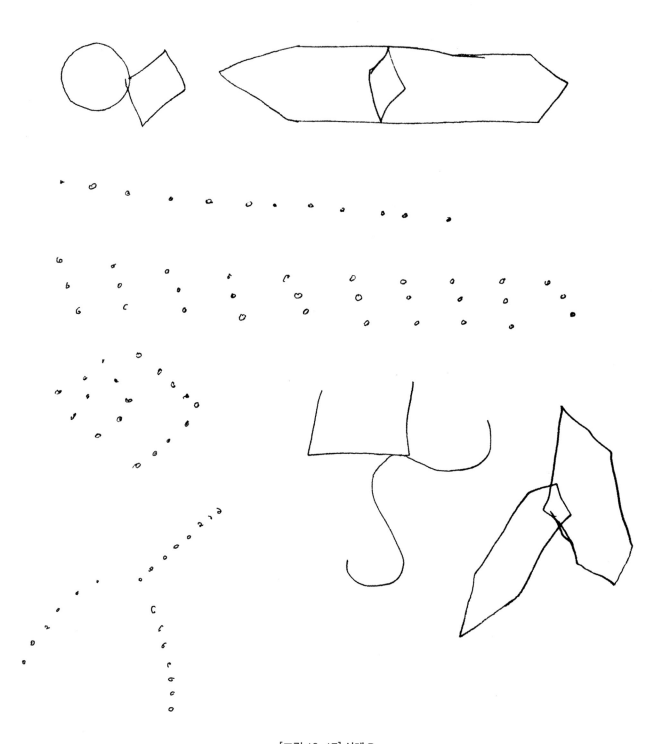

[그림 13-17] 사례 P

사례 Q

개인 정보   이번에 정신건강의학과 의원에 입원한 것이 네 번째인 Q는 41세의 아프리카계 미국인 기혼 여성이다. 그녀는 고등학교를 졸업하고 지금은 실직했지만 간호조무사로 일했다. WAIS 어휘력 하위 검사에서 측정된 그녀의 언어성 IQ는 88이었다. 급성 정신건강의학 치료센터의 응급실에서 그녀는 기괴한 옷차림을 하고 있었고, 사고의 비약, 과대망상, 청각적 및 시각적 환각을 보였다. 그녀는 집에 불을 지르려고 시도하는 것을 포함하여 적어도 8년 동안 그러한 증상을 겪은 적이 있다. 경찰은 다리 밑에서 '텔레타이프 스테이션에서 일하고 있는' 그녀를 발견하고 병원으로 이송하였다. Q의 기억력과 방향성은 온전했지만 통찰력이나 판단력을 보여 주지 못했다.

행동 관찰   검사 중에 Q는 망상적이었지만, 빠르고(검사 소요시간 3분 30초) 협조적으로 과제를 수행하였다([그림 13-18] 참조).

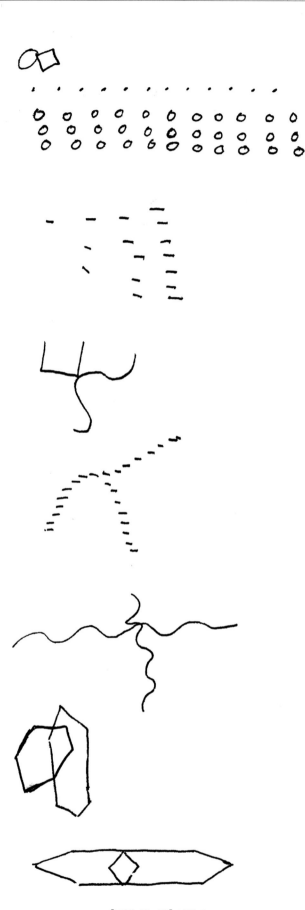

[그림 13-18] 사례 Q

사례 R

개인 정보   R은 더럽고 단정치 못한 모습으로 급성 정신건강의학 치료센터로 이송되었던 48세의 이혼한 백인 남성이다. 이송해 온 당시 그의 말투는 어눌했고 술 냄새가 났다. 그는 25년간의 음주 이력이 있으며, 지난 4년 동안은 중증 알코올 중독(매일 위스키 반병가량)이었다. 그는 이전에 필름 끊김 현상(blackouts)과 진전섬망(delirium tremens: DTs, 온몸의 거칠은 진전을 수반한 특유한 섬망 상태를 특징으로 한 만성 알코올 중독 뒤에 나타나는 증상)이 있었음을 인정했다. 그는 6학년 교육을 받았고, 추정된 언어성 IQ는 96이며, 현재 트럭 기사로 일하고 있다.

행동 관찰   입원 후 3일 뒤에 환자에게 BGT가 실시되었다. 주목할 만한 행동은 관찰되지 않았다. R은 협조적이었고, 대체로 주의를 기울였으며, 5분 이내로 검사를 완료하였다. 손 떨림은 발견되지 않았다([그림 13-19] 참조).

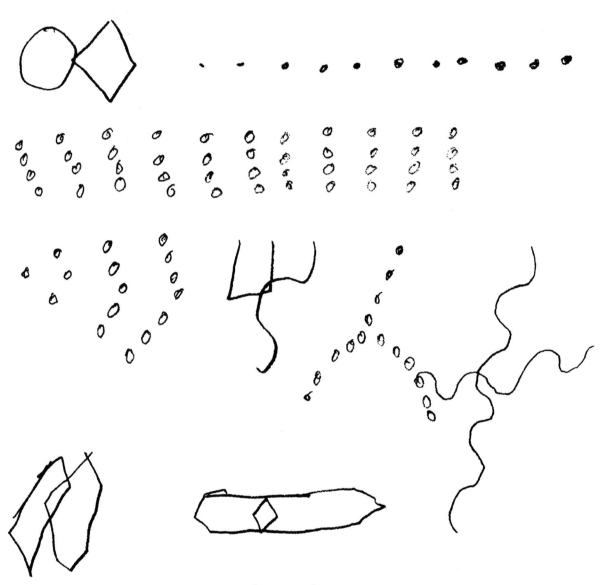

[그림 13-19] 사례 R

사례 S

개인 정보 이 여성은 인지평가를 위해 클리닉에 의뢰된 외래환자이다. S는 19세이고, 특수교육 고등학교를 졸업했으며, 어린이집 도우미로 일하고 있다. 유아기에 그녀는 뇌졸중을 겪었다. 그녀의 현재 WAIS IQ는 68이다.

행동 관찰 S는 검사에 매우 협조적이었고, 주의 깊게 작업했으며, 과제에 집중하였다. 그러나 그녀의 작업 속도는 느렸고, BGT를 완료하는 데 18분이 소요되었다. 여러 도형에서 여러 번 지웠으며, 보다 정확하게 그리기 위해 시도했지만 성공적이지 못했다([그림 13-20] 참조).

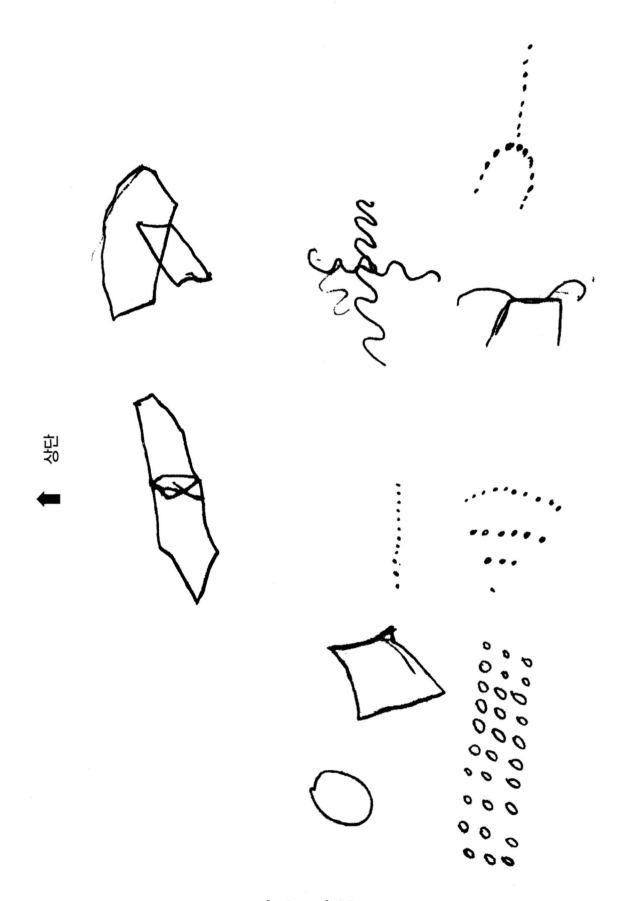

상단

[그림 13-20] 사례 S

사례 T

개인 정보   T는 14세의 히스패닉계 미국인 입원환자이다. 그는 '정서적으로 불안한' 것으로 간주되었는데, 그의 부모가 통제할 수 없을 정도로 행동표출이 심하고 반항적인 행동을 나타내고 있다. 병동에서 그는 화를 내고 규율을 잘 따르지 않는다. 그의 WISC IQ는 82이고, 학교에서 학업을 제대로 수행하지 못하고 있다.

행동 관찰   T는 부주의한 자세로 BGT 검사에 임했고, 2분 이내로 빨리 끝냈다. 그는 종종 검사 자극을 잠시 힐끗 쳐다보고는 곧바로 모사를 했다. 그는 최선을 다하고자 하는 동기가 없어 보였고, 어려움에 직면하면 쉽게 포기하였다. 그는 또한 다소 흥분해 보였다. 그의 수검 행동은 결과의 타당도와 신뢰도에 의문을 제기한다([그림 13-21] 참조).

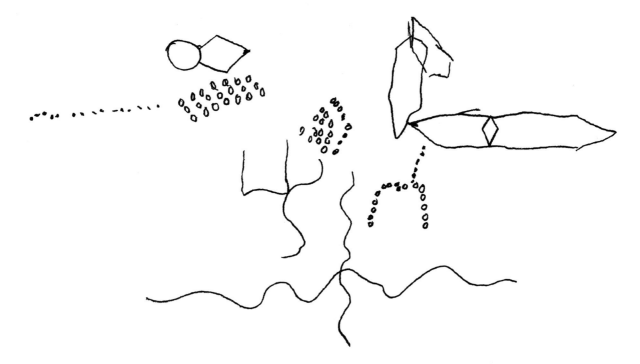

[그림 13-21] 사례 T

사례 U

개인 정보   우울증과 알코올 중독으로 처방 약물을 복용한 병력이 있는 65세의 백인 과부 여성으로, 현재 기분 저하와 약간의 정신착란으로 정신건강의학과에 입원한 환자이다. 14년간의 교육을 받았고, 현재 IQ는 90에 불과하다. 인지기능의 저하 정도와 스스로 돌볼 수 있는지를 알아보기 위해 심리평가의 요청을 받았다. 청력과 시력은 적절한 것으로 나타났다.

행동 관찰   환자는 검사 중에 불안해했고 빨리 끝내고 싶어 했다. 그러나 순응적이고 상당히 조심스럽고 세심했다. 심한 손 떨림을 보였다. BGT를 완료하는 데 7분을 소요하였다([그림 13-22] 참조).

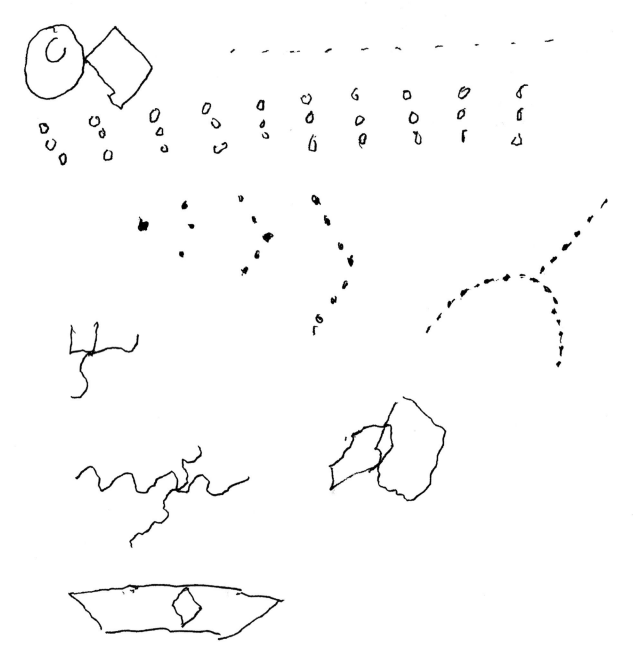

[그림 13-22] 사례 U

실습 사례에 대한 채점

사례 L

BGT 채점

오류	도형
고집화, B 유형	2
중첩경향	4 & 5
폐쇄곤란	4
코히전	A & 4
전체 오류 수: 4	

검사 분석   도형 2는 원의 11개 열이 각각 3개의 원이 아닌 4개의 원을 가지고 있어서 B 유형의 고집화에 해당한다([그림 13-13] 참조). 도형 4와 5는 중첩경향으로 채점할 만큼 충분히 가까이 함께 그려져 있다. 또한 도형 4에서 다른 도형의 연결은 적절하지만, 3면체 상자의 몸체까지 물결선이 침입한 것 자체만으로도 폐쇄곤란으로 평가할 만큼 유의하다. 도형 A에 비해 도형 4의 작은 크기는 코히전으로 채점된다. 또한 도형 A의 마름모가 원보다 상대적으로 크다. L이 도형 5에서 단순화된 것을 자발적으로 교정했다는 사실은 그가 단순화의 오류를 범하지 않았다는 것을 의미한다.

검사 진단   4개의 오류는 뇌기능장애의 경계선 지표이다. 그러나 L의 병력, 행동, 혹은 BGT 오류의 유형에서 뇌기능장애가 있다는 결론을 시사할 만한 것이 전혀 없다. 인종적 혹은 문화적 차이, 낮은 수준의 교육, 과거에 진단된 정신증이 오류의 수에 영향을 미쳤을 가능성이 있다.

병원 진단   병원 퇴원 진단은 편집형 조현병이었다.

사례 M

BGT 채점

오류	도형
중복곤란	6, 7
중첩경향	1 & 2
폐쇄곤란	A, 4, 7, 8

운동 부조화	4, 5, 6, 7
각의 곤란	2
전체 오류 수: 5	

검사 분석　도형 6과 7은 모두 중복되는 지점에서 왜곡, 즉 중복곤란을 보이고 있다([그림 13-14] 참조). 도형 2는 도형 1과 거의 중첩, 즉 중첩경향을 나타내고 있다. 4개의 도형은 M이 도형의 부분들을 연결시키는 것의 어려움, 즉 폐쇄곤란을 보이고 있다. 떨림 혹은 운동 부조화는 4개의 도형에서 분명히 나타나고 있다. 또한 M은 각의 곤란을 나타내고 있는데, 도형 2의 열을 기울이기보다는 오히려 전체 도형을 약 45도 각도로 기울였다.

검사 진단　BGT에서 M의 5개 오류는 뇌손상으로 진단할 수 있음을 가리킨다. 그의 수행의 몇 가지 측면들은 지각-운동 기능에 미치는 영향이 심하지 않다는 것을 시사한다. 오류의 대부분은 지각적인 것보다는 운동적인 것이다. 5개의 오류 중 3개는 뇌손상 유형을 암시하지 않는 것에서 비롯된다.

병원 진단　검사 풀 배터리에 의한 심리학자의 진단은 인지장애, 뇌성마비, 심한 학습장애였다.

사례 N

BGT 채점

오류	도형
단편화	3
고집화, A 유형	2
고집화, B 유형	2
중첩	A & 6
폐쇄곤란	A, 4, 7, 8
각의 곤란	2
전체 오류 수: 5	

검사 분석　도형 3은 단편화의 징후인 점의 한 날개가 누락되어 있다([그림 13-15] 참조). 도형 2는 고집화의 두 유형을 모두 입증하고 있다. 이전 도형의 점들이 도형 2에 부적절하게 그대로 이월되었기 때문에 A 유형의 고집화에 해당한다. 그리고 자극도형의 점의 열이 12개인데 15개의 열로 그렸기 때문에 B 유형의 고집화에 해당한다. 도형 A와 6이 겹치는 부분에서 중첩이 분명하게 나타난다. 또한 도형 A와 8, 1과 6, 3과 7, 4와 5 사이에 중첩경향의 경우도 많다. 그러나 중첩이 중첩경향

보다 더 심각한 오류이기 때문에 중첩만이 채점된다. 폐쇄곤란의 심한 예는 도형 A와 4의 인접 부분에서 연결이 되지 못한 것에서 볼 수 있다. 덜 심하긴 하지만 계속해서 연결에 문제를 보이고 있는 것은 도형 7과 8에서 볼 수 있다. 각의 곤란은 도형 2에서 명백히 드러난다. 여기서 열의 절반 이상이 좌측이 아닌 우측으로 기울어져 있다. 만약 모든 열이 이런 식으로 기울어져 있으면 회전으로 채점되었을 것이다. 도형 2는 또한 한 도형에서 2개 이상의 오류를 보일 수 있는 좋은 예라 할 수 있는데, 여기서는 고집화와 각의 곤란 오류를 보이고 있다. 비록 N이 도형 5에서 점 대신 약간의 대시를 사용했지만 퇴영의 오류로 보증할 만큼 충분히 심하거나 지속적이지 않다.

검사 진단   성인 비환자의 규준에 비추어 볼 때, 이 연령과 교육수준을 가진 남성의 평균 오류 수는 1.23개이다. 이 집단에서 5개 이상의 오류를 보이는 경우는 소수에 불과하다. 더욱이 이 남성은 뇌손상을 가진 것으로 암시하는 3개의 오류 중 하나인 단편화의 오류를 범했다. 따라서 이 검사만으로 진단하면 뇌기능장애이다.

병원 진단   종합적인 임상 분석에 근거하여 심리학자는 N이 원인불명의 인지장애라고 진단을 내렸다.

사례 O

BGT 채점

오류	도형
단순화	1, 5
단편화	2, 3
퇴영	7, 8
중첩경향	1 & 2, 2 & 3, 3 & 4
무기력	7
폐쇄곤란	A, 4
운동 부조화	6, 7, 8
코히전	A
전체 오류 수: 8	

검사 분석   도형 1과 5의 그림은 단순화 오류의 전형적인 예이다([그림 13-16] 참조). 단편화는 원을 한 줄만으로 그려 도형의 형태가 파괴되어 있는 도형 2와 3에서 볼 수 있다. 두 도형 모두 원의 수를 정확하게 모사했지만 도형의 모양이 사라진 것은 주목할 만한 흥밋거리이다. 또한 이들 두 도형에서 그는 각도를 제대로 그리는 능력을 보여 줄 기회를 완전히 제거했기 때문에 각의 곤란 오류를 평가할 수 없다. 도형 3에서 점 대신 원의 사용은 도형 2의 원을 계속 사용한 고집화라고 채점되

지 않는다. 도형 1에서도 원을 사용하였고, 이것은 이미 단순화로 채점되었기 때문이다. 도형 7과 8에서 육각형이나 다이아몬드 대신에 삼각형으로 그리는 것처럼 성숙적인 면에서 보다 원시적이고 유치하게 그리는 것은 퇴영의 예이다. 도형 7의 부분들이 보다 원시적이고 유치하긴 하지만 정확하게 겹치고 있다. 도형 1, 2, 3, 4는 모두가 서로서로 1.4인치 이내에 그려져 있어서 중첩경향을 보이고 있다. 이 환자는 도형 7을 그리기 위해 여러 번 시도를 했지만 실패했고, 성공적으로 그리지 못하는 자신의 능력에 대해 혼란스러워했다. 이것은 무기력의 예에 해당한다. 도형 A와 4에서 O는 연결 부분을 접촉시키지 못해 한 부분을 다른 부분과 연결시키기 위해 작은 선을 그린 것을 볼 수 있다. 이것은 폐쇄곤란의 예에 해당한다. 검사 중에 관찰된 손 떨림 혹은 운동 부조화는 도형 6, 7, 8의 그림에서 찾아볼 수 있다. 마지막 오류인 코히전은 도형 A에서 관찰되는데, 원이 사각형보다 훨씬 작게 그려져 있다.

검사 진단 BGT에서 8개의 오류는 뇌손상의 강한 증거이다. 또한 O는 뇌기능장애를 특히 암시하는 3개의 오류(무기력, 단편화, 운동 부조화)를 모두 범했다.

병원 진단 이 환자는 알코올 유발 정신증적 장애 및 알코올 의존이라는 진단을 받고 12일 만에 퇴원했다.

사례 P

BGT 채점

오류	도형
단순화	1
코히전	A & 6
전체 오류 수: 2	

검사 분석 이 여성은 도형 1에서 점 대신 원으로 그렸고, 이것은 단순화의 예에 해당한다([그림 13-17] 참조). 도형 3과 5의 원은 도형 2의 원이 지속되는 고집화가 아니라 단순화 오류의 다른 예다. 그녀는 또한 도형 A를 도형 6보다 상대적으로 작게 그려 코히전을 분명하게 보여 주고 있다. 도형 A에서 약간의 폐쇄곤란이 있지만 다른 도형들의 연결이 잘 이루어졌기 때문에 폐쇄곤란의 오류로 채점할 만큼 증거가 충분치 않다. 다른 도형들은 모두가 형태를 잘 유지하면서 정확하게 그려져 있다.

검사 진단 BGT만으로 기초해 볼 때, 2개의 오류는 뇌손상의 징후를 가리키지 않는다. 사실, 이 여성은 10일 뒤에 재검사를 받았는데, 이때도 동일한 2개의 오류를 범했다. 재검사에서의 수행은 첫 번째 검사에서의 수행과 거의 동일했다.

병원 진단   신경검사와 신경심리검사 배터리에 근거하여 이 여성은 인지손상이 없는 것으로 밝혀졌다.

사례 Q

BGT 채점

오류	도형
퇴영	3, 5
각의 곤란	3
코히전	A, 7
전체 오류 수: 3	

검사 분석   도형 3과 5에서 점 대신 대시를 계속해서 사용하는 것은 발달적으로 보다 미성숙한 것이기에 퇴영으로 분류된다([그림 13-18] 참조). 도형 3에서의 대시는 직선으로 그려져 각의 곤란 오류를 보이고 있다. 따라서 도형 3은 같은 도형에 대해 서로 다른 2개의 오류로 채점할 수 있다는 것을 증명해 주고 있다. 도형 A가 다른 도형들보다 상대적으로 크기가 작고, 도형 7에서 좌측 육각형의 길이가 더 짧은 것은 모두 코히전의 예에 해당한다. 다른 도형들은 모두 형태를 잘 보존하면서 옳게 그려져 있다. 도형 6에서 수직선을 낮게 배치한 것은 중복곤란의 경계선 예이다. 오류가 확실치 않을 때는 채점하지 않는다. 여러 도형에서 연결 부분이 미미하게 연결되지 못하고 있는데, 이 채점방법에서 오류로 채점할 정도는 아니다.

검사 진단   BGT에서 3개의 오류만으로는 뇌병변이 있다고 진단하지 않는다.

병원 진단   병원에 입원한 지 74일 만에 Q는 만성질환 치료를 위해 장기입원 병원으로 이송됐다

사례 R

BGT 채점

오류	도형
고집화, A 유형	3, 5
고집화, B 유형	2

중첩   5 & 6
폐쇄곤란   4
코히전   3
전체 오류 수: 4

검사 분석 하나의 오류로만 계산되지만 이 프로토콜에서 고집화의 두 종류(A와 B)를 볼 수 있다([그림 13-19] 참조). 첫째, A 유형의 예로서 도형 2의 원이 도형 3과 5에서도 부적절하게 지속되고 있다. R은 또한 도형 1에서 점 대신 원을 사용한 것으로 보이지만(단순화의 오류일 수 있는), 그는 점이어야 하기 때문에 메우려고 노력했다는 점을 인정했다. 둘째, B 유형의 예로서 도형 2에서 원의 각 열이 추가된 원을 갖고 있어 원이 3개의 행이 아닌 4개의 행으로 되어 있다. 또한 도형 2에서 여러 열이 올바른 방향으로 기울어져 있지 않다. 그러나 반 이상이 올바르게 기울여져 있어서 각의 곤란 오류는 아니다. 도형 5와 6은 접촉하고 있어 중첩의 오류를 보이고 있다. 도형의 두 부분을 연결하는 것에서 약간의 문제를 보인 경우가 많지만, 폐쇄곤란으로 채점하기에 충분한 것은 도형 4이다. 도형 3은 여러 다른 도형보다 상대적으로 더 크게 그렸기 때문에 코히전의 오류를 나타내고 있다. 직선 중 일부는 약간 떨려 보이지만, 검사할 당시에 손 떨림이 목격되지 않아 오류로 채점되지 않는다. 또한 도형 7의 육각형에는 각도가 조금 상실되어 있지만, 이 그림의 채점은 도형의 어려움으로 인해 다소 관대하기 때문에 오류로 채점하지 않는다.

검사 진단 4개의 오류는 뇌기능장애의 확실한 증거가 되지 않는다. 4개의 오류로는 성인 환자를 비환자로 잘못 분류할 가능성이 21%이다. 오랫동안의 음주 이력과 낮은 교육수준 때문에 4개의 오류는 경계선으로 간주될 수 있다. 지속적인 알코올 남용이 장차 뇌병변의 진단을 가져올 가능성이 크다.

병원 진단 R은 최종적으로 알코올 의존 진단을 받고 병원에 입원한 지 6일 만에 퇴원하였다.

사례 S

BGT 채점

오류	도형
회전	2, 4, 5, 7
중복곤란	7
단순화	A, 4
퇴영	7, 8
무기력	A, 4, 7, 8

코히전   A, 1, 7
전체 오류 수: 6

검사 분석 이 프로토콜에는 회전된 것이 많다([그림 13-20] 참조). 도형 2는 거울에 비추어진 모양이다. 도형 4, 5, 7은 각각 90도 회전되었다. 도형 7의 두 육각형은 잘못된 곳에서 교차하고 있어 중복곤란을 보이고 있다. 단순화의 두 종류가 분명하게 나타나고 있다. 도형 A에서 두 부분이 멀리 떨어져 모사되어 있다. 도형 4에서 과제의 복잡성을 피하듯이 두 부분을 지나칠 정도로 단순하게 접하도록 그렸다. 이 채점방법은 육각형의 자유로운 왜곡을 허용하지만, 도형 7과 8에서의 육각형은 매우 왜곡되어 있고 도형 8에서의 다이아몬드 역시 왜곡되어 있다. 이처럼 보다 미성숙한 그림으로 대체하는 것은 퇴영이라 불린다. 도형 A, 4, 7, 8에서 여러 번 지워 다시 그렸지만 개선이 없는 것은 무기력의 오류를 나타낸다. 코히전은 이 프로토콜의 여러 곳에서 볼 수 있다. 또한 도형 A는 도형 1보다 훨씬 더 크다. 도형 3에서 각의 곤란 오류로 채점하고 싶어 할 수도 있지만, 도형 3의 각은 특히 모사하기 어렵기 때문에 채점에 있어서 꽤 관대하다.

검사 진단 BGT에서 6개의 오류는 뇌기능장애의 증거로 본다. 이 연령에 해당하는 규준 비환자의 오류 수는 1.47개이며, 이 집단에서는 아주 소수만이 5개 이상의 오류를 범한다. 또한 S는 뇌손상이 없는 사람들보다 뇌손상이 있는 사람들에게서 8배나 더 빈번한 무기력의 오류를 범했다.

병원 진단 유아기의 뇌졸중과 경도 지적장애로 인한 인지장애로 진단되었다.

사례 T

BGT 채점

오류	도형
고집화, A 유형	3, 5
고집화, B 유형	1, 3
중첩	7 & 8
폐쇄곤란	A, 8
코히전	3 & 6, 7
전체 오류 수: 4	

검사 분석 이 청소년은 도형 1에서 점을 맞게 사용했지만, 도형 3과 5에서는 원으로 전환시켰다([그림 13-21] 참조). 이 패턴은 도형 2의 원을 계속 지속적으로 사용하는 고집화(A 유형)로 간주된다. 그는 또한 자극도형의 한계치보다 넘어서서 그리는 B 유형의 고집화를 명확하게 보였다. 그림

1에서 12개의 점 대신에 15개의 점을 그렸고, 도형 3에서는 열을 하나 더 추가하였다. 도형 7과 8은 접촉하여 중첩의 오류를 보이고 있다. 여러 다른 도형은 중첩경향으로 볼 만큼 충분히 인접되어 있다. 도형의 연결 부분 간에 폐쇄곤란의 대표적인 예를 도형 A에서 볼 수 있다. 다른 미미한 폐쇄곤란의 예는 도형 4, 7, 8에서 볼 수 있다. 네 번째 오류는 코히전이다. 도형 3과 6의 상대적 크기가 다르다는 것을 알 수 있다. 또한 도형 7의 두 부분이 크기에 있어서 상당히 차이가 있다. 도형 2는 단편화에 해당된다고 생각할 수도 있다. 그러나 이 도형에 대한 단편화 오류의 정의는 원의 열이 6개 이하인데, 여기서는 7개라서 단편화 오류로 채점하지 않는다. 또한 도형 7에서 각의 곤란으로 볼 수도 있지만, 45도 이상의 준거를 충족하지 않으며 보다 그리기 어려운 도형 3에서 각을 제대로 그린 능력을 보이고 있기 때문에 각의 곤란 오류로 채점하지 않는다. 그림에서 일부 선이 떨린 것처럼 보인다. 그러나 검사 중에 행동적 떨림이 관찰되지 않았고 부주의하게 도형을 그렸다. 보다 엄격한 접근에서는 확실치 않으면 오류로 채점하지 않는다. 도형 1의 요소 일부가 다소 대시처럼 보이지만, 퇴영의 오류로 처리할 만큼은 아니다.

검사 진단   이 청소년은 BGT에서 4개의 오류를 보였고, 이는 뇌손상의 경계선에 해당한다. 이 연령의 규준 비환자 오류 수는 2.30개이고, 뇌손상이 없는 입원환자의 경우 2.65개이다. 부주의, 검사 도형에 대한 주의력 부족, 과제에 대한 관심의 결여와 같은 그의 여러 행동은 비현실적으로 오류 수를 부풀게 한 원인일 수 있다. 이 검사만으로 볼 때 뇌손상이 없는 범주에 속할 가능성이 크다.

병원 진단   이 소년은 반항장애와 학습장애 진단을 받았다.

사례 U

BGT 채점

오류	도형
퇴영	1
폐쇄곤란	4, 7, 8
운동 부조화	모든 도형
코히전	3 & 4, 7
전체 오류 수: 4	

검사 분석   환자는 작은 원을 그리기 시작하여 첫 번째 시도를 지우지 않고 더 큰 원으로 수정하였다([그림 13-22] 참조). 그녀는 첫 번째 노력을 개선하였기 때문에 이것은 무기력으로 간주되지 않는다. 또한 많은 도형이 왜곡되어 있지만(A, 4, 8) 오류로 여길 만큼 심하지 않다. 오류는 그녀의 전반적인 운동 부조화로 인한 운동 통제의 부족에서 주로 기인하는 것 같다. 점 대신 대시를 심하게

그리고 지속적으로 사용한 것은 퇴영의 예에 해당한다. 많은 도형에서 심하지는 않지만 폐쇄곤란을 지속적으로 보이고 있다. 도형 3과 4의 크기가 상대적으로 차이를 보이고 있는 것은 코히전에 해당하며, 도형 7에서 왼쪽 육각형이 오른쪽 육각형과 비교하여 크기가 더 작아진 것도 마찬가지로 코히전에 해당한다.

검사 진단 BGT에서 4개의 오류는 뇌손상의 경계선에 해당한다. 이 여성은 뇌손상이라고 명확하게 진단을 받은 적은 없지만, 오류 수를 상승시킨 그녀의 연령, 물질 남용, 인지능력의 감소와 같은 요인이 많이 있다. 그녀가 보인 오류는 특히 뇌손상을 암시하는 유형의 오류가 하나도 없다. 배터리에서 다른 검사의 결과가 그녀의 특정 상태를 알아보는 데에 중요할 것이다.

병원 진단 심리학자의 진단은 주요우울장애(Major Depressive Disorder: 지속적인 우울감과 활동력 저하를 특징으로 하는 우울감 상태가 지속적 또는 반복적으로 나타나는 정신장애)였다.

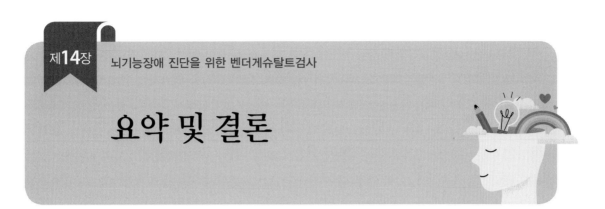

요약 및 결론

벤더게슈탈트검사(Bender Gestalt Test: BGT)는 60년 전에 Lauretta Bender가 소개한 이후 가장 널리 사용되는 심리검사 중 하나로 발전했다. 이 검사는 간단하고, 저렴하고, 비언어적이며, 검사 대상자에게 위협적이지 않다. 이 검사는 또한 다양한 지적 능력과 문화적 배경을 지닌 아동, 청소년 및 성인에게 유용하다. 건강한 사람들은 70대와 80대까지 BGT의 수행을 잘 유지하므로 이 검사는 노인의 뇌기능을 효과적으로 진단할 수 있는 척도가 되기도 한다. 이 책의 초판은 성인을 대상으로 한 BGT 활용에 초점을 맞추었지만, 이번 판에서는 노인, 아동 및 청소년을 대상으로 한 활용에 대한 장들이 추가되었다. 이들 장에서는 각 연령집단에 고유한 특정 BGT 문제와 실제를 살피고 있다.

BGT는 심리학자들에 의해 광범위한 목적으로 사용된다. 이는 종종 워밍업 절차로 기능하거나 객관적 및 투사적 배터리 사이의 완충 역할을 한다. BGT는 투사적 성격검사로 사용될 수 있다. 아동들의 경우, 학습문제와 학교준비 상태를 평가하기 위해 널리 실시된다. 그러나 이 도구의 주요 용도는 정신건강의학과 성인 입원환자의 감별 진단을 위한 일반적인 선별도구이다. 따라서 단독으로 사용되는 경우는 거의 없지만 WAIS, MMPI 및 기타 뇌기능장애에 대해 간단한 선별검사와 같은 검사와 함께 사용되는 경우가 더 흔하다.

BGT의 표준 실시에 대한 많은 변형이 수년에 걸쳐 소개되었으며, 그것들은 다양한 인기를 누리고 있다. 여기에는 집단실시, 회상, 순간노출, 배경간섭의 방법이 포함된다. 집단실시의 적절성은 경험적으로 검증되었지만, 현재로서는 회상 및 순간노출의 방법에 대한 의존을 보증할 만큼 충분한 증거가 없다. Canter의 배경간섭절차의 사용은 다소 논란의 여지가 있다. 초기 연구에서는 매우 높은 적중률을 나타냈지만, 이후 연구에서는 일관되게 높은 진단 정확도를 보여 주지 못했다. BGT에 대한 이러한 변형의 잠재적 유용성에 대한 답변을 위해서는 향후 방법론적으로 건전한 연구가 필요하다.

어떤 심리적 능력이나 기능이 BGT의 수행을 설명하는지를 알아보기 위한 조사는 명확하게 결론짓지 못했다. 세 가지 요인, 즉 지각능력, 운동능력, 그리고 이 두 능력의 통합이 가장 관련성이 있는 것으로 가정된다. 또한 최근 연구에서는 기억과 같은 다른 요인, 그리고 계획, 조직, 추진력

수준과 같은 '실행' 기능의 역할이 관련되어 있음을 시사해 주었다.

지난 20년 동안 신경심리학의 하위 전문분야의 성장은 뇌기능과 신경병리에 대한 훨씬 더 정교한 이해로 이어졌다. 신경심리학자들은 이제 뇌기능의 여러 측면을 평가하기 위해 다양한 조치를 취할 수 있다. 오늘날 평가자들은 노력과 비용뿐만 아니라 철저함에서 차이가 있는 신경심리평가의 **연속체**(continuum)를 사용한다. 뇌손상에 대한 일반적인 선별은 한쪽 끝에 있고, 다른 한쪽 끝에는 종합적 임상신경심리평가가 있다. **선별검사로서 BGT**는 '연속체'의 체계에서 사용될 수 있다. 일반적인 배터리검사 또는 BGT와 같은 단일 선별도구가 뇌손상의 가능성과 추가 정보의 필요성을 나타낼 경우, 신중하게 선택된 신경심리 배터리검사가 요구된다. 특정 뇌기능을 분리하고 병변의 위치와 심각도를 포함하여 손상에 대한 광범위한 평가를 위해 할스테드-레이탄 배터리(Halstead-Reitan Battery)와 같은 정교한 신경심리 배터리검사를 포함하여 보다 종합적 신경심리평가를 사용할 수 있다.

BGT는 이 연속체의 모든 지점에서 사용될 수 있다. 예를 들어, 종합적인 평가 내에서 BGT는 인지기능의 지각-운동 또는 시각구성적 **영역**(domain)의 척도로 사용될 수 있다. 이 책은 BGT를 뇌손상을 선별하거나 특정 인지 영역을 평가하기 위해 시각구성적 검사로 사용하기를 원하는 심리학자들을 위해 쓰였다.

BGT의 유용성에 대한 근거는 아직 완전히 알려져 있지 않지만, 임상심리학자의 상당수는 BGT가 그들에게 유용하다는 데 동의한다. BGT는 특히 인지손상과 정신혼란을 구별하는 데 도움이 된다. BGT는 국소병변보다는 광범위하고 천천히 진행되는 피질손상을 감지하는 데 가장 민감하다는 점에 일반적인 동의가 있다. 그러나 이제 BGT는 더 넓은 범위의 그물을 던지며 전두엽과 두정엽을 포함한 많은 뇌 영역의 손상에 민감할 수 있는 것으로 보인다.

초기의 BGT 연구는 성공적인 개인 식별을 허용하지 않았다. 그러나 채점기술과 연구설계가 개선되면서 보다 최근의 연구에서는 BGT의 임상적 유용성이 입증되었다. 이는 개인을 정확하게 예측할 수 있는 능력이 있음을 의미한다. 이 연구 분야에서 여러 가지 방법론적 결함에도 불구하고 선별검사로 사용되는 BGT는 다른 단일 신경심리검사는 물론 보다 정교한 평가 배터리와 매우 유리하게 비교된다. 임상가는 뇌손상 환자와 마찬가지의 수행을 보이는 만성 또는 진행성 조현병 환자를 제외하고 뇌기능장애를 평가하기 위해 자신 있게 BGT를 사용할 수 있다. 이 집단은 뇌기능장애를 감지하는 검사에서 제대로 성적을 내지 못할 수 있다. 그 이유는 이들 중 다수가 장애의 생물학적 병인으로 인한 일부 신경병증, 장기간의 입원, 강력한 항정신성 약물 복용, 또는 이 세 가지 모두를 가지고 있을 수 있기 때문이다.

일부 신경심리학자는 할스테드-레이탄 배터리 또는 루리아-네브래스카 배터리(Luria-Nebraska Battery)와 같은 보다 종합적 신경심리평가 배터리가 이용 가능할 때 BGT와 같은 단일 신경심리검사의 사용을 비판한다. 그들의 비판은 다음의 두 가지 문제에 근거하고 있다. ① 단일 검사의 사용은 특정 결함 개념보다는 뇌기능장애에 대한 순진한 단일 개념을 의미한다. ② 단일 검사로는 개인의 뇌기능장애에 대한 철저한 설명이 불가능하다.

이러한 비판은 뇌기능장애에 대한 일반 효과(general-effect)의 관점을 지지하는 증거를 무시하는 것이다. 그것은 또한 정신건강의학과 의원이나 조현병의 기저율이 높은 병원에서 심리학자들이 뇌손상 여부를 **선별**하도록 요청받는 전형적인 검사 상황의 현실을 무시하는 것이다. 이러한 보다 전형적인 상황에서는 정교한 배터리검사가 일반적으로 높은 감별 능력을 보여 주지 못했으며, 특히 뇌손상이 있는 사람과 조현병이 있는 사람을 감별할 때 그러했다. 또한 이러한 상황에서 배터리의 비용은 선별 목적으로 정당화되지 않는다.

따라서 전형적인 정신건강의학 장면에서 일반적인 의뢰의 경우, 다른 검사와 함께 사용되는 BGT는 간단하고 저렴하며 위험이 낮고 불편함이 적은 선별검사 또는 뇌기능장애에 대한 **지표**(marker)의 귀중한 기능을 제공할 수 있다. 결과는 내담자나 환자에 대한 다른 정보, 즉 행동 관찰, 면담 자료, 병력 등과 통합되어야 한다. 선별 후 추가 정보가 필요한 경우, 개인은 보다 광범위한 평가를 위해 의뢰될 수 있다.

BGT의 첫 번째 객관적 채점방법은 이 검사가 처음 개발된 지 13년이 지난 1951년이 되어서야 발표되었다. Pascal과 Suttell이 개발한 이 객관적 채점방법은 아마도 임상가들에게 가장 친숙한 방법일 것이며, 확실히 연구 프로젝트에서 가장 많이 사용된 방법일 것이다. 유감스럽게도 이 접근방법은 사용하기가 번거롭기 때문에 임상적으로 널리 적용되지 못하고 있다. 1951년 이후 많은 다른 채점방법이 개발되었으며, 이들 모두가 여러 방법 간에 상당한 중복이 있음에도 불구하고 서로 다른 가능한 그림 왜곡에 초점을 두고 있다. 1988년에 McIntosh 등은 아동을 위한 Koppitz 채점방법과 성인을 위한 Lacks 채점방법이 모두 12세까지 성공적으로 확장될 수 있음을 보여 주었다. 이전에는 어떤 채점도 청소년 연령 범위를 포함하지 않았다. 불행하게도, 과거 조사에 따르면 임상가 중 적어도 절반은 성인 BGT에 대해 이러한 객관적 채점방법 중 하나를 사용하지 않고 대신 덜 정확하고 주관적인 임상 통찰력에 의존하는 것으로 나타났다.

이 책에 제시된 채점방법은 1960년 Hutt와 Briskin이 처음 제시했고 나중에 Lacks가 적용한 뇌기능장애에 대한 열두 가지 **주요 감별인자**(essential discriminators)로 구성되어 있다. BGT 프로토콜은 이러한 각 오류의 유무를 판단하는데, 이 절차는 보통 3분 미만이 소요된다. 1984년에 이 방법에 대한 상세한 채점 매뉴얼이 출판되면서, 현재 더 많은 연구자가 이 방법을 사용하고 있다. 임상 실제에서 이 방법의 사용 범위에 대한 정보는 아직 없다. 연구에 따르면, 심리학자들은 임상적 인상에 지속적으로 의존하는 것보다 이렇게 간단하고 쉽게 배울 수 있는 채점절차를 사용하여 훨씬 더 높은 수준의 진단 정확도를 달성할 수 있는 것으로 나타났다. 이 결과는 BGT를 사용하는 모든 수준의 경험에 걸쳐 적용된다. 이 방법을 사용하도록 교육받은 유능한 심리측정가는 BGT 전문가와 동일한 수준의 진단 정확도를 달성할 수 있다.

타당도를 다루고 있는 제7장에서는 기질적 뇌기능장애를 선별하는 데 이 채점방법의 유용성을 입증하는 상당한 증거가 제시되어 있다. 비환자, 비손상 환자, 신경병리 진단을 받은 개인들의 집단 점수 간에는 분명한 차이가 있다. 또한 다수의 연구에 따르면, 이 방법은 개인들의 진단을 예측하는 데 있어 높은 감별력을 가지고 있는 것으로 나타났다. 표준 컷오프 점수를 사용하여 교차 검증된 전체 적중률은 다양한 모집단 및 채점자에 걸쳐 80~85%의 정확도 범위를 보이고 있다.

더욱이 BGT는 다른 신경심리검사와 유의한 상관관계가 있다. BGT(Lacks 채점방법에 의한)를 다른 검사 및 다른 채점방법과 비교하면 일관되게 우수한 것으로 나타났다. 이러한 우수성은 초보자부터 전문가에 이르기까지 채점자의 경험수준에 관계없이 입증되었다.

비환자의 경우, 임상적으로 의미가 있는 것은 아니지만 통계적으로 유의한 성별 및 인종 차이가 존재한다. 이러한 효과는 더 이상 환자에게 명백하지 않으며, 이는 정신병리에 의해 무시되었을 가능성을 시사한다. 다른 인지검사나 정보처리검사와 마찬가지로 비환자와 환자 모두에게서 BGT에 대해서도 유의한 연령, 교육 및 IQ 효과가 발견되었다. 그러나 이러한 효과는 개인이 이러한 변인의 극단적인 범위에 속할 때만 진단 해석에 영향을 미칠 수 있는 것으로 보인다.

타당도 외에도 여기에 제시된 Lacks 절차는 시간적 안정성과 채점자 간 일관성 모두에서 신뢰도를 입증했다. **시간적 안정성**(temporal stability)은 시간이 지남에 따라 반복적으로 실시해도 검사 결과가 일관성을 갖는 것을 의미한다. 모호한 결과를 확인하거나 기능 저하를 평가하기 위해 연속 입원을 하여 신경심리검사를 통한 재검사가 일반적이기 때문에 이러한 일관성이 중요하다. 네 가지 다른 유형의 표본을 기반으로 Lacks 방법을 사용한 총 점수의 검사-재검사 신뢰도 범위는 재검사 간격(5일~12개월) 및 실제 환자 안정성(매우 안정적인 상태부터 알려진 진행성 상태까지)에 따라 .57~.79이다. 이러한 수치는 다른 BGT 채점방법에 대해 발표된 신뢰도와 심지어 신경심리 배터리검사에 대한 신뢰도와도 비슷하다. 임상적 관점에서 볼 때, 이 채점방법의 신뢰도는 훨씬 더 고무적이다. 동일한 4개의 표본에 대한 진단 일치도는 72~93% 범위였고, 재검사 간격이 짧거나 신중한 선별로 인해 상대적으로 안정적일 것으로 예상되는 두 집단에서 그 진단 일치도가 더욱 높았다.

서로 다른 **채점자 간 일관성**(interscorer consistency)에 대해 두 연구에서는 이 방법을 사용하여 평가자 간에 높은 수준의 일치도(점수의 경우 $r = .87 \sim .95$, 진단의 경우 86~97%)를 보여 주고 있다. 이러한 결과는 채점자들의 BGT에 대한 일반적인 경험수준과 구체적인 배경이 근본적으로 다른 경우에도 달성되었다. 단지 2시간의 훈련만 받은 초보 채점자들도 경험이 풍부한 채점자들과 높은 수준의 일치를 달성할 수 있었다.

Hutt-Briskin 채점방법을 적용한 Lacks 방법을 사용하는 채점자들의 BGT 채점 역량을 최대로 높이고 일관성을 촉진하기 위해 이 책의 제6장과 제13장에서는 자세한 채점 매뉴얼과 22개의 다양한 실습 사례를 제공하고 있다. 임상가가 매뉴얼을 읽고, 채점 예시를 이해하고, 실습 사례를 통해 스스로 채점하는 데 3~4시간을 할애한다면, 이러한 높은 수준의 채점 효율성을 달성할 수 있을 것이다.

BGT는 주로 정신건강의학 장면에서 뇌기능장애에 대한 간단한 선별검사로 사용되며, 많은 연구에서 이에 대한 효능성을 조사했다. 그러나 최근 몇 년 동안 이 척도에 대한 연구는 진단 정확도에 대한 조사에서 새로운 환경, 새로운 유형의 임상문제 및 이 도구가 사용될 수 있는 비정형적인 환자집단을 조사하는 쪽으로 그 방향을 돌렸다. BGT는 대뇌 보존에 대한 수술기법의 영향 평가, 헌팅턴병 피해자의 조기 식별, 건강한 노인의 인지기능에 대한 주기적인 모니터링 또는 치매 환자의 악화 경로를 기록하는 데 도움이 되는 것으로 밝혀졌다. 법의학 사례의 수와 보상을 위한 개인 소송의 수가 크게 증가함에 따라 신경심리학자들은 최근 꾀병이나 위장된 인지결함을 감지하는 방법을 조사하기 시작했다. 다른 연구에서는 BGT를 사용하여 뇌 산소화 증가가 인지기능에 미치는 영향을 측정하고, 학습장애가 있는 아동의 시각 스캐닝 전략을 조사하며, 뇌기능장애가 적은 아동을 위한 다양한 약물치료를 평가했다. 또 다른 관심 분야는 BGT 및 기타 검사를 사용하여 기본생활기능을 평가하고 노인을 위한 재활 프로그램을 계획하는 것이다.

이 책의 초판에서는 BGT의 실시와 채점에 중점을 두었다. 이 두 번째 판에서는 검사 결과의 해석에 대한 8단계 접근방법을 자세히 설명하는 장을 추가하였다. 해석은 환자의 노력에 대한 신뢰도와 타당도를 결정하는 것에서 시작하여 과학적 의사결정 규칙의 적용까지 계속된다. 60년 된 이 검사의 최신 버전으로 이제 BGT 결과의 전자적 해석과 보고에 컴퓨터 소프트웨어를 이용할 수 있게 되었다.

뇌기능장애 진단을 위한 벤더게슈탈트검사

제5장에 제시된 사례에 대한 BGT 채점

사례 5-1

오류	도형
회전	3, 4
중복곤란	6
단순화	1
단편화	3, 8
퇴영	A, 8
고집화, B 유형	1, 2
중첩	2, 6
무기력	A, 8
폐쇄곤란	A, 4, 7
각의 곤란	2

총 오류 수: 10

검사 진단: 기질적 뇌기능장애

병원 진단: 혈관성 치매

사례 5-2

오류	도형
회전	2
중복곤란	7
단순화	A, 5, 6
퇴영	7
고집화, B 유형	1
폐쇄곤란	A, 4, 8

무기력	7(오류를 바로잡을 수 없다고 표현)
코히전	7

총 오류 수: 8

검사 진단: 기질적 뇌기능장애

병원 진단: '양성 신경손상 증거'가 있는 청소년 입원환자

사례 5-3

오류	도형
단순화	A, 4, 6, 7, 8
단편화	2, 3, 5
퇴영	7, 8
고집화, B 유형	2
각의 곤란	2
코히전	A

총 오류 수: 6

검사 진단: 기질적 뇌기능장애

병원 진단: 독성 대사장애로 인한 섬망

사례 5-4

오류	도형
고집화	
A 유형	3
B 유형	A를 제외한 모든 도형
중첩	2 & 3, 5 & 6
폐쇄곤란	A, 7, 8
코히전	A

총 오류 수: 4

검사 진단: 뇌기능장애 없음

병원 진단: 정신장애 없음

사례 5-5

오류	도형
단순화	1
고집화, B 유형	3 (여분의 열)

중첩경향	1 & 2, 2 & 3, 3 & 4
폐쇄곤란	A, 4, 7, 8
코히젼	A

총 오류 수: 5

검사 진단: 기질적 뇌기능장애

병원 진단: 발작을 수반한 인지장애

Acker, M. B., & Davis, J. R. (1989). Psychology test scores associated with late outcome in head injury. *Neuropsychology, 3,* 123-133.

Adams, J., & Canter, A. (1969). Performance characteristics of school children on the BIP Bender test. *Journal of Consulting and Clinical Psychology, 33,* 508.

Adams, R. L., Boake, C., & Crain, C. (1982). Bias in a neuropsychological test classification related to education, age, and ethnicity. *Journal of Consulting and Clinical Psychology, 50,* 143-145.

Albert, M. S. (1981). Geriatric neuropsychology. *Journal of Consulting and Clinical Psychology, 49,* 835-850.

Allen, R. M. (1968). Visual perceptual maturation and the Bender Gestalt Test quality. *Training School Bulletin, 64,* 131-133.

Allen, R. M. (1969). The Developmental Test of Visual Perception and the Bender Gestalt Test achievement of educable mental retardates. *Training School Bulletin, 66,* 80-85.

American Psychiatric Association. (1994). *Diagnostic and statistical manual of mental disorders* (4th ed.). Washington, DC: Author.

American Psychological Association. (1985). *Standards for educational and psychological testing.* Washington, DC: Author.

Anastasi, A. (1996). *Psychological testing* (7th ed.). New York: Macmillan.

Andert, J. N., Hustak, T. L., & Dinning, W. D. (1978). Bender-Gestalt reproduction times for retarded adults. *Journal of Clinical Psychology, 34,* 927-929.

Arbit, J., & Zager, R. (1978). Psychometrics of a neuropsychological test battery. *Journal of Clinical Psychology, 34,* 460-465.

Armstrong, R. G. (1965). A re-evaluation of copied and recalled Bender-Gestalt reproductions. *Journal of Projective Techniques and Personality Assessment, 29,* 134-139.

Arnold, L. E., Huestis, R. D., Wemmer, D., & Smeltzer, D. J. (1978). Differential effect of amphetamine optical isomers on Bender Gestalt performance of the minimally brain dysfunctioned. *Journal of Learning Disabilities, 11,* 127-132.

Bak, J. S., & Greene, R. L. (1980). Changes in neuropsychological functioning in an aging population. *Journal of Consulting and Clinical Psychology, 48,* 395-399.

Baker, R. R. (1968). The effects of psychotropic drugs on psychological testing. *Psychological Bulletin,* *69,* 377-387.

Bash, I. Y., & Alpert, M. (1980). The determination of malingering. *Annals of New York Academy of Sciences, 347,* 86-99.

Becker, J. T., & Sabatino, D. A. (1971). Reliability of individual tests of perception administered utilizing group techniques. *Journal of Clinical Psychology, 27,* 86-88.

Bedard, M. A., Montplaisir, J., Richer, F., Rouleau, I., & Malo, J. (1991). Obstructive sleep apnea syndrome: Pathogenesis of neuropsychological deficits. *Journal of Clinical and Experimental Neuropsychology, 13,* 950-964.

Belter, R. W., McIntosh, J. A., Finch, A. J., Williams, L. D., & Edwards, G. L. (1989). The Bender-Gestalt as a method of personality assessment with adolescents. *Journal of Clinical Psychology, 45,* 414-422.

Bender, L. (1938). *A visual motor gestalt test and its clinical use.* New York: American Orthopsychiatric Association.

Bender, L. (1946). *Instructions for the use of the Visual Motor Gestalt Test.* New York: American Orthopsychiatric Association.

Bender, L. (1965). On the proper use of the Bender-Gestalt test. *Perceptual and Motor Skills, 20,* 189-190.

Benson, D. F., & Barton, M. I. (1970). Disturbances in constructional ability. *Cortex, 6,* 19-46.

Benton, A. L., & Tranel, D. (1993). Visuoperceptual, visuospatial, and visuoconstructive disorders. In K. M. Heilman & E. Valenstein (Eds.), *Clinical neuropsychology* (pp. 165-213). New York: Oxford University Press.

Berg, R. A., Franzen, M., & Wedding, D. (1994). *Screening for brain impairment: A manual for mental health practice.* New York: Springer.

Bigler, E. D., & Ehrfurth, J. W. (1981). The continued inappropriate singular use of the Bender Visual Motor Gestalt Test. *Professional Psychology, 12,* 562-569.

Bigler, E. D., Nussbaum, N. L., & Foley, H. A. (1997). Child neuropsychology in the private medical practice. In C. R. Reynolds & E. Fletcher-Janzen (Eds.), *Handbook of clinical child neuropsychology* (2nd ed., pp. 726-742). New York: Plenum Press.

Binder, L. (1993). An abbreviated form of the Portland Digit Recognition Test. *The Clinical Neuropsychologist, 7,* 104-107.

Black, F. W., & Bernard, B. A. (1984). Constructional apraxia as a function of lesion locus and size in patients with focal brain damage. *Cortex, 20,* 111-120.

Boake, C., & Adams, R. L. (1982). Clinical utility of the Background Interference Procedure for the Bender-Gestalt Test. *Journal of Clinical Psychology, 38,* 627-631.

Bolen, L. M., Hewett, J. B., Hall, C. W., & Mitchell, C. C. (1992). Expanded Koppitz scoring system of the Bender Gestalt Visual-Motor Test for adolescents: A pilot study. *Psychology in the Schools, 29,* 113-115.

Bondi, M. W., Salmon, D. P., & Kaszniak, A. W. (1996). The neuropsychology of dementia. In I. Grant & K. M. Adams (Eds.), *Neuropsychological assessment of neuropsychiatric disorders* (pp. 164-199).

New York: Oxford University Press.

Brandt, J., & Butters, N. (1996). Neuropsychological characteristics of Huntington's disease. In I. Grant & K. M. Adams (Eds.), *Neuropsychological assessment of neuropsychiatric disorders* (pp. 312-341). New York: Oxford University Press.

Brannigan, G. G., Aabye, S. M., Baker, L. A., & Ryan, G. T. (1995). Further validation of the Qualitative System for the modified Bender-Gestalt Test. *Psychology in the Schools, 32,* 24-26.

Brannigan, G. G., & Brannigan, M. J. (1995). Comparison of individual versus group administration of the Modified Version of the Bender-Gestalt Test. *Perceptual and Motor Skills, 80,* 1274.

Brannigan, G. G., & Brunner, N. A. (1989). *The modified version of the Bender-Gestalt Test for preschool and primary school children.* Brandon, VT: Clinical Psychology Publishing Company.

Brilliant, P., & Gynther, M. D. (1963). Relationships between performance on three tests for organicity and selected patient variables. *Journal of Consulting Psychology, 27,* 474-479.

Brown, G. G., Baird, A. D., Shatz, M. W., & Bornstein, R. A. (1996). The effects of cerebral vascular disease on neuropsychological functioning. In I. Grant & K. M. Adams (Eds.), *Neuropsychological assessment of neuropsychiatric disorders* (pp. 342-378). New York: Oxford University Press.

Bruhn, A. R., & Reed, M. R. (1975). Simulation of brain damage on the Bender-Gestalt Test by college students. *Journal of Personality Assessment, 39,* 244-255.

Butler, M., Retzlaff, P., & Vanderploeg, R. (1991). Neuropsychological test usage. *Professional Psychology: Research and Practice, 22,* 510-512.

Butler, O. T., Coursey, R. D., & Gatz, M. (1976). Comparison of the Bender Gestalt Test for both black and white brain-damaged patients using two scoring systems. *Journal of Consulting and Clinical Psychology, 44,* 280-285.

Canter, A. (1966). A background interference procedure to increase sensitivity of the Bender-Gestalt Test to organic brain disorder. *Journal of Consulting Psychology, 30,* 91-97.

Canter, A. (1971). A comparison of the background interference procedure effect in schizophrenic, nonschizophrenic, and organic patients. *Journal of Clinical Psychology, 27,* 473-474.

Chouinard, M. J., & Braun, C. M. J. (1993). A meta-analysis of the relative sensitivity of neuropsychological screening tests. *Journal of Clinical and Experimental Neuropsychology, 15,* 591-607.

Craig, P. L. (1979). Neuropsychological assessment in public psychiatric hospitals: The current state of the practice. *Clinical Neuropsychology, 1,* 1-7.

Culbertson, F. M., & Gunn, R. C. (1966). Comparison of the Bender Gestalt Test and the Frostig Test in several clinical groups of children. *Journal of Clinical Psychology, 22,* 439.

Cummings, J. A., & Laquerre, M. (1990). Visual-motor assessment. In C. R. Reynolds & R. W. Kamphaus (Eds.), *Handbook of psychological and educational assessment of children: Intelligence and achievement* (pp. 593-610). New York: Guilford Press.

D'Amato, R. C., Rothlisberg, B. A., & Rhodes, R. L. (1997). Utilizing a neuropsychological paradigm for understanding common educational and psychological tests. In C. R. Reynolds & E. Fletcher-Janzen (Eds.), *Handbook of clinical child neuropsychology* (2nd ed., pp. 270-295). New York: Plenum

Press.

Davies, S. (1996). Neuropsychological assessment of the older person. In R. T. Woods (Ed.), *Handbook of the clinical psychology of aging* (pp. 441-474). Chichester, UK: John Wiley & Sons.

Davis, B. D., Fernandez, F., Adams, F., Holmes, V., Levy, J. K., Lewis, D., & Neidhart, J. (1987). Diagnosis of dementia in cancer patients. *Psychosomatics, 28,* 175-179.

Davis, D. D., & Templer, D. I. (1988). Neurobehavioral functioning in children exposed to narcotics in utero. *Addictive Behaviors, 13,* 275-283.

Delaney, R. C. (1982). Screening for organicity: The problem of subtle neuropsychological deficit and diagnosis. *Journal of Clinical Psychology, 38,* 843-846.

Dibner, A. S., & Korn, E. J. (1969). Group administration of the Bender Gestalt Test to predict early school performance. *Journal of Clinical Psychology, 25,* 265-268.

Diller, L., & Gordon, W. A. (1981). Interventions for cognitive deficits in brain-injured adults. *Journal of Consulting and Clinical Psychology, 49,* 822-834.

Dodrill, C. B. (1997). Myths of neuropsychology. *The Clinical Neuropsychologist, 11,* 1-17.

Erickson, R. C., Eimon, P., & Hebben, N. (1994). A listing of references to cognitive test norms for older adults. In M. Storandt & G. R. VandenBos (Eds.), *Neuropsychological assessment of dementia and depression in older adults: A clinician's guide* (pp. 183-197). Washington, DC: American Psychological Association.

Erwin, E. F., & Hampe, E. (1966). Assessment of perceptual-motor changes following electroshock treatment. *Perceptual and Motor Skills, 22,* 770.

Essman, W. B. (1973). Psychopharmacology. In H. J. Eysenck (Ed.), *Handbook of abnormal psychology.* London: Pitman.

Fantie, B. D., & Kolb, B. (1991). The problems of prognosis. In J. Dywan, R. D. Kaplan, & F. J. Pirozzolo (Eds.), *Neuropsychology and the law* (pp. 186-238). New York: Springer-Verlag.

Faust, D., Hart, K. J., & Guilmette, T. J. (1988). Pediatric malingering: The capacity of children to fake believable deficits on neuropsychological testing. *Journal of Consulting and Clinical Psychology, 56,* 578-582.

Faust, D., Hart, K. J., Guilmette, T. J., & Arkes, H. R. (1988). Neuropsychologists' ability to detect adolescent malingerers. *Professional Psychology: Research and Practice, 19,* 508-515.

Field, K., Bolton, B., & Dana, R. (1982). An evaluation of three Bender-Gestalt scoring systems as indicators of psychopathology. *Journal of Clinical Psychology, 38,* 838-842.

Fjeld, S. P., Small, I. F., Small, J. G., & Hayden, M. (1966). Clinical, electrical, and psychological tests and the diagnosis of organic brain disorder. *Journal of Nervous and Mental Disease, 142,* 172-179.

Franzen, M. D., & Berg, R. (1989). *Screening children for brain impairment.* New York: Springer.

Franzen, M. D., Iverson, G. L., & McCracken, L. M. (1990). The detection of malingering in neuropsychological assessment. *Neuropsychology Review, 1,* 247-279.

Franzen, M. D., & Martin, R. C. (1996). Screening for neuropsychological impairment. In L. L. Carstensen, B. A. Edelstein, & L. Dornbrand (Eds.), *The practical handbook of clinical gerontology* (pp. 188-216). Thousand Oaks, CA: Sage.

Franzen, M. D., & Rasmussen, P. R. (1990). Clinical neuropsychology and older populations. In A. M. Horton (Ed.), *Neuropsychology across the life-span: Assessment and treatment* (pp. 81-102). New York: Springer.

Friedt, L. R., & Gouvier, W. D. (1989). Bender Gestalt screening for brain dysfunction in a forensic population. *Criminal Justice and Behavior, 16,* 455-464.

Garb, H. N., & Schramke, C. J. (1996). Judgment research and neuropsychological assessment: A narrative review and meta-analyses. *Psychological Bulletin, 120,* 140-153.

Garron, D. C., & Cheifetz, D. I. (1968). Electroshock therapy and Bender-Gestalt performance. *Perceptual and Motor Skills, 26,* 9-10.

Glasser, A. O. (1982). The detection of malingering and the Bender Gestalt Test. *Dissertation Abstracts International, 43*(03), 870B. (University Microfilms No. AAC 82-17692).

Goh, D. S., Teslow, C. J., & Fuller, G. B. (1981). The practice of psychological assessment among school psychologists. *Professional Psychology, 12,* 696-706.

Goldberg, L. R. (1959). The effectiveness of clinicians' judgments: The diagnosis of organic brain damage from the Bender Gestalt Test. *Journal of Consulting Psychology, 23,* 25-33.

Golden, C. J. (1990). *Clinical interpretation of objective psychological tests* (2nd ed.). Boston: Allyn and Bacon.

Golden, C. J., Berg, R. A., & Graber, B. (1982). Test-retest reliability of the Luria-Nebraska Neuropsychological Battery in stable, chronically impaired patients. *Journal of Clinical Psychology, 50,* 452-454.

Goldman, R. S., Axelrod, B. N., & Taylor, S. F. (1996). Neuropsychological aspects of schizophrenia. In I. Grant & K. M. Adams (Eds.), *Neuropsychological assessment of neuropsychiatric disorders* (pp. 504-525). New York: Oxford University Press.

Goldstein, G. (1986). The neuropsychology of schizophrenia. In I. Grant & K. M.Adams (Eds.), *Neuropsychological assessment of neuropsychiatric disorders* (pp. 148-171). New York: Oxford University Press.

Grant, I. (1987). Alcohol and the brain: Neuropsychological correlates. *Journal of Consulting and Clinical Psychology, 55,* 310-324.

Grant, I., & Adams, K. M. (1996). *Neuropsychological assessment of neuropsychiatric disorders.* New York: Oxford University Press.

Grant, I., Prigatano, G. P., Heaton, R. K., McSweeny, A. J., Wright, E. C., & Adams, K. M. (1987). Progressive neuropsychologic impairment and hypoxemia. *Archives of General Psychiatry, 44,* 999-1006.

Greenberg, G. D., Watson, R. K., & Deptula, D. (1987). Neuropsychological dysfunction in sleep apnea. *Sleep, 10,* 254-262.

Gregory, R. J. (1987). *Adult intellectual assessment.* Boston: Allyn & Bacon.

Gregory, R. J. (1996). *Psychological testing: History, principles, and applications.* Boston: Allyn & Bacon.

Griffith, R. M., & Taylor, V. H. (1960). Incidence of Bender-Gestalt figure rotations. *Journal of Consulting Psychology, 24,* 189-190.

Groth-Marnat, G. (1997). *Handbook of psychological assessment* (3rd ed.). New York: John Wiley & Sons.

Groth-Marnat, G. (in press). *Neuropsychological assessment in clinical practice:A practical guide to test interpretation and integration*. New York: John Wiley & Sons.

Hain, J. D. (1964). The Bender Gestalt Test: A scoring method for identifying brain damage. *Journal of Consulting Psychology, 28*, 34-40.

Hammainen, L. (1994). Computerized support for neuropsychological test interpretation in clinical situations. *The Clinical Neuropsychologist, 8*, 167-185.

Hartlage, L. C., & Golden, C. J. (1990). Neuropsychological assessment techniques. In T. B. Gutkin & C. R. Reynolds (Eds.), *The handbook of school psychology* (2nd ed., pp. 431-457). New York: John Wiley & Sons.

Hauer, A. L., & Armentrout, J. A. (1978). Failure of the Bender-Gestalt and Wechsler tests to differentiate children with and without seizure disorders. *Perceptual and Motor Skills, 47*, 199-202.

Heaton, R. K., Baade, L. E., & Johnson, K. L. (1978). Neuropsychological test results associated with psychiatric disorders in adults. *Psychological Bulletin, 85*, 141-162.

Heaton, R. K., & Pendleton, M. G. (1981). Use of neuropsychological tests to predict adult patients' everyday functioning. *Journal of Consulting and Clinical Psychology, 49*, 807-821.

Heaton, R. K., Ryan, L., Grant, I., & Matthews, C. G. (1996). Demographic influences on neuropsychological test performance. In I. Grant & K. M. Adams (Eds.), *Neuropsychological assessment of neuropsychiatric disorders* (2nd ed., pp. 141-163). New York: Oxford University Press.

Heaton, R. K., Vogt, A. T., Hoehn, M. M., Lewis, J. A., Crowley, T. J., & Stallings, M. A. (1979). Neuropsychological impairment with schizophrenia vs. acute and chronic cerebral lesions. *Journal of Clinical Psychology, 35*, 46-53.

Heinrichs, R. W. (1993). Schizophrenia and the brain: Conditions for a neuropsychology of madness. *American Psychologist, 48*, 221-233.

Helms, J. (1992). Why is there no study of cultural equivalence in standardized cognitive ability testing? *American Psychologist, 47*, 1083-1101.

Hiscock, M., & Hiscock, C. K. (1989). Refining the forced-choice method for the detection of malingering. *Journal of Consulting and Experimental Neuropsychology, 11*, 967-974.

Holland, T. R., & Wadsworth, H. M. (1979). Comparison and contribution of recall and Background Interference Procedures for the Bender-Gestalt Test with braindamaged and schizophrenic patients. *Journal of Personality Assessment, 43*, 123-127.

Horine, L. C., & Fulkerson, S. C. (1973). Utility of the Canter Background Interference Procedure for differentiating among the schizophrenias. *Journal of Personality Assessment, 37*, 48-52.

Hutt, M. L. (1985). *The Hutt adaptation of the Bender-Gestalt Test* (4th ed.). New York: Grune & Stratton.

Hutt, M. L., & Briskin, G. J. (1960). *The clinical use of the revised Bender Gestalt Test*. New York: Grune & Stratton.

Hutt, M. L., & Dates, B. G. (1977). Reliabilities and interrelationships of two HABGT scales in a male delinquent population. *Journal of Personality Assessment, 41*, 353-357.

Hutt, M. L., & Miller, L. J. (1976). Interrelationships of psychopathology and adienceabience. *Journal of Personality Assessment, 40*, 135-139.

Imm, P. S., Foster, K. Y., Belter, R. W., & Finch, A. J. (1991). Assessment of short-term visual memory in child and adolescent psychiatric inpatients. *Journal of Clinical Psychology, 47*, 440-443.

Jacobs, E. A., Winter, P. M., Alvis, H. J., & Small, S. M. (1969). Hyperoxygenation effect on cognitive functioning in the *aged. New England Journal of Medicine, 281*, 753-757.

James, E. M., & Selz, M. (1997). Neuropsychological bases of common learning and behavior problems in children. In C. R. Reynolds & E. Fletcher-Janzen (Eds.), *Handbook of clinical child neuropsychology* (2nd ed., pp. 157-179). New York: Plenum Press.

Johnson, J. E., Hellkamp, D. J., & Lottman, T. J. (1971). The relationship between intelligence, brain damage, and Hutt-Briskin errors on the Bender-Gestalt. *Journal of Clinical Psychology, 27*, 84-85.

Joseph, R. J. (1996). *Neuropsychiatry, neuropsychology, and clinical neuroscience: Emotion, evolution, cognition, language, memory, brain damage, and abnormal behavior* (2nd ed.). Baltimore: Williams & Wilkins.

Kane, R. L., Sweet, J. J., Golden, C. J., Parsons, O. A., & Moses, J. A. (1981). Comparative diagnostic accuracy of the Halstead-Reitan and standardized Luria-Neuropsychological Batteries in a mixed psychiatric and brain-damaged population. *Journal of Consulting and Clinical Psychology, 49*, 484-485.

Kaszniak, A. W., & Christenson, G. D. (1994). Differential diagnosis of dementia and depression. In M. Storandt & G. R. VandenBos (Eds.), *Neuropsychological assessment of dementia and depression in older adults: A clinician's guide* (pp. 81-117). Washington, DC: American Psychological Association.

Kelly, M. D., Grant, I., Heaton, R. K., Marcotte, T. D., & The HNRC Group. (1996) Neuropsychological findings in HIV infection and AIDS. In I. Grant & K. M. Adams (Eds.), *Neuropsychological assessment of neuropsychiatric disorders* (pp. 403-422). New York: Oxford University Press.

Keogh, B. K., & Smith, C. E. (1961). Group techniques and proposed scoring system for the Bender-Gestalt Test with children. *Journal of Clinical Psychology, 17*, 172-175.

Klonoff, H., Fibiger, C. H., & Hutton, G. H. (1970). Neuropsychological patterns in chronic schizophrenia. *Journal of Nervous and Mental Disease, 150*, 291-300.

Kolb, B., & Whishaw, I. Q. (1990). *Fundamentals of neuropsychology* (3rd ed.). New York: W. H. Freeman.

Koppitz, E. M. (1963). *The Bender Gestalt Test for young children.* New York: Grune & Stratton.

Koppitz, E. M. (1975). *The Bender Gestalt Test for young children. Volume 2: Research and application, 1963-1973.* New York: Grune & Stratton.

Korman, M., & Blumberg, S. (1963). Comparative efficiency of some tests of cerebral damage. *Journal of Consulting Psychology, 27*, 303-309.

Kramer, E., & Fenwick, J. (1966). Differential diagnosis with the Bender Gestalt Test. *Journal of Projective Techniques and Personality Assessment, 30*, 59-61.

Krop, H. D., Block, A. J., & Cohen, E. (1973). Neuropsychologic effects of continuous oxygen therapy in chronic obstructive pulmonary disease. *Chest, 64,* 317-322.

Lacks, P. (1979). The use of the Bender Gestalt Test in clinical neuropsychology. *Clinical Neuropsychology, 1,* 29-34.

Lacks, P. (1984). *Bender Gestalt screening for brain dysfunction.* New York: John Wiley & Sons.

Lacks, P. (1996). *Bender Gestalt screening software for Windows.* Odessa, FL: Psychological Assessment Resources.

Lacks, P. (2000). Visuoconstructive abilities. In G. Groth-Marnat (Ed.). *Neuropsychological assessment in clinical practice: A practical guide to test interpretation and integration* (pp. 401-436). New York: John Wiley & Sons.

Lacks, P., Colbert, J., Harrow, M., & Levine, J. (1970). Further evidence concerning the diagnostic accuracy of the Halstead organic test battery. *Journal of Clinical Psychology, 26,* 480-481.

Lacks, P., & Newport, K. (1980). A comparison of scoring systems and level of scorer experience on the Bender Gestalt Test. *Journal of Personality Assessment, 44,* 351-357.

Lacks, P., & Storandt, M. (1982). Bender Gestalt performance of normal older adults. *Journal of Clinical Psychology, 38,* 624-627.

Landis, B., Baxter, J., Patterson, R., & Tauber, C. E. (1974). Bender Gestalt evaluation of brain dysfunction following open-heart surgery. *Journal of Personality Assessment, 38,* 556-562.

Lesiak, J. (1984). The Bender Visual Motor Gestalt Test: Implications for the diagnosis and prediction of reading achievement. *Journal of School Psychology, 22,* 391-405.

Lezak, M. D. (1987). Norms for growing older. *Developmental neuropsychology, 3,* 1-12.

Lezak, M. D. (1995). *Neuropsychological assessment.* New York: Oxford University Press.

Lilliston, L. (1973). Schizophrenic symptomatology as a function of probability of cerebral damage. *Journal of Abnormal Psychology, 82,* 377-381.

Locher, P. J., & Worms, P. F. (1977). Visual scanning strategies of neurologically impaired, perceptually impaired, and normal children viewing the Bender-Gestalt designs. *Psychology in the Schools, 14,* 147-157.

Lownsdale, W. S., Rogers, B. J., & McCall, J. N. (1989). Concurrent validation of Hutt's Bender Gestalt screening method for schizophrenia, depression, and brain damage. *Journal of Personality Assessment, 53,* 832-836.

Lyle, O. E., & Quast, W. (1976). The Bender-Gestalt: Use of clinical judgment versus recall scores in prediction of Huntington's disease. *Journal of Consulting and Clinical Psychology, 44,* 229-232.

Malatesha, R. N. (1986). Visual motor ability in normal and disabled readers. *Perceptual and Motor Skills, 62,* 627-630.

Malec, J. (1978). Neuropsychological assessment of schizophrenia versus brain damage: A review. *Journal of Nervous & Mental Disease, 166,* 507-516.

Marley, M. L. (1982). *Organic brain pathology and the Bender-Gestalt Test:A differential diagnostic scoring system.* New York: Grune & Stratton.

Marsico, D. S., & Wagner, E. E. (1990). A comparison of the Lacks and Pascal-Suttell Bender-Gestalt scoring methods for diagnosing brain damage in an outpatient sample. *Journal of Clinical Psychology, 46,* 868-877.

Masur, D. M., Sliwinski, M., Lipton, R. B., Blau, A. D., & Crystal, H. A. (1994). Neuropsychological prediction of dementia and the absence of dementia in healthy elderly persons. *Neurology, 44,* 1427-1432.

Matarazzo, J. D., Matarazzo, R. G., Wiens, A. N., Gallo, A. E., & Klonoff, H. (1976). Retest reliability of the Halstead Impairment Index in a normal, a schizophrenic, and two samples of organic patients. *Journal of Clinical Psychology, 32,* 338-349.

McCann, R., & Plunkett, R. P. (1984). Improving the concurrent validity of the Bender-Gestalt Test. *Perceptual and Motor Skills, 58,* 947-950.

McIntosh, J. A., Belter, R. W., Saylor, C. F., Finch, A. J., & Edwards, G. L. (1988). The Bender-Gestalt with adolescents: Comparison of two scoring systems. *Journal of Clinical Psychology, 44,* 226-230.

McPherson, S., & Cummings, J. L. (1996). Neuropsychological aspects of Parkinson's disease and parkinsonism. In I. Grant & K. M. Adams (Eds.), *Neuropsychological assessment of neuropsychiatric disorders* (pp. 288-311). New York: Oxford University Press.

Meehl, P. E. (1954). *Clinical versus statistical pre diction.* Minneapolis: University of Minnesota Press.

Meehl, P. E., & Rosen, A. (1955). Antecedent probability and the efficiency of psychometric signs, patterns, or cutting scores. *Psychological Bulletin, 52,* 194-216.

Miller, L. J., & Hutt, M. L. (1975). Psychopathology Scale of the Hutt Adaptation of the Bender-Gestalt Test: Reliability. *Journal of Personality Assessment, 2,* 129-131.

Mittenberg, W., Seidenberg, M., O'Leary, D. S., & DiGiulio, D. V. (1989). Changes in cerebral functioning associated with normal aging. *Journal of Clinical and Experimental Neuropsychology, 11,* 918-932.

Moore, C. L., & Zarske, J. A. (1984). Comparison of Native American Navajo Bender-Gestalt performance with Koppitz and SOMPA norms. *Psychology in the Schools, 21,* 148-153.

Morsbach, G., Del Priori, C., & Furnell, J. (1975). Two aspects of scorer reliability in the Bender-Gestalt Test. *Journal of Clinical Psychology, 31,* 90-93.

Neale, M. D., & McKay, M. F. (1985). Scoring the Bender-Gestalt Test using the Koppitz Developmental System: Interrater reliability, item difficulty, and scoring implications. *Perceptual and Motor Skills, 60,* 627-636.

Nemec, R. E. (1978). Effects of controlled background interference on test performance by right and left hemiplegics. *Journal of Consulting and Clinical Psychology, 46,* 294-297.

Nielson, S., & Sapp, G. L. (1991). Bender-Gestalt developmental scores: Predicting reading and mathematics achievement. *Psychological Reports, 69,* 39-42.

Nies, K. J., & Sweet, J. J. (1994). Neuropsychological assessment and malingering: A critical review of past and present strategies. *Archives of Clinical Neuropsychology, 9,* 501-552.

Oas, P. (1984). Validity of the Draw-A-Person and Bender-Gestalt tests as measures of impulsivity with adolescents. *Journal of Consulting and Clinical Psychology, 52,* 1011-1019.

Oldershaw, L., & Bagby, R. M. (1997). Children and deception. In R. Rogers (Ed.), *Clinical assessment of malingering and deception* (2nd ed., pp. 153-166). New York: Guilford Press.

Owen, J. D. (1971). The effects of chlorpromazine on performance of schizophrenic patients on two tests for brain damage and related measures. *Dissertation Abstracts International, 43(07)*, 4343B.

Pankratz, L., & Binder, L. M. (1997) Malingering on intellectual and neuropsychological measures. In R. Rogers (Ed.), *Clinical assessment of malingering and deception* (pp. 223-236). New York: Guilford Press.

Parsons, O. A., & Prigatano, G. P. (1978). Methodological considerations in clinical neuropsychological research. *Journal of Consulting and Clinical Psychology, 46*, 608-619.

Pascal, G. R., & Suttell, B. J. (1951). *The Bender Gestalt Test.* New York: Grune & Stratton.

Pauker, J. D. (1976). A quick-scoring system for the Bender Gestalt: Interrater reliability and scoring validity. *Journal of Clinical Psychology, 32*, 86-89.

Pettinati, H. M., & Bonner, K. M. (1984). Cognitive functioning in depressed geriatric patients with a history of ECT. *American Journal of Psychiatry, 141*, 49-52.

Piotrowski, C. (1995). A review of the clinical and research use of the Bender-Gestalt Test. *Perceptual and Motor Skills, 81*, 1272-1274.

Piotrowski, C., & Keller, J. W. (1989). Psychological testing in outpatient mental health facilities: A national study. *Professional Psychology: Research and Practice, 20*, 423-425.

Pirozzolo, F. J., Campanella, D. J., Christensen, K., & Lawson-Kerr, K. (1981). Effects of cerebral dysfunction on neurolinguistic performance in children. *Journal of Consulting and Clinical Psychology, 49*, 791-806.

Price, L. J., Fein, G., & Feinberg, I. (1980). Neuropsychological assessment of cognitive function in the elderly. In L. W. Poon (Ed.), *Aging in the 1980's* (pp. 78-85). Washington, DC: American Psychological Association.

Puente, A. E., Mora, M. S., & Munoz-Cespedes, J. M. (1997). Neuropsychological assessment of Spanish-speaking children and youth. In C. R. Reynolds & E. FletcherJanzen (Eds.), *Handbook of clinical child neuropsychology* (2nd ed., pp. 371-383). New York: Plenum Press.

Reitan, R. M., & Wolfson, D. (1993). *The Halstead-Reitan Neuropsychological Test Battery: Theory and clinical interpretation.* Tucson, AZ: Neuropsychology Press.

Retzlaff, P., Butler, M., & Vanderploeg, R. D. (1992). Neuropsychological battery choice and theoretical orientation: A multivariate analysis. *Journal of Clinical Psychology, 48*, 666-672.

Reznikoff, M., & Olin, T. D. (1957). Recall of the Bender Gestalt designs by organic and schizophrenic patients: A comparative study. *Journal of Clinical Psychology, 13*, 183-186.

Robiner, W. (1978). *An analysis of some of the variables influencing clinical use of the Bender Gestalt.* Unpublished masters thesis, Washington University, St. Louis, MO.

Rogers, D. L., & Swenson, W. M. (1975). Bender-Gestalt recall as a measure of memory versus distractibility. *Perceptual and Motor Skills, 40*, 919-922.

Rogers, R. (1997a). Current status of clinical methods. In R. Rogers (Ed.), *Clinical assessment of malingering and deception* (2nd ed., pp. 373-397). New York: Guilford Press.

Rogers, R. (1997b). Introduction. In R. Rogers (Ed.), *Clinical assessment of malingering and deception* (2nd ed., pp.1-19). New York: Guilford Press.

Rosenberg, R. P., & Beck, S. (1986). Preferred assessment methods and treatment modalities for hyperactive children among clinical child and school psychologists. *Journal of Clinical Child Psychology, 15,* 142-147.

Rossini, E. D., & Kaspar, J. C. (1987). The validity of the Bender-Gestalt emotional indicators. *Journal of Personality Assessment, 51,* 254-261.

Rourke, B. P. (1985). *Neuropsychology of learning disabilities: Essentials of subtype analysis.* New York: Guilford Press.

Rourke, B. P. (1993). Arithmetic disabilities, specific and otherwise: A neuropsychological perspective. *Journal of Learning Disabilities, 26,* 214-226.

Rourke, S. B., & Adams, K. M. (1996) The neuropsychological correlates of acute and chronic hypoxemia. In I. Grant & K. M. Adams (Eds.), *Neuropsychological assessment of neuropsychiatric disorders* (pp. 379-402). New York: Oxford University Press.

Rourke, S. B., & Loberg, T. (1996). Neurobehavioral correlates of alcoholism. In I. Grant & K. M. Adams (Eds.), *Neuropsychological assessment of neuropsychiatric disorders* (pp. 423-485). New York: Oxford University Press.

Sattler, J. M. (1992). *Assessment of children* (3rd ed.). San Diego: Author.

Sattler, J. M., & Gwynne, J. (1982). Ethnicity and Bender Visual Motor Gestalt Test performance. *Journal of School Psychology, 20,* 69-71.

Satz, P., Fennell, E., & Reilly, C. (1970). Predictive validity of six neurodiagnostic tests: A decision theory analysis. *Journal of Consulting and Clinical Psychology, 34,* 375-381.

Satz, P., & Fletcher, J. M. (1981). Emergent trends in neuropsychology: An overview. *Journal of Consulting and Clinical Psychology, 49,* 851-865.

Saykin, A. J., Gur, R. C., Gur, R. E., Mozley, P. D., Mozley, L. H., Resnick, S. M., Kester, D. B., & Stafiniak, P. (1991). Neuropsychological function in schizophrenia: Selective impairment in memory and learning. *Archives of General Psychiatry, 48,* 618-624.

Schretlen, D. (1988). The use of psychological tests to identify malingered symptoms of mental disorder. *Clinical Psychology Review, 8,* 451-476.

Schretlen, D., & Arkowitz, H. (1990). A psychological test battery to detect prison inmates who fake insanity or mental retardation. *Behavioral Sciences and the Law, 8,* 75-84.

Schretlen, D., Wilkins, S. S., Van Gorp, W. G., & Bobholz, J. H. (1992). Cross-validation of a psychological test battery to detect faked insanity. *Psychological Assessment, 4,* 77-83.

Seretny, M. L., Dean, R. S., Gray, J. W., & Hartlage, L. C. (1986). The practice of clinical neuropsychology in the United States. *Archives of Clinical Neuropsychology, 1,* 5-12.

Shapiro, E., Shapiro, A. K., & Clarkin, J. (1974). Clinical psychological testing in Tourette's syndrome. *Journal of Personality Assessment, 38,* 464-478.

Shapiro, S. K., & Simpson, R. G. (1995). Koppitz scoring system as a measure of Bender-Gestalt performance in behaviorally and emotionally disturbed adolescents. *Journal of Clinical Psychology, 51,* 108-112.

Smith, A. (1975). Neuropsychological testing in neurological disorders. *Advances in Neurology, 7,* 49-

110.

Smith, G. E., Wong, J. S., Ivnik, R. J., & Malec, J. F. (1997). Mayo's Older American Normative Studies: Separate norms for Wechsler Memory Scale logical memory stories. *Assessment, 4*, 79-86.

Smith, G. P. (1997). Assessment of malingering with self-report instruments. In R. Rogers (Ed.), *Clinical assessment of malingering and deception* (pp. 351-372). New York: Guilford Press.

Snow, J. H., & Desch, L. W. (1988). Subgroups based on Bender-Gestalt error scores. *Journal of Psychoeducational Assessment, 6*, 261-270.

Snow, J. H., & Desch, L. W. (1989). Characteristics of empirically derived subgroups based on intelligence and visual-motor score patterns. *Journal of School Psychology, 27*, 265-275.

Spreen, O., & Benton, A. L. (1965). Comparative studies of some psychological tests for cerebral damage. *Journal of Nervous and Mental Disease, 140*, 323-333.

Stoer, L., Corotto, L. V., & Curnutt, R. H. (1965). The role of visual perception in the reproduction of Bender-Gestalt designs. *Journal of Projective Techniques and Personality Assessment, 29*, 473-478.

Storandt, M. (1990). Bender-Gestalt Test performance in senile dementia of the Alzheimer type. *Psychology and Aging, 5*, 604-606.

Strauss, B. S., & Silverstein, M. L. (1986). Luria-Nebraska measures in neuropsychologically nonimpaired schizophrenics: A comparison with normal subjects. *The International Journal of Clinical Neuropsychology, 8*, 35-38.

Sweet, J. J., Moberg, P. J., & Westergaard, C. K. (1996). Five-year follow-up survey of practices and beliefs of clinical neuropsychologists. *The Clinical Neuropsychologist, 10*, 202-221.

Tarbox, A. R., Connors, G. J., & McLaughlin, E. J. (1986). Effects of drinking pattern on neuropsychological performance among alcohol misusers. *Journal of Studies on Alcohol, 47*, 176-179.

Taylor, R. L., & Partenio, I. (1984). Ethnic differences on the Bender-Gestalt: Relative effects of measured intelligence. *Journal of Consulting and Clinical Psychology, 52*, 784-788.

Tindall, T. C. (1991). Utilization of the Bender-Gestalt Test for an adolescent Anglo-Hispanic population. *Dissertation Abstracts International, 51*(09), 3023A. (University Microfilms No.AAC 91-05260.)

Tolor, A., & Brannigan, G. G. (1980). *Research and clinical applications of the Bender-Gestalt Test.* Springfield, IL: Charles C. Thomas.

Trueblood, W., & Binder, L. M. (1997). Psychologists' accuracy in identifying neuropsychological test protocols of clinical malingerers. *Archives of Clinical Neuropsychology, 12*, 13-27.

Trueblood, W., & Schmidt, M. (1993). Malingering and other validity considerations in the neuropsychological evaluation of mild head injury. *Journal of Clinical and Experimental Neuropsychology, 15*, 578-590.

Vega, M., & Powell, A. (1973). The effects of practice on Bender Gestalt performance of culturally disadvantaged children. *Florida Journal of Educational Research, 12*, 45-49.

Watkins, C. E., Campbell, V. L., Nieberding, R., & Hallmark, R. (1995). Contemporary practice of psychological assessment by clinical psychologists. *Professional Psychology: Research and Practice, 26*, 54-60.

Watson, C. G., Thomas, R. W., Andersen, D., & Felling, J. (1968). Differentiation of organics from schizophrenics at two chronicity levels by use of the Reitan-Halstead organic test battery. *Journal of Consulting and Clinical Psychology, 32,* 679-684.

Webster, J. S., Scott, R. R., Nunn, B., McNeer, M. F., & Varnell, N. (1984). A brief neuropsychological screening procedure that assesses left and right hemispheric function. *Journal of Clinical Psychology, 40,* 237-240.

Wedding, D. & Faust, D. (1989). Clinical judgment and decision making in neuropsychology. *Archives of Clinical Neuropsychology, 4,* 233-265.

Wedell, K., & Horne, I. E. (1969). Some aspects of perceptuo-motor disability in five and a half year old children. *British Journal of Educational Psychology, 39,* 174-182.

Weintraub, D. L. (1991). Comparison of two scoring systems for the Bender-Gestalt Test: Assessment, concurrent validity, diagnostic accuracy. *Dissertation Abstracts International, 52*(02), 1088B. (University Microfilms No.AAC 91-20832.)

Werner, E. E. (1986). Resilient offspring of alcoholics: A longitudinal study from birth to age 18. *Journal of Studies on Alcohol, 47,* 34-40.

Wertheimer, M. (1923). Studies in the theory of Gestalt psychology. *Psychologische Forschung, 4,* 301-350.

West, P. A., Hill, S. Y., & Robins, L. N. (1977). The Canter Background Interference Procedure (BIP): Effects of demographic variables on diagnosis. *Journal of Clinical Psychology, 33,* 765-771.

Williams, H. J. (1983). *Perceptual and motor development.* Englewood Cliffs, NJ: Prentice-Hall.

Wolber, J., & Lira, F. T. (1981). Relationship between Bender designs and basic living skills of geriatric psychiatric patients. *Perceptual and Motor Skills, 52,* 16-18.

Yozawitz, A. Applied neuropsychology in a psychiatric center. (1986). In I. Grant & K. M. Adams (Eds.), *Neuropsychological assessment of neuropsychiatric disorders* (pp.121-145). New York: Oxford University Press.

Yulis, S. (1970). Performance of normal and organic brain-damaged subjects on the Canter Background Interference Test as a function of drive. *Journal of Consulting and Clinical Psychology, 34,* 184-188.

Zuelzer, M. B., Stedman, J. M., & Adams, R. (1976). Koppitz Bender Gestalt scores in first grade children as related to ethnocultural background, socioeconomic class, and sex factors. *Journal of Consulting and Clinical Psychology, 44,* 875-876.

찾아보기

인명

A

Aabye, S. M. 191

Acker, M. B. 43

Adams, J. 73, 136, 139, 155, 169, 170, 177, 184

Albert, M. S. 27

Allen, R. M. 16

Alpert, M. 66

Alvis, H. J. 169

Anastasi, A. 116

Andersen, D. 28

Andert, J. N. 61

Arbit, J. 18, 116

Arkes, H. R. 175

Arkowitz, H. 66, 69

Armentrout, J. A. 140

Armstrong, R. G. 61, 71

Arnold, L. E. 189

Axelrod, B. N. 29

B

Baade, L. E. 21

Bagby, R. M. 175

Baird, A. D. 34

Bak, J. S. 164

Baker, L. A. 191

Baker, R. R. 140

Barton, M. I. 32, 33, 44

Bash, I. Y. 66

Baxter, J. 133

Beck, S. 171

Becker, J. T. 177

Bedard, M. A. 169

Belter, R. W. 53, 177, 196, 197, 198, 199

Bender, L. 15, 16, 26, 49, 57, 58, 66, 67, 69, 137, 139, 171, 172, 173, 178

Benson, D. F. 32, 33, 44

Benton, A. L. 14, 26, 28, 33, 44, 131

Berg, R. A. 41, 43, 146, 175, 185, 188, 189

Bernard, B. A. 33, 44

Bigler, E. D. 27, 185

Binder, L. M. 64, 66, 69

Black, F. W. 33, 44

Blau, A. D. 167

Block, A. J. 36

Blumberg, S. 26, 28

Boake, C. 73, 136

Bobholz, J. H. 67

Bolen, L. M. 196

Bolton, B. 116, 120

Bondi, M. W. 34, 35, 40, 163, 167

Bonner, K. M. 141

Bornstein, R. A. 34

Brandt, J. 167

Brannigan, G. G. 16, 20, 21, 49, 137, 139, 144, 171, 177, 190, 191

Braun, C. M. J. 40

Brilliant, P. 26, 83, 122, 126, 127, 128, 129, 131, 132, 136, 138, 139

Briskin, G. J. 16, 20, 22, 24, 50, 51, 53, 54, 75, 76, 83, 85, 269

Brown, G. G. 34

Bruhn, A. R. 54, 65, 66

Brunner, N. A. 191

Butler, M. 15

Butler, O. T. 23, 53, 136, 140

Butters, N. 167

C

Campanella, D. J. 188

Campbell, V. L. 13

Canter, A. 19, 22, 65, 70, 73, 177, 267

Cheifetz, D. I. 141

Chouinard, M. J. 40

Christenson, G. D. 167, 188

Clarkin, J. 189

Cohen, E. 36

Colbert, J. 28, 128

Corotto, L. V. 18

Coursey, R. D. 23

Crain, C. 136

Crystal, H. A. 167

Culbertson, F. M. 16

Cummings, J. A. 17, 40, 174

Cummings, J. L. 34, 35

Curnutt, R. H. 18

D

D'Amato, R. C. 15, 40, 188

Dana, R. 116, 120

Dates, B. G. 147

Davis, S. 43, 163, 190

Dean, R. S. 15

Del Priori, C. 190

Delaney, R. C. 140

Deptula, D. 36

Desch, L. W. 186

Dibner, A. S. 176, 177

DiGiulio, D. V. 162

Diller, L. 169

Dinning, W. D. 61

Dodrill, C. B. 44

E

Edwards, G. L. 53, 196, 197, 198, 199

Ehrfurth, J. W. 27

Eimon, P. 164

Erickson, R. C. 164

Erwin, E. F. 141

Essman, W. B. 140

F

Fantie, B. D. 33

Faust, D. 21, 155, 156, 175

Fein, G. 137

Feinberg, I. 137

Felling, J. 28

Fennell, E. 118

Fenwick, J. 22, 53, 54

Fibiger, C. H. 28

Field, K. 116

Finch, A. J. 53, 177, 196, 197, 198, 199

Fjeld, S. P. 136

Fletcher, J. M. 188

Foley, H. A. 185

Foster, K. Y. 177

Franzen, M. D. 41, 43, 64, 70, 161, 162, 167, 175, 185, 188, 189

Friedt, L. R. 24, 125, 128, 148, 153

Frostig, M. 16

Fulkerson, S. C. 37

Fuller, G. B. 171

Furnell, J. 190

G

Gallo, A. E. 144

Garb, H. N. 21, 44, 69, 118, 134, 147

Garron, D. C. 141

Gatz, M. 23

Glasser, A. O. 66

Goh, D. S. 171

Goldberg, L. R. 49, 53, 54

Golden, C. J. 28, 58, 139, 146, 54, 185

Goldman, R. S. 29, 38

Goldstein, G. 38, 39

Gordon, W. A. 169

Gouvier, W. D. 24, 125, 128, 148, 153

Graber, B. 146

Graham, F. K. 14, 42

Grant, I. 34, 135, 155, 169

Gray, J. W. 15

Greenberg, G. D. 36

Greene, R. L. 164

Gregory, R. J. 32, 40, 41, 43, 45

Griffith, R. M. 129

Groth-Marnat, G. 15, 40, 41, 70, 151, 157

Guilmette, T. J. 175

Gunn, R. C. 16

Gwynne, J. 183

Gynther, M. D. 26, 83, 122, 126, 127, 128, 129, 131, 132, 136, 138, 139

H

Hain, J. D. 129, 130, 136, 138, 141

Hall, C. W. 196

Hallmark, R. 13

Halstead, W. C. 14, 28, 38

Hammainen, L. 40

Hampe, E. 141

Hampton, K. 120

Harrow, M. 28, 128

Hart, K. J. 175

Hartlage, L. C. 15, 185

Hauer, A. L. 140

Hayden, M. 136

Heaton, R. K. 21, 25, 28, 29, 34, 38, 43, 116, 117, 118, 130, 135, 137, 141, 169, 188

Hebben, N. 164

Heinrichs, R. W. 37

Hellkamp, D. J. 22

Helms, J. 184

Hewett, J. B. 196

Hill, S. Y. 120

Hiscock, C. K. 69

Hiscock, M. 69

Holland, T. R. 71

Horine, L. C. 37, 177

Horne, I. E. 18

Huestis, R. D. 189

Hustak, T. L. 61

Hutt, M. L. 16, 20, 21, 22, 24, 39, 50, 51, 53, 54, 57, 70, 72, 75, 76, 83, 85, 125, 135, 136, 138, 139, 144, 147, 153, 198, 204, 269

Hutton, G. H. 28

I

Imm, P. S. 177, 197

Iverson, G. L. 64

Ivnik, R. J. 164

J

Jacobs, E. A. 169

James, E. M. 186

Johnson, J. E. 22, 139, 140

Johnson, K. L. 21, 83

Joseph, R. J. 31, 32, 44

K

Kane, R. L. 28

Kaspar, J. C. 191, 192

Kaszniak, A. W. 34, 167

Kate 200, 201, 202

Keller, J. W. 14, 156

Kelly, M. D. 34, 35

Kendall, B. S. 14, 42

Keogh, B. K. 176

Klonoff, H. 28, 144

Kolb, B. 31, 33

Koppitz, E. M. 16, 17, 20, 50, 51, 52, 57, 61, 119, 137, 144, 146, 171, 172, 173, 174, 175, 176, 177, 178, 179, 180, 181, 183, 184, 185, 190, 191, 195, 196, 197, 198, 199, 200, 204

Korman, M. 26, 28

Korn, E. J. 176, 177

Kramer, E. 22, 53, 54

Krop, H. D. 36, 169

L

Lacks, P. 15, 23, 24, 25, 28, 29, 38, 41, 46, 50, 51, 52, 53, 54, 61, 83, 87, 123, 125, 126, 127, 128, 129, 130, 131, 132, 134, 135, 136, 139, 141, 143, 145, 146, 147, 148, 150, 157, 158, 163, 164, 167, 197, 198, 202, 204, 205, 269, 270

Landis, B. 133

Laquerre, M. 17, 40, 174

Lawson-Kerr, K. 188

Lesiak, J. 185

Levine, J. 28, 128

Lezak, M. D. 19, 31, 32, 33, 40, 44, 45, 60, 63, 64, 69, 141, 155, 161, 162, 163, 164

Lilliston, L. 37

Lipton, R. B. 167

Lira, F. T. 169

Loberg, T. 34, 155

Locher, P. J. 186, 187

Lottman, T. J. 22

Lownsdale, W. S. 24, 51, 53, 128

Luria, A. 14, 38

Lyle, O. E. 35, 133

M

Malatesha, R. N. 185

Malec, J. F. 29, 164

Malo, J. 169

Marcotte, T. D. 34

Marley, M. L. 51, 52

Marsico, D. S. 25, 53, 128, 129

Martin, R. C. 162, 167

Masur, D. M. 167

Matarazzo, J. D. 144, 146

Matarazzo, R. G. 144, 146

Matthews, C. G. 135

McCall, J. N. 24, 128

McCann, R. 23, 47, 72, 128

McCracken, L. M. 64

McIntosh, J. A. 53, 119, 137, 196, 197, 198, 199, 202, 269

McKay, M. F. 190

McNeer, M. F. 42

McPherson, S. 34, 35

Meehl, P. E. 21, 49, 117

Miller, L. J. 54, 135, 138, 139, 144, 147

Mitchell, C. C. 196

Mittenberg, W. 162

Moberg, P. J. 40

Montplaisir, J. 169

Moore, C. L. 183

Mora, M. S. 184

Morsbach, G. 190

Moses, J. A. 28

Munoz-Cespedes, J. M. 184

N

Neale, M. D. 190

Nemec, R. E. 27, 116

Newport, K. 23, 51, 53, 54, 83, 127, 128, 129, 134, 147, 148

Nieberding, R. 13

Nielson, S. 185

Nies, K. J. 65, 66, 69, 70, 175

Nunn, B. 42

Nussbaum, N. L. 185

O

O'Leary, D. S. 162

Oas, P. 200

Oldershaw, L. 175

Olin, T. D. 70

Owen, J. D. 26, 132, 140

P

Pankratz, L. 64, 69

Parsons, O. A. 21, 27, 28, 116, 135

Partenio, I. 184

Pascal, G. R. 16, 18, 23, 25, 50, 65, 73, 135, 136, 137, 138, 139, 144, 146, 161, 269

Patterson, R. 133

Pauker, J. D. 51, 52, 53, 54, 129, 130

Pearson, K. 144

Pendleton, M. G. 43, 169, 188

Pettinati, H. M. 141

Piotrowski, C. 14, 156

Pirozzolo, F. J. 188

Plunkett, R. P. 23, 47, 72, 128

Powell, A. 137

Price, L. J. 137

Prigatano, G. P. 21, 27, 28, 116, 135

Puente, A. E. 184

Q

Quast, W. 35, 133

R

Rasmussen, P. R. 161, 162, 167

Reed, M. R. 54, 65, 66

Reilly, C. 118

Reitan, R. M. 14, 28, 38, 132, 154

Retzlaff, P. 15

Rey, A. 69

Reznikoff, M. 70

Rhodes, R. L. 15

Richer, F. 169

Robiner, W. 49, 52, 53, 54

Robins, L. N. 120

Rogers, B. J. 24, 128

Rogers, D. L. 71

Rogers, R. 64, 65, 69

Rorschach, H. 14

Rosen, A. 21, 117

Rosenberg, R. P. 171

Rossini, E. D. 191, 192

Rothlisberg, B. A. 15

Rouleau, I. 169

Rourke, B. P. 186

Rourke, S. B. 34, 155, 169, 170

Ryan, G. T. 191

Ryan, L. 135

S

Sabatino, D. A. 177

Salmon, D. P. 34

Sapp, G. L. 185

Sattler, J. M. 41, 43, 171, 174, 175, 177, 179, 181, 183, 184, 190, 192

Satz, P. 118, 188

Saykin, A. J. 38

Saylor, C. F. 53, 196, 197

Schmidt, M. 64

Schramke, C. J. 21, 44, 69, 65, 66, 67, 69, 118, 134, 147

Scott, R. R. 42

Seidenberg, M. 162

Selz, M. 186

Seretny, M. L. 15

Shapiro, A. K. 189

Shapiro, S. K. 196

Shatz, M. W. 34

Simpson, R. G. 196

Sliwinski, M. 167

Small, I. F. 136

Small, J. G. 136

Small, S. M. 169

Smeltzer, D. J. 189

Smith, C. E. 176

Smith, G. P. 64, 164

Snow, J. H. 186

Spreen, O. 28

Stedman, J. M. 184

Stoer, L. 18

Storandt, M. 125, 146, 163, 164, 167, 168

Stroop, J. R. 43

Suttell, B. J. 16, 18, 23, 25, 50, 65, 73, 135, 136, 137, 138, 139, 144, 146, 161, 269

Sweet, J. J. 28, 40, 65, 66, 69, 70, 175

Swenson, W. M. 71

T

Tarbox, A. R. 155

Tauber, C. E. 133

Taylor, R. L. 184

Taylor, S. F. 29

Taylor, V. H. 129

Templer, D. I. 190

Terrell 202, 203

Teslow, C. J. 171

Thomas, R. W. 28

Tindall, T. C. 197

Tolor, A. 16, 20, 21, 49, 137, 139, 144, 171, 177, 190

Tranel, D. 44

Trueblood, W. 64, 66

V

Van Gorp, W. G. 67

Vanderploeg, R. 15

Varnell, N. 42

Vega, M. 137

W

Wadsworth, H. M. 71

Wagner, E. E. 25, 53, 128, 129

Watkins, C. E. 13

Watson, C. G. 28, 36

Webster, J. S. 42

Wechsler, D. 14, 43

Wedding, D. 21, 41, 155, 156

Wedell, K. 18, 177

Weintraub, D. L. 52

Weintraub, D. L. 189

Werner, E. E. 190

Wertheimer, M. 15, 16, 172

West, P. A. 120, 136

Westergaard, C. K. 40

Whishaw, I. Q. 31

Wiens, A. N. 144

Wilkins, S. S. 67

Williams, H. J. 17, 192

Williams, L. D. 198, 199

Winter, P. M. 169

Wolber, J. 169

Wolfson, D. 154

Wong, J. S. 164

Worms, P. F. 186, 187

Y

Yozawitz, A. 43, 140

Yulis, S. 19

Z

Zager, R. 18, 116

Zarske, J. A. 183

Zuelzer, M. B. 184

내용

A 유형 68

BGT 도형 45, 49, 85, 192

F-K 67

F-K 지수 64, 67

F-K 척도 66

F척도 64

Kendall의 일치 계수 147

K척도 64

Pauker의 빠른 채점방법 51

z점수 50

ㄱ

가설-검증 접근법 40

가족력 37

가중묘사 77, 191

가중치 50, 51, 68, 69

각성수준 19, 20

간이정신진단검사 90 41

감각적 피드백 18

감별 진단 20, 28, 154, 166

강제-선택 검사 69

객관적 기법 14

객관적 채점방법 40, 49, 52, 53, 54,
    83, 172, 269

검사-재검사 신뢰도 50, 143, 144,
    145, 146, 190, 270

경계선 뇌기능장애 211

경험적 타당도 51

계량통계적 접근방법 151, 155

고산병 36

고집화 68

고집화, A 유형 206, 213, 224, 227,
    232, 235, 258, 261, 263

고집화, B 유형 230, 232, 257, 258,
    261, 263, 273, 274

공분산 분석 126, 131, 135, 136

공인 타당도 115

과대망상 247

과대묘사 192

과대채점 85

과소묘사 191, 202

과소평가 150

과잉행동 189

광역성취도검사 41, 179

교차 검증 21, 22, 24, 54, 67, 130,
    269

교차 타당도 115

구성적 분석 24, 53, 75

구인 타당도 116

국소병변 152, 268

국지화 32

규준 자료 118, 119, 126, 138, 139,
    150, 164, 170, 177, 183, 184, 196,
    209

규준집단 37

그레이엄-켄달도형기억검사 14,
    18, 26, 130, 131

급성 뇌졸중 52

급성 조현병 18

기본생활기능 168, 169, 170, 271

기억장애 218

기저율 21, 23, 25, 28, 36, 66, 117,
    118, 123, 127, 128, 129, 131, 155,
    156, 175, 269

기준선 166

기질성 45

기질적 뇌기능장애 20, 21, 205, 269,
　　273, 274, 275
기질적 뇌손상 85
기하학적 도형 13, 17, 57, 162
기호잇기검사 26, 41, 141
꾀병 63, 64, 65, 66, 67, 69, 70, 150,
　　175, 270

ㄴ
나선후유증검사 26
내용 타당도 116
내후각 피질 34, 167
노인성 치매 166
노화 45, 137, 144, 161, 245
뇌기능장애 14, 20, 21, 22, 27, 28,
　　29, 33, 40, 42, 45, 47, 50, 52, 54,
　　60, 61, 70, 73, 83, 85, 118, 119,
　　124, 126, 128, 132, 134, 136, 138,
　　139, 142, 144, 145, 152, 153, 156,
　　158, 159, 164, 166, 170, 171, 185,
　　189, 193, 202, 207, 213, 219, 224,
　　230, 241, 257, 259, 260, 262, 268,
　　269, 271, 274
뇌기능장애 기저율 53
뇌병리 20, 21, 28, 159
뇌병변 261, 262
뇌성마비 258
뇌손상 14, 15, 16, 19, 21, 22, 23,
　　24, 26, 27, 29, 31, 33, 36, 37, 38,
　　39, 40, 41, 42, 43, 44, 45, 46, 51,
　　52, 53, 54, 60, 61, 63, 65, 66, 67,
　　69, 70, 71, 73, 83, 85, 115, 116,
　　117, 123, 126, 127, 128, 129, 130,
　　131, 135, 136, 137, 139, 140, 145,
　　150, 151, 152, 153, 154, 158, 159,
　　162, 163, 166, 169, 170, 183, 189,
　　192, 198, 202, 211, 222, 225, 228,
　　230, 233, 235, 258, 259, 260, 264,
　　265, 268, 269

뇌손상 기저율 53
뇌손상 선별검사 41
뇌전증 23, 24, 36, 46, 136, 139,
　　140, 216
뇌졸중 36, 44, 167, 169, 170, 224,
　　225, 251, 263
뇌종양 46
뇌파 검사 26, 29, 123, 189
뇌혈관 질환 34, 161, 167

ㄷ
다문화 다원주의 평가방법 183
단기기억 34
당뇨병 161, 162, 213
대뇌 32
대뇌 흥분-억제 균형 24
대뇌피질 28, 32, 34, 115
덱스트로암페타민 189
도파민 38
도형기억검사 26, 42
독성 대사장애 274
동기부여 13
동시적 기능 185
동작성 179
동작성 IQ 15, 186
두정엽 32, 33, 34, 44, 45, 159, 167,
　　189, 268
두정엽-후두엽 162

ㄹ
레보암페타민 189
레이기억검사 69
레이븐지능발달검사 41
레이-오스테리스복합도형검사 15,
　　41
레이청각언어학습검사 41
로르샤흐검사 14, 47, 156
루리아-네브래스카 배터리 38, 146,
　　188, 268

루리아-네브래스카신경심리 배터리
　　14, 28

ㅁ
만성 알코올 중독 23, 39, 53
만성 조현병 18, 29, 38, 73, 154, 159
만성 폐쇄성 폐질환 36, 169
망상 37
맹검 119, 145, 189
맹검법 127
맹검진단 75
메타돈 190
메타분석 127, 134
메트로폴리탄성취도검사 191
모사단계 60, 70, 71, 73, 186
무작위 라틴 방진 189
문장완성검사 14
물질 남용 155
미국 인구조사국 122
미국심리학회 13, 143
미네소타다면적인성검사 14, 41, 47,
　　64
미분화형 조현병 211
미세 뇌기능장애 189
민감도 137
밀론임상다축인성검사 67

ㅂ
바닥 효과 167
반복 측정 141
반복시행 50, 105, 191, 202
반응성 조현병 37, 132
반항장애 264
발달적 벤더검사 채점방법 49, 178
발달적 성숙도 14
발달적 언어장애 43
발달적 채점방법 172
발달지체 185
발작 179, 215, 275

배경간섭 27

배경간섭절차 19, 26, 47, 60, 65, 70, 73, 130, 177, 267

백분위 126, 152, 179

백분위수 179

백분율 122, 125, 172, 199

범주검사 41

법의학 24, 64, 67, 270

벡우울척도 41

벤더게슈탈트검사 13, 31, 41, 49, 57, 75, 85, 115, 143, 149, 161, 171, 195, 205, 267

벤톤시각기억검사 14, 15, 26, 41, 131

보스톤이름대기검사 41

보충검사 15

복합 정신증 26

본태성 떨림 213

부검 167

분열성 성격장애 230

불일치 64

비표준 컷오프 점수 25

ㅅ

사후 확신 편향 155

산소결핍장애 36, 169

상황적 사고 237

선다형벤더검사 17

선별검사 29, 40, 42, 43, 46, 47, 64, 66, 73, 142, 156, 159, 176, 267, 268, 270

선별배터리검사 40, 41, 42

섬망 42, 80, 274

성격장애 23, 25, 37, 38, 61, 124, 125, 150

속임수 63, 64, 65, 70, 175

수검 태도 61, 62, 87, 150

수검 행동 150, 158, 159, 175, 218, 253

수면무호흡증 36, 169

수지력검사 41

수학장애 186

순간노출법 23, 24

순간노출제시 70, 72, 73

순차적 기능 185

숫자기억검사 41, 69

숫자기호대체검사 41

스캐닝 전략 187, 188

스톱워치 59

스트루프색상단어검사 41, 43

시각 스캐닝 271

시각공간 13

시각-공간적 능력 41

시각-공간적 장애 43, 186

시각-공간적 기능 166, 186

시각구성 13

시각구성적 검사 29, 44, 268

시각구성적 기능 83, 167

시각구성적 능력 133

시각-운동 13

시각-운동 기능 17, 171, 189

시각-운동 지각 17, 195

시각적 기억 42

시각적 스캐닝 186, 188

시각적 인코딩 186, 188, 190

시각적 지각 17, 18

시간적 안정성 143, 144, 270

시뮬레이터 65, 66

시지각 성숙도 16

신경검사 25

신경방사선 검사 46

신경방사선 기법 29

신경병리 27, 29, 31, 37, 65, 142, 268, 269

신경세포 35

신경손상 42, 44, 52, 79, 133, 196, 198, 200, 201, 202, 203

신경심리 배터리 14

신경심리 배터리검사 27, 43, 44, 127

신경심리 선별배터리 15

신경심리 평가도구 13

신경심리검사 14, 15, 16, 19, 20, 21, 26, 28, 29, 34, 38, 42, 43, 44, 45, 47, 64, 65, 73, 116, 117, 118, 127, 130, 132, 135, 137, 138, 140, 141, 142, 143, 144, 146, 151, 155, 162, 163, 171, 188, 239, 261, 268, 269, 270

신경심리장애 35

신경심리평가 14, 15, 31, 36, 37, 39, 43, 44, 69, 153, 155, 159, 161, 167, 184, 268

신경심리학자 14, 15, 31, 32, 36, 40, 41, 43, 45, 64, 74, 127, 134, 155, 156, 159, 161, 175, 268, 270

신경약리학적 기제 189

신경인지장애 35

신경장애 18, 146, 152, 164, 186, 188, 196

신경조사 21

신경증 22, 25

신경행동장애 35

신뢰도 16, 40, 53, 73, 29, 123, 143, 144, 146, 149, 154, 155, 159, 183, 190, 253, 270, 271

신진대사장애 80

실습 사례 270

실어증선별검사 41

실행기능 32, 34, 35, 36, 38, 41, 42, 44, 45, 167

실험검사 15, 19, 21

실험설계 65

실험연구 75

심리측정가 54, 60, 74, 269

심리측정적 신뢰도 144

심리측정학적 접근 16

심인성 장애 142

ㅇ

아동심리학자 174
아동평가 174
안구운동 186
알츠하이머병 33, 34, 45, 124, 145, 146, 167
알츠하이머형 치매 222
알코올 남용 36, 119, 155, 262
알코올 중독 34, 40, 45, 124, 145, 155, 190, 243, 255
암페타민 189
약물 중독 40
약물 효과 26
약물치료 37, 141, 271
양극성 장애 128
언어 간섭 27, 170
언어성 179
언어성 IQ 15, 186, 237, 247
언어장애 152, 185
언어적 피드백 17
연습 효과 60
예측 타당도 115, 118
완충검사 14
요인분석 18
욕구좌절 인내력 202
우반구 32, 42, 44, 127, 162, 170
우울증 24, 33, 36, 145, 162, 166, 255
우측 편마비 27
운동 부조화 67, 75, 77, 86, 88, 109, 213, 215, 227, 228, 232, 233, 258, 259, 260, 264
운동협응 17, 18, 62, 87
원점수 50, 64
웩슬러기억척도 14, 15, 18, 41, 43, 71, 169
웩슬러성인용지능검사 14, 18, 47,

171, 206
위계적 군집분석 18, 19
위스콘신카드분류검사 41
이중맹검 189
인간 면역결핍 바이러스 35
인구통계학적 변인 23, 43, 116, 123, 135, 196
인물화검사 200
인지검사 142, 184, 270
인지결함 22, 34, 64, 65, 154, 184, 270
인지기능 43, 59, 146, 174, 188, 195, 228, 255, 270
인지능력선별검사 42
인지손상 52, 261, 268
인지장애 14, 22, 29, 37, 39, 41, 42, 61, 73, 82, 85, 118, 132, 144, 145, 146, 147, 148, 153, 154, 159, 166, 233, 258, 259, 263, 275
일반 선별배터리 14, 15
일반 효과 27, 268
일측성 비두정엽 손상 46
읽기성취도 185
읽기장애 186
읽기준비도 14, 185
임상 사례 71, 83, 205
임상 양상 37, 40, 159
임상 척도 67
임상심리학 13
임상심리학자 13, 23, 27, 28, 36, 39, 53, 145, 268
임상아동심리학자 171
임상적 무도병 133
임상적 신뢰도 144, 145
임상적 유용성 20, 21, 117
임상적 판단 49, 52, 53, 54, 55, 65, 133, 172

ㅈ

자아강도 116
장기기억 17, 32
재활 장면 43
저산소증 36
저산소혈증 169
적응장애 196
전기경련치료 38, 116, 140, 141
전뇌 32
전두엽 32, 34, 44, 45, 128, 162, 167, 233, 268
전두엽 기능장애 46
전후방향성 32
접선적 사고 237
정보처리검사 142, 270
정서기능 174
정서장애 192, 196, 197
정서지표 178, 191, 198, 199, 200, 202
정신병리 50, 67, 119, 142, 144, 192, 198, 270
정신병리 유형 15
정신병리척도 136, 138, 139, 144, 147
정신운동장애 35
정신장애 22, 28, 67, 136, 146, 166, 196, 265, 274
정신증 21, 22, 23, 24, 25, 37, 39, 61, 65, 67, 85, 124, 125, 142, 150, 159, 196, 232
정신착란 218, 255
조현병 18, 20, 24, 26, 28, 31, 36, 37, 38, 39, 42, 46, 61, 66, 67, 71, 73, 117, 123, 125, 126, 127, 128, 132, 135, 136, 138, 145, 154, 269
종합 편차지능지수 44
종합적 신경심리검사 40, 64
종합적 신경심리평가 43, 46
종합적 임상신경심리평가 15, 268

좌반구 32, 39, 42, 44, 127, 170
죄측 편마비 27
주요 감별인자 51, 60, 75, 83, 85, 269
주요우울장애 265
주의집중척도 71
주제통각검사 14
준거-관련 타당도 115, 116
중뇌 32
중앙값 25, 28, 73, 117, 127, 130, 132, 190
중추신경계 31
지각-운동 13
지각-운동 결함 33
지각-운동 곤란 60, 61, 85
지각-운동 기능 33, 42, 122, 169, 170, 171, 174, 188, 189, 190, 195, 258
지각-운동 능력 15, 19, 33, 133, 185, 204
지각-운동 수행 35
지각-운동 통합 44
지각-운동 협응 191
지각-운동발달검사 184
지각-운동장애 133
지각장애 186, 188
지각적 간섭 27
지시사항 58, 63, 72, 150, 174, 184, 230
지적장애 61, 67, 185, 188, 196, 198, 216, 235, 263
진단 양상 154, 159
진단 정확 71
진단 정확도 21, 22, 24, 26, 28, 29, 47, 50, 51, 52, 53, 54, 83, 86, 117, 126, 127, 128, 129, 130, 131, 132, 134, 137, 138, 139, 140, 142, 155, 156, 190, 267, 269, 270
진행성 조현병 29, 37, 117, 132, 268

진행성 치매 161
질 드라 투렛 증후군 189
질적 채점방법 191

ㅊ
채점 매뉴얼 50, 51, 52, 83, 148, 178, 179, 269, 270
채점 요약지 85, 87
채점자 간 신뢰도 50, 51, 83, 129, 134, 148, 164, 190, 197
채점자 간 일관성 270
채점자 간 일치도 147
천장 효과 167
청각장애인 13
청소년 구성적 척도 198
청소년기 품행장애 67
초기 경보 시스템 39
촉각수행검사 41
최적 컷오프 점수 21, 22, 25, 26, 51, 117, 129, 131
추론적 분석 75
추적벤더검사 17
측두엽 32, 33, 34, 128, 167
치매 34, 35, 36, 39, 45, 124, 155, 166, 167, 168, 219, 222, 228, 270
친화감 14, 62, 87, 150, 177, 211, 218

ㅋ
컴퓨터 보조 평가 157
컷오프 점수 51, 72, 117, 132, 164
컷오프 표준 z점수 50
코르사코프 증후군 23
클로르프로마진 26, 132

ㅌ
타당도 16, 21, 22, 29, 40, 115, 116, 117, 118, 143, 149, 154, 159, 183, 253, 269, 270, 271

타당도 척도 64
토막짜기 41, 44, 179
투사적 검사 20
투사적 기법 14
투사적 성격검사 267
특정 이론 45
특정 효과 27

ㅍ
파킨슨병 34, 35, 45
판별 함수 67
판별분석 200
편재화 32
편집증적 망상 224
편집형 조현병 207, 257
포로토콜 22, 200
포부수준 13
포틀랜드숫자인식검사 69
표본 크기 53
표준 컷오프 점수 21, 22, 24, 26, 28, 50, 53, 117, 129, 142, 151, 159, 162, 269
표준점수 129, 179, 185
표준편차 150, 164, 181
품행장애 196
프로스티그시지각발달검사 16
프로토콜 23, 24, 50, 51, 52, 53, 54, 59, 60, 65, 67, 77, 83, 86, 89, 119, 120, 127, 129, 134, 136, 141, 145, 147, 148, 154, 165, 188, 190, 198, 205, 206, 207, 221, 222, 232, 263, 269

ㅎ
학교심리학자 171, 173, 174
학교준비도 183, 184, 185
학습문제 14
학습장애 173, 177, 179, 183, 185, 186, 188, 189, 192, 193, 230, 258,

264, 271

학업성취도 14, 184, 185

한계의 검증 177

할스테드-레이탄 배터리 14, 28, 38, 46, 127, 132, 146, 188, 268

항정신성 약물 38, 268

해마 34, 167

행동 관찰 41, 61, 62, 74, 87, 149, 150, 153, 156, 157, 176, 206, 209, 211, 213, 215, 218, 221, 224, 227,

230, 232, 235, 237, 239, 241, 243, 245, 247, 249, 251, 253, 255, 269

행동기능 43

행동장애 186, 196

향정신성 약물 38, 140, 141, 159

허위성 장애 64

헌팅턴병 35, 45, 115, 124, 133, 167, 270

헤로인 190

혈관성 치매 78, 167, 225, 273

혼합형 조현병 132

확산성 뇌손상 45, 46, 47

환각 37

회상 점수 133

회상법 40, 60, 70, 71, 177, 197

후뇌 32

후두엽 32

후천성 면역결핍증 35

저자 소개

Patricia Lacks

Patricia Lacks 박사는 10년간 알츠하이머병과 투병한 끝에 2016년 12월 75세의 나이로 세상을 떠났다. 그녀는 세인트루이스에 있는 워싱턴대학교에서 심리학을 전공하고 1966년에 박사학위를 받은 후, 남편 Paul Gawronik과 함께 워싱턴대학교의 임상심리학자이자 교수로 일했다. 은퇴한 후에는 산타바바라로 이사하여 거주해 왔으며, 그곳에서 산타바바라 수면장애센터의 수면치료사, 캘리포니아대학교 산타바바라캠퍼스(UCSB) 및 안티오크대학교의 강사, 가족계획연맹의 자원봉사자로 일했다. 그녀는 직업 경력 동안 자신의 분야에서 『Bender Gestalt Screening for Brain Dysfunction』 『Behavioral Treatment for Persistent Insomnia: Psychology Practitioner Guidebooks』라고 하는 두 권의 책을 비롯하여 많은 논문을 출판했다. 그녀의 연구는 뇌기능장애 검사와 불면증 치료 분야에 중점을 두었다.

역자 소개

정종진(Jeong Jong-Jin)

대구교육대학교 교육학과 교수로 정년퇴임했으며, 현재 명예교수로 있다. 뉴질랜드 크라이스트처치교육대학 연구교수, 호주 퀸즐랜드대학교 사범대학 객원교수, 한국교육학회 학술상 심사위원과 편집위원, 한국초등상담교육학회 회장, 한국교육심리학회 부회장과 편집위원장, 한국발달장애학회 부회장과 편집위원장, 한국교류분석학회 부회장 등을 역임했다. 저서로는 『BGT의 이해와 활용』(2판, 학지사, 2023), 역서로는 『GRIT 그릿을 키워라: 포기하고 싶을 때 힘을 얻는 책』(학지사, 2019)을 비롯하여 여러 권이 있다.

뇌기능장애 진단을 위한 벤더게슈탈트검사

BGT의 임상적·신경심리학적 활용

Bender Gestalt Screening for Brain Dysfunction (2nd ed.)

2024년 7월 20일 1판 1쇄 인쇄
2024년 7월 25일 1판 1쇄 발행

지은이 • Patricia Lacks
옮긴이 • 정종진
펴낸이 • 김진환
펴낸곳 • ㈜ 학지사

　　　　04031 서울특별시 마포구 양화로 15길 20 마인드월드빌딩
대표전화 • 02-330-5114　　팩스 • 02-324-2345
등록번호 • 제313-2006-000265호

홈페이지 • http://www.hakjisa.co.kr
인스타그램 • https://www.instagram.com/hakjisabook

ISBN 978-89-997-3150-1　93180

정가 24,000원

출판미디어기업 **학지사**
간호보건의학출판 **학지사메디컬** www.hakjisamd.co.kr
심리검사연구소 **인싸이트** www.inpsyt.co.kr
학술논문서비스 **뉴논문** www.newnonmun.com
교육연수원 **카운피아** www.counpia.com
대학교재전자책플랫폼 **캠퍼스북** www.campusbook.co.kr